So grünen und blühen sie am schönsten

BALKON- UND KÜBEL- PFLANZEN

Die Farbpalette der Oleanderblüten reicht von Weiß über Creme, Gelb, Rosa, Lachs und Rot bis hin zu Purpur. Hier eine apfelblütenweiße, ungefüllte Sorte aus der 'Apple-Blossom'-Gruppe mit gefransten, weinrot geäderten Blütenblättern.

So grünen und blühen sie am schönsten

BALKON und KÜBEL PFLANZEN

Halina Heitz

Porträts
und Pflegeanleitungen
der beliebtesten
Balkonblumen und
Kübelpflanzen,
Kräuter und Gemüse.

350 Farbfotos
von Friedrich Strauß und
anderen Pflanzenfotografen
120 Farbzeichnungen
von György Jankovics
und Ushie Dorner

Ein Plätzchen zum Träumen. Rosen und Margeriten – der Inbegriff warmer Sommertage auf Balkon und Terrasse. Kübelpflanzengärtner können sich Oasen wie diese ganz leicht selbst schaffen. Zauberhaft blühende Pflanzenkombinationen sind das Ergebnis langer Sonnentage und liebevoller gärtnerischer Pflege. Hier blühen mit der Rose Prunkwinde und buntlaubige Schönmalve um die Wette. Das Margeriten-Hochstämmchen ist mit Blauen Gänseblümchen unterpflanzt. Links daneben Elfengold und duftender Lavendel.

INHALT

Bezaubernde Ampel – Blaue Mauritius in Gesellschaft mit Elfenspiegel (gelb, rot) und Kapaster (blau).

Rosa Hängepelargonie 'Lachskönigin'.

Halbgefüllte Hibiskus-Blüte in Lachsorange.

Wichtig: Damit die Freude an Ihrem Hobby ungetrübt bleibt, beachten Sie bitte Angaben zu »Recht und Sicherheit« auf Seite 47 sowie **»Wichtige Hinweise« Seite 240.**

Sommerlicher Balkonkasten mit niedrigen, gefüllten Sonnenblumen (Sorte 'Teddybär') und Elfengold.

VORWORT

Der Ratgeber für alle, die in Töpfen, Kästen und Kübeln gärtnern – artgerecht, kreativ und rund ums Jahr.

Wer wünscht sich nicht prächtiges Grün und überschäumende, farbenfrohe Blütenfülle rund ums Heim, sei es auf Balkon, Terrasse, Dachgarten, vor dem Fenster oder neben dem Hauseingang. Eine Riesenauswahl an Pflanzen und Gefäßen steht bereit, den Traum vom Süden oder die Sehnsucht nach einem Stück Natur Wirklichkeit werden zu lassen – und das zu allen Jahreszeiten.

Artgerechte Pflanzenpflege

Dieser durchgehend farbige GU Pflanzen-Ratgeber sagt Ihnen, wie Sie zu prachtvollen Pflanzen in Töpfen, Schalen, Kästen, Kübeln oder Ampeln kommen. Schlüssel zum Erfolg sind der richtige Standort und die artgerechte Pflege. Nur wer Herkunft und Lebensbedingungen seiner Pflanzen kennt, wird sie optimal pflegen und überwintern. Farbige Zeichnungen auf den Praxis-Seiten illustrieren alle Arbeitsschritte und informieren über Einpflanzen, Umtopfen, Pflegen, Schneiden, Überwintern, Vermehren und Gestalten. Schädlinge und Krankheiten lassen sich schnell an den Symptom-Zeichnungen erkennen und bekämpfen. Und wer sein gärtnerisches Know-how vertiefen möchte, kann im lexikalischen Grünteil nachschlagen.
Schier unglaublich, was sich alles in kleinen und großen Gefäßen kultivieren läßt! In farbigen Pflanzenporträts und präzisen Pflegeanleitungen stellt Ihnen dieser Ratgeber über 300 der schönsten Balkon- und Kübelpflanzen vor, darunter eine Menge neuer, außergewöhnlicher Pflanzen, wie Sträucher, Zwergbäume, Stauden, Zwiebelblumen und Kletterpflanzen, aber auch Kräuter, Obstgehölze und Gemüse-Sorten, die sich für die Gefäßkultur eignen.

Ideen für alle Jahreszeiten

Lassen Sie sich anregen von den zauberhaften Farbfotos und praxisnahen Vorschlägen zur Gestaltung von Frühlings-, Sommer-, Herbst- und Winterbalkonen. Hier finden Sie Bepflanzungsvorschläge für Schalen, Kästen, Kübel und Ampeln. Präzise Einkaufslisten, Pflanz- und Pflegeanleitungen garantieren, daß diese Pflanzkombinationen auch für Anfänger leicht nachvollziehbar sind. Für Liebhaber gibt es Anregungen wie den Mini-Teich für die Terrasse, die Bepflanzung eines Duftkastens oder den Bau eines rankenden Sichtschutzes. Wer mit allen Sinnen genießen möchte, findet Vorschläge für Kräuter-, Gemüse- und Obstbalkone sowie viele weitere Ideen.
Lassen Sie sich Lust und Laune machen aufs mobile Gärtnern. Die brillanten Farbfotos, zum großen Teil exklusiv für dieses Buch aufgenommen, zeigen, wie herrlich artgerecht gepflegte Pflanzen gedeihen.
Viel Freude und Erfolg mit Balkon- und Kübelpflanzen wünschen Ihnen die Autorin und die GU Naturbuch-Redaktion.

Die Autorin

Halina Heitz, erfolgreiche GU-Autorin und erfahrene Zierpflanzen-Expertin war 15 Jahre lang Redakteurin bei der Zeitschrift »mein schöner Garten«.

Autorin und Verlag danken dem Fotografen Friedrich Strauß für die einmaligen Fotos, von denen er viele extra für dieses Buch erstellte, György Jankovics und Ushie Dorner für die informativen Zeichnungen und Martin Weimar für die wunderschön gestalteten Gefäßbepflanzungen im Abschnitt »Pflanzideen für jede Jahreszeit«.
Ein besonderer Dank gilt allen Beratern:
Frau Dr. Susanne Amberger-Ochsenbauer, Diplom-Agraringenieurin, Freising.
Herrn Wolfgang Eberts, Bambus-Centrum Baden-Baden.
Herrn Horst Gewiehs, Blumenzwiebel-Importeur, Rotenburg.
Herrn Garry Grüber, Ludwig Kientzler AG, Gensingen.
Frau Petra Leithäuser, Samenzucht Benary, Hannoversch Münden.
Frau Birgit Obreiter, Fachhochschule Weihenstephan.
Herrn Siegfried Stein, Samen-Sperling, Lüneburg.
Herrn Dr. Witt, Lehr- und Versuchsanstalt Gartenbau in Bad Zwischenahn.

Zauber der Farbharmonien
Kühles Blauviolett und warmes Orange zeigen Nierembergien, Schmucklilie, Orangenbäumchen und Lavendel (von links nach rechts).

Eleganz in Weiß. Die Auswahl an Pflanzen ist so groß, daß man Balkon und Terrasse artenreich in seiner Lieblingsfarbe schmücken kann. Zum kühlen Weiß der Rosen, Lilien, Pelargonien und Strauchmargeriten passen die geometrischen Buchs-Spiralen und das Liguster-Kugelbäumchen besonders gut.

ALLES ÜBER BALKON- UND KÜBEL-PFLANZEN

Wer wünscht sich nicht prachtvolle, gesunde Pflanzen, deren Blütenfülle alle Blicke auf sich lenkt? Mit ein bißchen Wissen um die kleinen Pflegegeheimnisse kommt man leichter zum Erfolg. Auf den folgenden Seiten erfahren Sie alles Wissenswerte über das Gärtnern in Gefäßen.

LERNEN SIE IHRE PFLANZEN KENNEN

Die Gefäßkultur, das mobile Gärtnern, war schon in der Antike beliebt. Mit Orangenbaum und Rosmarin kamen vermutlich die ersten Exoten zu uns. Heute pflegen wir Pflanzengäste aus allen Klimaregionen der Welt. Entsprechend unterschiedlich sind ihre Bedürfnisse.

Balkonblumen von *Ageratum* bis *Zinnia*, Kübelpflanzen von *Abutilon* bis *Yucca* und Zitrone, Zwiebelblumen, Gartenstauden, Gartengehölze, Wildblumen, Küchenkräuter, Beerensträucher und Gemüse – die Palette der Pflanzen, die fürs »mobile Gärtnern« eingetopft werden, wird ständig größer. Die meisten von ihnen sind Kinder wärmerer Länder. Aber mit zunehmender Begeisterung fürs Hobbygärtnern auf Balkon und Terrasse finden sich auch immer mehr winterharte Pflanzen aus kühl-temperierten Regionen ein.
Grundsätzlich sind für die Gefäßkultur alle Pflanzen geeignet, die nicht zu stark wachsen und eher flache als tiefgreifende Wurzeln bilden – ganz egal, woher sie kommen. Ihr Wurzelwachstum ist ein ausschlaggebendes Kriterium, denn schließlich müssen die Pflanzen mit dem begrenzten Erdraum im Gefäß auskommen – ja, sie sollen darin sogar prächtig gedeihen. Dieser eng bemessene Lebensraum hat auch zur Folge, daß wir sie im Winter – einige sehr harte Arten und Sorten ausgenommen – schützen müssen.

Pflanzen für Balkon und Terrasse – die wichtigsten Gruppen

Die im folgenden aufgeführten Pflanzengruppen geben einen Überblick über die Vielfalt der Gewächse, die sich in Gefäßkultur pflegen lassen. Die Pflanzen innerhalb einer Gruppe haben keinen gemeinsamen botanischen Hintergrund, sondern sind bunt zusammengewürfelte Vertreter unterschiedlichster Herkunft und Lebensweisen.
<u>Klassische Kübelpflanzen</u> sind immer- oder sommergrüne Gehölze, Stauden, Kräuter oder Gräser aus tropischen und subtropischen Regionen einschließlich der Mittelmeergebiete. Die meisten von ihnen sind mehrjährig (von einjährigen Kräutern und Gräsern abgesehen) und nicht gegen unsere rauhen Winter gefeit. Frei im Garten ausgepflanzt, würden sie die Kälte nur unter besonders günstigen Umständen überstehen. Sie können deshalb in unseren Breiten nur im Kübel kultiviert werden, in dem man sie frostfrei überwintert (→ Praxis, Seite 28/29).
<u>Klassische Balkonblumen</u> sind neben den traditionellen Petunien, Pelargonien, Knollenbegonien und Fuchsien auch zahlreiche Sommerblumen, Kletter- und Schlingpflanzen. Balkonblumen wachsen einjährig, zweijährig oder ausdauernd und stammen vorwiegend aus tropischen und subtropischen Regionen. Die ein- und zweijährigen unter ihnen haben sich nach ein oder zwei Vegetationsperioden erschöpft und werden deshalb danach weggeworfen. Mehrjährige Blumen können überwintert werden.
Viele Pflanzenfreunde schrecken aber davor zurück, sei es, weil sie zu wenig Überwinterungsplatz haben, oder weil sie befürchten, die Pflanzen doch nicht richtig über den Winter zu bringen. Zugegeben – einige Pflanzen wollen hell überwintert werden und brauchen Lichtbedingungen, die ihnen nicht jeder geben kann. Aber davon abgesehen werden Herbst für Herbst immer noch viel zu viel kerngesunde Blumen weggeworfen, die nach richtiger Überwinterung im Folgejahr um so prächtiger blühen würden. Welche Überwinterung für sie in Frage kommt, und daß dies gar nicht so kompliziert ist, zeigen Ihnen die Pflanzenporträts (→ Seite 86 bis 227) und die Ratschläge zur Überwinterung (→ Praxis, Seite 28/29).
<u>Gartenpflanzen für die Gefäßkultur</u> sind der neue Trend. Stauden, Sommerblumen, Zwiebelblumen, Küchenkräuter, Gemüse, immergrüne Laub-, Nadel- und Obstgehölze, die bislang vorwiegend im Garten kultiviert wurden, ziehen nun auf Balkon und Terrasse ein und gedeihen dort – sehr zur Freude ihrer Pfleger – gesund und üppig. Viele unter ihnen sind frei ausgepflanzt völlig winterhart. Im Gefäß brauchen die meisten von ihnen aber einen Winterschutz.

Füße im Wasser, Kopf in der Sonne – der Oleander lebt in seiner Heimat gerne in Wassernähe.

Heimatstandorte und Klimazonen

Die meisten Pflanzen, die wir in Gefäßen pflegen, stammen aus den Tropen, den Subtropen oder aus den warm-temperierten Gebieten. Diese drei Klimagürtel ziehen sich vom Äquator ausgehend um die Erde und werden in Richtung Süd- und Nordpol durch die kühl-temperierte Zone fortgesetzt. Jede Klimazone ist nochmals in unterschiedliche Regionen aufgeteilt. Oft überschneiden sich die Zonen auch, oder es bilden sich, bedingt durch geographische Besonderheiten, abweichende Klima-Inseln.

Auf die Temperatur kommt es an

Ob eine Pflanze bei uns für die Sommerkultur im Freien geeignet ist, hängt davon ab, ob sie es am Heimatstandort gern durchgehend mollig warm hat oder starke Temperaturschwankungen zwischen Tag und Nacht gewohnt ist. Tropische Regenwaldpflanzen mit gleichmäßig warmen Temperaturansprüchen dürfen nicht in die Sommerfrische! Sie werden auch Warmhauspflanzen (→ Seite 14) genannt, womit ausgedrückt ist, daß sie jahraus jahrein bei uns nur in warmen Räumen gedeihen können. Geeignet für Balkon und Terrasse sind demnach:

- Pflanzen aus tropischen Gebirgen, wo es tagsüber heiß und nachts kühl bis zur Frostgrenze sein kann.
- Pflanzen aus tropischen Wüsten, die tagsüber bis zu 50 °C im Schatten und nachts oft bis nahe an den Gefrierpunkt absinkenden Temperaturen ausgesetzt sind.
- Pflanzen der Subtropen mit tags warmen, nachts absinkenden Temperaturen, warmen Sommern und milden Wintern. Dazu gehören auch Pflanzen des Etesienklimas. So nennt man das an die Subtropen angrenzende »Mittelmeerklima«, das auch für Mittelchile, Kalifornien, Südaustralien und Südafrika gilt.
- Pflanzen aus unseren Breiten, denen unser kühl-temperiertes Klima von Haus aus entspricht.

Weitere Standortbedingungen

Neben den Temperaturverhältnissen ihrer Klimazone finden Pflanzen an ihrem Heimatstandort noch weitere Bedingungen vor, an die sie sich im Laufe der Evolution angepaßt haben – kurz: die nun ihre Lebensgrundlage sind und die sie auch unter unserer Obhut dringend brauchen. Ganz entscheidend ist zum Beispiel, in welcher Höhe eine Pflanze lebt, welchen Boden sie unter den Füßen hat, wieviel Wasser sie bekommt. Botaniker teilen daher die Klimazonen nochmals in humide (feuchte), aride und semiaride (trockene und halbtrockene) Gebiete sowie in die tropischen Hochlagen ein.

Feuchte Gebiete findet man in der Nähe großer Wasserflächen und auf der Windseite der Gebirge. Die Böden sind in der Regel eher sauer. Der Niederschlag ist in jedem Monat des Jahres höher als die Verdunstung und kann als Regen oder Tau niedergehen. Feuchte Gebiete gibt es in Teilen Teneriffas, Ostasiens, im südlichen und südwestlichen

Südamerika, in Südostaustralien, Neuseeland, Tasmanien sowie im Südwesten und Südosten der USA. Pflanzen feuchter Regionen lieben hohe Luftfeuchte (*Lotus*, *Camellia*), brauchen viel Wasser (*Eucalyptus*), vertragen Halbschatten (*Pittosporum, Trachycarpus*).
Trockene und halbtrockene Gebiete kommen im größten Teil der Subtropen und in warm-temperierten Zonen vor. In halbtrockenen Gebieten ist die Verdunstung in manchen Monaten höher als der Niederschlag, in trockenen ist die Verdunstung in jedem Monat höher als der Niederschlag. Trockene, wüsten- und halbwüstenartige Gebiete finden wir in Israel, in der Türkei, im südlichen Nordamerika, im Windschatten der Anden. Halbtrockene Gebiete erstrecken sich am Mittelmeer, in Australien und Südafrika. Die Böden sind eher karg.
Pflanzen trockener und halbtrockener Gebiete können Wasser speichern (*Agave*) oder mit wenig Wasser auskommen (*Yucca*), brauchen hohe Lichtmengen und sind sehr anspruchslos in Bezug auf Nährstoffe, müssen also nur wenig gedüngt werden. Dazu zählen Pflanzen aus Australien und dem Mittelmeerbereich.
Tropische Hochlagen zeichnen sich durch warme Tage und kühle Nächte aus. Wichtig: Der Boden kann nachts warm bleiben, in großer Höhe aber auch bis zur Frostgrenze abkühlen. Es regnet viel. Das Klima erlaubt einen raschen Nährstoffumsatz. Tropische Hochlagen finden wir vor allem in Mittel- und Südamerika.
Pflanzen tropischer Hochlagen brauchen viel Licht (*Bougainvillea*), vertragen mit Ausnahme der Bougainvillee niedrige Bodentemperaturen, können – falls die Triebe bei kühlen Temperaturen absterben – aus dem Stock wieder austreiben (*Passiflora, Datura*) und brauchen reichlich Wasser und Nährstoffe (→ Nachtschattengewächse, Seite 16).

Kalthaus und Warmhaus

Immer wieder stößt der Leser, der sich mit Pflanzen im und am Haus beschäftigt, auf diese beiden Begriffe. Sie haben etwas mit der Überwinterung exotischer Pflanzen zu tun. Fast alle Balkon- und Kübelpflanzen kamen einst als Gäste zu uns (→ Seite 17) und brauchten im Winter ein Dach über dem Kopf. In der Renaissance waren das zunächst primitive Holzverschläge. Später wurden daraus Glashäuser, die, nach Erfindung der Heizung, entsprechend den Ansprüchen der Pflanzen temperiert werden konnten.
Das Kalthaus ist im Sommer warm, im Winter kühl (8 bis 12 °C) und hell. Hier gedeihen zahlreiche klassische Kübel-, Wintergarten- und Balkonpflanzen aus den Subtropen und Mittelmeerregionen. Es ist auch zur Überwinterung der Flora aus tropischen Hochlagen geeignet.
Das Warmhaus ist ganzjährig über 20 °C warm und luftfeucht. Es beherbergt viele Zimmerpflanzen des tropischen Regenwaldes. Für die Überwinterung der meisten Balkon- und Kübelpflanzen ist es zu warm.

Die individuelle Lebensdauer

Wie alt eine Pflanze werden kann, hängt von ihrem arteigenen, genetisch festgelegten Lebenszyklus ab.
Einjährige Pflanzen, der Gärtner nennt sie Annuelle, gelangen innerhalb eines Jahres von der Keimung bis zur Samenreife. Den Winter übersteht nur ihr Samen. Einjährige Pflanzen kann man also nicht überwintern. Beispiele: *Calendula officinalis, Lobelia erinus.*
Zweijährige Pflanzen, der Gärtner spricht hier von Biennen, bauen im ersten Jahr den Sproß mit Blättern auf. Im zweiten Jahr blühen und fruchten sie, sterben danach ab und überdauern wie Einjährige durch Samen. Diese Pflanzen müssen über einen Winter gebracht werden. Beispiel: *Viola*-Wittrockiana-*Hybriden.*
Mehrjährige Pflanzen sind Stauden und Gehölze.
Stauden besitzen kein frosthartes Laub. Es stirbt in der kalten Jahreszeit ab und regeneriert sich im nächsten Vegetationsjahr aus Wurzeln, Zwiebeln, Knollen, Rhizomen. Stauden werden im Garten über viele Jahre kultiviert. Bei Gefäßkultur im begrenzten Erdraum ist ihre Lebenszeit meist kürzer, weil sie nicht die Möglichkeit haben, ihre Speicherorgane ausreichend mit Reserven aufzufüllen.
Gehölze gehören ebenfalls zu den ausdauernden Pflanzen. Sie bilden in Stamm und Ästen Holz und können ihrem genetischen Programm entsprechend alt werden. Man unterscheidet je nach Wuchs Bäume, Sträucher sowie Halbsträucher, die teils holzig, teils krautig sind. Außerdem werden sie nach ihrem Laub klassifiziert in Nadelgehölze und Laubgehölze, die man ihrerseits wieder in immergrüne und sommergrüne (laubabwerfende) einteilt.

Familiengemeinsamkeiten

Wer die Beschreibungen der Balkon- und Kübelpflanzen liest, stellt fest, daß unter ihnen gewisse Pflanzenfamilien besonders reich vertreten sind. Die Familienzugehörigkeit besagt aber nichts anderes, als daß diese Pflanzen gleiche oder ähnliche Ansprüche haben. Eine gute Orientierungshilfe also für die Pflege.

Eine Gattung – viele Farben
Abutilon-Arten und -Hybriden
1 Hybride 'Pfitzers Rote'
2 Orangefarbene Hybride
3 Hybride 'Ashford Red'
4 Hybride 'Golden Fleece'
5 Abutilon megapotamicum 'Variegatum'
6 Hybride 'Kentish Belle'

Niedrige Hortensien stellen am halbschattigen Hauseingang ein prächtiges Empfangskomitee dar.

Korbblütler *(Compositae).* Bei ihnen steht die Sonnenform der Blüten sozusagen stellvertretend dafür, daß diese Pflanzen ausnahmslos einen sonnigen Standort lieben. (Auch unsere einheimische Kamille wächst nie in schattigen Wäldern.)
Pflanzenbeispiele:
Leberbalsam (*Ageratum*), Goldmünze (*Asteriscus*), Gänseblümchen (*Bellis*), Blaues Gänseblümchen (*Brachyscome*), Ringelblume (*Calendula*), Sommeraster (*Callistephus*), Topf- und Strauchmargeriten (*Chrysanthemum*), Dahlie (*Dahlia*), Kapkörbchen (*Dimorphoteca*), Spanisches Gänseblümchen (*Erigeron*), Kapaster (*Felicia*), Gazanie (*Gazania*), Husarenknöpfchen (*Sanvitalia*), Silberblatt (*Senecio*), Studentenblume (*Tagetes*), Gelbes Gänseblümchen (*Thymophylla*), Zinnie (*Zinnia*).

Nachtschattengewächse *(Solanaceae).* Bei ihnen fällt auf, daß sie einen großen Bedarf an Nährstoffen und Wasser haben. Zurückzuführen ist das auf den Heimatstandort, an dem es viel regnet und tagsüber reichlich Licht und Wärme vorhanden sind, um die Nährstoffe in Pflanzensubstanz umzusetzen. Interessant ist auch, daß in dieser Familie giftige Alkaloide produziert werden, zu deren Aufbau Stickstoff nötig ist.
Pflanzenbeispiele:
Hammerstrauch (*Cestrum*), Engelstrompete (*Datura/Brugmansia*), Veilchenstrauch (*Iochroma*), Ziertabak (*Nicotiana*), Petunie (*Petunia*), Trompetenzunge (*Salpiglossis*), Spaltblume (*Schizanthus*), Nachtschatten (*Solanum*).

Hülsenfrüchtler *(Leguminosae).* Unter ihnen findet man besonders herrlich blühende Bäume und Sträucher. Sie haben das Talent, durch Knöllchenbakterien an den Wurzeln Stickstoff aus der Luft zu binden. Aus diesem Grund werden Pflanzen dieser Familie nur sparsam mit Stickstoff gedüngt.
Pflanzenbeispiele:
Seidenbaum (*Albizia*), Flammenbusch (*Calliandra*), Kassie (*Cassia*), Ginster (*Cytisus*), Korallenstrauch (*Erythrina*), Duftwicke (*Lathyrus*), Hornklee (*Lotus*), Feuerbohne (*Phaseolus*), Erbse (*Pisum*), Sesbania (*Sesbania*).

Myrtengewächse *(Myrtaceae).* Sie stammen mit Ausnahme der mediterranen Brautmyrte vorwiegend aus Australien und wachsen dort auf sauren, nährstoffarmen Böden. Das bedeutet, daß sie hartes, kalkreiches Wasser und starke Düngung nicht vertragen. Der Lichtbedarf ist auch im Winter sehr hoch, kein Wunder, zählen sie doch zu den immergrü-

nen Gehölzen, die das ganze Jahr über ihre Blätter die Photosynthese betreiben, die ohne Licht nicht funktioniert.
Pflanzenbespiele:
Zylinderputzer (*Callistemon*), Waxflower (*Chamaelaucium*), Eukalyptus (*Eucalyptus*), Südseemyrte (*Leptospermum*), Eisenholzbaum (*Metrosideros*), Brautmyrte (*Myrtus*).

Lippenblütler *(Labiatae).* Zu ihnen gehören viele vorzüglich schmeckende Küchenkräuter. Da zur Bildung der Aromastoffe Sonne und ein karger Boden nötig sind, dürfen diese Pflanzen weder schattig stehen noch übermäßig gedüngt werden. Übrigens: Die Aromastoffe (chemisch gesehen ätherische Öle) werden von Schadinsekten gemieden. Lippenblütler brauchen also kaum Pflanzenschutz.
Pflanzenbeispiele:
Melisse (*Melissa*), Lavendel (*Lavandula*), Basilikum (*Ocimum*), Majoran und Oregano (*Origanum*), Rosmarin (*Rosmarinus*), Salbei (*Salvia*), Thymian (*Thymus*).

Geschichtliches zur Gefäßkultur

Der Brauch, Pflanzen außerhalb der freien Erde in Gefäßen zu kultivieren, entspricht dem uralten Hege- und Pflegetrieb des Menschen und ist sicher älter, als wir belegen können. Die Gefäßkultur begegnet uns in allen antiken Hochkulturen. Die Hängenden Gärten der Semiramis, nach dem Vorbild der alten babylonischen Stufentempel (Zikkurate) gebaut, waren vermutlich die ersten Dach- und Terrassengärten, die Adonisgärtchen der Griechen die ersten Topfpflanzengärten. Im hellenistischen Peristylgarten wurden Blumen in Bleikästen gepflegt. Die Römer übernahmen diese Sitte, setzten in Steintröge, die bis zu 80 cm Höhe mit Erde gefüllt waren, vor allem Nutzpflanzen ein, und zogen schöne Gehölzsolitärs in Kübeln. Wenden wir den Blick weit nach Osten, begegnet uns die uralte chinesische Penjingkultur, aus der um 60 n. Chr. die verfeinerte japanische Bonsaikunst entstand, beides Gefäßkulturen.
Im Mittelalter spiegelt sich die Märchenpracht orientalischer Gartenkunst in Europa wider. Der Löwenhof der Alhambra war ursprünglich mit exotisch bepflanzten Kübeln besetzt. Überaus üppig und fremdländisch soll auch die Bepflanzung der Dachgärten der Kaiserburg zu Nürnberg gewesen sein, die Kaiser Friedrich II. anlegen ließ.

Zur Geschichte der Kübelpflanzen

Sie beginnt bei uns vielleicht mit dem Rosmarin, den Römer oder Benediktinermönche aus dem sonnigen Süden über die Alpen brachten.
- 794 wird Rosmarin im Capitulare de villis, der Landgüterordnung Karls des Großen, erwähnt. Ein Holzschnitt von 1518 zeigt den Rosmarin in einem Holzkübel.
- Im 12. Jahrhundert waren bei uns bereits Zitrusfrüchte bekannt.
- Im 13. Jahrhundert empfiehlt Hildegard von Bingen den Lorbeer als Heilpflanze.
- 1550 waren in Schlesien schon Zistrosen (*Cistus salviifolius*) in Kultur.
- 1583 kam die erste Agave nach Stuttgart und die Tochter des Augsburger Handelsherrn Jakob Fugger soll im gleichen Jahr den ersten Brautkranz aus Myrten getragen haben.
- 1586 standen bei Laurentius Scholz in Breslau Feigen und Granatäpfel.
- 1597 gab es im fürstbischöflichen Garten von Eichstätt schon Oleander.
- Um 1600 führen die Portugiesen den Orangenbaum ein.
- 1619 wird eine der ersten Orangerien als »Gebäu von Holzwerck, daß man alle Jahr umb S. Michelstag aufschlägt« beschrieben.

Mit dem Aufblühen der Gartenkunst zu Beginn des 17. Jahrhunderts und mit zunehmenden Pflanzenimporten aus den Mittelmeerländern und später auch aus der übrigen Welt, setzte sich der Brauch, Pflanzen südlicher Herkunft in Kübeln zu ziehen, in ganz Europa durch. Liebling des Barock war der Orangenbaum, für dessen Beschaffung und Überwinterung viel Geld ausgegeben wurde. Bald waren die Orangerien so groß, daß sie ein Gegenstück zu den Schlössern oder Häusern der Fürsten und reichen Bürger bildeten. Der Baron von Münchhausen hielt 1716 auf Schloß Schwöbber bei Hameln bereits 220 *Citrus*-Bäume! Die Orangerie des französischen Sonnenkönigs ist noch heute in Versailles bei Paris mit einer beachtlichen und alten *Citrus*-Sammlung zu bewundern.
Weitere berühmte Orangerien entstanden in Herrenhausen bei Hannover, in Sanssouci bei Potsdam, in Schönbrunn bei Wien. Am 11. Oktober 1814 speisten die Teilnehmer des Wiener Kongresses in dieser 180 Meter langen Orangerie.

Zur Geschichte der Balkonblumen

Sie ergab sich aus der bereits praktizierten Gefäßkultur, aus architektonischen Elementen (Balkone, Brüstungen, Treppenaufgänge), die zu schmücken waren und nicht zuletzt aus dem passenden Blumenangebot. So erwies sich die besondere Architektur alpenländischer Häuser mit ihren meist überdachten, rustikalen Holzbalkonen bald als idealer Hintergrund für die im vorigen Jahrhundert erstmals züchterisch bearbeiteten Pelargonien, Fuchsien, Begonien und Petunien.
Nach dem Zweiten Weltkrieg hat sich das Pflanzensortiment durch Importe aus allen Ländern der Erde und durch intensive Züchtungsarbeit ständig vergrößert. Balkon, Terrasse und der Wintergarten sind heute zu wichtigen »Naherholungsgebieten« geworden, in denen man die Natur ohne Autostreß direkt am Haus genießen kann. Die Gärtner tragen diesem Wunsch Rechnung und versorgen uns mit immer neuen Pflanzengästen aus den entlegensten Winkeln der Welt.

Was ein richtiger Balkon- und Terrassen-Gärtner ist, der wird es kaum erwarten können, die überwinterten Pflanzen auf eine neue Saison vorzubereiten (→ Seite 25), daneben aber treibt ihn die Vorfreude auf künftige Balkon- und Kübelpflanzenpracht in Blumenläden, Baumschulen, Gärtnereien, Gartencenter und auf Wochenmärkte. Nur zu leicht verfällt man da in einen Kaufrausch. Denken Sie daran, daß jede neu erworbene Pflanze künftig Platz, ein Gefäß, Erde, Dünger und vor allem liebevolle Pflege braucht. Während bei der Pflanzenauswahl vor allem der zukünftige Standort und die eigenen Gestaltungswünsche berücksichtigt werden sollten (→ Seite 44 bis 73), werden die Pflegemaßnahmen von den arteigenen Bedürfnissen der Pflanze diktiert. Und die lassen sich oft schon an den Blättern ablesen (→ Seite 20/21).

ERFOLGREICH PFLEGEN UND ÜBERWINTERN

Pflanzen, die üppig blühen, gesund aussehen und prachtvoll wachsen, sind ein Traum, der leicht zu verwirklichen ist. Man muß nur mit Erde, Wasser und Dünger richtig umgehen und seine Gäste auch im Winter sorgsam im Auge behalten.

Erste Pflege nach dem Kauf

Mit Ausnahme der Freilandgehölze und Freilandstauden kommen die meisten Balkon- und Kübelpflanzen im Frühjahr aus Gewächshäusern oder verglasten Frühbeeten und sollten – bevor sie gepflanzt werden – allmählich an frische Luft und Frühjahrssonne gewöhnt werden.
Akklimatisieren Sie zunächst alle neuerworbenen Pflanzen einige Tage an einem hellen, kühlen Platz, der vor Wind, Regen und Sonne geschützt ist. Der Standort im Freien, wo es viel heller als drinnen ist, verhilft ihnen zu einem besseren Wachstumsstart und härtet sie ab.
Überprüfen Sie den Topfballen. Ist er trocken, gießen Sie einmal durchdringend, nach einer halben Stunde wird das Überschußwasser weggeschüttet.
Vor Spätfrösten schützen müssen Sie blühende Zwiebelblumen und Freilandgehölze in kleinen Gefäßen. Kübel, Töpfe und Kästen abends mit Noppenfolie, Säcken, Zeitungen oder Strohmatten abdecken.
Topfen Sie Kübelpflanzen um. Sie sitzen aus Platz- und Transportgründen meistens in viel zu kleinen Containern.

Das brauchen Sie für die Pflege

- Erde oder andere Substrate.
- Pflanzholz.
- Plastikeimer zum Erdemischen.
- Universal-Gartenschere.
- Gartenhandschuhe.
- Blumenkelle, Handkralle, Handspaten, Hand-Grabgabel.
- Scharfes Messer.
- Holzkohlepulver zum Desinfizieren von Schnittstellen.
- Verschiedene Dünger.
- Gießkanne (5 bis 10 l).
- Bewässerungssysteme.

Vorbereitung der Gefäße

Der wichtigste Grundsatz lautet: Möglichst nur Gefäße mit Abzugsloch verwenden. Bei Gefäßen ohne Abzugsloch muß die Dränageschicht (→ Praxis, Seite 26) 2- bis 3mal höher sein als sonst, darüber hinaus sind Erfahrung und Fingerspitzengefühl beim Gießen erforderlich. Bei Plastikgefäßen können Abzugslöcher leicht nachgebohrt oder vergrößert werden.
Vor dem Bepflanzen muß das Gefäß gesäubert werden. Holzgefäße schon einige Wochen vor dem Bepflanzen säubern und mit einem pflanzenverträglichen Holzschutzmittel (→ Seite 78) streichen. Denken Sie auch rechtzeitig daran, das Material für die Dränage (→ Praxis, Seite 26) zu besorgen.
Bereits benutzte Gefäße – aus welchem Material auch immer – werden mit heißem Schmierseifenwasser und einer Wurzelbürste gründlich gereinigt. Algen und Kalkausblühungen lassen sich gut mit einer Essig/Salzwasserlösung entfernen (2 l Essig auf 1 l Wasser, dazu eine Handvoll grobes Küchensalz geben). Die Lösung auftragen, einwirken lassen und dann mit Bürste und klarem Wasser abschrubben.
Neue Ton- und Terrakottagefäße sollten Sie vor dem Bepflanzen 1 bis 2 Tage in Wasser (Regentonne, Badewanne) legen, damit mögliche Schadstoffe ausgespült werden und die Gefäße sich vollsaugen können. So entziehen sie später dem Substrat nicht zuviel Feuchte.
Mein Tip: Besorgen Sie für Holzgefäße Ziegelsteine, Holzblöcke oder einen Rost zum Unterlegen, damit unter dem Gefäßboden Luft zirkulieren kann und er nicht fault.

Wer möchte da nicht fensterln?
Natürlich nur, um sich die Blütenfülle aus nächster Nähe anzusehen. Alpenländische Balkone sind weltberühmt für ihren Blumenschmuck. Obwohl es dort längst nicht so bald warm wird wie in anderen Gegenden. Es muß am Licht liegen, das bedingt durch die Höhe intensiver ist und einen reichen Blütenansatz fördert – und an den bewährten Pflegetips, die von Generation zu Generation weitergegeben werden. Auf dem Balkon blühen hier Petunien, rosa und rote Hängepelargonien sowie Elfengold. Das Fenster wird von drei Pelargonien-Hochstämmchen und zahlreichen Fleißigen Lieschen umrahmt, denen Rosenkugeln noch Glanzlichter aufsetzen.

Blätter verraten viele Pflegewünsche

Die Blätter sind der Lebensnerv und die grüne Lunge der Pflanze. In ihnen spielen sich wichtige Stoffwechselvorgänge wie Photosynthese (→ Seite 81) und Atmung ab, in ihnen können ätherische Öle und Giftsubstanzen hergestellt werden. Die Vielfalt der Blattformen, -farben und -strukturen kommt nicht von ungefähr. Sie ist Zeichen für eine Anpassung an den Standort und verrät uns einiges über die Bedürfnisse einer Pflanze.

Silbrige, blau- oder graugrüne Blätter sind ein Lichtschutz. Diese Pflanzen vertragen viel Sonne. Beispiele: Hornklee (1), Lavendel, Olive, Silberblatt, Zistrose.

Wasserreiche, zarte Blätter sind typisch für Waldpflanzen. Diese Pflanzen brauchen gefiltertes Licht. Beispiele: Fleißiges Lieschen (2), Fuchsie, Knollenbegonie.

Ledrige Blätter besitzen eine Oberfläche mit Verdunstungsschutz. Diese Pflanzen vertragen Trockenheit, zum Beispiel *Citrus* (3), Lorbeer, Natalpflaume.

Weiß- oder gelbgrün panaschierte Blätter weisen reduzierte Chlorophyllflächen auf. Diese Pflanzen immer heller (nicht sonnig) als die grünlaubigen Arten oder Sorten stellen, zum Beispiel Efeu (4), Hibiskus, Schönmalve, Spindelstrauch.

Große, weiche Blätter haben ungeschützte Verdunstungsflächen. Diese Pflanzen verbrauchen viel Wasser, zum Beispiel Banane oder Engelstrompete (5).

Kleine Blätter weisen auf reduzierte Verdunstungsflächen hin. Diese Pflanzen vertragen viel Sonne und Wärme, aber keine Staunässe, zum Beispiel Hornklee (1), Kapaster, Myrte (6), Südseemyrte, Rosmarin.

Fleischige (sukkulente) Blätter sind Wasserspeicher. Diese Pflanzen überstehen spielend Trockenperioden, zum Beispiel Agave, Mittagsblume oder Portulak (7).

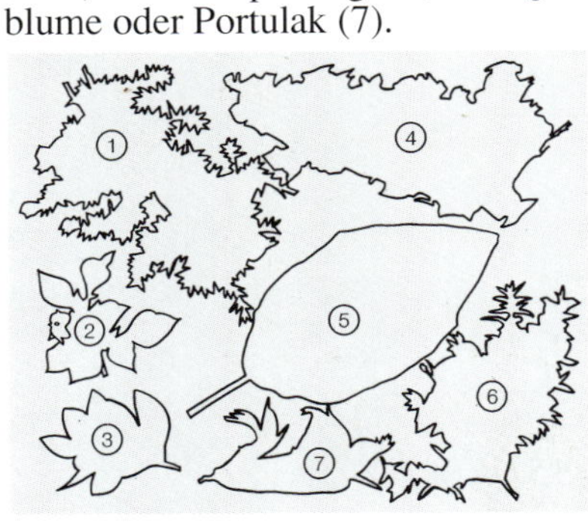

Mini-Teich auf der Terrasse. Hier fühlen sich Zypergras, Blutweiderich und weiße Iris sichtlich wohl.

Das optimale Substrat

Von Pflanzstoffen gibt es ein reichhaltiges und verwirrendes Angebot. Ein gutes Substrat muß den individuellen Ansprüchen der Pflanze genügen und darüber hinaus folgende Kriterien erfüllen:

- Haupt- und Spurennährstoffe in angemessener Menge enthalten.
- Pflanzen Halt und Standfestigkeit geben.
- Wasser speichern und durchlassen können.
- Luftig und locker bleiben.
- Ein gutes Pufferungsvermögen gegenüber falscher Bewässerung und Düngung besitzen.
- Frei sein von Krankheitserregern, Schädlingen, Unkrautsamen und pflanzenschädigenden Stoffen.

Einheitserde ist mit Ton, Humus, einem schnell wirkenden Dünger sowie einem langsam wirkenden Langzeitdünger (Depotdünger) ausgestattet. Sie ist eine brauchbare Universalerde für die meisten Balkon- und Kübelpflanzen.

Blumenerde besteht aus Humus (Torf oder Kompost) und Ton und kann von sehr unterschiedlicher Qualität sein – was sich auch im Preis ausdrückt. Verwenden Sie für teure, ausdauernde Pflanzen keine Billigerden. Billige Substrate sind allenfalls eine preiswerte Alternative für einjährige Sommerblumen und können auch da unter Umständen zu enttäuschenden Ergebnissen führen.

Balkonblumenerde ist eine Variante der Blumenerde, allerdings mit mehr Nährstoffen speziell für Blütenpflanzen ausgestattet.

Torfkultursubstrat (TKS) enthält vorwiegend Weißtorf und weder Lehm noch Ton. Es ist aufgekalkt, um den Säuregehalt des Torfes zu neutralisieren und schwach (TKS 1) oder stärker gedüngt (TKS 2). Es ist gut geeignet für eher krautige Pflanzen, die ein leichtes, humoses Substrat brauchen, und zum Verbessern von lehmiger Gartenerde. Nachteil: TKS ist leicht (Gefäße kippen oft um) und trocknet schnell aus. Völlig ausgetrocknetes TKS – und dies ist häufig unerfahreneren Gärtnern nicht bekannt – nimmt trotz reichlichen Gießens praktisch kein Wasser mehr auf.

Spezialerden wie Wasserpflanzenerde, Palmenerde, Moorbeet- beziehungsweise Rhododendronerde, Bio-Kulturerde (für Gemüse) und Kakteenerde sind auf besondere Bedürfnisse einzelner Arten zurechtgeschnitten.

Tongranulate (Lecadan, Terraton) sind Substrate für die Kultur in Spezialgefäßen mit Wassertank und Wasserstandsanzeiger. Sie wirken als Wasserspeicher, die Feuchte festhalten und bei Bedarf an die Pflanzenwurzeln abgeben, ohne daß Staunässe entsteht. Die Nährstoffversorgung erfolgt über spezielle Langzeitdünger. Man bettet die Pflanzen mit Wurzelballen in das Granulat.

Gartenerde eignet sich bestens für die Gefäßkultur, wenn sie lehmig-humos oder lehmig-sandig ist. Vorteile: Sie ist schwer und verhindert das Umkippen der Gefäße an windigen Tagen. Gartenbesitzer haben sie zum Nulltarif. Nachteile: Sie ist voller Unkrautsamen und weist keine verläßliche Qualität wie beispielsweise Einheitserde auf. Gartenbesitzer, die große Substratmengen brauchen, mischen 3 Teile gute Gartenerde mit 3 Teilen verrottetem, gesiebtem Kompost und je 2 Teilen Torf und Sand.

Richtig gießen

Wieviel und wie oft gegossen werden muß, hängt von den arteigenen Bedürfnissen einer Pflanze, vom Gefäß, vom Standort, vom Wetter und von der Jahreszeit ab. Grundsätzlich wird kurzfristige Trockenheit von allen Pflanzen besser verkraftet als ein ständig nasser Wurzelballen, in dem kein Platz mehr für Luft ist, so daß die Wurzeln unweigerlich faulen.

Das Gießwasser

Es sollte nicht zu hart und sonnenwarm temperiert sein. Am besten Kannen morgens füllen und das Wasser darin abstehen lassen. Leitungswasser ist, sofern es nicht über 20 °dH (Grad deutscher Härte) aufweist, für fast alle Balkon- und Kübelpflanzen geeignet. Für kalkempfindliche Pflanzen (Myrtengewächse, Erikagewächse, Rhododendron, Hortensien) muß es enthärtet werden. Einfach einen mit Torf (bei stark kalkhaltigem Wasser jedesmal neu) gefüllten Beutel ins Gießwasser hängen oder ein Enthärtungsmittel (im Fachhandel) verwenden. Regenwasser aus der Tonne ist trotz eventueller Belastung immer noch empfehlenswert, vor allem für kalkempfindliche Pflanzen.

Wie gießen?

Balkon- und Kübelpflanzen werden in der Regel von oben gegossen. Auf diese Weise sickern Wasser und Nährsalze (Dünger) allmählich nach unten und die feinen Wurzeln werden ausreichend mit Wasser versorgt. Für Ampelpflanzen, die an heißen Tagen in ihren Einzeltöpfen oft völlig austrocknen, ist ein Tauchbad die ideale Gießmethode. Dabei wird der ganze Topfballen samt Gefäß so lange in einen Eimer mit Wasser getaucht, bis keine Luftbläschen mehr aufsteigen. Ein Zeichen, daß sich der Ballen mit Wasser vollgesogen hat. Im Nu richten sich auch schlappe Pflanzen wieder auf. Durch normales Gießen ist diese Wirkung oft nicht mehr zu erreichen, weil ein stark ausgetrockneter Wurzelballen das Gießwasser durchlaufen läßt, ohne es gleich aufzunehmen.
Überschuß- oder Tropfwasser im Untersetzer muß an sehr heißen Tagen nicht entfernt werden, es sei denn, es tropft zum Nachbarn hinunter. Einige Pflanzen wie Engelstrompete, Banane oder Oleander lieben sogar kurzfristige Fußbäder im Hochsommer.
Mehr gießen müssen Sie:
- Während der Hauptvegetation im Sommer.
- An vollsonnigen sowie an windigen Standorten.
- Bei großer Sommerhitze und fehlenden Niederschlägen (oft zweimal täglich).
- Bei lehmigen und torfigen Substraten.
- Pflanzen in Ton- und Terrakottatöpfen.

Weniger gießen müssen Sie:
- Zu Beginn der Vegetationszeit im Frühjahr.
- An schattigen, windgeschützten Plätzen im Freien.
- Bei kühlem Regenwetter.
- Pflanzen mit Mulchdecke oder Unterpflanzung.
- Pflanzen in Kunststoffgefäßen.
- Während der Überwinterung.

Wann gießen?

Wann gegossen wird, hängt von der Jahreszeit ab. Im Sommer können Sie morgens oder abends gießen, aber nie mittags (Temperaturschock) und schon gar nicht in praller Sonne (Verbrennen der Blätter durch Brennglaswirkung der Wassertropfen).
Im Winter gießt man vormittags, damit das Wasser bis abends von den Wurzeln aufgenommen ist.

Düngen nach Maß

Die Versorgung mit Nährstoffen ist bei Pflanzen, die in Gefäßen mit begrenztem Erdraum kultiviert werden, sehr wichtig. Die im Substrat enthaltenen Nährstoffe sind rasch aufgebraucht und müssen durch Düngen nachgeliefert werden.
Zu den Hauptnährstoffen, die jede Pflanze zum Wachsen und Blühen braucht, gehören Stickstoff (N wie Nitrogenium), Phosphor (P), Kalium (K) und Magnesium (Mg). Außerdem werden für einen reibungslosen Ablauf der Lebensvorgänge Spurenelemente wie Eisen, Kupfer, Mangan, Molybdän, Zink und Bor benötigt.
Mineralische Volldünger. Bei ihnen liegen die wichtigen Nährstoffe und Spurenelemente meist als chemische Salze vor und können in dieser Form schnell von Pflanzen aufgenommen werden. Es gibt mineralische Volldünger in flüssiger, pulverisierter oder fester (als Düngerstäbchen) Form. Sie sind für Balkonblumen und Kübelpflanzen sowie für Gemüse und Ziergehölze während der Hauptwachstumszeit von Mai bis August bestens geeignet.
Langzeitdünger sind ebenfalls Mineraldünger. Die Nährsalze sind hier aber so gebunden, daß sie durch das Gießwasser nur langsam (über 10 bis 12 Wochen) abgegeben werden, so daß Verbrennungsschäden an den Wurzeln ausgeschlossen sind. Man mischt sie am besten beim Einpflanzen (→ Praxis, Seite 26/27) unter das Substrat.
Mineralisch-organische Volldünger. Bei ihnen sind Haupt- und Spurennährstoffe nicht nur an Mineralien, sondern auch an organische Stoffe gebunden. Sie eignen sich ebenfalls für alle oben genannten Pflanzengruppen. In diese Gruppe gehören auch organische Spezialdünger, zum Beispiel für Balkonblumen, Kübelpflanzen, Gemüse, Rosen, Koniferen und Rhododendren.
Die Hauptnährstoffe sind hier genau auf die Bedürfnisse der jeweiligen Pflanzengruppe abgestimmt. Dies drückt sich im Verhältnis von N, P und K zueinander aus, das auf der Verpackung angegeben sein sollte (zum Beispiel: 14 + 7 + 14 oder 14/7/14, das bedeutet: 14 % Stickstoff, 7 % Phosphoroxid, 14 % Kaliumoxid).
Organische Dünger wie Knochen- oder Blutmehl, Hornspäne oder abgelagerter Mist sind für die Gefäßkultur nur bedingt geeignet. Ihre Wirkstoffe müssen erst durch Mikroorganismen im Boden aufgeschlossen werden. Da diese im begrenzten Erdraum viel zu schwach ausgebildet sind, erfolgt die Freisetzung der Nährstoffe oft etwas spät.

Goldene Düngeregeln

- Lieber öfter und niedrig dosiert, als selten und hoch dosiert düngen. Niedrig dosiert heißt: Angegebene Dosierung (in der Regel 2 bis 3g (ml) pro 1 Liter Wasser) halbieren bis dritteln. Dies gilt vor allem für salzempfindliche Pflanzen wie Feuersalbei, Hanfpalme, Husarenknöpfchen, Kaskadenblume, Lobelie, Löwenmäulchen.
- Neu erworbene oder überwinterte und danach umgetopfte Pflanzen erstmals nach 4 bis 6 Wochen düngen.
- Überwinterte, nicht umgetopfte Pflanzen erst düngen, wenn sie kräftig treiben.
- Wurde dem Substrat ein Langzeitdünger beigemischt, dann erstmals 10 Wochen nach dem Umtopfen nachdüngen.
- Gehölze nur bis August düngen, damit das Holz ausreifen kann.
- Kalkempfindliche Pflanzen wie Myrtengewächse, Rhododendren, Hortensien mit Spezialdünger für Moorbeetgewächse düngen.

Die artgerechte Überwinterung

Mit einigen wenigen Ausnahmen müssen alle Pflanzen in Gefäßen mit beschränktem Erdvolumen vor Minusgraden geschützt werden (→ Praxis, Seite 28/29). Das gilt auch für an sich frostharte Pflanzen, deren Wurzelballen im Gefäß nicht so geschützt wie in der freien Erde sind und schnell zu funktionsunfähigen Klumpen gefrieren. Während die wärmegewohnten Exoten im Haus überwintern müssen, können Gartenpflanzen in Gefäßen mit entsprechendem Schutz auch im Freien bleiben – was manches Platzproblem löst.

Je kürzer der Aufenthalt im selten optimalen Überwinterungsquartier ist, desto weniger werden die Pflanzen geschwächt. Unsere Balkon- und Kübelpflanzen stammen aus unterschiedlichen Regionen, und einige sind durchaus auch Minusgrade gewöhnt. Für viele ist Kälteeinwirkung sogar notwendig. Sie bremst zum Beispiel im Herbst bei allen Gehölzen das Wachstum und fördert dadurch die Holzreife. Im Frühjahr verhindert Kühle bei manchen Gehölzen (Kreppmyrte, Granatapfel) einen zu frühen, schwächlichen Austrieb. Man sollte deshalb die individuelle Kältetoleranz einer Pflanze beachten und Einräum- sowie Ausräumtermine artgerecht legen. Dies trägt zur Kräftigung und Gesundheit der Pflanze bei.

<u>Keinen Frost vertragen</u> Tropenkinder und empfindliche Immergrüne, zum Beispiel: Schönmalve, Bougainvillee, Kamelie, Palmfarn, Kassie, *Citrus*-Arten, Flammenbusch, Hibiskus, Bananen, Passionsblume, *Tibouchina*, Heliotrop.

Sie müssen vor den Frösten eingeräumt und dürfen frühestens nach den Eisheiligen wieder ausgeräumt werden.

<u>Kurzfristig bis zu –5 °C vertragen</u> einige subtropische Arten des Mittelmeerraumes, aus Südafrika, Südamerika und Australien, zum Beispiel: Erdbeerbaum, Aukube, Bleiwurz, Zylinderputzer, Klebsame, Zwergpalme, Johannisbrotbaum, Olive, Myrte.

Sie müssen erst bei Dauerfrösten unter –5 °C (Hochdruckwetterlage) eingeräumt werden und dürfen schon Anfang Mai ins Freie.

Wichtige Voraussetzungen sind dabei allerdings, daß die Pflanzen einige Jahre alt, kräftig und ausgereift sind sowie im Winterquartier nicht durch zu warmen und dunklen Stand verweichlicht wurden. Sind Nachtfröste gemeldet, schützt man die großen Vertreter durch Schilfmatten oder Noppenfolie, die kleinen Töpfe holt man abends herein.

<u>Kurzfristig bis –10 °C</u> vertragen Orangenblume, Hanfpalme, Kreppmyrte, Granatapfel, Lorbeer, Mastixstrauch.

Sie müssen bei Dauerfrösten ab –10 °C eingeräumt werden und dürfen bereits ab Mitte April hinaus. Auch für sie gelten die obigen Einschränkungen.

Winterquartiere im und am Haus

Der ideale Winterstandort für fast alle Balkon- und Kübelpflanzen ist luftig, hell und 5 bis 10 °C kühl, Bedingungen, die eigentlich nur in einem Gewächshaus oder Wintergarten zu realisieren sind. Stattdessen stehen uns mehr oder weniger optimale Orte wie Keller, Garage, Speicher, Lichtschacht oder ungeheizte Zimmer zur Verfügung. Völlig ungeeignet ist der warme und dunkle Winterplatz.

<u>Unbedingt hell überwintern müssen</u> immergrüne Nadel- und Laubgehölze, Bambus-Arten, lichthungrige Pflanzen wie der Zylinderputzer und Pflanzen, die im Winter blühen wie Kamelien.

<u>Notfalls dunkel überwintern dürfen</u> stark zurückgeschnittene Pflanzen, außerdem solche, die ihr Laub abwerfen. Pflanzen aus Zwiebeln und Knollen brauchen erst im Frühjahr Licht.

<u>Faustregel:</u> Je heller, desto wärmer kann das Winterquartier sein, je dunkler, desto kühler muß es sein.

Frühjahrsinspektion und Eingewöhnung

Mit zunehmendem Licht beginnt Anfang März der neue Austrieb. Alle Pflanzen, vor allem jene, die dunkel überwintert wurden, müssen jetzt wieder ans Licht gewöhnt werden, sollen austreiben und neue Blätter bilden. Jetzt ist auch eine Frühjahrsinspektion angesagt:

- Schneiden Sie Geiltriebe oder Pflanzenteile, die durch Trockenheit, Kälte oder zuviel Wärme am Winterstandort gelitten haben, weg.
- Nehmen Sie – wo empfohlen (→ Beschreibungen der Pflanzen, Seite 86 bis 227) – einen Frühjahrsrückschnitt vor.
- Topfen Sie Kübelpflanzen bei Bedarf um (→ Praxis, Seite 26/27).
- Entfernen Sie den Winterschutz der Pflanzen im Freien.
- Geben Sie den Wasserpflanzen neue Erde und neues Wasser.

<u>Zum Akklimatisieren</u> stellt man alle Kübelpflanzen, auch die sonnenliebenden, nach dem Ausräumen zuerst 14 Tage an einen windgeschützten, schattigen Platz. Auf diese Weise vermeidet man Blatt- und Triebschäden durch Sonnenbrand oder Kälte.

<u>Der Vegetationsbeginn</u> sollte langsam angegangen werden. Das bedeutet: Anfangs wenig, mit zunehmendem Austrieb der Pflanze entsprechend mehr gießen.

Ein Garten in luftiger Höhe
Dieser Südbalkon erlaubt die Kultur lichthungriger Pflanzen wie Weiße Glockenblume, Klematis, Bougainvillea, Bleiwurz, Hornklee, Petunien, Elfengold und Strauchmargerite (von links nach rechts). Ganz zu schweigen von der Jungfernrebe am Bogenfenster, die bei optimalem Licht ihr Laub im Herbst besonders schön färbt.

Frühjahrs- und Sommerpflege

Tägliches Ausputzen verwelkter Blüten verhindert Samenbildung, fördert die Bildung neuer Blüten und hält die Pflanzen gesund und schön. Man bricht sie am Knoten aus (bei Pelargonien), schneidet sie ab oder kneift sie aus (andere Balkonblumen).

Nach einem kräftigen Rückschnitt um die Hälfte treiben Petunien von unten wieder prächtig aus und blühen so üppig wie zuvor. Er erfolgt nach dem ersten Flor Ende Juli/ Anfang August, wenn die Pflanzen langtriebig werden und auseinanderfallen.

Schutz vor Kälte und Regen bieten im Frühjahr und ab Ende August Folienhauben mit Dachschlitzen. Tomaten, Paprika, Auberginen und andere kälteempfindliche Pflanzen können darunter noch ausreifen, und man kann länger ernten.

Staunässe vermeiden!
So sollte es im Kübel jeder größeren Pflanze aussehen: Über dem Abzugsloch für das Wasser befindet sich eine Dränageschicht, zwischen ihr und dem Substrat ein Vlies, das verhindert, daß Erde in die Dränage gerät und sie verstopft.

Einpflanzen, Umtopfen

Die Umtopf- und Einpflanzzeit beginnt Ende Februar und dauert bis Ende Mai. Frühjahrsblüher werden nach der Blüte umgetopft.
Eingepflanzt werden Jungpflanzen. Umtopfen kommt bei älteren Pflanzen in Frage und ist nötig,

- wenn die Pflanze ihr Gefäß völlig durchwurzelt hat,
- wenn das Substrat so alt und verkrustet ist, daß das Gießwasser nicht mehr richtig aufgenommen wird,
- wenn die Pflanze deutliche Mangelerscheinungen zeigt oder kränkelt,
- jedes Jahr bei nährstoffbedürftigen Kübelpflanzen wie *Datura/Brugmansia,* Fuchsie, Oleander, Strauchmargerite, Zierbanane!

Das neue Substrat spendet der Pflanze neue Nährstoffe und gibt ihr Halt.
Das neue Gefäß muß bei kleinen Pflanzen rundum 2 cm größer, bei großen Pflanzen rundum 5 bis 10 cm weiter als der Ballen sein.
So wird getopft: Pflanzen lösen sich besser, wenn man sie aus Plastiktöpfen mit trockenem, aus Tongefäßen mit nassem Ballen hebt.

- Alte Erde aus dem Ballen schütteln.
- Zu lange Wurzeln einkürzen, vertrocknete oder verfaulte abschneiden.
- Wichtig ist die Dränageschicht (→ Zeichnung, Staunässe vermeiden). Sie sollte bei Kästen 5, bei Kübeln mindestens 10 cm hoch sein und kann aus Sand, Kies, Tongranulat oder Topfscherben bestehen. Darüber ein Vlies so ausbreiten, daß es noch einige Zentimeter an der Gefäßwand hochragt. Es verhindert, daß Abzugsloch und Dränageschicht durch Erde verstopft werden.
- Vlies 3 bis 5 cm dick mit Substrat bedecken.
- Pflanze auf Mitte setzen. Substrat einfüllen und andrücken.
- Pflanze angießen, hell und etwas wärmer stellen.

Umtopfen mit Wurzelschnitt
1 Starkwurzelnde Pflanzen wie Engelstrompete oder Oleander kann man wieder in den gleichen Kübel umtopfen.
2 Mit scharfem Messer den Ballen so verkleinern, daß rundherum 2 bis 3 cm Platz für neue Erde bleibt.
3 Dränageschicht und etwas Erde einfüllen. Ballen auf Mitte setzen. Weitere Erde einfüllen und festdrücken.

Substraterneuerung bei großen Pflanzen
Irgendwann ist aus Platzgründen das »Endgefäß« erreicht, in dem die Pflanze bleiben muß.
Durch einen Wurzelschnitt (→ Zeichnung, Umtopfen mit Wurzelschnitt) wird der Ballen so verkleinert, daß der Pflanze im alten Gefäß noch rundum Platz für neues Substrat bleibt. Eventuell auch Triebe zurücknehmen, um das Gleichgewicht zwischen Wurzeln und Trieben zu erhalten.
Erneuern der obersten Erdschicht ist eine Notlösung, wenn zum Beispiel das Gefäß zu schwer ist oder man die Pflanze nicht mehr aus dem Gefäß bekommt. Man kratzt vorsichtig soviel alte Erde wie möglich von der Oberfläche ab und ersetzt sie durch neues Substrat, dem man einen Langzeitdünger beimischt.

Ausputzen, Entspitzen, Schneiden
Das Entspitzen (→ Zeichnung, Entspitzen) fördert eine üppige Verzweigung und damit mehr Blütentriebe.
Schneiden verbessert das natürliche Erscheinungsbild der Pflanze (→ Zeichnung, Rückschnitt) oder bringt sie in eine dekorative Form (→ Formschnitt, Praxis, Seite 50/51). Die Pflanze verzweigt sich unterhalb der Schnittstelle. So wird auch Verkahlung von unten verhindert.
Wichtig: Der richtige Schnitt führt immer von der Knospe weg, damit kein Wasser in sie laufen kann (→ Zeichnung, Richtig schneiden).
Das Ausputzen (→ Zeichnung, Ausputzen) sollte regelmäßig, am besten täglich geschehen. Entfernen Sie verblühte Blumen und vergilbte Blätter, dies verhindert eine kräfteraubende Samenbildung und dient der Pflanzenhygiene.

Automatische Bewässerung
Balkon- und Kübelpflanzen müssen, da die Erde im Gefäß viel schneller austrocknet als im freien Boden, regelmäßig und gut bewässert werden. Gießhelfer über ein Wochenende oder gar die Urlaubszeit sind Kurz- oder Langzeitbewässerungen (→ Zeichnungen, Vollautomatische Langzeitbewässerung, Kurzzeitbewässerung), die nach dem Prinzip der Kapillarwirkung arbeiten und im Fachhandel (→ Quellen, Seite 238) erhältlich sind:
- Blumenkästen mit Wasserspeicher.
- Docht- und Dochtmattenbewässerung.
- Tröpfchenbewässerungen mit Keramikkegeln oder Tropfnadeln.
- Automatische Bewässerungssysteme, auch computergesteuert.

Vollautomatische Langzeitbewässerung
1 Die Wasserzufuhr erfolgt aus der Wasserleitung über einen Druckreduzierer. Die an einer Hauptleitung hängenden Tropfer werden in die Erde gesteckt.
2 Bei trockener Erde entsteht in den Keramikkegeln Saugspannung. Diese wird auf ein Ventil übertragen, das sich nur dann öffnet und Wasser tropfen läßt.

Kurzzeitbewässerung
1 Einzelne Töpfe können von einem höherstehenden Wasserbehälter aus über einen Saugdocht versorgt werden. Wichtig: Der Saugdocht darf nicht durchhängen.
2 Mehrere Einzeltöpfe (aus Ton) erhalten Feuchte über einige Tage, wenn sie in wassergesättigtes Tongranulat oder nassen Sand eingebettet werden.
3 Blumenkästen mit eingebautem Wasserspeicher. Das Wasser wird über einen Docht aus dem Tank unter dem doppelten Boden des Gefäßes angesaugt. Aufgefüllt wird der Vorratsbehälter über einen Nachfüllstutzen.

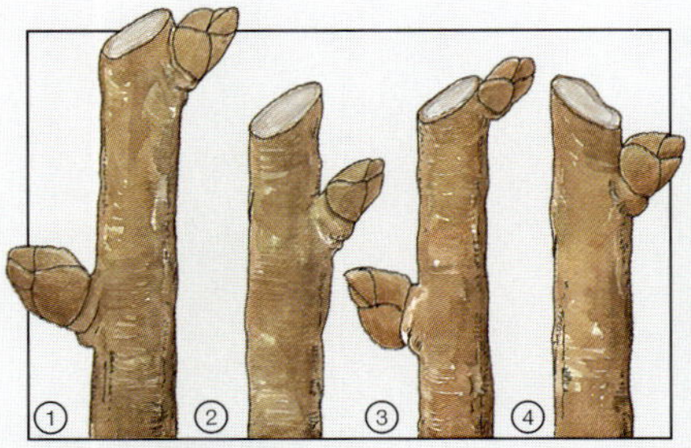

Richtig schneiden
Richtig: Einige Millimeter über einer Knospe und schräg von der Knospe weg schneiden (1).
Falsch: Die Abstände zur Knospe sind zu groß (2), zu klein (3) oder der Schnitt läuft zur Knospe hin (4).

Entspitzen fördert buschigen Wuchs
1 Bei Jungpflanzen Haupttrieb abknipsen, sobald er die gewünschte Höhe erreicht hat. Das regt die Bildung von Seitentrieben an.
2 Immer wieder Triebspitzen abknipsen, um weitere Verzweigungen zu fördern.

Einräumen und Überwintern

Transporthilfen beim Einräumen

1 Zum Transportieren schwerer Kübel gibt es besonders stabile Sackkarren mit 200 kg Tragkraft.
2 Praktisch und kräftesparend beim Putzen, Ein- und Ausräumen: Der rollende Pflanzkübeluntersetzer.
3 Für schwere Kübel: Stabile Tragholme, die in die Griffe geschoben werden.

Überwinterungsregeln

1 Hell überwintern müssen Immergrüne sowie lichthungrige Pflanzen.
2 Dunkel überwintern dürfen stark zurückgeschnittene und laubabwerfende Pflanzen sowie Arten, die Winterruhe brauchen oder eine aufgezwungene tolerieren.

Winterschutz draußen

Kübel von unten durch eine dicke Holz- oder Styroporplatte isolieren. Gefäß mit Noppenfolie umhüllen. Frostempfindliche Partien – wie die Veredelungsstelle bei Rosen – mit Fichtenzweigen abdecken.

Vorbereitungen zum Überwintern im Haus

Das Einräumen der Pflanzen ist eine zeit- und kräfteraubende Arbeit, die organisiert werden muß.

- Sorgen Sie rechtzeitig für Transporthilfen (→ Zeichnungen, Transporthilfen beim Einräumen) sowie für geeignete Überwinterungsplätze.
- Achten Sie ab Anfang September darauf, daß der Wurzelballen nicht mehr zu naß wird. Das verhindert Fäulnis am Überwinterungsplatz.
- Schneiden Sie Pflanzen, die es vertragen, vor dem Einräumen zurück, um Stellraum zu gewinnen.

Der richtige Zeitpunkt zum Einräumen

Nicht pauschal bei den ersten Frostgraden (die oft schon Ende September nachts auftreten) alles einräumen, sondern die individuelle Kältetoleranz der Pflanzen berücksichtigen (→ Seite 25 und individuelle Angaben bei den einzelnen Pflanzenporträts).
Faustregel: Krautige Pflanzen sind in der Regel empfindlicher als holzige, immergrüne Gehölze vertragen Kälte schlechter als laubabwerfende.

Pflege im Winterquartier

Einmal wöchentlich sollten Sie Ihre Pflanzen inspizieren.

- Entfernen Sie regelmäßig abgefallenes, vertrocknetes oder verschimmeltes Laub.
- Kontrollieren Sie die Pflanzen auf Schädlingsbefall und unternehmen Sie sofort etwas dagegen.
- Lüften Sie an frostfreien Tagen so lange wie möglich.
- Lassen Sie den Wurzelballen nicht völlig austrocknen. Besonders Immergrüne verdunsten ständig Wasser und müssen auch im Winterquartier gegossen werden.

Pelargonien richtig überwintern

1 Vor dem Überwintern Pelargonien gründlich durchputzen. Alle Blüten sowie welke Blätter entfernen.
2 Während des Überwinterns stets die Geiltriebe entfernen, um die Pflanze nicht unnötig zu schwächen.
3 Nach dem Überwintern Pflanze auf 3 Augen über den verholzten Stengeln zurückschneiden. Hell und wärmer stellen.

Überwintern im Freien

Draußen überwintern können alle Pflanzen in großen und kleinen Gefäßen, die frei ausgepflanzt winterhart oder nahezu winterhart sind. Drohen Dauerfröste, rückt man die Gefäße an eine wind- und regengeschützte Stelle. Klettergehölze am Spalier müssen an Ort und Stelle geschützt werden.
Große Kübel werden eingepackt. Man umwickelt sie mit dicker Noppenfolie (→ Zeichnung, Winterschutz draußen) oder mit einem anderen Isoliermaterial.
Die oberirdischen Teile werden nur bei artspezifischer Empfindlichkeit (zum Beispiel Rosen, → Zeichnung, Winterschutz draußen) oder in dauerkalten Gegenden mit Fichtenzweigen geschützt. Sonst genügt es, bei extremen Frösten eine alte Wolldecke über die Pflanze zu werfen oder sie durch schräg angelehnte Schilfmatten zu schützen (→ Zeichnung, Große Gehölze schützen).
Immergrüne wie Bambus oder Rhododendron nicht abdecken und nur bei längeren Frostperioden und intensiver Wintersonne durch Schilfmatten schützen (→ Zeichnung, Große Gehölze schützen). An frostfreien Tagen mit handwarmem Wasser gießen.
Kleine Töpfe können zu mehreren in eine Kiste oder Schale eingesenkt werden (→ Zeichnung, Kleine Gehölze schützen). Die Zwischenräume mit Isoliermaterial (Styroporchips, Holzwolle, Zeitungspapier) ausstopfen, Oberfläche mit Fichtenzweigen abdecken.
Kästen mit Blumenzwiebeln oder winterfesten Balkonblumen (*Bellis*, *Viola*) stellt man auf den Balkonboden und deckt sie mit Fichtenzweigen ab.

Überwintern von Wasserpflanzen

Wer hätte nicht gern einen kleinen Teich im Kübel oder Faß auf Balkon oder Terrasse? Viele scheuen jedoch das Überwintern. Wie dies geschieht, hängt von der Bepflanzung ab. Grundsätzlich sollte man robuste Freiland-Wasserpflanzen wählen, die ohnehin eine Winterruhe durchmachen. Bei kleineren Gefäßen läßt man vor den ersten Frösten das Wasser ab, bedeckt die Pflanzen mit feuchtem Laub und stellt sie im Gefäß in einen gerade eben frostfreien, dunklen Raum (Garage, Keller, Waschküche).
Bei schweren Gefäßen (Steintrögen) empfiehlt sich eine mobile Bepflanzung in Körben und Containern. Man nimmt die Behälter mit den Pflanzen im Herbst heraus und überwintert sie wie oben in großen Schalen oder Wannen.
Wichtig: Wasserpflanzen dürfen im Winterquartier nicht austrocknen.

Sicherheitsvorkehrungen

1 Beim Einräumen von Citrus-Gewächsen können die Dornen die Kleider zerreißen oder die Haut verletzen. Darum: Blattkrone vorher mit fester Schnur zusammenbinden.
2 An den nadelfeinen Blattenden der Agaven kann man sich verletzen. Vor dem Einräumen einfach Korken auf die Blattspitzen stecken.

Pflege am Überwinterungsort

1 Blätter, die verwelkt, verschimmelt, gelb oder braun aussehen, sofort entfernen. Das gilt für alle Balkon- und Kübelpflanzen, nicht nur für Pelargonien.
2 Abgefallenes Laub regelmäßig beseitigen, um Fäulnis zu verhindern.
3 An frostfreien Tagen stundenweise lüften. Das beugt Pilzbefall vor.
4 Bei Schädlingsbefall sofort ein Pflanzenschutzmittel sprühen. Bei Bedarf Behandlung mehrmals nach Gebrauchsanweisung wiederholen.

Große Gehölze schützen

Winterharte Gehölze oder Kletterpflanzen sowie Bambus können durch schräg an die Wand gelehnte Schilfmatten vor starkem Frost und austrocknender Sonne bewahrt werden. An frostfreien Tagen Abdeckung entfernen.

Kleine Gehölze schützen

Kleine Gehölze (zum Beispiel Topfrosen) in großer Kiste oder Schale überwintern. Auf Dränageschicht stellen, Zwischenräume mit Isoliermaterial (Holzwolle, Zeitungspapier) ausstopfen, oben mit Fichtenreisig abdecken.

Pflegefehler schwächen die Pflanze und machen sie anfällig und verletzlich. Aber sie sind nicht die einzige Ursache für Krankheiten und Schädlingsbefall. Im Freien spielen auch andere Faktoren eine bedeutende Rolle: Regional und von Jahr zu Jahr verschiedene Witterungsverhältnisse, die fortschreitende Verbauung der Landschaft, die Zerstörung regulierender Biotope, Umweltgifte und vieles andere mehr sorgen dafür, daß es Jahre gibt, in denen plötzlich Invasionen von Schild- und Blattläusen oder Minierfliegen ihr Unwesen treiben.

ERSTE HILFE FÜR IHRE PFLANZEN

Marienkäfer verspeisen Unmengen von Blattläusen und sind Glücksbringer für alle Pflanzen im Freien. Aber oft sind sie auf Balkon und Terrasse nicht zahlreich genug und machtlos gegen andere Schädlinge und Krankheiten. Hier helfen nur Vorbeugung und rechtzeitige, ganz gezielte Bekämpfungsmaßnahmen.

Vorbeugungsmaßnahmen

Vorbeugen ist immer besser als heilen: Ein optimaler Standort, eine auf die individuellen Bedürfnisse der Pflanze abgestimmte Pflege (→ Pflanzenporträts, Seite 86 bis 227), die richtige Überwinterung und eingehaltene Eingewöhnung sind wichtige Schritte zum Pflanzenschutz. Hinzu kommen weitere Maßnahmen:

Hygiene bei Gefäß und Pflanze. Verwenden Sie nur saubere Pflanzgefäße. Gebrauchte vor der Neubepflanzung kräftig mit heißem Seifenwasser ausschrubben. Entfernen Sie regelmäßig Blätter und Blüten, die verdorrt, verfault oder krank aussehen. Größere Schnittstellen mit Holzkohlepuder desinfizieren!

Regelmäßiger Pflanzencheck. Kontrollieren Sie Ihre Pflanzen regelmäßig das ganze Jahr über, vor allem am Winterstandort (→ Praxis, Seite 29). An Triebspitzen und Knospen halten sich gerne Blattläuse auf. Behalten Sie auch die Blattunterseiten im Auge. Dabei entdeckt man viele Schädlinge und Krankheiten bereits im Anfangsstadium, was die Bekämpfung erleichtert. Blanke, klebrige Blätter (Ausscheidungen der Schädlinge) deuten darauf hin, daß sich am Saft der darüberliegenden Blätter Blattläuse, Schildläuse oder Weiße Fliege laben.

Stärkung des Gewebes. Gießen Sie Ihre Pflanzen während der Wachstumszeit regelmäßig mit kieselsäurehaltigen Schachtelhalm-, Brennessel-, Comfrey- oder Schafgarbe-Brühen, das festigt ihr Gewebe und macht es widerstandsfähiger gegenüber gefräßigen Insekten. Es gibt auch Fertigprodukte, die eine Kombination aus natürlichen Fettsäuren mit Pflanzenextrakten enthalten und die pflanzeneigenen Abwehrkräfte gegen Pilzkrankheiten wirksam unterstützen.

Besprühen Sie die Pflanzen – auch wenn sie im Winter unbelaubt sind – mit einem Aromaspray aus pflanzlichen Duftölen. Die darin enthaltenen Hormone aktivieren während der Vegetationszeit das Pflanzenwachstum, die ätherischen Öle wirken ganzjährig gegen Bakterien und Pilze.

Wertvolle pflanzenstärkende Minerale und Spurenelemente liefern Heilerde (1 Messerspitze in 1 Liter Gießwasser), Gesteinsmehl oder Braunalgenextrakt.

Alle genannten Produkte sind im Gartenfachhandel erhältlich (→ Quellen, Seite 238), Kräuter und Heilerde in Drogerien, Apotheken, Reformhäusern und Bioläden.

Trockenhalten der Blätter. Gießen Sie möglichst nur auf die Erdoberfläche. Nasses Laub ist anfällig für Blattälchen, Sonnenbrand und Pilzinfekte.

Richtige Pflanzennachbarn. Geben Sie Ihren Pflanzen schädlingsabweisende Nachbarn. Studentenblumen, Ringelblumen oder Trichterwinde locken läusevertilgende Schwebfliegen an.

Kapuzinerkresse und Gartenkresse halten auch von Obstbäumchen im Kübel die Blutlaus fern. Thymian und Knoblauch verhindern Pilzinfekte, zum Beispiel bei Rosen und Erdbeeren, Lavendel vertreibt Ameisen.

Vorbeugen ist besser als heilen

Schädlinge und Krankheiten treten seltener auf, wenn man wie hier einzelne Exemplare völlig unterschiedlicher Arten zusammenstellt und dafür sorgt, daß zwischen Gefäßen und Pflanzen Luft zirkulieren kann.

Lockerer, luftiger Stand. Vermeiden Sie zu dichten Stand, vor allem auf geschlossenen Balkonen. Gut zirkulierende Luft – kein Durchzug – ist immer noch der wirksamste Schutz vor Pilzbefall.
Maßgeschneiderte Düngung. Mästen Sie die Pflanzen nicht, vor allem nicht mit Stickstoff, der das Pflanzengewebe schwammig und damit pilzanfällig macht. Gehölze nur bis August düngen, damit das Holz ausreifen, das heißt fest werden kann. Nur so ist es im Winterquartier gegen Krankheiten und Schädlinge gefeit.
Witterungsschutz. Stellen Sie Pflanzen, die Nässe schlecht vertragen, in regenreichen Sommern an einen überdachten Platz. Bewahren Sie Zartlaubiges vor Wind und starker Zugluft und kälteempfindliche Pflanzen vor Frost.

Bekämpfungsmöglichkeiten

Greifen Sie nicht immer gleich zum Gift. In vielen Fällen kommen Sie auch mit »harmlosen« Mitteln zum Ziel.
Die mechanische Bekämpfung stoppt fürs erste die Vermehrung der Schädlinge. Dazu gehört:

- Entfernen befallener oder kranker Pflanzenteile.
- Absammeln oder Abstreifen der Tiere. Hartlaubige Pflanzen können auch mit starkem Wasserstrahl aus dem Gartenschlauch abgebraust werden. Wichtig: Nicht bei voller Sonne spritzen und so, daß die Pflanze bis abends abgetrocknet ist.

Die alternative Bekämpfung bedient sich einiger Mittel des Biogärtners, die aber nicht immer zuverlässig sind:

- Mit Brennesselauszug (→ Rezept, Seite 35) kann man Blattläuse besprühen.
- Schachtelhalmbrühe (→ Rezept, Seite 35) hilft gegen Mehltau.
- Knoblauchtee (→ Rezept, Seite 35) wirkt gegen Pilzinfekte.
- Wermuttee (→ Rezept, Seite 35) kann gegen Blattläuse, Blattrandkäfer, Sägewespe, Apfelwickler, Erbsengallmücke, Kirschfruchtfliege und Ameisen gespritzt werden.

Die biologische Bekämpfung besteht darin, Nützlinge (→ Quellen, Seite 238) gegen Schädlinge einzusetzen. Dies funktioniert am besten in geschlossenen Räumen. Erfolgreich im Freien (also auch auf Balkon und Terrasse) sind:

- Räuberische Gallmücken und Florfliegen gegen Blattläuse (die Abwehr gelingt nicht immer vollständig).
- Parasitäre Nematoden (Älchen) gegen Dickmaulrüßler. Sie brauchen aber Bodenfeuchte und Temperaturen über 13 °C, um sich entfalten zu können.
- *Bacillus thuringiensis* gegen Raupen.

Zu den biologischen Mitteln gehören auch lecithinhaltige Pilzbekämpfungsmittel sowie Algenkalk, der die Larvenstadien von Schadinsekten austrocknet und gegen Blattläuse und Älchen gestäubt werden kann. Außerdem pyrethrumhaltige Spritz-, Sprüh- und Stäubemittel. Sie enthalten den Blütenextrakt einer *Chrysanthemum*-Art und werden auf der Pflanze und im Boden schnell abgebaut. Pyrethrum ist für Bienen ungefährlich, nicht aber für einige Nutzinsekten wie Marienkäfer, Schweb- und Florfliegen – ebensowenig für Fische.
Warnung: Pyrethrum-Mittel sind auch für den Menschen hochgiftig, wenn sie in offene Wunden, auf kranke Haut oder in die Blutbahn gelangen.
Die biotechnische Bekämpfung nutzt natürliche Reaktionen der Schädlinge auf physikalische oder chemische Reize. Gelbtafeln oder Gelbsticker sind mit Leim beschichtete Insektenfänger, die durch ihre Farbe Weiße Fliegen, Minierfliegen, Trauermücken und andere fliegende Insekten – darunter auch nützliche – anlocken. Darum: Nur im Winterquartier, nicht draußen verwenden!
Chemische Mittel setzt man immer dann ein, wenn alle anderen Maßnahmen versagt haben, oder bei sehr wertvollen Pflanzen, wo ein schneller Effekt erwünscht ist und man keine unnötigen Schäden riskieren möchte.

- Insektizide wirken gegen Insekten und können gespritzt, gegossen, auf das Substrat gestreut oder (bei kleinen Gefäßen) als Stäbchen in die Erde gesteckt werden.
- Akarizide töten Milben ab.
- Fungizide sind pilztötende Mittel.
- Bakterizide sind bei uns nicht zugelassen.
- Ölhaltige Mittel, zum Beispiel Weißöle wie das Paraffinöl, sind chemische Mittel natürlichen Ursprungs. Sie verstopfen die Atmungsorgane der Insekten.
- Seifenähnliche Mittel, zum Beispiel auf der Basis von Kaliumsalzen natürlicher Fettsäuren, dringen in den Insektenkörper ein. Sie wirken auf die Zellmembranen und verhindern die Atmung, so daß die Schädlinge schnell absterben. Alle

Natürliche Pflanzenschutzmittel

Algenextrakt wird aus der Braunalge (*Ascophyllum nodosum*) gewonnen. Er enthält 70 verschiedene Stoffe, wie Spurenelemente, Vitamine, Hormone, Enzyme, Proteine und Aminosäuren, wirkt wachstumsstimulierend sowie stärkend und wird wie ein Blattdünger gespritzt.
Algenkalk trocknet die Larvenstadien von Schadinsekten aus und kann gegen Blattläuse und Älchen gestäubt werden.
Ätherische Öle wirken wachstumsfördernd, antiseptisch und pilztötend. Sie sind enthalten in Aroma-Sprays sowie in Zubereitungen mit Knoblauch, Salbei, Thymian, Zwiebel, Baldrian, Kamille.
Kieselsäure ist eine Siliziumverbindung, die das Gewebe festigt. Sie ist enthalten in Gesteinsmehl, Heilerde, Kieselerde sowie in Zubereitungen mit Schachtelhalm, Comfrey, Brennessel, Schafgarbe.
Lecithin, als Nervenstärkungsmittel und Lebensmittelzusatz bekannt, wird vorwiegend aus Sojabohnen gewonnen. Lecithin festigt die Blattoberfläche und ist ein hervorragender Wirkstoff gegen Echten Mehltau.
Seifenähnliche Mittel, zum Beispiel auf der Basis von Kaliumsalzen natürlicher Fettsäuren, dringen in den Insektenkörper ein. Sie wirken auf die Zellmembranen und verhindern die Atmung, so daß die Schädlinge schnell absterben.
Paraffinöl oder Weißöl ist ein gereinigtes Erdölprodukt, das in der Pharmazeutik als Salbengrundlage dient und die Atmungsorgane von Schadinsekten verstopft.
Pyrethrum-Extrakt wird aus den Blüten des in Afrika feldmäßig angebauten *Chrysanthemum cinerariifolium* gewonnen. Der Extrakt wirkt auf das Nervensystem kaltblütiger Lebewesen, zum Beispiel Insekten und Spinnentiere (auch auf Fische), ist aber bienenungefährlich.

In Atriumhöfen herrscht ein schützendes Mikroklima, das vielen Pflanzen behagt.

genannten Produkte sind im Fachhandel erhältlich. Wenn Sie den Schädling oder die Krankheit erkannt haben, wird man Ihnen ein maßgeschneidertes Mittel anbieten. Zur richtigen Diagnose verhelfen Ihnen die Schadbilder (→ Praxis, Seite 36/37).

Darauf sollten Sie achten

- Verwenden Sie keine hochgiftigen mit T oder T + gekennzeichneten Mittel.
- Gießen oder sprühen Sie bienengefährliche Mittel nur in Ausnahmefällen – und wenn, spätabends.
- Verwenden Sie aus Umweltschutzgründen nur Sprays ohne FCKW oder mit Luft als Druckmedium.
- Halten Sie sich genau an die Gebrauchsanweisungen und Dosierungsvorschriften. Beachten Sie die empfohlenen Spritzintervalle, um auch die nachfolgende Schädlingsgeneration zu vernichten.
- Atmen Sie den Sprühnebel nicht ein.
- Tragen Sie Handschuhe beim Umgang mit Pflanzenschutzmitteln.
- Bewahren Sie Pflanzenschutzmittel grundsätzlich in der Originalverpackung, außer Reichweite von Kindern und Haustieren, nicht zusammen mit Lebens- oder Futtermitteln sowie verschlußsicher auf.
- Reste nicht aufheben (die Wirkung der meisten Präparate baut sich schnell ab), auch nicht in den Hausmüll werfen, sondern zu Sondermüll-Sammelstellen bringen.

Hilfe bei physiologischen Schäden

Hierbei sind Wurzeln oder Blätter so geschädigt, daß sie ihre Aufgaben (Transport von Wasser und Nährstoffen sowie Photosynthese) nicht optimal erfüllen können.

Wachstumsstörungen: Wurzeln überprüfen. Bei Bedarf Wurzelschäden beheben (→ rechts). Standort und Nährstoffzufuhr verbessern. Manchmal ist auch Luftverschmutzung die Ursache.

Blühfaulheit: Pflegefehler wie zu dunkler oder zu kalter Standort, zu stickstoffreiche Düngung und falsche Überwinterung beheben.

Eingerollte Blätter: Pflanze durchdringend wässern. Überschüssiges Gießwasser entfernen und Pflanze kühler stellen.

Bleiche Blätter (Chlorose): Eisenchelat oder Braunalgenextrakt nach Vorschrift im Wasser auflösen, über die Blätter sprühen oder Pflanze damit gießen. Gießwasser enthärten. Pflanze im Frühjahr umtopfen.

Sonnenbrand: Pflanze sofort schattieren oder Standort wechseln. Verbrannte Blätter entfernen.

Wurzelschäden: Pflanze austopfen, kranke (braune) Wurzeln mit sauberem, scharfem Messer entfernen, Schnittflächen mit Holzkohlepuder bestäuben und Pflanze in neues Substrat setzen.

Hilfe bei Schädlingen

Spinnmilben: Pflanze kühler, schattiger und feuchter halten. An heißen Tagen reichlich gießen. Gründlich mit lauwarmem Wasser abbrausen oder mehrfach mit einem Mittel gegen Spinnmilben einsprühen. Präparat eventuell wechseln, da die Milben schnell resistent werden. Oder weichlaubige Pflanzen mit einem seifenähnlichen Fertigprodukt, hartlaubige mit einem Paraffinöl-Produkt (beide Präparate sind im Fachhandel erhältlich) gründlich einsprühen. Behandlung eventuell wiederholen.
Schild-, Woll- und Schmierläuse: Schilde abkratzen, Gespinste entfernen. Glänzend-klebrigen Honigtau und schmutzig-schwarzen Rußtau von den Blättern abwaschen. Paraffinöl oder Insektizide.
Blattläuse: Brennesselauszug (→ Rezept, rechts), Wermuttee (→ Rezept, rechts), seifenähnliches Fertigprodukt, Pyrethrum-Spray und andere Insektizide. Auf Ameisen achten, die sich Blattläuse als »Milchkühe« halten und deren natürliche Feinde abwehren.
Weiße Fliege: Insektizid. Im Winterquartier auch Gelbtafeln.
Blasenfüße (Thripse): Pflanzen kühler und feuchter halten. Seifenähnliches Fertigprodukt, Pyrethrum-Spray und andere Insektizide.

Sie klettern und ranken mit schönen Blüten

All diese Kletterpflanzen bekommen am ungünstigen Standort leicht Blattläuse.
1 Passiflora edulis
2 Thunbergia alata
3 Pandorea jasminoides
4 Podranea ricasoliana
5 Tecomaria capensis.

Alternative Spritzmittel – selbst hergestellt

Brennesselauszug gegen Blattläuse

500 g frische Brennesseln (vor der Blüte) in 5 l Wasser 12 bis 24 Stunden ziehen lassen. Frisch und unverdünnt gegen Blattläuse sprühen.

Schachtelhalmbrühe gegen Mehltau

500 g frischen oder 150 g getrockneten Ackerschachtelhalm (Zinnkraut) in 5 l Wasser etwa 24 Stunden einweichen, dann ½ Stunde köcheln. Abkühlen lassen, absieben und zum Spritzen 1:5 verdünnen. Auf die Blätter sprühen und Pflanze damit gießen.

Knoblauchtee gegen Pilzinfekte

1 mittlere Knoblauchzehe zerdrücken und mit 1 l Wasser überbrühen. Absieben, abkühlen lassen. Unverdünnt spritzen. Hilft auch gegen Spinnmilben.

Wermuttee gegen Insekten

1 gehäuften Teelöffel mit 1 l Wasser überbrühen. Absieben, abkühlen lassen. Unverdünnt gegen Blattläuse, Blattrandkäfer, Erbsenwickler, Sägewespe und auf Ameisenlaufstraßen sprühen.

Rosenzikaden: Rosen vor dem Austrieb mit Paraffinöl spritzen. Bei Befall seifenähnliches Fertigprodukt oder Pyrethrum-Spray.
Miniermotte und Minierfliege: Befallene Blätter, in denen die Larven sitzen, entfernen. Bei starkem Befall Insektizid mehrmals im Abstand von 10 bis 14 Tagen anwenden.
Dickmaulrüßler: Käfer im Mai/Juni sowie August/September absammeln. Larven aus dem Wurzelbereich herauslesen. Oder mit parasitären Nematoden (in wässeriger Lösung) gießen, wenn über 13 °C Bodenwärme gewährleistet sind.
Blattwanzen: Schädlinge mittags orten, wenn sie sich auf den Blättern (*Datura/Brugmansia*) sonnen. Dann Insektizid einsetzen.
Lilienhähnchen: Käfer und Larven regelmäßig absammeln. Bei starkem Befall Pyrethrum-Spray oder anderes Insektizid nehmen.
Schnecken: Tiere bei feuchter Witterung morgens oder abends absammeln. Im Garten Bierfallen eingraben (mit Bier gefüllte, in den Boden ebenerdig eingesenkte Becher).
Frostspanner-Raupe: Tiere und geschädigte Blätter entfernen. Biologisches Raupen-Spritzmittel (*Bacillus thuringiensis*).

Hilfe bei Pilzkrankheiten

Echter und Falscher Mehltau: Kranke Blätter entfernen und vernichten. Schachtelhalmbrühe (→ Rezept, oben). Lecithinhaltiges oder anderes spezifisches Fungizid.
Grauschimmel: Kranke Pflanzenteile entfernen. Pflanzen trockener und luftiger halten. Nicht durch einseitige Stickstoffdüngung mästen. Bei starkem Befall spezielles Fungizid.
Rostpilze: Befallene Blätter entfernen. Spezielles Fungizid.
Rußtau: Stark verschmutzte Blätter entfernen, schwach verschmutzte mit lauwarmem Wasser abwaschen. Verursacher (Blatt-, Schild- oder Schmierläuse sowie Weiße Fliege) beseitigen.
Ascochyta: Pflanze sofort regensicher aufstellen. Befallene Teile herausschneiden. Mit Fungizid und einem Schuß Spülmittel gründlich spritzen.
Blattflecken: Pflanze trockener und luftiger stellen. Fungizid.
Bodenpilze: Sie verursachen Wurzelfäule, Knollen- und Rhizomfäule, Wurzelbräune, Stengelgrundfäule und Krautfäule. Standort verbessern, vor allem – Pflanze trockener stellen. Kranke Pflanzen und -teile entfernen. Nicht auf den Kompost geben! Keine Heilung, allenfalls Stillstand möglich.

Hilfe bei Bakterieninfekten

Oleanderkrebs: Befallene Triebe sofort entfernen und vernichten. Erreger bleibt latent, darum endgültige Heilung nicht möglich.
Pelargonienwelke: Befallene Blätter und Triebe sofort entfernen. Schnittstellen mit Holzkohle einpudern. Keine Heilung möglich. Pflanzen vernichten, wenn sie verblüht sind. Nicht auf den Kompost geben und auf keinen Fall vermehren!

Krankheiten und Schädlinge. Was die Blätter verraten

Gesundes Blatt
Ein gesundes Blatt besitzt eine feste Struktur, makellose Blattränder und Blattspitzen sowie eine der Art entsprechende Farbe.

PFLEGEFEHLER:
Gelbe Blätter
Ursachen: Übergießen, Stickstoffmangel, Lichtmangel, Überalterung. Abhilfe: Gießen einschränken, düngen, Standort verbessern.

Eingerollte Blätter
Ursachen: Ballentrockenheit, zu heißer Standort, Wurzelschäden. Abhilfe: Pflegefehler beheben, Standort verbessern, bei Bedarf umtopfen.

Bleiche Blätter (Chlorose)
Die Blattadern sind noch grün. Ursache: Eisen- oder Magnesiummangel. Abhilfe: Gießwasser enthärten, Eisenchelat ins Gießwasser geben.

Sonnenbrand
Symptome: Rote, braune oder grausilbrige Blattverfärbungen. Ursachen: Unterlassenes Akklimatisieren, zu sonniger Standort. Abhilfe: Standort verbessern.

SCHÄDLINGE:
Spinnmilben
Symptome: Gespinste in den Blattachseln und an den Triebspitzen, weiß-gelbliche, punktförmige Aufhellungen auf der Blattoberseite. Ursache: Trockenwarme, gestaute Luft. Abhilfe: → Seite 35.

Schildläuse
Symptome: Klebrige Blätter, braune, wachsartige Schilde, unter denen Läuse sitzen, Blattfall. Ursache: Zu warme Überwinterung. Abhilfe: → Seite 35.

Blattläuse
Im Freien allgegenwärtige Schädlinge. Symptome: Klebrige Blätter, Blattdeformationen. Befall beginnt meist an Knospen und Triebspitzen. Abhilfe: → Seite 35.

Weiße Fliegen
Symptome: Blattunterseits weiße kleine Insekten, die bei Berührung auffliegen. Ursache: Ansteckung durch andere befallene Pflanzen (häufig bei Fuchsien und Tomaten). Abhilfe: → Seite 35.

Blattälchen (Nematoden)
Symptome: Dunkle, durch Blattadern begrenzte Flecken. Ursache: Nasses Laub, das Ansteckung begünstigt. Abhilfe: Blätter trocken halten.

Woll- und Schmierläuse
Symptome: Watteähnliche Gebilde, Kümmerwuchs, klebrige Ausscheidungen, Rußtau. Ursache: Trockenwarmer Winterplatz. Abhilfe: → Seite 35.

Blasenfüße (Thripse)
Symptome: Feinpunktierte, silbrige Blätter. Blattunterseits bräunliche Saugstellen. Ursache: Zu warmer, lufttrockener Winterplatz. Abhilfe: → Seite 35.

Rosenzikaden
Symptome: Weißlich-gelb gesprenkelte Rosenblätter. Blattunterseits grünlich-gelbe, ungeflügelte Larven. Ursache: Trockenwarmer Standort. Abhilfe: → Seite 35.

Miniermotten/-fliegen
Symptome: Unregelmäßige dunkle, bei Minierfliege helle, Fraßgänge der Raupen auf der Blattoberseite. Vorzeitiger Blattfall. Abhilfe: → Seite 35.

Dickmaulrüßler

Symptome: Kreisförmige Fraßscharten an den Blatträndern, plötzliche Welke, hervorgerufen durch Fraßtätigkeit von Käfer (Blätter) und Larve (Wurzeln). Abhilfe: → Seite 35.

Blattwanzen

Symptome: Blätter, die sich bereits flächig durchlöchert entfalten. Verkrüppelungen von Blättern und Blüten. Abhilfe: → Seite 35.

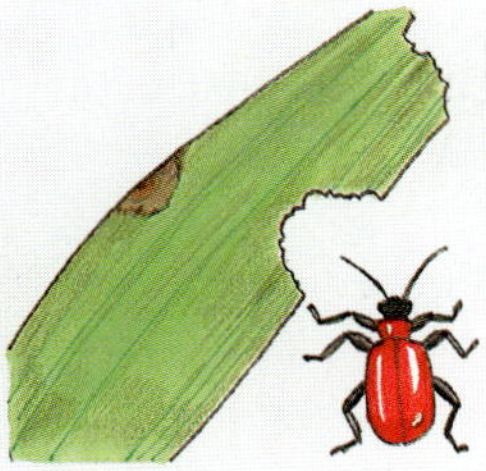

Lilienhähnchen

Symptome: Schartige, streifige Fraßstellen an Lilienblättern. Ursache: unbekannt. Abhilfe: → Seite 35.

Kleiner Frostspanner

Symptome: Angefressene Blätter bis totaler Laubverlust. Ursache: Grüne Raupen, die sich mit »Katzenbuckeln« fortbewegen. Abhilfe: → Seite 35.

Schnecken

Symptome: Zerfressene oder abgeraspelte Blätter und Blüten, Schleimspuren. Abhilfe: Tiere morgens und abends absuchen.

BAKTERIEN:

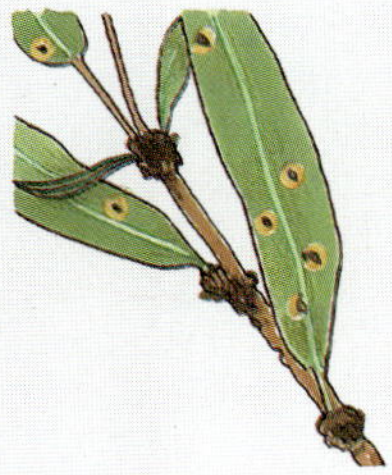

Oleanderkrebs

Symptome: Runde, gelb-gerandete Blattflecken, Wucherungen und Rindenaufbrüche, verkrüppelte Blüten. Ursache: *Pseudomonas*-Infektion. Abhilfe: → Seite 35.

Pelargonienwelke

Symptome: Welken und Verdorren älterer Blätter, Stengelgrundfäule, Blattflecken. Ursache: *Xanthomonas*-Bakterien. Abhilfe: Keine.

PILZKRANKHEITEN:

Echter Mehltau

Symptome: Weißer bis schmutzigbrauner, pudriger Belag blattober- und -unterseits. Ursache: Angewehte Pilzsporen. Abhilfe: → Seite 35.

Falscher Mehltau

Symptome: Weißer bis schmutzigbrauner, pudriger Belag blattunterseits. Ursache: Angewehte Pilzsporen. Abhilfe: → Seite 35.

Grauschimmel

Symptome: Braungrauer Belag auf Blättern, Stielen oder Blüten. Ursachen: Stickstoffüberdüngung, kühlfeuchte Witterung, zu dichter Stand. Abhilfe: → Seite 35.

Rostpilze

Symptome: Rostfarbene Staubhäufchen blattunterseits, helle Flecken blattoberseits, Blattfall. Ursache: Angewehte Pilzsporen, anhaltende feuchtwarme Witterung. Abhilfe: → Seite 35.

Rußtau

Symptome: Schwärzlicher Belag auf den Blättern. Ursache: Pilz, der sich auf dem Honigtau von Blattläusen niederläßt. Abhilfe: → Seite 35.

Ascochyta

Symptome: Welke Blätter, umgeknickte Triebe, rotbraune Flecken in den Blattachseln. Ursache: Infektion, begünstigt durch anhaltende Regenfälle. Abhilfe: → Seite 35.

Blattflecken

Symptome: Verstreute gelbe bis braune Flecken, zum Teil mit umrandeten Sporenlagern. Blattfall. Ursache: *Phyllosticta*-Infektion. Abhilfe: → Seite 35.

Lohnen sich bei dem üppigen Angebot an Jungpflanzen eigene Anzucht und Vermehrung eigentlich noch? Darauf lassen sich unterschiedliche Antworten geben. Wer keinen Platz und nur wenige Gefäße zu bepflanzen hat, wird sicher besser vorkultivierte Pflanzen kaufen. Möchte man jedoch viele laufende Balkonmeter oder zahlreiche Gefäße bestücken, ist schon aus ökonomischen Gründen die eigene Anzucht aus Samen oder Stecklingen anzuraten.

PFLANZEN AUS EIGENER ANZUCHT

Wer Lust am Experimentieren hat sowie über Zeit und genügend Platz verfügt, kann selbst Kübelpflanzen vermehren oder seine Balkonblumen eigenhändig heranziehen. Abgesehen davon, daß es Freude macht, die Jungpflanzen heranwachsen zu sehen, spart man mit diesem kreativen Hobby auch viel Geld.

Weitere Vorteile: Eine ganze Reihe exotischer Pflanzen ist bei uns nur über Samen im Spezialversand (→ Quellen, Seite 238) erhältlich. Liebhaber von Raritäten und Neuheiten haben dadurch die Chance, Pflanzen heranzuziehen, die es sonst noch kaum gibt. Beim Gemüse empfiehlt sich die eigene Anzucht ohnehin, da die auf dem Markt angebotenen Jungpflanzen häufig Sorten für den Garten, also nicht unbedingt balkontauglich sind.
Es gibt zwei Möglichkeiten zu neuen Pflanzen zu kommen – durch generative Vermehrung (→ Zeichnungen, Seite 41) aus Samen und durch vegetative Vermehrung aus Pflanzenteilen (→ Praxis, Seite 42/43).

Die vegetative Vermehrung

Sie ist bei vielen Pflanzen-Arten die beste Möglichkeit, in relativ kurzer Zeit blühfähige Kopien der Mutterpflanze zu bekommen. Vermehrt wird hier durch Teilung einer ganzen Pflanze oder aus Pflanzenteilen, die in Wasser, Anzuchterde oder einem anderen Substrat bewurzelt werden (→ Praxis, Seite 42/43).
Die vegetative Vermehrung empfiehlt sich für Gehölze, Halbsträucher, mehrjährige krautige Pflanzen, Gräser und Zwiebelblumen.
Grundregel: Nehmen Sie zum Vermehren nur Teile von gesunden, blühfähigen und wuchsfreudigen Pflanzen, denn der Nachwuchs wird immer ein getreues Ebenbild der Mutterpflanze sein.

Wann vermehren? Der richtige Zeitpunkt liegt in der Regel im Frühjahr und Frühsommer. Die Jungpflanzen wachsen so in die lichtreiche Jahreszeit hinein und können sich besser entwickeln.
<u>Stecklinge:</u> Bei manchen Pflanzen fällt beim Rückschnitt im Frühjahr ohnehin reichlich Stecklingsmaterial an, das gleich genutzt werden kann. Gute Entwicklungschancen haben auch Stecklinge, die man nach dem ersten kräftigen Austrieb im Frühsommer schneidet. Bei Gehölzen kann sogar noch im Sommer und Herbst geschnitten werden.
<u>Steckhölzer</u> werden im Spätherbst oder Frühwinter geschnitten. In Sand einschlagen und kühl und frostfrei aufbewahren. Im Februar stecken.
<u>Wurzelschnittlinge</u> macht man im Dezember/Januar.
<u>Staudenteilung</u> nehmen Sie am besten kurz vor dem Umtopfen (also im Frühjahr) vor.
<u>Knollen</u> teilt man am Ende der Ruhezeit, das heißt im zeitigen Frühjahr.
<u>Zwiebelblumen</u> vermehrt man nach dem Einziehen des Laubes im Frühsommer/Sommer.

Die generative Vermehrung

Aus Samen können einjährige und mehrjährige Blumen, Halbsträucher und Gehölze, Gemüse und Kräuter vermehrt und herangezogen werden. Balkon- und Terrassengärtner mit wenig Platz für den unausbleiblichen Jungpflanzensegen beschränken sich am besten auf Pflanzen, die schon nach kurzer Kulturdauer fertig sind und blühen. Denn Pflanzen, die von der Aussaat bis zur Blüte zwei oder mehrere Jahre brauchen, beanspruchen nicht nur viel Pflege, sondern auch Platz.
<u>Einjährige Pflanzen</u> (zum Beispiel viele Sommerblumen-, Gräser-, Gemüse- und Kräuter-Arten sowie einige Kletterpflanzen) haben die kürzeste Kulturzeit: 8 bis 12 Wochen dauert es vom Samenkorn bis zur fertigen Jungpflanze. Und hier die Zeiten, wann Sie mit der Aussaat beginnen können:

- Ab Januar im durchgehend geheizten Gewächshaus mit Doppelverglasung.
- Ab März in der Wohnung am Fensterbrett oder im ungeheizten Glashaus, sofern Sie ein warmes Vermehrungsbeet haben.
- Ab Mitte April im ungeheizten Gewächshaus oder Wintergarten ohne Zusatzheizung.

Hier sind Pflege und Vermehrung gelungen: Die Vermehrung der Fächerblume (rechts) ist jedoch Gärtnersache.

- Ab Mitte April bis Ende Mai im Freien, je nach Wärmebedürftigkeit der Pflanzen.

Zweijährige Pflanzen (zum Beispiel Gänseblümchen, Goldlack, Gartennelke oder Stiefmütterchen) bilden im Jahr ihrer Aussaat nur Blätter und erst im 2. Jahr Blüten. Man sät sie im Sommer in Kistchen, quartiert die Jungpflanzen im Herbst in die leergewordenen Balkonkästen um und überwintert sie auf dem Balkon (→ Zeichnung, Seite 29) oder in einer Erdgrube im Garten – jeweils mit einem Schutz aus Fichtenreisig.

Viele Gartenstauden lassen sich auch aus Samen heranziehen. Aussaatzeit, Kulturdauer und Kulturbedingungen variieren aber von Art zu Art erheblich. Man vermehrt sie deshalb besser durch Teilung (→ Zeichnung, Seite 42) oder kauft fertige Jungpflanzen.

Gehölze können ebenfalls aus Samen vermehrt werden, haben aber oft eine lange Kulturzeit. Die Samen vieler winterharter Arten wie von Ahorn, Buchs, Berberitze oder *Cotoneaster* benötigen zudem eine Winterbehandlung, die im Fachjargon »stratifizieren« (→ Seite 83) genannt wird. Die Samenvermehrung ist hier eher Liebhaber- oder Gärtnersache. Der Hobbygärtner vermehrt Gehölze besser durch Stecklinge oder Steckhölzer (→ Zeichnung, Seite 42).

Das brauchen Sie zum Vermehren

- Anzuchtgefäße, zum Beispiel Schale mit oder ohne Haube – auch einfache Aussaatkistchen mit Wasserabzug wie Obststeigen oder Styroporschalen, kleine Tontöpfe oder Multitopfplatten. Torfpreßtöpfe sind besonders vorteilhaft. Die Pflanzen können sie völlig durchwurzeln, ohne daß sie noch einmal ausgetopft werden müssen.
- Durchsichtige Folienbeutel, die man auch zum Eintüten von Stecklingen (→ Zeichnung, Seite 43) nimmt oder Glasplatten zum Abdecken als Ersatz für Anzuchtgefäße ohne Abdeckhaube.
- Geeignete Substrate, zum Beispiel die im Fachhandel erhältliche Aussaat- oder Anzuchterde oder ein 1:1-Gemisch aus Torf und Quarzsand (kein Bausand). Torfquelltöpfe (→ Zeichnung, Seite 41) sind vor allem für große Samen oder Stecklinge ideal. Je eine Pflanze wird auf eine Torftablette verteilt.
- Heizbare Anzuchtschalen (Minitreibhäuser, Keimbox) oder Wärmematten zum Unterlegen der Aussaatgefäße, damit die Keimung wärmebedürftiger Pflanzen gelingt.
- Pflanzenetiketten und wasserfester Stift zum Beschriften.
- Bewurzelungspräparat (im Fachhandel) für die Stecklingsbewurzelung im Substrat.
- Holzkohlepuder und -stücke zum Desinfizieren des Wassers bei der Stecklingsbewurzelung im Wasser.

Tips für die erfolgreiche Aussaat

Augen auf beim Samenkauf! Kaufen Sie Samen im Fachgeschäft. Geben Sie hochwertigem Saatgut (F_1-Hybriden, → Seite 77) den Vorzug, auch wenn es teurer ist. Die Mehrausgabe macht sich durch größeren Blütenreichtum, bessere Wüchsigkeit, Gleichmäßigkeit und Gesundheit, bei Gemüse durch verstärkten Fruchtansatz bezahlt. Kaufen Sie Samen nur dort, wo viel davon umgesetzt wird. Denn: Je frischer der Samen ist, desto besser keimt er. Es sei denn, er ist in einem Keimschutzbeutel versiegelt, den man erst kurz vor der Aussaat öffnet.

Vorab das Ziel bedenken! Wer bereits bei der Aussaat seine Gestaltungsabsichten mit den selbstgezogenen Jungpflanzen überlegt hat, kann sich viel umständliches Hantieren ersparen, denn für verschiedene Bepflanzungsideen empfehlen sich unterschiedliche Aussaat-Methoden – entweder die Direktaussaat oder die Vorkultur.

Direktaussaat. Für die einheitliche Bepflanzung (zum Beispiel eines Balkonkastens) können Sie einige Arten direkt ins Gefäß säen (→ Tabelle, oben). Nach der Keimung wird der Sämlingspulk ausgedünnt, damit sich die Pflänzchen kräftig entwickeln. Wer noch Platz hat, kann die überschüssigen Sämlinge in Einzeltöpfchen pikieren. Diese Methode empfiehlt sich auch, wenn man Hochstämmchen eine blumige Unterpflanzung geben möchte. Einfach eine 2 cm dicke Erdschicht auftragen und Blumen darauf aussäen.

Vorkultur. Sie empfiehlt sich für gemischte Bepflanzungen, bei denen es darauf ankommt, daß sich gesunde Jungpflänzchen mit eigenem, festem Wurzelballen entwickeln, die sich später gut mit anderen Pflanzen kombinieren lassen.

- Große Samen Korn für Korn einzeln in Torfquelltöpfe (→ Zeichnung, Seite 41), Torfpreßtöpfe oder Multitopfplatten geben, so daß eine Pflanze pro Ballen oder Topf heranwächst.
- Sehr feine Samen hingegen lassen sich nicht exakt verteilen. Sie werden zweckmäßigerweise in Aussaatschalen gesät. Wichtig: Die Schalen nicht zu hoch mit Erde füllen, damit der Samen möglichst nah an der Bodenwärme ist. Nach der Aussaat die Schale sehr weich mit feiner Haarbrause und lauwarmem Wasser anfeuchten. Sobald die Sämlinge ihre beiden Keimblätter gut ausgebildet haben und sich richtige Laubblätter entwickeln, werden sie in Einzeltöpfe pikiert (→ Zeichnung, Seite 41).

Artgerecht aussäen! Auch Samen haben recht unterschiedliche Ansprüche, halten Sie sich deshalb genau an die Kulturanweisungen auf der Tüte. Dort ist angegeben, ob die Samenkörner mit Erde abgedeckt werden müssen (Dunkelkeimer) oder nicht (Lichtkeimer). Außerdem erfahren Sie, wie die Samen vor der Aussaat behandelt werden sollen sowie ihre individuelle Keimtemperatur, die man mit einem Bodenthermometer (im Fachhandel erhältlich) kontrollieren kann.

Für hohe Luftfeuchte sorgen. Aussaatgefäß mit Glasscheibe, durchsichtiger Haube oder Folie abdecken, damit »gespannte Luft« entsteht. Nach erfolgter Keimung Abdeckung ab und zu lüften. Einige Tage später ganz entfernen.

Substrat niemals austrocknen lassen.

Balkonblumen für Direktsaat ins Gefäß

Gänseblümchen, *Bellis* (→ Seite 96)
Ringelblume, *Calendula* (→ Seite 97)
Glockenblume, *Campanula poscharskyana* (→ Seite 100)
Kapkörbchen, *Dimorphoteca* (→ Seite 108)
Schlafmützchen, *Eschscholzia* (→ Seite 109)
Duftwicke, *Lathyrus* (→ Seite 116)
Lobelie, *Lobelia* (→ Seite 117)
Mittagsblume, *Mesembryanthemum* (→ Seite 118)
Gauklerblume, *Mimulus* (→ Seite 119)
Elfenspiegel, *Nemesia* (→ Seite 121)
Portulakröschen, *Portulaca* (→ Seite 129)
Trompetenzunge, *Salpiglossis* (→ Seite 131)
Kapuzinerkresse, *Tropaeolum* (→ Seite 137)

Kübelpflanzen zum Aussäen

Zylinderputzer, *Callistemon* (→ Seite 155)
Zistrose, *Cistus* (→ Seite 163)
Glockenrebe, *Cobaea* (→ Seite 166)
Banane, *Ensete* und *Musa* (→ Seite 172)
Korallenstrauch, *Erythrina* (→ Seite 173)
Eukalyptus, *Eucalyptus* (→ Seite 173)
Zieringwer, *Hedychium* (→ Seite 178)
Japanischer Hopfen, *Humulus* (→ Seite 180)
Kreppmyrte, *Lagerstroemia* (→ Seite 183)
Chilenischer Jasmin, *Mandevilla* (→ Seite 190)
Ziertabak, *Nicotiana* (→ Seite 190)
Kanarische und Echte Dattelpalme, *Phoenix* (→ Seite 196)
Hanfpalme, *Trachycarpus* (→ Seite 212)
Petticoatpalme, *Washingtonia* (→ Seite 212).

Weiterpflege der Sämlinge

Die Keimzeiten sind sehr unterschiedlich. Manche Pflanzen keimen schon nach einigen Tagen, andere nach Wochen oder Monaten. Am längsten brauchen meist große Samen.

Sobald die Keimlinge so groß geworden sind, daß sie sich gegenseitig in einem Gefäß berühren, behindern sie sich in ihrer Entwicklung. Bei Direktaussaat ins Gefäß wird deshalb ausgelichtet oder ausgedünnt. Pflänzchen in Aussaatschalen pikiert (verzieht) man in Einzeltöpfe (→ Zeichnung, Seite 41).

Stark wurzelbildende Pflanzen wie Pelargonien, die man meist aus Stecklingen zieht, werden zweimal verpflanzt. Ist der Ballen im kleinen Topf durchwurzelt, pflanzt man sie in einen nächstgrößeren. Der Wurzelballen wird dann noch größer und bietet die besten Voraussetzungen für eine prachtvolle Entwicklung und Blütenpracht im Kasten.

Viel Licht! Für die Weiterentwicklung ist viel Licht nötig. Stellen Sie das Jungvolk so hell wie möglich, aber nie sonnig. Bei zu wenig Licht vergeilen die Pflanzen und bilden unnatürlich lange Abstände zwischen den Blattknoten (→ Zeichnung, Seite 28).

Entspitzen (→ Zeichnung, Seite 27) regt bei vielen Pflanzen eine reiche Verzweigung an und läßt sie gedrungener und damit buschiger wachsen.
Abhärten ist wichtig bei Pflanzen, die später ins Freie kommen. Stellen Sie die Pflanzen kühler (ungeheiztes Zimmer), sobald sie durch Bildung neuer Blätter anzeigen, daß sie den Pikierschock überwunden haben.
Nicht düngen! Die Nährstoffe im Substrat reichen für die ersten Wochen völlig aus. Einjährige Pflanzen werden gewöhnlich nach 2 bis 4 Wochen in neues, leicht gedüngtes Substrat pikiert. Bleiben sie länger in der Aussaatschale, können Sie 4 Wochen nach der Aussaat erstmals schwach düngen.

Botanische Raritäten aussäen

Besonders interessant ist die Anzucht botanischer Raritäten, die Sie als Pflanzen noch nicht kaufen können. Hier eine kleine Auswahl von Pflanzen, von denen es kleine Samenportionen im Fachhandel oder über spezielle Versandfirmen (→ Quellen, Seite 238) gibt.
Actinotis helianthi, Australische Flanellblume. 30 bis 50 cm hoher Strauch mit weißfilzigen Blättern und cremeweißen, margeritenähnlichen Blüten.
Alberta magna, immergrüner Strauch aus Natal mit lanzettlichen Blättern und orangefarbenen Blütenständen.
Boronia megastigma, Duft-Boronie. Immergrüner, bis zu 1 m hoher Strauch mit nadelfeinem Laub und gelben, wohlriechenden Blüten.
Lawsonia inermis, Hennastrauch. Strauch oder Baum mit eiförmigen Blättern und duftenden, rosa Blüten.
Telopea speciosissima, mit *Protea* verwandter, 3 bis 4 m hoher Strauch mit ledrigen Blättern und kegelförmigen, rot-orangefarbenen Blütenständen.

Aussaat in Torfquelltöpfe
1 Torftabletten mit lauwarmem Wasser begießen, bis sie aufgequollen sind. Überschußwasser entfernen.
2 Pro Topf ein Samenkorn 1 cm tief eindrücken. Haube schließen.
3 Nach der Keimung öfter lüften, damit Jungpflanzen nicht faulen.

Pikieren leicht gemacht
1 Sämling mit dem schlanken Pikierstab-Ende aus der Erde lösen.
2 Wurzelspitzen etwas einkürzen.
3 Mit dem dicken Pikierholz-Ende ein Loch in den Aufzuchttopf bohren, Keimling einsetzen und leicht andrücken.

Tips für die erfolgreiche Stecklingsvermehrung

Auf die Hygiene kommt es an. Verwenden Sie für die Anzucht saubere Gefäße und zum Schneiden scharfe und hygienisch einwandfreie Messer oder Klingen. Berühren Sie die Schnittflächen der Stecklinge nicht mit den Händen. Große Schnittflächen können mit Holzkohle desinfiziert werden. Geben Sie bei Wasserbewurzelung Holzkohlebröckchen ins Wasser. Das alles beugt Fäulnis und Infekten vor.
Bewurzelungshilfen. Wer Stecklinge im Substrat bewurzeln möchte, sollte nicht auf sie verzichten. Tauchen Sie die Schnittflächen von Triebstecklingen (nicht von Wurzelschnittlingen) vor dem Stecken in flüssige oder pulvrige Bewurzelungsmittel (im Fachhandel). Die darin enthaltenen Wachstumshormone fördern die Wurzelbildung.
Verdunstungsflächen reduzieren. Bei großblättrigen Stecklingen empfiehlt es sich, die Blätter zu halbieren (quer durchschneiden). Auf diese Weise werden die Verdunstungsflächen reduziert und die Pflanze kann schneller bewurzeln.
Für Bodenwärme sorgen. Heizbare Minitreibhäuser oder Wärmematten zum Unterlegen (beides im Fachhandel) entwickeln die nötige Bodenwärme. Sie verhindert vor allem bei krautigen Stecklingen Fäulnis und erleichtert die Bewurzelung.
Wichtig: Gespannte Luft. Tüten Sie das Anzuchtgefäß in einen durchsichtigen Folienbeutel ein (→ Zeichnung, Seite 43). Bei Minitreibhäusern Haube schließen. Hohe Luftfeuchte verhindert unnötige Verdunstung über die Blätter. Tüte und Haube ab und zu öffnen und lüften!

Weiterpflege der Stecklinge

Bilden sich bei Stecklingen, die im Substrat bewurzeln sollen, neue Blättchen, so ist die Bewurzelung erfolgreich verlaufen. Jetzt kann der Verdunstungsschutz (Haube oder Folie) entfernt werden.
Bei der Wasserbewurzelung kann man die Wurzelbildung durchs Glas beobachten (→ Zeichnung, Seite 42). Hat der Steckling mehrere kleine Wurzeln angesetzt, Pflanze vorsichtig herausnehmen – die Wurzeln sind sehr brüchig – und in einen nicht allzu großen Topf mit lockerer Erde setzen.
Licht, Entspitzen und Abhärten wie bei Sämlingen (→ Seite 40/41).

Vegetative Vermehrung durch Pflanzenteile

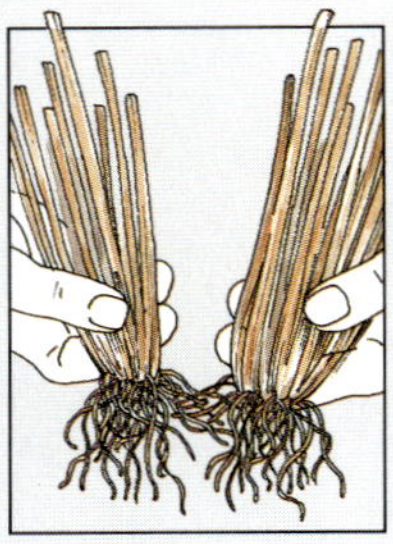

Durch Teilen vermehrt man zu sehr in die Breite gegangene Stauden, Bambus-Arten sowie den Einfassungsbuchs (*Buxus*). Pflanzen beherzt, aber dennoch wurzelschonend auseinanderziehen. Beste Zeit: Beim Umtopfen im Frühjahr.

Kindel sind bereits fertige Jungpflanzen. Sie bilden sich reichlich bei der Agave und sind auch bei Sorten genaue Abbilder der Mutterpflanze. Man nimmt sie erst ab, wenn sie eigene Wurzeln haben.

Brutzwiebeln sind Seitensprosse, mit denen sich viele Zwiebelblumen – vor allem Wildarten – im Garten von allein vermehren. Dies funktioniert im stark begrenzten Erdraum kleiner Kästen nur ganz selten.

Vermehren durch Teilen

→ Zeichnung, links.

Geteilt werden Pflanzen, die mehrtriebig wachsen, Horste oder Ausläufer bilden oder das Gefäß sprengen. Man topft die Pflanze im Frühjahr aus, lockert den Wurzelballen mit den Fingern und zieht ihn schüttelnd auseinander. Stark verfilzte Wurzelballen oder harte Wurzelgeflechte mit scharfem Messer oder Spaten auseinanderschneiden. Jedes Teilstück muß eigene Wurzeln und Triebknospen besitzen. Überlange Wurzeln werden eingekürzt, verletzte Wurzeln und Schnittflächen (bei Rhizomen) mit Holzkohlepuder desinfiziert. Anschließend Teilstücke eintopfen.

Vermehren durch Kindel

→ Zeichnung, links.

Kindel trennt man erst von der Mutterpflanze, wenn sie ausreichend groß sind und viele eigene Wurzeln haben. Agaven-Kindel sollten vor dem Einpflanzen in sandiges Substrat, Quarzsand oder Perlite 1 bis 2 Tage abtrocknen. Wer ungeduldig ist und unbewurzelte Kindel abnimmt, muß sie zur Bewurzelung in einen Folienbeutel eintüten (→ Zeichnung 3, Stecklingsvermehrung).

Vermehren durch Brutzwiebeln

→ Zeichnung, links.

Diese Vermehrungsmethode funktioniert in Gefäßen nur, wenn sie viel Erde fassen und mit ganz bestimmten Arten oder Sorten, zum Beispiel *Tulipa kaufmanniana, Tulipa fosteriana, Muscari, Scilla, Colchicum*. Zwiebeln nach dem Einziehen der Blätter ausgraben, Brutzwiebeln abnehmen, alle Zwiebeln trocken lagern und im September/Oktober wieder einpflanzen.

Im Wasser bewurzeln

Eine einfache Methode, die zum Beispiel bei Stecklingen von Oleander, Engelstrompete oder Fleißigem Lieschen erfolgreich ist.

Stecklingsarten

1 Kopfstecklinge schneidet man dicht unter einer Blattknospe von einjährigen, blütenlosen Triebspitzen. Sie sollten 2 bis 4 Blattpaare aufweisen und makellos und gesund aussehen.

2 Teilstecklinge gewinnt man aus dem mittleren und unteren Triebteil.

3 Steckhölzer schneidet man mit Augen aus der Mitte von jungen, aber ausgereiften Trieben. Länge: 10 bis 30 cm.

Vermehren durch Stecklinge

Ein Steckling ist ein Pflanzenteil, der von der Mutterpflanze abgetrennt und zur Bildung einer neuen kompletten Pflanze angeregt wird.
Kopfstecklinge (→ Zeichnung 1, Stecklingsarten) schneidet man von einjährigen, blütenlosen Trieben.
Man unterteilt sie in krautige, halbreife und verholzte Stecklinge, im Volksmund auch Frühlings-, Sommer- und Herbststecklinge genannt, nach der Jahreszeit, zu der man sie schneidet. Krautige Stecklinge bewurzeln am leichtesten, faulen aber schneller.
Geschnitten wird etwa ½ cm unter einem Blattknoten. Der Steckling sollte 5 bis 10 cm lang sein und 2 bis 4 Blattpaare besitzen. Untere Blätter entfernen, da sie in der Erde faulen würden.
Teilstecklinge (→ Zeichnung 2, Stecklingsarten) haben keine Sproßspitze.
Steckhölzer (→ Zeichnung 3, Stecklingsarten) werden im Spätherbst oder Frühjahr von jungen, aber ausgereiften Trieben geschnitten. Sie sollen bleistiftdick und 10 bis 30 cm lang sein. Blätter entfernen und Schnittfläche am unteren Teil abschrägen, am oberen gerade abschneiden, damit man beim Stecken weiß, was oben und unten ist. Jedes Holz sollte an der Spitze mindestens 1 Auge haben. Einzeln in tiefe Kübel oder Eimer schräg stecken. Stecktiefe: ¾ der Holzlänge. Oder bündelweise in Erdgrube einschlagen und im Frühjahr stecken. Rosen, Oleander und Jungfernrebe können so vermehrt werden.
Wurzelschnittlinge (→ Zeichnungen 1 bis 4, Wurzelschnittlinge) nimmt man im Spätherbst von Stauden mit fleischigen Wurzeln (*Phlox*), aber auch von Gehölzen (*Plumbago*). Man steckt sie in eine Erdmischung aus Lehm, Torf und Sand (3:2:1), überwintert sie frostfrei und hell und pflanzt sie im Frühjahr ein.
Knollenteilung (→ Zeichnungen 1 bis 3, Knollenteilung) wird vor allem bei Knollenbegonien praktiziert und hat nur bei sehr großen, kräftigen Knollen Erfolg. Geteilt wird im Frühjahr. Jedes Teilstück muß mindestens 1 Auge zum Austreiben besitzen. Schnittstellen mit Holzkohlepuder desinfizieren.

Was Sie noch wissen sollten

Manche Pflanzen enthalten Giftstoffe, die beim Schneiden austreten und Haut oder Schleimhaut reizen können (→ Warnhinweise in den einzelnen Pflanzenporträts, Seite 86 bis 227). Darum: Beim Vermehren von giftigen Pflanzen mit Handschuhen arbeiten. Während der Arbeit nicht an den Augen reiben und darauf achten, daß kein Pflanzensaft in offene Wunden gerät.

Stecklingsvermehrung im Substrat – Beispiel Pelargonien

1 Kräftigen, gesunden Seitentrieb mit desinfiziertem scharfem, Messer etwa 2 cm unterhalb eines Blattpaares abschneiden. Unteres Blattpaar, Knospen oder Blüten entfernen, damit alle Kraft in das Wachstum der neuen Pflanze gehen kann.
2 Steckling 2 cm tief ins Substrat stecken, andrücken, angießen.
3 Drahtbogen über Kreuz einstecken. Darüber Folienbeutel stülpen und zubinden. Topf sehr hell und warm, aber nicht sonnig, stellen.

Wurzelschnittlinge

1 Ein bleistiftdickes Wurzelstück freilegen und dicht am Wurzelhals abschneiden.
2 Wurzelstück in etwa 4 cm große Einzelstücke zerteilen. Diese am unteren Ende schräg, am oberen Ende gerade abschneiden.
3 Schnittlinge mit dem schrägen Ende so ins Substrat stecken, daß der Schnitt genau mit der Substratfüllung abschließt. Mit Erde bedecken.
4 Variante: Schnittlinge waagrecht ins Substrat legen und mit Erde abdecken.

Knollenteilung

1 Knollen zum Antreiben mit der Eindellung nach oben in Kistchen mit angefeuchtetem Torf betten. Dünn mit Substrat abdecken. Warm und hell stellen.
2 Sobald sich Triebknospen zeigen, jede Knolle mit desinfiziertem Messer in Stücke mit jeweils einer Triebknospe schneiden.
3 Schnittkanten einige Stunden an der Luft abtrocknen lassen. Mit Holzkohlepuder bestreichen. Teilstücke in Einzeltöpfe setzen. Hell und warm aufstellen. Jungpflanzen später entspitzen.

Frischkühl und überschäumend präsentieren sich in diesem Sommerkasten Blaue Mauritius, Spanisches Gänseblümchen, Petunien und Strauchmargeriten.

PFLANZ-IDEEN FÜR JEDE JAHRESZEIT

Bezaubernde Frühlingskästen, üppig blühende Sommerbepflanzungen, Stimmung für den Herbstkasten und Rauhreif-Romantik für den Winterbalkon. Balkone oder Terrassen mit strahlender Blütenpracht, in harmonischen Farben und attraktiven Gefäßen sind das Ergebnis origineller Ideen, sorgfältiger Planung und profunder Pflanzenkenntnis. Auf den folgenden Seiten finden Sie Tips zu Gestaltung und Kauf sowie Bepflanzungsideen rund ums Jahr.

Wer Blütenträume auf Balkon und Terrasse verwirklichen möchte, sollte sich zuerst die Frage stellen: Welchen Standort kann ich meinen Pflanzen anbieten? Er bestimmt Planung und Pflanzenauswahl. Und bei der Gestaltung spielt neben der vorgegebenen Architektur von Balkon oder Terrasse vor allem das Raumangebot eine große Rolle. Schließlich sollte noch Platz für einen bequemen Sessel bleiben, von dem aus man das Ganze genießen kann!

PLANEN, KAUFEN UND GESTALTEN

Fangen Sie das Gartenjahr in Gefäßen ein! Auch Zierelemente aus dem Gartenbereich – wie Rosenkugeln und Schmuckkeramik – sollten auf Balkon und Terrasse Einzug halten. Hier steht, was Sie bedenken müssen und wie´s gemacht wird.

Standortbeschreibungen

Balkon, Außenfensterbänke, Terrasse, Garten, Hauseingänge, Treppenaufgänge, Einfahrten und Innenhöfe sind die Hauptstandorte für Balkon- und Kübelpflanzen. Prüfen Sie zuerst Lichtangebot und Kleinklima.
Vollsonnige Standorte sind nach Süden gerichtet, unverbaut und nicht überdacht. Sie sind warm bis heiß.
Helle Standorte können nach Osten oder Westen gehen. Sie werden von der Morgen- oder Nachmittagssonne gewärmt.
Halbschattige und schattige Standorte gehen nach Norden und sind eher frischkühl. Ein ähnliches Lichtangebot herrscht an überdachten, nach Süden, Osten oder Westen gerichteten Balkonen, die allerdings wärmer sind, auch an hellen und warmen Standorten, die Schlagschatten von Bäumen oder Hauswänden erhalten.
Windgeschützte Standorte sind Innenhöfe, überdachte Balkone, Terrassen mit seitlichen Begrenzungen (wie Wänden, Hecken). Allerdings kann sich hier die von Straßenflächen oder Hauswänden abgestrahlte Hitze stauen.
Winddisponierte Standorte findet man vor allem auf Hochhausbalkonen, Dachgärten und freien Terrassen.

Wichtig: Das regionale Klima
Nicht vergessen werden darf, daß alle diese Standorte dem jeweiligen regionalen Klima unterliegen, das enormen Einfluß auf Wohlbefinden und Gedeihen der Pflanzen hat. Die idealsten Bedingungen finden Balkon- und Kübelpflanzen in sonnenreichen Weinbaugebieten.

Tips für den Kauf

Denken Sie bei aller Liebe und Begeisterung für Pflanzen schon vor dem Kauf an die Kosten und den Pflegeaufwand.
Erste Überlegungen:
- Machen Sie sich schon im Winter eine Skizze von Balkon und Terrasse und tragen Sie darin ein, wo die Pflanzen und die Möbel Ihrer Wahl stehen sollen.
- Wählen Sie nur Pflanzen, die standortgeeignet sind – Sie werden sonst keine Freude an ihnen haben.
- Planen Sie von vornherein keine Pflanzen ein, die giftig oder verletzungsträchtig sind, wenn Sie Kleinkinder oder Haustiere haben.
- Messen Sie die Länge der Balkonbrüstung aus, bevor Sie die Balkonkästen kaufen.
- Denken Sie bei der Planung daran, daß Sie Ecken, Wände und bei überdachten Balkonen auch die Decke für die Unterbringung von Pflanzen nützen können (→ Seite 50).
- Überlegen Sie, ob Sie eine Bepflanzung aus einjährigen oder aus mehrjährigen Pflanzen vorziehen. Einjährige Blumen sind preiswerter, wenn man sie selbst aus Samen zieht; die jährliche Anzucht erfordert allerdings Zeit und Aufwand. Mehrjährige, gekaufte Blumen sind preislich besonders günstig, wenn man sie überwintern und mehrere Jahre kultivieren kann.
- Überlegen Sie bei wechselnder Saisonbepflanzung, welche Kästen wiederverwendet werden können, und ob Sie zusätzliche Gefäße brauchen.
- Überschlagen Sie kurz, ob die Zeit, die Sie im Sommer zum Gießen erübrigen können, für die geplante Bepflanzung ausreicht, und wie es mit der Urlaubsversorgung aussieht. In vielen Fällen empfehlen sich automatische Bewässerungsanlagen (→ Praxis, Seite 27).
- Berücksichtigen Sie bei der Planung die gesetzlichen Vorschriften (→ Seite 47).

Wo kauft man Pflanzen?
Dies hängt von der Gruppe oder Art ab, zu der Ihre ausgewählten Pflanzen gehören. Exakte Informationen und Bezugsquellen (→ Quellen, Seite 238).

Mit Kletterpflanzen wurden hier Säulen (Ipomoea, Thunbergia) und ein Sichtschutz (Plumbago) berankt.

Recht und Sicherheit

Kann man auf Balkon und Terrasse machen, was man will? Nicht ganz. Gehört ein Balkon zur vermieteten Wohnung, so kann der Mieter ihn grundsätzlich nach seiner freien Verfügung nutzen, soweit nicht die Rechte der Mitmieter oder des Hauseigentümers beeinträchtigt werden. Darum darf der Mieter im Regelfall auch ohne Zustimmung des Vermieters auf dem Balkon Blumenkästen anbringen und diese nach freier Wahl bepflanzen. Grenze seines Rechts ist, daß die Sicherheit der Balkonbrüstung nicht gefährdet ist oder das Äußere des Hauses nicht verunstaltet wird. Die Belastung des Balkons durch Gefäße, Bodenbeläge und Möbel darf 250 kg pro m^2 nicht überschreiten. Sollen besonders viele Balkonkästen oder Kübel aufgestellt werden, müssen Tragfähigkeit und Statik des Balkons überprüft werden.

Darauf sollten Sie achten:

- Sprechen Sie bauliche Veränderungen wie das Anbringen von Blumenkästen, Rankgittern, Balkonverkleidungen oder Balkonwand- und Bodenanstriche besser vorher mit dem Vermieter ab. Wohnungseigentümer müssen sich mit anderen Wohnungseigentümern absprechen.
- Befestigen Sie nach außen hängende Balkonkästen absolut windsicher mit Balkonkastenhaltern, die eine »Sicherheitsnase« (→ Zeichnung, Seite 75) haben, die den Kasten auch oben arretiert.
- Bei Kästen auf schrägen Fensterbänken Holzkeile unterlegen und den Kasten vorsichtshalber an einem im Fensterrahmen eingeschraubten Haken befestigen. Haltevorrichtungen öfter kontrollieren.
- Vermeiden, daß Gieß- und Regenwasser die Fassade herunterrinnt, zum Nachbarn läuft, auf Fußgänger oder den Gehsteig tropft (Glatteisbildung im Winter!).
- Achten Sie beim Versprühen von Pflanzenschutzmitteln darauf, daß der Sprühnebel nicht zum Nachbarn gelangt.

Ideen für Bepflanzungen

Von Seite 52 bis 73 finden Sie Beispiele für elegante und rustikale, liebreizende und extravagante, aber auch für naturnahe Bepflanzungen in bunten Farben oder Ton-in-Ton-Kombinationen mit Einkaufsliste für den Pflanzenbedarf, Pflegehinweisen und vielen Tips. Viel Spaß beim Nachmachen!

Die berühmten, teils reich verzierten Terrakotta-Töpfe der Toskana sind auch bei uns erhältlich.

Gefäße – wichtige Gestaltungselemente

Wichtigste Kriterien für die Gefäßwahl sind neben dem persönlichen Geschmack und der Umgebung, in der sie stehen sollen, Material, Gewicht, Form, Größe und Preis, vor allem aber Funktionalität. Ein gutes Gefäß muß ausreichenden Pflanzraum und Abzugslöcher für das Gießwasser haben, fürs Überwintern im Freien muß es darüberhinaus frostbeständig sein.

Mein Tip: Vor dem Bepflanzen sollten Sie unglasierte Gefäße wässern: Kleine Töpfe und Kästen in der Badewanne oder Dusche so lange untertauchen, bis keine Luftbläschen mehr aufsteigen. Große und schwere Gefäße ein paar Tage in den Regen stellen.

Wichtig: Neu gekaufte Betongefäße vor dem Pflanzen einige Wochen der Witterung aussetzen, damit schädliche Substanzen ausgewaschen werden.

Pflanzgefäße werden aus verschiedenen Naturmaterialien und aus Kunststoff hergestellt. Beide haben Vor- und Nachteile.

Gefäße aus gebranntem Ton sind atmungsaktiv und wegen ihres Gewichts meist von guter Standfestigkeit. Sie passen durch ihre Erdfarben zu allen Pflanzen, besonders aber zur Flora des Südens. Die meist reich verzierten Terrakottakübel können handgetöpfert oder nach klassischen Vorbildern maschinell gegossen sein. Allerdings: In Tongefäßen trocknet und kühlt das Substrat schnell aus. An den Gefäßwänden bilden sich sehr schnell Kalkausblühungen. Tongefäße sind schwer, bei guter Qualität teuer und nicht bruchfest. Nur wenn sie trocken sind, vertragen sie leichten Frost.

Majolikagefäße bestehen in der Regel aus hochgebranntem und damit frostbeständigem Steingut und sind glasiert (wie zum Beispiel China-Kübel) oder unglasiert erhältlich.

Bei glasierten Gefäßen dringt keine Feuchte durch die Gefäßwand, es gibt daher auch keine Ausblühungen. Allerdings: Majolikagefäße sind schwer und teuer.

Holzgefäße haben wie Tongefäße eine lange Tradition. Noch heute werden Versailleskübel nach Vorbildern aus dem 15. Jahrhundert hergestellt und das beliebte, in der Mitte durchgesägte Weinfaß kommt nie aus der Mode. Holz isoliert gut und hat ein mittleres Gewicht. Allerdings: Holzgefäße sind je nach Holzart unterschiedlich anfällig für Feuchte und Verwitterung und müssen bei Bedarf neu lasiert oder lackiert werden. Beste Vorbeugung gegen Fäulnis ist das Auskleiden der Gefäße mit Folie und das Unterlegen mit Backsteinen oder Holzstücken zwecks besserer Durchlüftung des Bodens.

Natursteingefäße sind aus natürlichem Gestein herausgehauene Pflanzgefäße, zum Beispiel Tröge aus Marmor, Sand- oder Kalkstein.

In Amphoren, Töpfe oder Kästen aus gebrannter Erde passen nahezu alle Pflanzen.

Hierzu zählen auch die in England beliebten Gefäße von Chilstone oder Haddonston, die aus gemahlenem Sandstein nach historischen Vorbildern von Vasen, Schalen, Kübeln oder Steinkörben gegossen werden. Natursteingefäße setzen schnell die begehrte Patina an, das heißt, sie werden rasch von Flechten und Moosen besiedelt. Allerdings: Sie sind schwer, rar und sehr teuer.
Kunststeingefäße sehen ähnlich aus. Sie werden aus gemahlenem Quarz, weißem Zement und Kunststoff hergestellt und sind preiswerter.
Betonkübel sind windfest und hitzebeständig. Sie müssen vor dem Bepflanzen ausgewaschen werden (→ Seite 48). Allerdings: Betongefäße kühlen im Winter schnell aus. Sie sind sehr schwer und eignen sich nur für die ebenerdige Verwendung.
Faserzementgefäße sind asbestfreie Pflanzgefäße, die aus Glasfasern, Zement und rein mineralischen Stoffen hergestellt werden, in verschiedenen Farben erhältlich sind und nach Wunsch auch angemalt werden können. Faserzementgefäße sind frostbeständig, atmungsaktiv und pflanzenneutral, allerdings empfindlich gegen Stoß und Schlag.
Kunststoffgefäße sind leicht, preiswert, dauerhaft und längst auch in unterschiedlichsten Formen und ansprechenden Designs erhältlich. Sie halten die Pflanzen länger feucht als Tongefäße und kühlen nicht so schnell aus wie durchlässige Gefäße. Einige sind mit Wasserspeichern ausgestattet. Allerdings: Härte, Haltbarkeit und Frostbeständigkeit hängen von der Qualität des Kunststoffes ab. Manche Kunststoffe werden in praller Sonne brüchig, oder erhitzen sich so sehr, daß Wurzelschäden an den Pflanzen entstehen.
Metallgefäße aus Blei, Kupfer, Eisen, Zink oder Zinn sind für eine Direktbepflanzung nur geeignet, wenn sie innen emailliert, kunststoffbeschichtet oder verchromt sind.

Auf dem Foto oben:
Amphore, Kasten und verschieden geformte, ornamental geschmückte Kübel aus Terrakotta. Der Farbton kann variieren.

Auf dem Foto unten:
Eine englische Steinvase. Ein derart teures Gefäß adelt jede Pflanze.

Steingefäß mit rosa Hortensien.

Gestalten mit Pflanzen Anregungen, Hilfen und Tips

Mehr Platz für Pflanzen schaffen
1 Halbschalen für Pflanzen an Front- und Seitenwänden.
2 Eckaufhängung für Einzeltöpfe – praktisch für Balkongeländer.
3 Mit Ampeln »in die Luft gehen«, den Deckenraum nutzen.
4 Eckgefäße – viel Pflanzraum bei wenig Platz – zwei halbkreisförmig zusammengestellt, lassen Pflanzen an der Wand hochwachsen.
5 Wandbegrünung: Kräftiger Maschendraht an der Wand verspannt, bietet kleinen Töpfen an Doppelhaken Halt.

Erdbeerfaß in Variationen
In die Pflanzöffnungen des mit Erde gefüllten Gefäßes können Erdbeeren, Kräuter, Efeu, kleine Sukkulenten wie Sempervivum oder Echeveria sowie niedrige Sommerblumen gepflanzt werden. Gefäß ab und zu drehen!

Blütenpracht auf kleinstem Raum
Der begrenzte Platz auf Balkon oder Terrasse muß geschickt genutzt werden. Hier einige Möglichkeiten, wie Sie Pflanzen unterbringen, ohne viel Bodenfläche zu beanspruchen.
Die Decke eignet sich zum Aufhängen von Ampeln (→ Zeichnung 3, Mehr Platz). Praktisch sind Ampelaufhängungen mit Flaschenzug, an dem man das Gefäß zum Gießen herunterlassen kann.
Wände lassen sich durch Wandregale, Halbschalen (→ Zeichnung 1, Mehr Platz), an der Wand befestigte Kästen, durch Kletterspaliere (→ Zeichnung 5, Mehr Platz) und Gitter zum Einhängen von Einzeltöpfen (→ Zeichnung 5, Mehr Platz) sowie durch gespannte Kletterdrähte nutzen (→ Zeichnung 1, Verschiedene Kletter- und Standhilfen).
Für Ecken gibt es maßgeschneiderte Bodengefäße, die auf zwei Seiten einen rechten Winkel bilden und vorn meist abgerundet sind (→ Zeichnung 4, Mehr Platz). Für Balkongeländer gibt es Eckaufhängungen, in denen man Einzeltöpfe unterbringen kann (→ Zeichnung 2, Mehr Platz).
Die Bodenfläche wird besser ausgenutzt, wenn Sie Gefäße aufstellen, in denen auf wenig Grundfläche zahlreiche Pflanzen Platz haben wie im Erdbeerfaß (→ Zeichnung, Erdbeerfaß), in einer Torfwand (→ Zeichnung, Blühende Wand) oder in einem Pflanzenturm, der aus aufeinandergesetzten Pflanzelementen besteht.

Pflanzen zu Pyramiden erziehen und schneiden
1 An dieser Pflanzenspindel lassen sich Pyramiden aus Efeu, Fuchsien, Pelargonien, Lantanen oder Tomaten hochziehen.
2 Feuerbohnen-Zelt: Am Topfrand sind Schnüre befestigt, die zur Spitze eines fest im Substrat verankerten Stahlrohrs zulaufen.
3 Mit Hilfe einer Schablone aus zusammengeschraubten Holzlatten lassen sich Pyramiden aus Buchs oder Koniferen exakt schneiden.

Pflanzen erziehen und formieren
Pflanzen können durch Schnitt, spezielle Halterungen oder Kletterhilfen zu bestimmten Formen angeregt werden.
Die Erziehung zum Hochstämmchen (→ Zeichnung, Erziehung), dauert in der Regel 5 Jahre. Erziehen Sie am besten gleich mehrere, weil nicht jeder Versuch gelingt.
Für den Pyramiden-Schnitt (→ Zeichnung 3, Pflanzen zu Pyramiden erziehen) zwei schmale Holzlatten so zusammenschrauben, daß sie sich noch gegeneinander bewegen lassen. Gewünschten Winkel einstellen, Schraube festziehen und Winkel mit einer Querlatte stabilisieren. Schablone um den Kübel herumführen und an der schrägen Latte entlang schneiden.

Kletterhilfen und Pflanzenstützen
Beide müssen gleich beim Einpflanzen angebracht werden.
Kletterhilfen für Schlinger wie Feuerbohne, Prunkwinde, Schwarzäugige Susanne, Hopfen, Geißblatt, Knöterich oder Pfeifenwinde sind Stäbe, gespannte Schnüre oder Kletterdrähte (mit unregelmäßiger, rauher Oberfläche, die besonders gut Halt gibt). Schlingpflanzen umschlingen mit ihren Stengeln und Trieben spiralförmig diese Haltevorrichtungen.
Kletterhilfen für Ranker wie Duftwicke, Glockenrebe, Kapuzinerkresse, Klematis, Wilder Wein sind Schnüre, Kletterdrähte oder Stäbe (nicht zu dick, damit sich die feinen Rankorgane festhalten können). Sie werden am besten netz- oder gitterförmig angebracht.
Kletterhilfen für Spreizklimmer wie Rose, Brombeere oder Winterjasmin sind Spaliere und Gitter mit Sprossen und waagerechten Latten. Ideal: Das Scherengitter (→ Zeichnung 2, Verschiedene Kletter- und Standhilfen). Spreizklimmer halten sich nicht von allein und müssen festgebunden werden.
Wurzelkletterer wie Efeu, Kletterhortensie oder Trompetenstrauch halten sich mit ihren Haftwurzeln von allein an fast jeder Unterlage fest.

Sicht- und Windschutz
Mit freistehenden Wänden aus Kletterpflanzen oder blühenden Torfwänden können Sie sich abschotten und eingrünen.
Der freistehende Sichtschutz (→ Zeichnung, Freistehendes Balkonspalier). Wer ihn nicht selbst bauen will, kann fertige, etwa 170 cm hohe Balkonspaliere mit passenden Kästen im Fachhandel erwerben.
Torfwände (→ Zeichnung, Blühende Wand) müssen selbst gebaut werden (→ Anleitung, Seite 69).

Erziehung eines Hochstämmchens oder Kronenbäumchens
1 Seitentriebe kräftiger Jungpflanzen regelmäßig entfernen. Ab einer bestimmten Höhe Haltestab anbringen und mit Achterschlaufen befestigen.
2 Ist der Haupttrieb etwa 120 cm hoch, Spitze abschneiden. Aus den oberen Seitentrieben entsteht das Gerüst für die spätere Krone.
3 Seitentriebe häufig entspitzen, damit sie sich verzweigen und dicht belauben.

Verschiedene Kletter- und Standhilfen
1 Kletterdrähte können einfach an Wandhaken befestigt werden.
2 Spaliere gibt es für Wände und freistehende Kästen aus Holz oder PVC.
3 Staudenhalter verhindern das Auseinanderfallen von hohen Stauden.
4 Verschiedene Pflanzenstützen für Hochstämmchen, sie werden im Topf verankert.

Freistehendes Balkonspalier
Für diesen Wind- und Sichtschutz benötigt man ein langes, standfestes Pflanzgefäß. An seiner inneren Seitenwand werden mindestens 2 massive Latten angeschraubt, an ihnen das Spalier befestigt. Danach Substrat einfüllen und pflanzen.

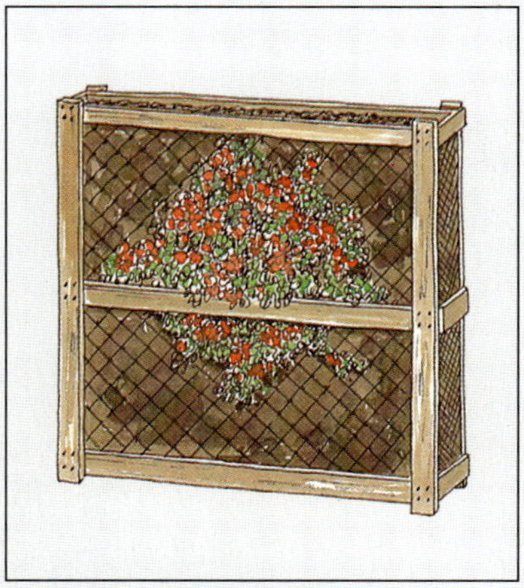

Blühende Wand für die Terrasse
Dieser Wind- und Sichtschutz läßt sich aus Holzlatten und Maschendraht selbst herstellen. Man füllt das Gestell mit grobfaserigem Torf und bepflanzt es von außen durch die Maschendrahtlöcher mit kleinen Jungpflanzen, die sich rasch entwickeln und die Fläche zudecken.

Der Lenz ist da. Pflanzen Sie bunte Frühlingsblumen in Kästen, Kübel, Töpfe, Ampeln oder Schalen. Schöner können Sie die Saison auf Balkon und Terrasse nicht eröffnen.

Wer hat nach einem bitterkalten dunklen Winter nicht Lust auf ein Stückchen Frühling – und sei es noch so klein?
Hier die wichtigsten Frühlingsboten für die Gefäßkultur auf Balkon und Terrasse:
Frühlingsblühende Zwiebelblumen, wie Schneeglöckchen, Krokus, Tulpen, Narzissen und viele andere haben 2 Pflanztermine. Man setzt entweder im September/Oktober ihre Zwiebeln in die Gefäße und überwintert sie darin mit Schutz im Freien oder hell und kühl im Haus. Wem dieser Aufwand zuviel ist, kann ab Januar vorgetriebene Zwiebelblumen in Töpfen kaufen. Sie sind allerdings nur fürs Zimmer geeignet. Für die Balkonkultur wartet man besser bis März/April, wenn das Sortiment am umfangreichsten ist und die bepflanzten Gefäße schon draußen stehen können. Blühend angeboten werden: Hyazinthen, niedrige Tulpen, Narzissen, Traubenhyazinthen, Blaustern und Schneeglöckchen. Die Gärtner beginnen bereits Mitte Dezember, diese Zwiebeln zwischen 10 und 20 °C anzutreiben.
Stauden, wie Christrosen oder die fröhlich-bunten Primeln werden unterschiedlich behandelt. Christrosen am besten im August ins Gefäß pflanzen und darin im Freien mit Winterschutz überwintern. Alternative: Blühende Pflanzen im Frühling einsetzen. Sie treiben Jahr für Jahr wieder aus. Primeln hingegen nach dem Verblühen besser in den Garten pflanzen. Dort blühen sie jährlich und säen sich selbst aus. Im Kasten lohnt ihre Weiterkultur nicht.
Zweijährige Frühlingsblüher, wie Gänseblümchen, Goldlack, Stiefmütterchen, Vergißmeinnicht wandern nach der Blüte auf den Kompost. Ihr Lebenszyklus ist beendet.
Frühjahrsblühende Gehölze, wie Kätzchenweiden, Immergrün (→ Foto, Seite 55), Winterjasmin oder die Zaubernuß sind ausdauernd und bleiben das ganze Jahr über in den Gefäßen.

Zwiebelpflanzen in Gefäßkultur – was Sie darüber wissen sollten

Pflanzen Sie blühende Zwiebelblumen an milden, sonnenlosen Tagen aus, so können sie sich besser an die frische Luft gewöhnen. Sind Minusgrade unter 3 °C angesagt, deckt man die Kästen am besten mit einem locker aufgesetzten »Hut« aus Noppenfolie oder Zeitung ab. Die Bepflanzung hält länger, wenn Sie knospige Pflanzen kaufen und das Gefäß nicht ständig in der vollen Sonne steht. In der Regel hat man über einen Monat Freude daran.
Ob sich die Weiterpflege im Gefäß lohnt, hängt davon ab, ob Sie die Zwiebeln so aufpäppeln können, daß sie im nächsten Jahr wieder Kraft zum Blühen haben. Meist ist dies im begrenzten Erdraum eines Topfes oder Balkonkastens nicht zu schaffen. Die Zwiebeln bleiben schmächtig, und es lohnt sich nicht, sie im Herbst in neue Erde zu setzen, um den bepflanzten Kasten zu überwintern. In großen Kübeln mit ausreichend Erde kann die Weiterpflege wenig empfindlicher Arten durchaus glücken. Man verfährt dabei wie im Garten.
Die Weiterkultur im Garten ist erfolgreich und empfehlenswert. Zwiebelblumen schon im Kasten mit speziellem Zwiebeldünger einmal versorgen. Verwelktes und Verblühtes (nicht den ganzen Stengel) abschneiden, aber Blätter unbedingt stehenlassen. Die Pflanzen mit durchwurzeltem Ballen aus dem Gefäß nehmen und in den Garten in ein vorbereitetes Pflanzloch setzen.

Frühlingszauber in der Schale.

Öfter gießen und düngen, damit die Zwiebeln wieder neue Kraft auftanken. Nachdem das Laub gelb und trocken geworden ist, läßt es sich leicht mit der Hand entfernen. Nun werden die Zwiebeln ausgegraben und in trockenem Torf bis zur neuen Pflanzzeit im September gelagert. Alternative: Man läßt sie im Boden, wo einige Arten verwildern oder sich von allein vermehren.

Weitere Gestaltungsideen

Naturnah, robust, preiswert und eine Freude für die Bienen – Löwenzahn im Balkonkasten. Romantisch und nostalgisch sind Veilchen in Schalen.

Für den Löwenzahn-Kasten graben Sie im Februar ein paar »fette« Löwenzahnrosetten mit Wurzelstock aus (je nach Größe 3 bis 6 für 60 cm Kastenlänge). Diese werden in Balkonkästen mit nährstoffreicher Erde (Einheitserde, lehmig-nahrhafte Gartenerde) gesetzt. Die Blätter zuvor um die Hälfte einkürzen. An einen sonnigen Platz ins Freie stellen und gut feucht halten. Anfangs eventuell vor Spätfrösten schützen.

Veilchen in Schalen sind ein Frühlingsgruß ganz besonderer Art und auch als liebenswertes Geschenk überall willkommen. Wählen Sie als Gefäß eine verzierte Schale, sie wirkt romantisch. Bepflanzen Sie sie mit einem dichten Pulk aus Hornveilchen (*Viola cornuta*). Sie werden im Frühjahr blühend angeboten und halten bei kühlem Stand überaus lange (→ Beschreibung, Seite 141). Empfehlenswert sind kleinblumige, etwa 10 cm hohe Sorten wie die himmelblaue 'Princess Blue' oder die 15 cm hohe, violettblaue 'Angerland'.

Von besonderem Liebreiz ist eine Schale mit Duftveilchen, *Viola odorata*. Wer sie im Garten hat, gräbt einfach einige Pflanzen aus und pflanzt sie ein. Duftveilchen bilden an nicht zu sonnigen Standorten regelrechte Teppiche und »füllen« ein ausgestochenes Stück in kurzer Zeit auf. Eine der schönsten Sorten ist 'Königin Charlotte'.

Ein Zwiebelblumen-Arrangement (→ Foto, links)

- Schale: Ø 40 cm.
- Pflanzenliste:

2 Schachbrettblumen, *Fritillaria meleagris*
2 bis 3 Töpfchen mit niedrigen rosa Tulpen, *Tulipa*
3 Kugelprimeln, *Primula denticulata*
2 Schlüsselblumen, *Primula veris*
1 Schneestolz, *Chionodoxa*
1 *Puschkinia scilloides var. libanotica*

- Einpflanzen und pflegen: Diese überaus dichte und üppige Bepflanzung kann man nicht im Herbst vorbereiten. Sie wird aus angetriebenen Pflanzen zusammengestellt, die man im Frühjahr kaufen kann. Dränageschicht (→ Seite 27) einfüllen, darüber etwas Substrat geben. Zwiebelblumen austopfen und so arrangieren, daß die niedrigen Pflanzen an den Rand kommen.

Am meisten freuen sich die Bienen über die ersten Blüher auf dem Balkon.

Was Sie im Frühjahr vorbereiten können

Das Frühjahr ist für den Gärtner die arbeitsintensivste Zeit. Jetzt wird der Grundstock für kommenden Blüten- und Früchtesegen gelegt. Das müssen Sie, unter anderem auch für die Gestaltung der folgenden Kästen, zwischen Ende Februar und Mai tun:

- Einjährige Sommerblumen, Gräser, Kräuter und Gemüse aussäen.
- Sommerblüher mit Knollen (Begonien, Blumenrohr) antreiben.
- Stauden pflanzen.
- Balkonblumen kaufen und einpflanzen.
- Neue Kübelpflanzen besorgen.
- Zwergkoniferen pflanzen.
- Überwinterte Pflanzen in neues Substrat setzen (eventuell neue Pflanzkombinationen kreieren), und ab April/Mai an den neuen Standort im Freien akklimatisieren.

FRÜHLING

Ob bunt oder Ton-in-Ton, die fröhlichen Farben der Frühlingsblumen lassen sich wunderschön kombinieren.

Blauer Kasten mit Tulpen
Im Herbst pflanzen, im Frühling genießen.
Kastenlänge: 60 cm.
Pflanzenliste:
6 Goldlack-Pflanzen, *Cheiranthus cheiri,* mehrfarbig
5 Tulpen-Zwiebeln, *Tulipa* 'Queen of Night'
1 Tulpen-Zwiebel, *Tulipa* 'Black Parrot'
Einpflanzen und pflegen: Goldlackpflanzen und Tulpenzwiebeln im September einsetzen. Die Zwiebeln etwa 8 cm tief und in zwei Gruppen in den Hintergrund pflanzen. Kasten im Freien überwintern, mit Laub oder Stroh gegen Frost abdecken. An frostfreien Tagen mäßig gießen. Nach Austrieb im Frühjahr windgeschützt aufstellen und wöchentlich düngen.
Mein Tip: Wählen Sie frostbeständige Eternitkästen. Sie lassen sich in allen Farben lackieren.

Primelkasten
Schnelle Bepflanzung, fröhliche Farben.
Kastenlänge: 60 cm.
Pflanzenliste:
12 Kissenprimeln, *Primula vulgaris*, in verschiedenen Farben
Einpflanzen und pflegen: Fertig gekaufte Pflanzen ab Januar leicht über den Kastenrand geneigt einpflanzen. Gut gießen und wöchentlich düngen. Bei Frost mit Zeitungspapier abdecken. Ab Mai in den Garten setzen, dort blühen sie im nächsten Jahr aufs Neue, und der Kasten kann für die Sommerbepflanzung wiederverwendet werden.

Bunter Frühlingskasten
Blüht bis zum Frühsommer.
Kastenlänge: 60 cm.
Pflanzenliste:
3 Goldlack-Pflanzen, *Cheiranthus cheiri*
2 Maßliebchen, *Bellis perennis*
3 Vergißmeinnicht, *Myosotis*-Hybriden
Einpflanzen und pflegen: Pflanzen im Frühjahr kaufen und in Kasten setzen. Goldlack an die Seite und zwischen die Vergißmeinnicht-Gruppe und die Maßliebchen pflanzen. Kasten sonnig bis halbschattig stellen, regelmäßig gießen, wöchentlich düngen. Verblühtes ausschneiden. Goldlack und Vergißmeinnicht durch Sommerblumen (zum Beispiel Pelargonien, Heliotrop, Margeriten) ersetzen.

Fröhlicher Primelkasten – eine frühe Bepflanzung für jeden Standort.

Blauer Kasten mit dunkelvioletten Tulpen – eine zauberhafte Kombination für windgeschützte Standorte.

Osterschale in Violett
Dekorative Schale fürs Zimmer, die nach Ostern auch ins Freie darf.
Schale: 25 cm Ø.
Pflanzenliste:
2 Kissenprimeln,
Primula vulgaris
3 Töpfe Traubenhyazinthen,
Muscari aucheri (pro Topf etwa 5 Zwiebeln)
3 Hyazinthen, *Hyazinthus orientalis* 'Bismarck'
1 Topf Schneestolz,
Chionodoxa gigantea (pro Topf mehrere Zwiebeln)
Einpflanzen und pflegen: Vorgetriebene Pflanzen sind ab Januar erhältlich. Nach der Höhe gestaffelt einpflanzen (Primeln, Schneestolz vorne, Traubenhyazinthen in die Mitte, Hyazinthen in den Hintergrund). Nicht zu warm halten. Im Freien durch Abdecken mit Zeitungspapier oder Folie vor Frost schützen oder ins Haus holen.

Weidenstämmchen im Kübel
Langjährige Bienenweide.
Kübel: 50 cm Ø, 45 cm Höhe.
Pflanzenliste:
2 Hängende Kätzchenweiden,
Salix caprea mas 'Pendula'
10 Pflanzen Kleines Immergrün,
Vinca minor
1 Christrose, *Helleborus*-Hybride
Einpflanzen und Pflegen: Im zeitigen Frühjahr Pflanzen kaufen, Kübel bepflanzen. 2 Kätzchenweiden bilden eine ausgewogene Krone. Christrose in den vorderen Bereich geben, den Rest mit Immergrün besetzen. Halbschattig aufstellen und regelmäßig gießen. Mit Schutz im Freien überwintern. Im folgenden Frühjahr düngen.

Aparte Schale in Violett. Ton-in-Ton abgestimmter Pflanzvorschlag.

Bunter Frühlingskasten für vollsonnige Standorte – schön auch mit einer vorgetriebenen Tulpe im Hintergrund.

Trauersalweide mit Unterpflanzung – im Herbst gesteckte Narzissenzwiebeln blühen pünktlich zu Ostern.

Balkonblumen und Kübelpflanzen können nun in der Sonne baden und ihre Schönheit voll entfalten. Kräuter bilden ihre Aromastoffe, Früchte beginnen zu reifen.

Im Sommer genießt der Balkongärtner, was er im Frühjahr geplant, gepflanzt und gesät hat. Im Sommer kann er aber auch die Gestaltung von Balkon und Terrasse jederzeit ergänzen oder ändern, weil jetzt das Angebot an Pflanzen am größten ist.

Sommerliche Gestaltungsideen

Warum nicht Balkon und Terrasse unter ein Motto stellen? Hier einige Anregungen:
Der dekorative Balkon, zum Beispiel mit verschiedenen Pflanzen, alle in der persönlichen Lieblingsfarbe (etwa in Weiß, → Foto, Seite 10/11).
Der botanische Balkon als Sammelort für Pflanzen aus einer Region (zum Beispiel in Australien heimische Pflanzen) oder für Pflanzen einer bestimmten Familie (zum Beispiel Fuchsienbalkon, → Foto, Seite 175).
Der Kräuter- und Gemüsebalkon (→ Foto, Seite 228/229) läßt sich ganz nach den individuellen Wünschen mit frischen Zutaten für die Küche bestücken.
Der Obstbalkon bietet ein kleines Paradies zum Naschen. Für die Gefäßkultur auf Balkon und Terrasse gibt es Monats- und Klettererdbeeren, Johannis-, Stachel- und Brombeeren. Kulturheidelbeeren und Kulturpreiselbeeren gedeihen auch gut im Kübel. Wer sich ein kleines Apfel-, Birnen-, Zwetschgen-, Sauer- oder Süßkirschenbäumchen halten möchte, sollte sich an Baumschulen oder spezielle Versandgärtnereien (→ Quellen, Seite 238) wenden und ausdrücklich Sorten verlangen, die selbstbestäubend sind und im Kübel gut gedeihen. Je nach Art, Sorte und Veredelungszeitpunkt fruchtet Kübelobst erstmals nach 1 bis 3 Jahren. Überwintert werden Obstgehölze wie Rosen (→ Praxis, Seite 28). Statt mit Reisig schützt man die oberirdischen Teile mit einem Jutesack.
Ein Mini-Teich im Kübel ist ein Wasser-Biotop auf kleinstem Raum. Am schönsten sehen Holzbottiche oder halbierte Holzfässer aus. Holzbehälter etwa 1 Woche lang in Wasser einweichen, damit sie aufquellen und wasserdicht sind (besser mit Teichfolie – Gartenfachhandel – auskleiden).

Bepflanzungsvorschlag:
- Gefäß: Wasserdichter Behälter mit etwa 50 cm Durchmesser und 30 bis 40 cm Tiefe.
- Substrat: Lehm oder spezielle Teicherde 5 cm dick auffüllen. Schicht mit Kies abdecken, damit die Nährstoffe im Substrat bleiben und nicht ins Wasser gelangen.
- Bepflanzung: 2 Blaue Schwertlilien, *Iris sibirica* und 3 Kleine Rohrkolben, *Typha minima* in den Hintergrund setzen; davor 2 Tannenwedel, *Hippuris vulgaris*. In den Vordergrund 2 Bachbungen, *Veronica beccabunga* und 3 Pfennigkraut, *Lysimachia nummularia* pflanzen. In der Mitte etwas freie Wasserfläche lassen.
- Leitungswasser bis etwa 5 cm unter dem Rand auffüllen.
- Standort: Halbschatten – keine pralle Sonne.
- Pflege: Bei Verdunstung Wasser nachfüllen und keinesfalls düngen.

Duftkasten mit Tuberosen
→ Foto, Seite 240
Duftende Pflanzen auf Balkon und Terrasse sind ein Erlebnis für Auge und Nase.
Für diese Komposition kauft man am besten fertige Jungpflanzen, die Tuberosen sind allerdings nur als Knollen über Knollen- und Zwiebelspezialversand (→ Quellen, Seite 238) erhältlich und müssen eigenhändig vorgezogen werden.
- Kastenlänge: 60 cm.
- Pflanzenliste:

2 Lavendel, *Lavandula angustifolia*
1 Basilikum, *Ocimum basilicum*
2 Duftende Reseden, *Reseda odorata*
1 Heliotrop, *Heliotropium arborescens*
1 Duftpelargonie, *Pelargonium* (hier eine Sorte mit weißbunten Blättern und Pfefferminz-Duft)
3 Knollen Tuberosen, *Polianthes tuberosa*

- Einpflanzen und pflegen: Die Tuberosen-Knollen im März/April in einen Topf geben, mit Erde bedecken, frostgeschützt, hell und trocken halten. Erst gießen, wenn sich die Triebspitzen durch die Erdoberfläche bohren. Im Mai, nach den letzten Nachtfrösten die restlichen Pflanzen kaufen und Kasten bepflanzen. Die Tuberosen als Hintergrundsgruppe an ein Kastenende geben und mit Reseden und Heliotrop umgeben. Als Gegengruppe Lavendel und Basilikum zusammenpflanzen. Die Duftpelargonie als Verbindungselement leicht über den Rand geneigt in den Vor-

Schwarze Johannisbeeren, Stachelbeeren und Erdbeeren gedeihen hier zum Naschen frisch vom Strauch.

dergrund einsetzen. Der Kasten braucht einen sonnigen bis halbschattigen, windgeschützten Platz. Immer gut feucht halten und einmal wöchentlich düngen. Duftpelargonie und Heliotrop können warm im Haus, Lavendel mit Winterschutz im Freien überwintern. Die anderen Pflanzen halten im Kasten nur 1 Jahr.

Mein Tip: Den Kasten so plazieren, daß er abends in »Nasen-Nähe« ist, denn Tuberose, Heliotrop und Resede sind Abenddufter.

Was Sie im Sommer vorbereiten können

Wer will, kann jetzt schon beginnen, den Grundstock für die nächstjährige Bepflanzung beziehungsweise für den Herbst zu legen.

- Sommerstecklinge von Gehölzen schneiden.
- Pelargonien-Stecklinge schneiden.
- Zweijährige Sommerblumen aussäen.
- Samen von Gräsern und einjährigen Sommerblumen ernten.
- Herbstzeitlose pflanzen (→ Kastenbepflanzung, Seite 66).

Auf dem Foto oben:
Hochstämmchen verschiedener Beerensträucher sehen nicht nur attraktiv aus, sie tragen auch reichlich Früchte.

Auf dem Foto unten:
Für die Bepflanzung von Vasen oder Ampeln gibt es spezielle, kleinfrüchtige Sorten.

Süße, verlockende Erdbeerpracht.

SOMMER

Frühsommerliche Gestaltungsideen für jeden Geschmack. Mal imposant, mal naturnah, mal kulinarisch.

Rosen im Terrakotta-Kübel

Ein Traum-Ensemble, das alle Jahre wieder blüht, wenn Sie einen guten Überwinterungsplatz haben.
Kübel: 40 cm Ø, 45 cm Höhe.
Pflanzenliste:
1 Floribunda-Rose, *Rosa*
2 Schönmalven, *Abutilon megapotamicum*
1 Prunkwinde, *Pharbitis nil*
Einpflanzen und pflegen: Rose im Container kaufen und im Mai mit Schönmalve und Prunkwinde zusammenpflanzen. Sonnig bis halbschattig stellen, reichlich gießen und alle 2 Wochen düngen. Die schnellwüchsigen Ranken der Prunkwinde immer wieder zurückschneiden, damit die Rose nicht zu sehr überwuchert wird.
Im Winter das ganze Ensemble in Garage, Keller oder im kühlen Wintergarten bei 0 bis 5 °C unterbringen und wenig gießen.
Alternative: Wer ein frostsicheres Gefäß gewählt hat, kann die Rose im Freien mit Schutz (→ Seite 28) überwintern, allerdings erfriert dabei die Unterpflanzung und muß in der nächsten Saison erneuert werden.
Im Frühjahr oberste Erdschicht erneuern und nach Akklimatisation (→ Seite 25) Kübel im Mai wieder ins Freie stellen.

Kleine Wildblumen-Wiese

Ein preiswerter, ungewöhnlicher Schmuck nicht nur für einen Sommer.
Kastenlänge: 60 cm.
Pflanzenliste:
1 Handvoll Samenmischung Wild- oder Kräuterwiese.
Einpflanzen und pflegen: Erde im Kasten sachte andrücken, Samen nicht zu dicht darüber streuen. Aussaat ganz leicht mit Erde bedecken und mit einem Brettchen etwas andrücken. Alles behutsam, aber gut angießen.

Die Wildblumen-Wiese – ein Erlebniskasten für Kinder. Anfang März ausgesät, ist sie im Juni zu bestaunen.

Auch im Kübel wollen Rosen einen vollsonnigen Standort, an dem sich keine Hitze staut.

Kasten schattig stellen und feucht halten. Sobald die ersten Pflanzen keimen im leichten Sonnenlicht aufstellen. Später in volle Sonne geben. Immer gut feucht halten und gelegentlich düngen.
Mein Tip: Wird das Gras zu üppig oder unansehnlich, kann alles bis auf eine Handbreit zurückgeschnitten werden. Es wächst schnell wieder nach.

Stiefmütterchen und Erdbeeren

Duftiger Frühsommer-Kasten und Gaumenschmaus.
Kastenlänge: 60 cm.
Pflanzenliste:
12 Stiefmütterchen, *Viola*-Wittrockiana-Hybriden 'Rokoko-Mischung'
6 Walderdbeer-Pflanzen, *Fragaria vesca*
Einpflanzen und pflegen: Im September die Pflanzen besorgen, frostbeständigen Kasten auswählen, mit Erde füllen und die beiden Arten gemischt einpflanzen. Gut angießen, auch im Winter feucht halten. Sonnig-hell stellen, aber vor Frost schützen (→ Zeichnung, Seite 29). Ab März Schutz entfernen, ab Mai alle 2 Wochen düngen. Sind die Walderdbeeren zu starkwüchsig, einfach mit der Schere Blätter abschneiden. Sie wachsen wieder nach.
Pflanz-Alternative: Wer's im Herbst versäumt hat, kann die Pflanzen auch erst im Frühling einsetzen. Die Erdbeeren fruchten dann aber eventuell weniger gut.

Schmuck-Kräuterkasten

Feiner Duft und Frisches für die Küche.
Kastenlänge: 60 cm.
Pflanzenliste:
2 Husarenknopf-Pflanzen, *Sanvitalia procumbens*
1 Heiligenkraut, *Santolina chamaecyparissus*
1 Rosmarin, *Rosmarinus officinalis*
1 buntblättriger Salbei, *Salvia officinalis* 'Tricolor'
1 Lavendel, *Lavandula angustifolia*
1 Spanisches Gänseblümchen, *Erigeron karvinskianus*
4 bis 7 Sonnenblumenkerne, *Helianthus annuus*
Einpflanzen und pflegen: Im Mai gekaufte Pflanzen in die Gefäße setzen, dabei den Husarenknopf als Einrahmung rechts und links, die höherwerdenden Pflanzen (Lavendel, Rosmarin) in den Hintergrund plazieren. Heiligenkraut, Salbei und Spanisches Gänseblümchen werden – etwas über den Kastenrand geneigt – in den Vordergrund gepflanzt. Die Sonnenblumenkerne zwischen die Pflanzung stecken. Angießen und vollsonnigen Platz wählen. Nach dem Austrieb der Sonnenblumen alle 2 Wochen düngen. Erscheinen zu viele Sonnenblumen, diese etwas auslichten. Heiligenkraut, Salbei, Lavendel und Rosmarin sind Halbsträucher oder Sträucher, die an geschützter Stelle mit Winterschutz (→ Seite 29) überwintert werden können. Außer dem Salbei behalten sie ihr Laub. Man kann – gut geschützt – auch einen Versuch mit dem Spanischen Gänseblümchen wagen, das am natürlichen Standort eine Staude ist. Husarenknopf, Sonnenblumen und – soweit nötig – Spanisches Gänseblümchen im Frühjahr ersetzen.
Mein Tip: Rosmarin, Heiligenkraut, Lavendel und Salbei duften fein. Deshalb den Kasten in Nasenhöhe aufstellen.

Lauter Sonnenkinder. Erst am sonnig-warmen Standort entwickeln die südlichen Kräuter ihr volles Aroma.

Liebenswert und nostalgisch – Stiefmütterchen und Walderdbeeren. Bei guter Pflege gibt es bis in den Herbst hinein Beeren zu naschen.

Zauberhafte Bepflanzungs-vorschläge zum Nachmachen, die im Hoch- und Spätsommer ihre ganze Pracht entfalten.

Eleganter Kasten in Violett und Gelb

Aparte Farbakzente und klassischer Aufbau.
Kastenlänge: 60 cm.
Pflanzenliste:
1 Salbei, *Salvia farinacea*
2 Heliotrop-Pflanzen,
Heliotropium arborescens
3 Pantoffelblumen,
Calceolaria integrifolia
Einpflanzen und pflegen: Pflanzen im Mai kaufen. An den Rand und eher nach vorne die Pantoffelblumen, in die Mitte und mehr nach hinten die Heliotrop, ganz nach hinten (als höchste Pflanze) den Salbei setzen. Gut gießen und wöchentlich düngen. Verblühtes regelmäßig ausschneiden.

Treffpunkt bunter Sommerblumen

Pelargonien einmal nicht in Hülle und Fülle, sondern als fröhlicher Farbtupfer.
Kastenlänge: 60 cm.
Pflanzenliste:
2 Sonnenhut-Pflanzen,
Rudbeckia hirta
2 Ringelblumen,
Calendula officinalis
1 rote Steh-Pelargonie,
Pelargonium-Zonale-Hybride 'Bundeskanzler'
2 dunkelblaue Petunien,
Petunia-Hybriden
2 Blaue Mauritius,
Convolvulus sabatius
Einpflanzen und pflegen: Pflanzen im Mai kaufen und Kasten gestalten: Hängende Pflanzen (Blaue Mauritius, Petunien) in die Mitte und leicht über den Kastenrand geneigt nach vorne pflanzen. Pelargonie als Farbakzent in die Mitte setzen, den höher wachsenden Sonnenhut und die Ringelblumen gemischt auf den Hintergrund und an den Rand verteilen. Den Kasten nach den Eisheiligen ins Freie bringen und sonnig bis halbschattig aufstellen. Täglich gießen und wöchentlich düngen.

Trompetenzungen unter sich

Filigrane Blüten einen Sommer lang im lackierten Eternitkasten.
Kastenlänge: 80 cm.

Die ganze Pracht des Sommers ist in diesem Kasten eingefangen. Stellen Sie ihn sonnig bis halbschattig.

So üppig werden nach Vanille duftender Heliotrop und Pantoffelblumen nur am vollsonnigen, regengeschützten Standort blühen.

Pflanzenliste:
15 Trompetenzungen,
Salpiglossis sinuata
Einpflanzen und pflegen: Die Pflanzen im Mai kaufen und in mit Sand (2 Handvoll) vermischte Erde setzen. Kasten sonnig, aber wind- und regengeschützt aufstellen. Regelmäßig gießen und wöchentlich düngen.

Pelargonien-Kasten
Robuste Blumen fein arrangiert.
Kastenlänge: 60 cm.
Pflanzenliste:
3 rote Steh-Pelargonien,
Pelargonium-Zonale-Hybriden
2 rote Steh-Pelargonien mit weißgeränderten Blättern,
Pelargonium-Zonale-Hybriden
2 niedrige Strauchmargeriten,
Chrysanthemum frutescens
2 Kornblumen,
Centaurea cyanus

Einpflanzen und pflegen: Pflanzen im Mai kaufen und in den Kasten setzen. Die vorderen leicht über den Rand geneigt pflanzen. In den Hintergrund die Kornblumen bringen. Sind sie noch klein, müssen Pelargonien und Chrysanthemen gelegentlich gestutzt werden, damit sie die Kornblumen nicht erdrücken. Besser: Von den Kornblumen bereits kräftige Pflanzen kaufen. Kasten sonnig bis halbschattig aufstellen, reichlich gießen und wöchentlich düngen.
Mein Tip: Verwelkte Blüten regelmäßig abzwicken, dies regt zur Bildung von neuen an, besonders bei Kornblumen.

Brombeer-Kranz
Wer ihn im Freien überwintern will, muß ein frostbeständiges Gefäß wählen.
Kübel: 45 cm Ø, 35 cm Höhe.

Pflanzenliste:
1 Wildbrombeere, *Rubus fruticosus*
7 Pflanzen des Einjährigen Zittergrases, *Briza minor* (oder ein Tütchen Samen zum Aussäen)
Einpflanzen und pflegen: Im Mai Brombeere und Gräser (Unterpflanzung) ins Gefäß setzen. Sonnig bis halbschattig aufstellen, reichlich gießen und alle 2 Wochen düngen. Die langen Ranken ohne Stäbe ins Rund schlingen, so daß ein grüner Brombeerkranz entsteht. Im Freien mit Topfschutz oder kühl (0 bis 5 °C) und hell überwintern. Zittergras sät sich jährlich selbst aus.

Rote Pelargonien in Gesellschaft von weißen Margeriten und blauen Kornblumen.

Trompetenzungen sind zart- und hochwüchsig. Sie brauchen deshalb einen wind- und regengeschützten Standort.

Wer will, kann den Brombeer-Kübel auch ans Balkongeländer stellen und die Ranken dort entlangziehen.

Rotgoldene Melancholie. Buntes Laub, leuchtende Früchte – bevor es kalt wird, zeigen sich die Pflanzen noch einmal von ihrer schönsten Seite. Einige, wie Herbstzeitlose oder Erika haben jetzt ihren großen Auftritt. Und auf dem Tisch wartet der Frühling darauf, eingetopft zu werden.

Die Herbstbepflanzung kann zur Krönung des Gartenjahres werden, mit reifenden Früchten und Beeren, mit den rotgoldenen Tönen der Dahlien, Astern und Chrysanthemen.

Für die Herbststimmung auf Balkon und Terrasse sorgen Bepflanzungen, die man entweder jetzt anlegen kann oder andere, die schon lange vorher geplant und in die Tat umgesetzt wurden, und die nun im Herbst ihren Höhepunkt erreichen.

Die kurzfristige Herbstbepflanzung

Scheuen Sie sich nicht, im Spätsommer, wenn sich die Pracht der Sommerblumen dem Ende zuneigt, noch einmal an eine neue Bepflanzung zu denken. Herbstgestaltungen können sehr vielseitig und ausdauernd sein. Nicht umsonst führt der Gartenfachhandel ein regelrechtes Herbstsortiment.

Die Pflanzen. Im Spätsommer werden neben Koniferen (→ Seite 69) folgende Blütenpflanzen angeboten:

- Schneeheide, *Erica herbacea* in Weiß und Rosaviolett
- Chrysanthemen, *Chrysanthemum*-Indicum-Hybriden in Weiß, Gold-, Bronze-, Rot- und Violetttönen.
- Sommerastern, *Callistephus chinensis* in Weiß, Creme, Rosa über Scharlach und Violett bis Blau.
- Strauchveronika, *Hebe* x *Andersonii*-Hybriden in Weiß, Karminrot und Blauviolett.

Einen schönen Farbkontrast bietet das Kreuzkraut, *Senecio bicolor*, mit seinen silberfarbenen Blättern.

So wird´s gemacht. Sommerkästen mit einjährigen Pflanzen, die jetzt ohnehin unansehnlich werden, ausräumen, gründlich reinigen und neu bepflanzen. Wer Sommerkästen mit ausdauernder Bepflanzung angelegt hat und diese überwintern möchte, kauft am besten einen neuen Satz Balkonkästen für die Herbstbepflanzung oder hebt die Sommerpflanzen vorsichtig mit Wurzelballen aus dem Gefäß (zuvor mit einem Messer am Gefäßinnenrand entlang stechen, damit sich Wurzeln und Substrat lösen). Pflanzen in eine mit Plastikfolie ausgeschlagene Kiste geben und dort weiterpflegen. In diesem Fall kommen Sie mit einem Satz von Gefäßen aus, die nach dem Säubern bepflanzt werden.

Wie lange hält die Bepflanzung? Koniferen und viele Immergrüne können im Freien überwintert werden und jahrelang herrlich in Gefäßen gedeihen. Die herbstlichen Blütenpflanzen verblühen jedoch oder werden durch die ersten Nachtfröste unansehnlich. Man kann sie herausnehmen und die Kästen für die Überwinterung der Sommerblumen oder für winterliche Gestecke benutzen.

Die langfristige Herbstbepflanzung

Gut geplant halten diese Pflanzungen über Jahre und erreichen im Herbst den Höhepunkt ihrer Pracht.

Die Pflanzen. Dafür eignen sich ausdauernde Gewächse wie Stauden, Gräser und kleinbleibende Zwerg- und Nadelgehölze.

So wird´s gemacht. Stauden wie Kissenastern oder Fetthenne pflanzt man im Spätfrühjahr/Frühsommer, damit sie sich den Sommer über schön entwickeln können. Laubgehölze wie Feuerdorn, Ahorn oder Robinie setzt man im Frühjahr ein, weil der sich erwärmende Boden ihre Wurzelbildung begünstigt und sie im Sommer das Laub bilden, das sich im Herbst schön verfärben soll. Abgesehen davon müssen sie Blüten ansetzen können, denn nur dann entstehen auch dekorative Früchte.

Wie lange hält die Bepflanzung? Fast alle diese Pflanzen können mit Winterschutz im Freien überwintert werden und sind somit eine Anschaffung für mehrere Jahre.

Koniferen – immer beliebter

Koniferen sind robust und genügsam. Die Immergrünen werden vor allem im Herbst als Containerware – also mit gut durchwurzeltem Topfballen – angeboten.

Der optimale Pflanztermin ist aber – wie für alle übrigen Gehölze, die in die Gefäße gepflanzt werden – nicht der Herbst, sondern das Frühjahr. So können die Pflanzen in die warme Jahreszeit hineinwachsen und leichter Wurzeln bilden. Wer im Herbst pflanzt, was natürlich bei Containerware auch möglich ist, muß die Kästen im Winter frostfrei und hell aufstellen. Gießen nicht vergessen, denn Immergüne verdunsten auch im Winter Wasser!

Geeignete Zwergkoniferen für Kästen oder Tröge:

- Blaufichte, *Picea pungens* 'Glauca Globosa', rundlich-breiter Wuchs, blaugraue Nadeln.
- Nestfichte, *Picea abies* 'Little Gem', niedrig-gedrungener Wuchs, frischgrüne Nadeln.
- Zwergkiefer, *Pinus mugo* 'Mops', rundlicher Wuchs, 30 cm, dunkelgrüne Nadeln.
- Orientalischer Lebensbaum,

Der Herbst taucht die Robinie in flüssiges Gold, läßt Tautropfen in den Gräsern glitzern und bunte Früchte reifen.

Thuja orientalis 'Aurea', kompakter, rundlicher Wuchs, Nadeln im Austrieb grün, im Sommer hellgrün, im Winter gelbgrün.
- Japanische Rotkiefer, *Pinus densiflora* 'Alice Verkade', buschig, 50 cm, lange, ungewöhnlich leuchtend hellgrüne Nadeln.
- Zwergwacholder, *Juniperus communis* 'Sibirica', ausladender, leicht überhängender Wuchs, Nadeln silberblau.
- Silberzypresse, *Chamaecyparis pisifera* 'Snow', rundlich-buschig, 25 cm, schneeweiße Nadeln.

Weitere Empfehlungen geeigneter Arten und Sorten (→ Pflanzenporträts, Seite 214 und 215).

Was Sie im Herbst vorbereiten können

- Blumenzwiebeln von Frühjahrsblühern kaufen (oder bestellen) und pflanzen (September).
- Laub- und Nadelgehölze in Containern pflanzen (bis Dezember an frostfreien Tagen möglich).
- Sommerblumen und Gräser, die man im Winter zur Dekoration der Kästen verwendet, in einer schattigen Balkonecke zum Trocknen aufhängen.

Auf dem Foto oben:
Herbstbalkon mit Sonnenblume, Chrysanthemen, verschiedenen Gräsern, Jungfernrebe, Robinie und Cotoneaster mit farbenfrohem Blatt- oder Fruchtschmuck.
Auf dem Foto unten:
Topfmyrte und Strauchveronika in einem ovalen Terrakottakasten.

Symphonie in Rot und Grün-Gold.

HERBST

Zauberhafte Bepflanzungen, die nun ihre ganze Schönheit zeigen, sowie Kombinationen, die den Herbst auf die Schnelle ins Gefäß bannen.

Lampionblumen und Cocktailtomaten

Ein krautig-fruchtiges Vergnügen für eine Saison.
Kastenlänge: 60 cm.
Pflanzenliste:
6 Lampionblumen,
Physalis alkekengi var. franchetii
2 Cocktailtomaten,
Lycopersicon lycopersicum
Einpflanzen und pflegen: Pflanzen im Mai kaufen, die stark wuchernden Lampionblumen in den Hintergrund und an die Seiten setzen, damit sie den Tomaten nicht zuviel Licht nehmen.
Kasten nach den Eisheiligen ins Freie sonnig aufstellen, reichlich gießen und wöchentlich düngen. Lampionblumen bei Bedarf etwas stutzen und Tomaten mit Stab stützen.

Herbst-Schale

Schnelle Bepflanzung mit vielen Variationsmöglichkeiten.
Schale: 60 cm Ø.
Pflanzenliste:
1 Fächermispel mit Früchten,
Cotoneaster horizontalis
3 Chrysanthemen,
Chrysanthemum-Indicum-Hybriden
2 Kreuzkraut-Pflanzen,
Senecio bicolor
1 Schönkopf,
Calocephalus brownii
Einpflanzen und pflegen: Die Pflanzen sind ab Ende September erhältlich. Fächermispel nicht in die Mitte setzen, aber so, daß sie ihre dekorativen Zweige frei entfalten kann. Chrysanthemen als Farbschwerpunkt gebündelt zusammenpflanzen. Den Übergang zwischen beiden bildet das Grau von Kreuzkraut und Schönkopf. Standort beliebig, Schale gleichmäßig feucht halten.
Alternativen: Fächermispel durch Hagebutten- oder Stechpalmenzweige mit Früchten, abgeblühte Chrysanthemen durch Erika ersetzen.

Herbstschale mit gelben Chrysanthemen und den dekorativen Beeren der Fächermispel.

Lampionblumen und Cocktailtomaten – ein fruchtig-krautiges Vergnügen, das im Herbst gut 1 m hoch wird.

Kasten mit Herbstzeitlosen
Ein anspruchsloser Dauerkasten, der sich im Herbst zum Kleinod mausert.
Kastenlänge: 60 cm.
Pflanzenliste:
8 Blauschwingel-Pflanzen, *Festuca cinerea*
6 Zwiebeln von Herbstzeitlose, *Colchicum autumnale*
Einpflanzen und pflegen: Beste Pflanzzeit ist August, denn dann sind die Zwiebeln der Herbstzeitlose erhältlich. Zum Pflanzen etwas mit Sand vermischtes Substrat nehmen. Blauschwingel einsetzen, dazwischen die Zwiebeln etwa 4 cm tief stecken. Gut angießen, kaum düngen, Standort beliebig. Kann im Freien mit Schutz (→ Seite 29) überwintert werden. Die im Frühjahr erscheinenden Blätter nicht abschneiden, erst entfernen, wenn sie braun geworden sind.
Warnung: Herbstzeitlosen sind giftig!

Asternkasten in Pink
Verschiedene Pastelltöne, große und kleine Blüten im Wettstreit.
Kastenlänge: 60 cm.
Pflanzenliste:
6 rosa und violettfarbene Sommerastern, *Callistephus chinensis*
4 pinkfarbene Kissenastern, *Aster*-Dumosus-*Hybriden*
Einpflanzen und pflegen: Die Pflanzen sind ab August/September zu kaufen. In den Kasten setzen, darauf achten, daß der Umriß der Pflanzung geschlossen und gleichmäßig ist. Die kleinblütigen Kissenastern lassen den Kasten verspielt wirken. Nach dem Einpflanzen gut angießen; alle Standorte sind möglich.

Sonnenblumen im Trog
Prachtvolle Dauerbepflanzung mit Variationsmöglichkeiten.
Pflanztrog: 70 cm Länge, 40 cm Breite, 60 cm Höhe.
Pflanzenliste:
1 Graue Strauchmispel, *Cotoneaster dielsianus*
5 Efeu-Pflanzen, *Hedera helix*
5 Sonnenblumen-Pflanzen, *Helianthus annuus.*
Einpflanzen und pflegen: Im Frühjahr Dauerpflanzen (Strauchmispel und Efeu) einsetzen. Im Mai/Juni Sonnenblumen-Jungpflanzen in den Hintergrund geben, viel gießen und alle 2 Wochen düngen. Pflanzung kann im Freien an geschützter Stelle überwintert werden. Sonnenblumen jährlich erneuern oder durch andere Einjährige ersetzen.

Die groß- und kleinblütigen Astern in pink-violetten Tönen fühlen sich an jedem Standort wohl.

Natur pur – Herbstzeitlosen zwischen blaugrünem Blauschwingel.

So kräftig werden Sonnenblumen nur, wenn sie viel nahrhaftes Substrat um die Füße haben. Unbedingt windgeschützt aufstellen!

Wer behauptet, daß der Winter keine Saison für den Balkon ist, kennt die Vielfalt der Pflanzen noch nicht, die durch verhaltene Schönheit Stimmung schaffen und auch die kalte Jahreszeit zu einem Naturerlebnis machen.

Der Winterbalkon muß nicht grau sein. Wer mit Gräsern, beerentragenden Gehölzen und Immergrünen rechtzeitig vorgesorgt hat, kann mit Rauhreif überzuckerte oder gar verschneite Winterlandschaften im Kleinen genießen.

Winterliche Gestaltungstips

Hier einige Vorschläge für diejenigen, die kurzfristig im Winter Balkon und Terrasse beleben möchten.
Gesteckte Balkonkästen. Im Winter darf der Balkongärtner ruhig ein bißchen mogeln.
Mit gesteckten Dekorationen aus Tannen- oder Kiefernzweigen, Zapfen, Disteln und anderen Trockenblumen, mit Trockengräsern und früchtetragenden Ästen von Zwergmispeln, Misteln oder Stechpalme lassen sich ohne großen Aufwand effektvolle Blickfänge schaffen. Dazwischen oder in große Kübel kann man einige farblich passende Gartenkugeln (→ Quellen, Seite 238) stecken, die lustig aussehen, wenn sie Mützchen aus Schnee tragen.
Es ist sicher nicht jedermanns Sache, sich mit künstlichen Pflanzen zu umgeben. Aber Immergrüne wie Nadelgehölze, Stechpalme und Buchs wachsen in der Regel sehr langsam. Ein stärkerer Schnitt an den eigenen Pflanzen, um Steckmaterial für Winterkästen zu erhalten, tut vielen Gärtnern und ihren Gewächsen weh. In Gartencentern werden verstärkt auch Zweige von künstlichen Immergrünen angeboten, mit denen man den Raubbau an lebendigen Gehölzen umgehen kann.
Ein Tannenbaum vor dem Fenster. Immer häufiger werden Fichten oder Tannen im Container als Christbäume verkauft. Sie können über die Feiertage kurzfristig ins Zimmer geholt und dekoriert werden. Besser ist es aber, sie bleiben im Freien und schauen von draußen festlich geschmückt ins warme Heim. Im geheizten Zimmer verdunsten sie zuviel Wasser und nadeln bald, weil der im Container begrenzte Wurzelballen nicht genügend Wasser nachliefern kann. Da es sich bei diesen Weihnachtsbäumen meistens um Jungpflanzen großer Tannen- oder Fichten-Arten handelt, also nicht um Zwerggehölze, ist es empfehlenswert, die Pflanze, sobald der Boden frostfrei ist, in den Garten zu setzen. Bei Weiterkultur im Gefäß muß an frostfreien Tagen gegossen werden.

Mein Tip: Christbäume nach dem »Zimmeraufenthalt« zunächst etwas vor Kälte schützen, zum Beispiel mit Noppenfolie oder Zeitungspapier.

Pflegetips für den Winter

- Denken Sie daran, daß Gefäße, die – bepflanzt oder unbepflanzt – den Winter über im Freien bleiben, frostbeständig sein müssen. Dies gilt auch für Balkonkästen mit gestecktem Winterschmuck. Nicht frostsichere Gefäße können – vor allem, wenn die Erde naß ist und sich bei Frost ausdehnt – Risse bekommen und sollten deshalb in einem frostfreien Raum überwintern.
- Säcke mit Pflanzerde ebenfalls einräumen, damit diese nicht durchfriert.
- Immer wieder wird vergessen, daß immergrüne Gehölze auch im Winter Wasser verdunsten und gegossen werden müssen. Gießen Sie an frostfreien Tagen, an denen das Substrat nicht durchgefroren ist, und wärmen Sie das Wasser zuvor etwas an.
- Gießkannen mit Wasser nicht wie im Sommer auf Balkon oder Terrasse stehenlassen. Ein einziger Nachtfrost kann das Wasser zu Eis verwandeln und die Kannen springen lassen.
- Pflanzen regelmäßig von Schnee befreien, damit sie darunter nicht brechen oder knicken.
- Wer Schnee von Terrasse und Balkon kehrt, sollte diesen an Gefäßen anhäufeln, in denen Pflanzen frei überwintern. Dies ist ein zusätzlicher Frostschutz.
- Balkonbespannungen auch im Winter nicht entfernen, wenn dort Pflanzen überwintert werden. Sie sind ein weiterer Schutz gegen Kälte, Sonne und Wind.
- Wasseranschlüsse auf Terrassen sperren, das Wasser, das sich noch in der Leitung befindet, ablaufen lassen, dann den Hahn abdrehen und mit einem Korken verschließen, damit keine Feuchtigkeit eindringen kann.
- Achten Sie bei länger anhaltenden Tauwetter- oder Regenperioden darauf, daß sich keine Staunässe in den Gefäßen bildet. Sie schadet draußen überwinternden Pflanzen in der kalten Jahreszeit mehr als im Sommer.
- Herabfließendes Gießwasser kann gerade im Herbst oder Winter zu einer besonderen Gefahrenquelle werden, wenn es auf den Gehweg fließt und dort gefriert.

Wunderschön sieht es aus, wenn Rauhreif und Schnee winterharte Gehölze und Gräser mit »Puderzucker« überziehen.

Was Sie im Winter vorbereiten können

Der Winter ist die Zeit der Planung und der Vorbereitung. Bestellen Sie jetzt Kataloge von Pflanzenlieferanten, Samen- und Gartenversandfirmen (→ Quellen, Seite 238). Überprüfen Sie Ihre Holzgefäße, bessern Sie sie eventuell aus oder bauen Sie sich aus Holzbrettern maßgeschneiderte neue. Anleitungen finden Sie in Fachzeitschriften für Heimwerker (→ Quellen, Seite 238).
Wer im nächsten Jahr einen blühenden Sichtschutz braucht, kann jetzt das Gerüst für die Torfwand (→ Seite 51) bauen.
So bauen Sie eine Torfwand. Setzen Sie ein stabiles Holzgestell aus 3 x 5 cm starken Latten zusammen und behandeln Sie es mit einem pflanzenungiftigen Holzschutzmittel (→ Seite 78). Breite und Höhe hängen von Ihrem Platz ab, die Tiefe sollte bei einseitiger Bepflanzung 20 cm, bei zweiseitiger 30 bis 40 cm betragen. Nachdem das Gestell 4 bis 8 Wochen ausgelüftet wurde, bespannen Sie die Seitenflächen mit Drahtgeflecht (Maschenweite 5 bis 7 cm).
Mein Tip: Wenn Sie unter dem Gestell Laufrollen anbringen, können Sie es zum Gießen und Saubermachen bewegen.

Auf dem Foto oben:
Immergrüne Gehölze.
Auf dem Foto unten:
Eingetopfte Koniferen-Jungpflanze.

Geschmückter Weihnachtsbaum im Kübel.

WINTER

Der Winter muß nicht grau sein. Farbige Beeren, ein paar letzte Blüten und viel Grün in reizvollen Nuancen bringen in dieser Jahreszeit Leben auf Balkon und Terrasse.

Vier-Jahreszeiten-Kübel

Robuste Dauerbepflanzung mit Blüten im Frühling (Rhododendron), Sommer und Herbst (Fünffingerstrauch) sowie aparten Grüntönen im Winter. Frostbeständiges Gefäß wählen!

Kübel: 45 cm Ø.

Pflanzenliste:
1 Wacholder, *Juniperus communis*
1 Fünffingerstrauch, *Potentilla fruticosa* 'Red Ace'
1 Zwergrhododendron, *Rhododendron*-Repens-*Hybride* 'Scarlet Wonder'
1 Zwergkiefer, *Pinus mugo pumilio*

Einpflanzen und pflegen: Beste Pflanzzeit: September/Oktober. Wacholder in den Hintergrund setzen. Fünffingerstrauch und Zwergkiefer etwas schräg einpflanzen, so daß sie über den Rand wachsen. Um Rhododendron herum Torf geben. Gut angießen, auch im Winter Gießen nicht vergessen (wenn Erde nicht gefroren ist). Im Frühjahr Dünger mit Gießwasser verabreichen.

Mein Tip: Mehrmals im Jahr den Rhododendron (liebt sauren Boden) mit zwei Handvoll Torf umgeben.

Koniferen-Kasten

Koniferen mit Scheinbeere und Heidekraut. Widerstandsfähige Dauerbepflanzung, deren Grün besonders im Winter zur Geltung kommt.

Kastenlänge: 60 cm.

Pflanzenliste:
2 Kissenförmige Zwergwacholder, *Juniperus procumbens* 'Nana'
1 Zuckerhutfichte, *Picea glauca* 'Conica'
1 Scheinbeere, *Gaultheria procumbens*
1 Heidekraut, *Calluna vulgaris*
1 Fadenzypresse, *Chamaecyparis pisifera* 'Filifera Nana'

Einpflanzen und pflegen: Pflanzzeit: September/Oktober. Torfhaltiges Substrat nehmen! Zuckerhutfichte und Fadenzypresse zwischen die beiden Zwergwacholder etwas versetzt einpflanzen. Ganz in den mittleren Vordergrund, etwas schräg über den Rand geneigt, Scheinbeere und Heidekraut setzen. So haben die Pflanzen ausreichend Platz für ein mehrjähriges Gedeihen. Gut angießen, auch im Winter bei frostfreiem Wetter Gießen nicht vergessen. Im Frühjahr Spezialdünger für Nadelgehölze (Koniferendünger) mit Gießwasser verabreichen.

Mein Tip: Unbedingt ein frostbeständiges Gefäß wählen, je breiter, desto besser. Noch besser gedeihen Koniferen, wenn sie bereits im Frühjahr eingepflanzt werden. Dann ist allerdings *Calluna* nicht blühend erhältlich.

Verschiedene Grüntöne machen den winterlichen Reiz dieses Kübels aus. Von Juni bis September zeigt der Fünffingerstrauch seine erdbeerähnlichen Blüten.

Immergrün und robust – Koniferen wie Zwergwacholder, Zuckerhutfichte und Fadenzypresse neben Scheinbeere und Calluna im frostbeständigen Balkonkasten.

Erika und Ginster
Blütenschmuck vom Winter bis zum Frühling. Ausgefallene Übergangsbepflanzung mit Variationsmöglichkeiten. Frostbeständiges Gefäß nehmen!
Kastenlänge: 60 cm.
Pflanzenliste:
5 Pflanzen Schneeheide, *Erica herbacea*
2 Zwergginster, *Cytisus decumbens*
2 Bärenfellschwingel-Pflanzen, *Festuca scoparia*

Blüten im Jahreszeiten-Wandel. Im Winter blüht die Schneeheide. Im Vorfrühling zeigt der Zwergginster hellgelbe Blütchen.

Einpflanzen und pflegen: Pflanzen im Herbst kaufen, sobald die Schneeheide erhältlich ist. Erde mit etwas Sand vermischen. Ginster etwas schräg geneigt einsetzen, so daß die Zweige weich über den Kastenrand fallen. Bärenfellgras zwischen die Schneeheide geben. Gut angießen und sonnig bis halbschattig aufstellen. Auch im Winter bei frostfreiem Wetter gießen. Der Zwergginster setzt im zeitigen Frühjahr hellgelbe Blüten an.
Alternativen: Zwischen Erika und Bärenfellgras einige Krokus-Zwiebeln (oder die anderer Frühlingsblüher) stecken.

Immergrüne Pflanzengesellschaft
Hochwerdende Dauerbepflanzung mit kontrastreichem Fruchtschmuck.
Trog: 100 cm Länge, 50 cm Breite, 45 cm Tiefe.
Pflanzenliste:
1 Orientalische Goldfichte, *Picea orientalis* 'Aureospicata'
1 Graue Strauchmispel, *Cotoneaster dielsianus*
2 Efeu, *Hedera helix*
1 Wacholder, *Juniperus communis*

Einpflanzen und pflegen: Beste Pflanzzeit ist das Frühjahr, dann können die Pflanzen bis zum Winter gut einwurzeln. Fichte seitlich in den Hintergrund pflanzen, Strauchmispel mit weich schwingenden Ästen als Kontrast auf die andere Seite setzen. Efeu und Wacholder bilden Unterpflanzung und Übergang zwischen den beiden Gruppen. Gut angießen und halbschattig aufstellen. Auch im Winter an frostfreien Tagen gut wässern. Im Frühjahr Dünger über Gießwasser verabreichen.
Mein Tip: Unbedingt ein frostbeständiges Gefäß wählen. Denken Sie daran, daß diese Bepflanzung sehr schwer ist. Erkundigen Sie sich vor dem Einkaufen nach der zulässigen Belastbarkeit Ihres Balkons/Dachgartens.

Im Herbst und Winter bringen die roten Beeren der Strauchmispel farbiges Leben in die Bepflanzung. Im Frühjahr schmückt sich die Fichte mit goldgelben Spitzen.

Der Winter als Zauberkünstler. Schnee über Nacht – und schon verwandelt sich Ihr Balkon in einen Märchenwald! Niemand dekoriert so zauberhaft wie der Winter. Er überzieht die Pflanzen mit einer dicken weichen Schicht, läßt dürre Zweige durch Eistropfen wie Brillantkolliers glitzern und zeigt durch strahlendes Weiß, wie knallrot Beeren sein können.

Gärtnerisches und botanisches Know-how

A

Abhärten
Behutsames Anpassen der Pflanze an veränderte Temperatur- und Lichtverhältnisse. Wird auch Akklimatisieren genannt.

Ableger
Sammelbegriff für vegetativ vermehrte Pflanzen. Man kann Ausläufer, Kindel und durch Abmoosen oder Teilen hervorgegangene Pflanzen dazu zählen.

Ätherische Öle
In der Regel wohl- und starkriechende, leicht flüchtige Stoffe, die in Drüsenzellen oder mikroskopisch kleinen Ölbehältern angereichert werden.

Akarizid
Spezielles Mittel, das Milben (zum Beispiel Spinnmilben/Rote Spinne) abtötet.

Algen
Niedere Pflanzen, die sich bei feuchtem und hellem Stand auch auf Tontöpfen niederlassen und einen grün-schmierigen Belag bilden. Er wird am besten durch Abbürsten unter fließendem Wasser entfernt.

Alkalisch
Bedeutet soviel wie basisch oder laugenhaft im Gegensatz zu säurehaltig oder sauer. In der Pflanzenpflege ist ein Substrat (Erde) alkalisch, wenn es besonders kalkhaltig ist und einen pH-Wert (→ Seite 81) von über 7 aufweist.

Alkaloide
Stickstoffhaltige Pflanzenstoffe, die einen Einfluß auf das menschliche Nervensystem ausüben. Beispiele alkaloidhaltiger Pflanzen: *Brugmansia/Datura* sowie alle Nachtschattengewächse. Alkaloide können häufig bereits schon in sehr kleinen Dosen tödlich wirken.

Ampelpflanzen
Pflanzen mit überhängenden oder kriechenden Trieben, die in einem hängenden Gefäß besonders attraktiv aussehen.

Art
Bezeichnung für einen Teil des botanischen Namens einer Pflanze, der in der Regel etwas über Aussehen, Eigenschaften oder Herkunft aussagen kann. Beispiel: *Chrysanthemum frutescens*. Hier bedeutet *frutescens*, daß es sich um eine halbstrauchige Chrysantheme handelt (lateinisch: *frutescens* = halbstrauchig). Zu einer Art *(species)* gehören Pflanzen, die in ihren wesentlichen Merkmalen übereinstimmen.

Assimilation
Assimilieren = angleichen, anpassen. Im botanischen Sinne ist damit die Umwandlung körperfremder Stoffe in körpereigene Substanz gemeint. Bei der Kohlendioxidassimilation (→ Photosynthese Seite 81) zum Beispiel baut die Pflanze Zucker auf.

Auge
Eine noch nicht entwickelte Triebknospe an einem Stengel oder einer Knolle.

Ausblühungen
Ablagerungen von Kalk und Düngesalzen auf der Außenwand des Tontopfes. Sie entstehen durch Gießen mit kalkhaltigem Wasser oder durch allzu häufiges Düngen. Ausblühungen entfernt man mit Essigwasser und einer Wurzelbürste.

Ausdünnen
Nach der Keimung stehen die Sämlinge meist so dicht, daß man sie ausdünnen muß. Man zupft die schwächsten heraus, damit die kräftigen Sämlinge mehr Platz zum Wachsen bekommen.

Auslese
Begriff aus der Pflanzenzüchtung, auch Selektion genannt. Hierbei werden Pflanzen ausgeschieden, die nicht die Eigenschaften aufweisen, die man sich als Züchtungsziel gesetzt hatte. Auslese findet aber auch in der Natur statt.

Ausputzen
Regelmäßiges Entfernen abgestorbener Pflanzenteile, um möglichen Pilzbefall zu verhindern.

Ausräumen
Umquartieren nicht frostharter Pflanzen vom Überwinterungsplatz ins Freie. Wegen Nachtfrostgefahr am besten erst nach den Eisheiligen (→ Seite 77) ausräumen.

Australflora
Charakteristische Pflanzenwelt des australischen Kontinents. Typische Vertreter sind viele Myrtengewächse wie *Callistemon, Eucalyptus, Leptospermum.*

Austrieb
Entstehung neuer Triebe. Anzeichen dafür, daß die Vegetation wieder in Gang kommt, zum Beispiel nach der lichtarmen Saison.

Auswaschung
Das Ausschwemmen wasserlöslicher Bestandteile eines Düngers oder Substanzen wie Kalk durch Regen oder Gießwasser in tiefere Erdschichten oder aus dem Pflanzgefäß.

Automatische Bewässerung
Verschiedene Systeme, mit denen man Pflanzen bewässern kann, wenn man abwesend ist. Wird auch Langzeit- oder Urlaubsbewässerung (→ Zeichnung, Seite 27) genannt.

B

Balkonkastenhalterung, Balkonkastensicherung
→ Zeichnungen, unten.
Verstellbare Träger aus kunststoffummanteltem Stahl oder stabilen Flacheisen. Die Halterungen (→ links) dienen dem sicheren Hängen von Kästen an Balkongeländern und -brüstungen. Die Sicherungen (→ rechts) verhindern das Hinunterstürzen der auf Brüstungen oder Fensterbrettern stehenden Balkonkästen. Beide sind für unterschiedliche Kastengrößen verstellbar.

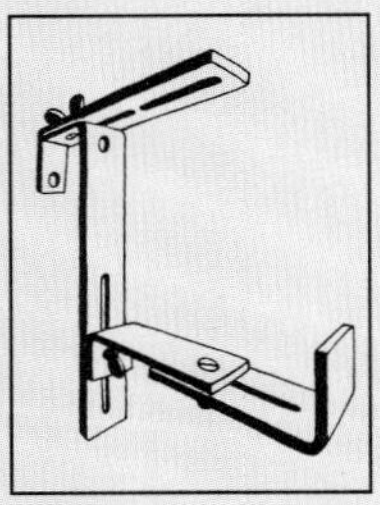

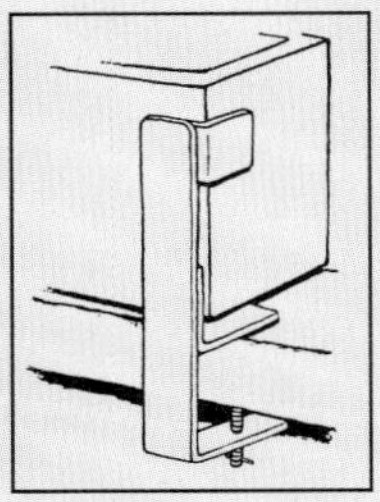

Bei schrägen Fensterbänken empfiehlt sich das Unterlegen von ausgleichenden Holzkeilen. Vorsichtshalber kann man den Kasten zusätzlich an einem im Fensterrahmen eingeschraubten Haken befestigen.

Ballen
Bezeichnung für durchwurzelte Erde (Wurzelballen, Topfballen) oder für eine zusammengepreßte Menge Torf (Torfballen).

Bastard
Ergebnis einer Kreuzung von Pflanzen verschiedener Varietäten, Unterarten, Arten oder Gattungen. Bastarde werden auch Hybriden (→ Seite 78) genannt.

Befruchtung
Verschmelzung eines männlichen Pollenkorns mit einer weiblichen Eizelle.

Bestäubung
Übertragung des Pollens auf die Narbe (→ Zeichnung, rechts) durch Wind, Wasser, Insekten, Vögel oder durch die menschliche Hand, zum Beispiel mit Hilfe eines Pinsels.

Bewurzelungspräparate
Hormonpräparate, die es in pulverisierter oder flüssiger Form sowie als Paste gibt und die die Bewurzelung von Stecklingen fördern.

Bienenpflanzen
Gehölze, Stauden oder Kräuter, die sich als Nahrungsquelle für Bienen und andere Insekten eignen. Sie werden auch Bienenweide oder Bienennährgehölze genannt. Zum Beispiel: Boretsch, Geißblatt, Jungfernrebe, Klematis, Lavendel, Mauerpfeffer-Arten, Melisse, alle Obstgehölze.

Bimskies
Grobporiges, strukturstabiles (das heißt, nicht verrottendes), mineralisches Vulkangestein mit geringem Wasserspeichervermögen. Es sorgt für eine gute Durchlüftung des Substrats und wird gern als Dränage verwendet.

Biologische Schädlingsbekämpfung
Pflanzenschutz ohne Chemikalien mit Nutzinsekten (→ Seite 81), Pflanzenbrühen und Pflanzenstärkungsmitteln. Im weitesten Sinn zählt dazu auch die Vorbeugung durch optimale Pflege.

Biotechnische Schädlingsbekämpfung
Bekämpfen von Schädlingen durch natürliche, chemische oder physikalische Reize, zum Beispiel durch gelb angestrichene, wassergefüllte Schalen, gelbe Leimtafeln (gegen Blattläuse, Weiße Fliege und Trauermücken), Lockstoffe und Köder. Außerdem kann man dazu die mechanische Bekämpfung durch Abstreifen oder Abwaschen der Schädlinge rechnen.

Blatt
Wichtiges Pflanzenorgan, das der Ernährung dient (→ Photosynthese, Seite 81), die Pflanze mit Sauerstoff versorgt und den Wasserhaushalt regelt. Das Laubblatt besteht aus Blattgrund, Blattstiel, Blattfläche (Blattspreite).

Blattgrün
Pflanzenfarbstoff, auch Chlorophyll (→ Seite 76) genannt. Unentbehrlich für die Photosynthese (→ Seite 81).

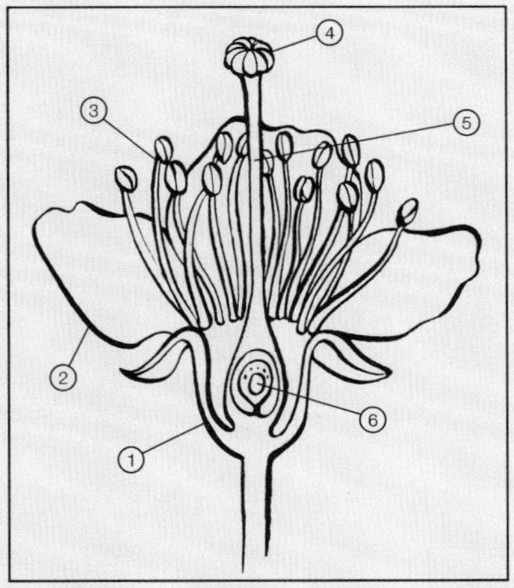

Blüte
→ Zeichnung, oben.
Bei vielen Pflanzen der attraktivste Teil. Sie dient der geschlechtlichen Fortpflanzung. Jede Blüte besteht aus folgenden Teilen:
1 Kelch mit den Kelchblättern.
2 Blumenkrone mit den Blütenblättern.
3 Die männlichen Staubblätter bestehen aus Staubfäden, an denen die Staubbeutel mit den Pollenkörnern sitzen.
4 Narbe,
5 Griffel und
6 Fruchtknoten sind die weiblichen Teile der Blüte und werden zusammen Stempel genannt.

Blütenpflanzen
Sie sind die am höchsten entwickelten Pflanzen und heißen in der Fachsprache Bedecktsamer. Älter und weniger hoch entwickelt sind Nacktsamer, zu denen Palmfarne, *Ginkgo* und Koniferen gehören; noch älter sind Farne, Moose, Flechten, Pilze, Algen und Bakterien.

Blütenstand
→ Zeichnungen, unten.
Es gibt Pflanzen mit einzelnen Blüten und solche, bei denen mehrere Blüten zusammen in einer bestimmten Anordnung stehen. Man nennt diese Anordnung Blütenstand. Die wichtigsten Blütenstände sind:
1 Ähre
2 Kolben
3 Dolde
4 Rispe
5 Körbchen
6 Traube.

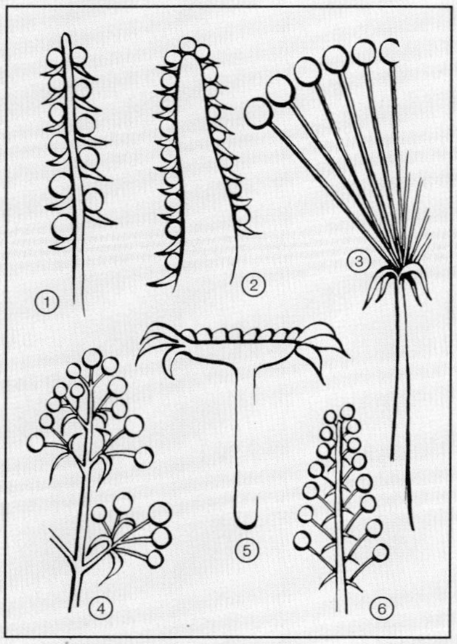

Bodendecker
Flach wachsende oder niedrige Gehölze, die auf Grund ihrer Wuchseigenschaften – als Gruppe gepflanzt – allmählich eine geschlossene Pflanzendecke bilden.

Bonsai
Bezeichnung für die japanische Kunst, kleine Bäume nach dem Vorbild der großen zu gestalten sowie für die Baumminiatur im Topf. Von *Bon* = Topf und *sai* = Baum.

Botanischer Name
Wissenschaftlich international gültige Bezeichnung für eine Pflanze. Der botanische Name besteht aus mehreren Teilen:
1 Dem Gattungsnamen, zum Beispiel *Bougainvillea.*
2 Der Artbezeichnung, zum Beispiel *glabra.*
3 Dem Sortennamen (sofern es Sorten gibt), zum Beispiel 'Sanderiana'.
Komplett heißt diese Pflanze dann *Bougainvillea glabra* 'Sanderiana'.

Buntblättrigkeit
Wird vom Gärtner auch als Panaschierung (→ Zeichnungen, Seite 81) bezeichnet. Die Blätter sind dann grün-weiß oder grün-gelb gefleckt. Sie enthalten in den hellen Bereichen kein grünes Chlorophyll. Buntblättrigkeit kann durch Mutation (→ Seite 80), Züchtung (→ Seite 85) oder Virusinfekte hervorgerufen werden.

C

Chelat
Chemische Substanz, die dafür sorgt, daß blockiertes Eisen im Boden besser gelöst wird und somit den Pflanzen zur Verfügung steht. Der Hobbygärtner verwendet zum Beispiel Eisenchelate. Das braunrote Pulver wird im Gießwasser aufgelöst und zur Kur gegen Chlorose (Eisenmangel) verabreicht.

Chemischer Pflanzenschutz
Schädlingsbekämpfung und Vorbeugung mit chemischen Mitteln, die bei Mißbrauch oder Unvorsichtigkeit für Menschen und Haustiere zur Gefahr werden können. Chemische Pflanzenschutzmittel werden darum entsprechend dem Grad ihrer akuten Giftigkeit in verschiedene Giftklassen oder aber als ungiftig eingestuft. Sie sind mit Gefahrensymbolen (→ Seite 77) gekennzeichnet.

Chlorophyll
Grüner Pflanzenfarbstoff, ohne den die Photosynthese (→ Seite 81) nicht möglich ist. Wird auch Blattgrün genannt.

Containerpflanze
Gehölze, die in Kunststofftöpfen (englisch: *container*) oder Kunststoffbeuteln herangezogen und angeboten werden. Containerpflanzen sind als Kübelpflanzen ideal, da sie die Gefäßkultur von jung auf gewöhnt sind und einen entsprechend ausgebildeten Wurzelballen besitzen.

D

Depotdünger
→ Langzeitdünger, Seite 80.

Dränage
Maßnahme zur Entwässerung und Ableitung von Wasser. Ist nötig, um die für Pflanzen schädliche Staunässe zu vermeiden (→ Zeichnung, Seite 26).

Dünger
Pflanzennährstoffe, die der Pflanze vom Menschen zugeführt werden. Die wichtigsten Hauptnährstoffe sind: Stickstoff (N), Phosphor (P) und Kalium (K). Man unterscheidet mineralische, organische und mineralisch-organische Dünger.

Dunkelkeimer
Pflanzen, deren Samen nur bei absoluter Dunkelheit keimen. Die Aussaat muß hier bis zur Keimung abgedeckt werden, so daß kein Licht eindringen kann.

E

Einfache Blüten
Besitzen in der Regel wesentlich weniger Blütenblätter als gefüllte Blüten (→ Seite 77). Meist sind bei einfachen Blüten die Staubgefäße sichtbar.

Einheitserde
Für viele Balkonblumen und Kübelpflanzen optimaler Pflanzstoff, der aus einem Gemisch von 60 bis 80% Weißtorf und 20 bis 40% Untergrundton besteht. Zugesetzt werden außerdem Nährsalze und ein Langzeitdünger. Im Handel unter der Bezeichnung »Einheitserde ED 73«.

Einjährige Pflanzen
Pflanzen, die im Kalenderjahr der Aussaat blühen, fruchten und dann absterben. Der Gärtner nennt sie Annuelle.

Einziehen
Langsames Absterben und Abtrocknen oberirdischer Pflanzenteile von Zwiebelpflanzen (wie Lilien oder Tulpen) und Stauden (wie Glockenblumen). Das Einziehen leitet die Ruhezeit dieser Pflanzen ein, die im Anschluß daran wieder austreiben.

Eisheilige
Volkstümliche Bezeichnung bestimmter Tage Mitte Mai, an denen es Kaltlufteinbrüche mit Nachtfrost geben kann. In Norddeutschland heißen sie Mamertus, Pankratius und Servatius (11. bis 13. Mai), in Süddeutschland Pankratius, Servatius und Bonifatius (12. bis 14. Mai). In den Alpenländern gehört noch die Kalte Sophie dazu (15. Mai).

Entspitzen
Abknipsen der weichen Triebspitzen mit Daumen und Zeigefinger. Das Entspitzen (→ Zeichnung, Seite 27) führt zu besserer Verzweigung und damit zu einem buschigen Wuchs.

F

F_1-Hybriden
Nachkommen der ersten Generation aus einer Kreuzung verschiedener reinerbiger Elternsorten. Die Reinerbigkeit wird durch jahrelange Inzucht erzielt. F von *filia* (lateinisch: Tochter) gibt an, daß es sich um Nachkommen handelt, 1 bedeutet: der ersten Generation. Die F_1-Hybride übertrifft meist die Elternsorten in Wuchsleistung, Qualität und Gesundheit sowie in Zahl der Blüten und Früchte.

Familie
In der Botanik eine Gruppe von Gattungen, bei denen bestimmte Merkmale übereinstimmen. Viele Kübelpflanzen zählen zum Beispiel zur Familie der Myrtengewächse *(Myrtaceae)*, der Nachtschattengewächse *(Solanaceae)* und der Palmen *(Arecaceae)*.

Fertil
Fachausdruck für fruchtbar. Das Gegenteil ist steril (unfruchtbar). Blüten mit Geschlechtsorganen (also mit Stempel und Staubgefäßen) sind fruchtbar, Blüten ohne diese Organe sind unfruchtbar, zum Beispiel die vergrößerten Randblüten der Tellerhortensie.

Flora
Andere Bezeichnung für Pflanzenwelt.

Formschnitt
Das Schneiden von Bäumen und Sträuchern zu ornamentalen Figuren und Formen. Geeignete Pflanzen sind Eibe für große und Buchsbaum für kleine Formen.

Frosthärte
Bezeichnung für die Kälteunempfindlichkeit einer Pflanze. Es gibt die absolute, genetisch bedingte Frosthärte und die relative Frosthärte, die durch Standort- und Pflegebedingungen beeinflußt werden kann. Einige Gehölze sind nur in der Jugend frostempfindlich, andere können in günstigen Lagen (wind- und sonnengeschützten Innenhöfen) frosthart sein. Entscheidende Voraussetzung für Frosthärte ist zum Beispiel die Holzreife (→ Seite 78).

Frostkeimer
Pflanzen, deren Samen – so hieß es früher – erst nach einer längeren Frostperiode gut keimt. Inzwischen hat sich herausgestellt, daß der Abbau keimhemmender Stoffe im Saatgut weniger durch Frost, als durch wechselnde Temperaturen im Bereich zwischen – 2°C und + 4 °C dafür verantwortlich sind.

Früchte
Wachstumsstadium nach der Blüte. Meist ist die Frucht das Gehäuse, das den Samen umschließt.

Fungizid
Chemisches Mittel zur Bekämpfung von Pilzkrankheiten.

G

Garigue
Mediterrane Pflanzengesellschaft und Fortsetzung der Macchia (→ Seite 80). Die Garigue bildet sich durch Zerstörung und Überweidung der Macchia und besteht aus bis zu meterhohen Sträuchern, zwischen denen die nackten Steine zu sehen sind. Leitpflanze ist die Kermeseiche *(Quercus coccifera)*, die in der Provence Garoulia genannt wird (daher der Name Garigue). Weitere typische Pflanzen sind Rosmarin *(Rosmarinus)*, Lavendel *(Lavandula)*, Thymian *(Thymus)* und Salbei *(Salvia)*.

Gattung
Bezeichnung für Pflanzen mit bestimmten Gemeinsamkeiten innerhalb einer Familie.

Gattungsname
Erster Teil des botanischen Namens einer Pflanze, der immer groß geschrieben wird. Beispiele: *Citrus, Lobelia, Pelargonium.*

Gefahrensymbole
Kennzeichnung für die unterschiedliche Giftigkeit und Gefährlichkeit von Pflanzenschutzmitteln. Man unterscheidet 5 Gefährdungsklassen:

①

②
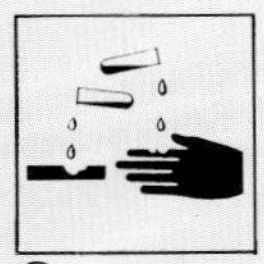
③

④

⑤

1 sehr giftig
2 giftig
3 ätzend
4 mindergiftig
5 reizend.

Pflanzenschutzmittel mit einem T+ oder T sind für den Hobbygärtner nicht zu empfehlen.

Gefüllte Blüten
Blüten mit vielen Blütenblättern. Hingegen fehlen bei ihnen die Staubgefäße, die sich – meist durch gezielte Züchtung – in Blütenblätter verwandelt haben. Gegenteil: Einfache Blüten (→ Seite 76).

Gegenständig
→ Zeichnung, unten links. Blattanordnung, bei der sich an einem Knoten zwei Blätter gegenüberstehen. Gegenteil: Wechselständig angeordnete Blätter (→ Seite 85 und Zeichnung, unten rechts).

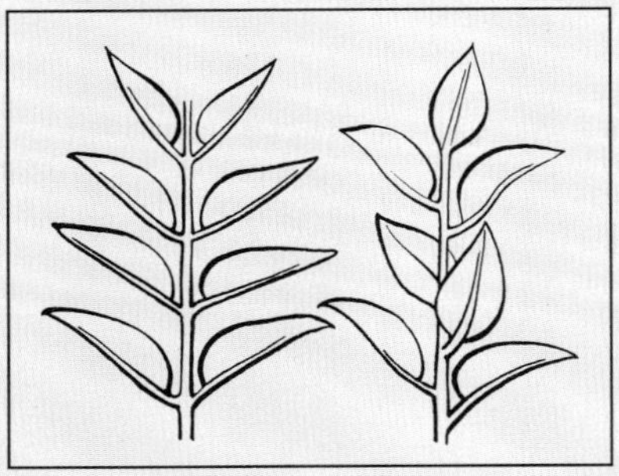

Gelbtafeln
Mit Leim beschichtete Kunststofftafeln in einem bestimmten leuchtenden Gelbton, der Schädlinge anlockt. Sie bleiben dann am Leim kleben.

Generative Vermehrung
Geschlechtliche Vermehrung einer Pflanze durch Samen. Die Nachkommen müssen nicht so aussehen wie die Mutterpflanze. Gegenteil: Vegetative Vermehrung (→ Seite 84).

Gespannte Luft
Gärtnerischer Ausdruck für feuchte Luft, die mit einer durchsichtigen Plastiktüte über einem Topf (→ Zeichnung, Seite 43) oder mit einer gut abdeckenden Glasscheibe über einem Aussaatkasten »eingefangen« wird. Gespannte Luft vermindert die Verdunstung über die Blätter sowie die Abkühlung der Erde und fördert Bewurzelung und Keimung.

Gießrand
Muß berücksichtigt werden, wenn man Pflanzen umtopft. Er verhindert, daß beim Gießen Erde über den Topfrand geschwemmt wird.

Giftpflanzen
Pflanzen mit mehr oder minder giftigen Inhaltsstoffen, die für Menschen oder Tiere tödlich oder gesundheitsschädlich sind. Vertreter aus folgenden Pflanzenfamilien sind häufig giftig: Hülsenfrüchtler, Hundsgiftgewächse, Nachtschattengewächse. Achten Sie auf die Warnhinweise bei den einzelnen Pflanzenporträts (→ Seite 86 bis 227)!

H

Habitus
Botanische Bezeichnung für die Pflanzengestalt, das Aussehen einer Pflanze.

Haftwurzeln
Spezielle Wurzeln, die manche Pflanzen zum Festhalten an Baumstämmen, Wänden oder dergleichen ausbilden.

Halm
Stengel der Gräser. Er ist entweder rund und dann meist hohl (markig bei Mais und Zuckerrohr) oder dreikantig und mit Mark gefüllt. Riesengräser wie der Bambus besitzen die stärksten, dicksten und längsten Halme.

Hochstämmchen
Erziehungsform einer Pflanze, bei der bis zu einer gewünschten Höhe verhindert wird, daß sich Seitentriebe entwickeln. Dadurch verstärkt sich der Haupttrieb. Wird auch Kronenbäumchen genannt.

Holzreife
Festwerden weicher, grüner Triebe bei Gehölzen durch Einlagerung von Lignin (Holzstoff) in die Zellwand. Pflanzen mit ausgereiftem Holz sind frostbeständiger und am nicht optimalen Überwinterungsplatz weniger krankheitsanfällig. Wichtig: Das Holz kann nur reifen, wenn ab August nicht mehr gedüngt wird.

Holzschutzmittel
Produkte mit Wirkstoffen, die Holz vor holzzerstörenden Fäulnis- und Bläuepilzen sowie vor Insekten schützen. Alle Holzschutzmittel zum Streichen enthalten Lösungsmittel, deren Dämpfe Menschen, Umwelt und Pflanzen schaden können. Gefäße oder Halterungen aus Holz darum mindestens 8 Wochen vor dem Bepflanzen oder Anbinden streichen und ausdunsten lassen. Auf keinen Fall in Innenräumen anwenden.
Alternative: Holz mit Klarlack auf Naturharzbasis überstreichen und alles 8 Tage durchtrocknen und ausdunsten lassen.

Honigtau
Klebrige Ausscheidungen von Blattläusen und Schildläusen. Honigtau lockt Ameisen, aber auch Rußtaupilze an, die die Blätter stark verschmutzen. Sofort abwaschen!

Hornspäne
Organischer Stickstoffdünger mit 14 % Stickstoffanteil, der unter das Substrat stark zehrender Pflanzen wie *Datura,* Banane oder *Solanum*-Arten gemischt werden kann. Ideal in Verbindung mit Knochenmehl (→ Seite 79).

Horstbildende Pflanzen
Sie entwickeln viele Triebe, die alle aus dem Boden kommen und vergrößern dadurch schnell ihren Durchmesser.

Hybride
Ergebnis einer Kreuzung von Pflanzen verschiedener Varietäten, Arten oder Gattungen (→ Bastard, Seite 75).

Hygromull
Schaumstoff-Flocken, die man unter Substrate mischt, weil sie Wasser gut speichern können und für Luftdurchlässigkeit sorgen.

I

Immergrüne
Pflanzen, die ihre Blätter im Herbst nicht abwerfen. Natürlich erneuern auch diese Pflanzen ihr Laub. Dies fällt meistens nicht auf, da es an keine bestimmte Jahreszeit gebunden ist.

Industriefest
Kriterium für die Eignung von Gehölzen in emissionsbelasteten Regionen. Diese Eigenschaft wird beeinflußt von weiteren Umwelteinflüssen wie individuellen Bodenverhältnissen, Kleinklima, Witterungsverlauf und Pflegemaßnahmen.

Insektizid
Pflanzenschutzmittel, mit dem Insekten bekämpft werden.

Internodien
Stengelabstände zwischen den Blattknoten, von lateinisch: *inter* = zwischen, *nodus* = Knoten.

K

Kalkflieher
Pflanzen, die Kalk in Wasser und Substrat nicht oder nur schlecht vertragen. Niedrige Kalkgehalte brauchen zum Beispiel Azaleen, Kamelien, Orangenbäumchen.

Kallus
Wundverschließendes Gewebe, das die Pflanze bildet, wenn sie verletzt wird. Bei Stecklingen können erst dann die Wurzeln entstehen, wenn sich das Kallusgewebe gebildet hat.

Kalthaus
Bezeichnung für ein Gewächshaus, dessen Temperaturen im Winter nicht mehr als 2 bis 12 °C betragen. Die Pflanzen, die eine kühle Überwinterung brauchen, nennt man Kalthauspflanzen.

Kambium
Pflanzengewebe, das aus teilungsfähigen, embryonalen Zellen besteht. Wird auch Zuwachs- oder Bildungsgewebe genannt.

Kapillarwirkung
Physikalisches Wirkprinzip, bei dem das Wasser in dünnen Röhren über kürzere oder weitere Strecken »emporgehoben« wird. In der Praxis nutzt man die Kapillarwirkung bei der Urlaubsbewässerung.

Keimblätter
Die ersten Blätter einer Pflanze. Sobald sie ans Licht kommen, bildet sich in ihnen Chlorophyll, mit dessen Hilfe die Pflanze durch Photosynthese (→ Seite 81) sich selbst zu ernähren beginnt. Es gibt Pflanzen, die nur ein Keimblatt und solche, die zwei Keimblätter bilden.

Keimling
Neue Pflanze, die sich aus der befruchteten Eizelle bildet. Der Keimling besteht aus Keimwurzel, Keimstengel, Keimknospe und Keimblättern. Er ist zweipolig: Aus der Keimwurzel entwickelt sich das Wurzelsystem, aus der Keimknospe das Sproßsystem.

Keimtemperatur
Optimale Boden- und Lufttemperatur, damit Pflanzen zu keimen beginnen.

Kelchblätter
Die Kelchblätter heißen auch Sepalen (→ Blüte, Seite 75).

Kleinklima
Lufttemperatur, Luftfeuchte, Strahlung, Wind, Niederschlag und so weiter in unmittelbarer Umgebung einer Pflanze, in einem Gartenabschnitt, Innenhof, auf einem überdachten Balkon, einer windgeschützten Terrasse oder vor einer Mauer.

Kletterhilfe
Künstliche Rankhilfe, die die Funktion von Bäumen oder Sträuchern hat, an denen sich Kletterpflanzen in der freien Natur ans Licht arbeiten. Die Art der Kletterhilfe sollte sich dabei an der individuellen Klettermethode einer Pflanze orientieren (Mindestabstand zur Wand: 10 cm). Kletterhilfen für Schlinger sind senkrechte Stützen wie Stäbe, Schnüre oder Drähte. Kletterhilfen für Ranker sind Gitter aus kunststoffummanteltem Draht, aus Schnüren, Baustahlmatten oder Holz. Spreizklimmer wie die Rose brauchen ein Gerüst mit möglichst vielen Sprossen oder waagerechten Latten, Wurzelkletterer wie Efeu brauchen keine Hilfe.

Kletterpflanze
Bezeichnung für eine Pflanze, die an fremden Trieben, Baumstämmen, Ästen, Spalieren emporklettert, mit Organen, die sie extra zu diesem Zweck entwickelt hat, zum Beispiel mit Haftscheiben, Haftwurzeln, Sproß- oder Blattranken, Klimmhaaren, Stacheln, Dornen oder durch sich windende Bewegungen.

Knochenmehl
Beliebter organischer Phosphordünger, der das Wurzelwachstum und die Blütenentwicklung fördert. Ideal in Verbindung mit Hornspänen (→ Seite 78).

Knolle
Verdickter, mehr oder weniger fleischiger Teil eines Sprosses oder einer Wurzel (→ Speicherorgane, Seite 83). Es gibt unterirdische Sproßknollen, zum Beispiel bei Knollenbegonie und Krokus, aber auch oberirdische. Alle Knollen sind Speicherorgane für Reservestoffe.

Knospen
Pflanzenorgane, aus denen sich Sprosse, Blätter, Blüten oder ganze Pflänzchen entwickeln. Man unterscheidet Endknospen an der Triebspitze, Achselknospen in Blattachseln, ruhende Knospen (schlafende Augen), die jahrelang im Knospenstadium verharren können und erst unter besonderen Bedingungen austreiben, sowie Adventivknospen, die aus meristematischem Gewebe (→ Seite 80) hervorgehen. Aus Blüten- und Blattknospen entfalten sich die entsprechenden Organe, aus Brutknospen entwickeln sich ganze Pflanzen.

Knoten
Ansatzpunkt des Blattes am Sproß, auch Nodium genannt. Manche Pflanzen (zum Beispiel Nelkengewächse) besitzen auffällig verdickte Knoten.

Koniferen
Nadelgehölze. Namen für Pflanzen, die Zapfen tragen *(Coniferae)*, wie Fichten, Kiefern, Tannen oder Zypressen.

Kontinentales Klima
So nennt man das Klima, das für eine große, geschlossene Landmasse typisch ist. Es zeichnet sich im Gegensatz zum maritimen Klima (→ Seite 80) durch stärkere tägliche und noch größere jahreszeitliche Temperaturkontraste und längere Hochdruckperioden aus, die wegen der Sonne und des fehlenden Wassers gefährlich für Immergrüne wie Rhododendron oder Scheinzypressen sind.

Kopfsteckling
Steckling, der von der Triebspitze geschnitten wird (→ Zeichnung, Seite 42).

Krautig
Weiche, nicht verholzte Pflanzenteile, die am Ende der Wachstumsperiode in Bodenhöhe absterben.

Kübelpflanzen
Pflanzen, die relativ schnell groß werden und entsprechend große Gefäße (Kübel) und Stellplätze benötigen. Kübelpflanzen stammen meist aus subtropischen Regionen und gedeihen nur dann prächtig, wenn sie den Sommer über im Freien geschützt und sonnig stehen. Die meisten von ihnen müssen bei 5 bis 10 °C und hell überwintert werden. Einige lassen sich auch im Zimmer pflegen.

L

Langzeitdünger
Geben die Nährstoffe langsam, kontinuierlich und über einen längeren Zeitraum hinweg an die Pflanze ab.

Laubabwerfend
Bezeichnung für Pflanzen, die am Ende einer Vegetationsperiode ihre Blätter verlieren.

Lehm
Bodentyp, der aus einer Mischung von Ton, Schluff und Sand besteht. Diese 3 Bestandteile haben unterschiedliche Korngrößen. Der jeweils überwiegende Anteil bestimmt die Art des Lehms (toniger, schluffiger, sandiger Lehm).

Leitungsbahnen
Gefäße der Pflanze, in denen Wasser und gelöste Nährstoffe nach oben und umgesetzte, verarbeitete Stoffe nach unten transportiert werden. Durch sie gelangen auch systemisch wirkende Insektizide (→ Seite 83) in jeden Winkel der Pflanze und werden von innen nach außen abgegeben.

Licht
Lebenselement der Pflanze. Ist für die Photosynthese (→ Seite 81) notwendig, steuert Wachstum, Blütenbildung, Keimung, Laubfärbung und Laubfall.

Lichtkeimer
Pflanzen, deren Samen zur Keimung Licht benötigen. Diese Samen dürfen nicht zu dicht gesät und auf keinen Fall mit Erde abgedeckt werden. Die Samen von Lichtkeimern werden auf das Aussaat-Substrat gestreut und – damit der Erdkontakt gesichert ist – mit einem Brett angedrückt.

M

Macchia
Pflanzengesellschaft der mediterranen Flora. Die Macchia hat die immergrünen Eichenwälder abgelöst. Ihr Name leitet sich von der korsischen Bezeichnung für Zistrose *(Cistus)* ab, die eine Charakterpflanze der Macchia ist. Daneben kommen häufig Erbeerbaum *(Arbutus)*, Rosmarin *(Rosmarinus)* und verschiedene Ginsterarten vor. Die Macchia wird von der Bevölkerung vielfach genutzt und geht zunächst in die Garigue (→ Seite 77), bei weiterer Zerstörung und Ausbeutung der Landschaft in Steppe über.

Maritimes Klima
Vom Meer beeinflußtes Klima, das sich durch milde, feuchte Winter auszeichnet. Es ist anders geartet als kontinentales Klima (→ Seite 79) und beeinflußt die relative Winterhärte von Pflanzen. Gewächse (wie zum Beispiel Kamelien), die im kontinentalen Klima nicht winterhart sind, können es im maritimen durchaus sein.

Mediterran
Zum Mittelmeerraum gehörend. Bezeichnet Pflanzen der Mittelmeerflora (→ Subtropen, Seite 83).

Meristem
Zellverband, der aus noch teilungsfähigen Zellen besteht (Bildungsgewebe). Sie befinden sich in Sproß- und Wurzelspitzen, entstehen aber auch bei der Kallus- und Wurzelbildung an Stecklingen.

Mikroklima
Klima in unmittelbarer Nähe einzelner oder mehrerer Pflanzen (→ Kleinklima, Seite 79).

Mikronährstoffe
Anderes Wort für die Spurenelemente Bor, Eisen, Kupfer, Mangan, Molybdän, Zink und andere. Obwohl sie die Pflanze nur in winzigen Mengen braucht, kann ihr Fehlen Krankheiten auslösen.

Mineraldünger
Anorganischer Dünger, dessen Nährstoffe als Salze gebunden sind und damit der Pflanze sofort zur Verfügung stehen. Gefahr: Überdosierung. Gegenteil: Organischer Dünger (→ Seite 81), bei dem die Nährstoffe erst durch Mikroorganismen erschlossen und pflanzengerecht aufbereitet werden müssen, was längere Zeit dauert.

Moosbildung
Wird verursacht durch verdichtete Erde und zuviel Feuchtigkeit. Kann Pflanzen schaden, die im Stengelbereich Feuchte nicht gut vertragen und behindert die Belüftung der Erde. Darum: Oberste Erdschicht mit einer Gabel vorsichtig auflockern, ohne Wurzeln und Pflanze dabei zu verletzen. Moosschicht entfernen.

Mutation
Veränderung im Erbgut einer Pflanze, die zufällig auftritt oder durch Strahlen (UV-, Röntgen- und radioaktive Strahlen) oder Giftstoffe (zum Beispiel durch das Gift Colchicin aus der Herbstzeitlose) künstlich ausgelöst werden kann, was man in der Züchtung anwendet.

Mutterpflanze
Pflanze, die zum Beispiel ihre Ableger noch ernährt, von der Stecklinge geschnitten werden oder die ein weiblicher Kreuzungspartner ist.

N

Nährstoffe
Bestimmte Mineralstoffe, die die Pflanze zum Wachsen und Gedeihen braucht. Zu den Hauptnährstoffen gehören Stickstoff (N), Phosphor (P), Kalium (K), ferner Kalzium (Ca), Magnesium (Mg) und Schwefel (S). Die Mikronährstoffe (→ links) oder Spurenelemente sind vor allem Schwermetalle. Die Pflanze erhält Nährstoffe über das Substrat und den Dünger, den wir ihr geben.

Narbe
Teil der Blüte (→ Seite 75). Damit der männliche Pollen darauf haften bleibt, ist sie mit einer schleimigen oder klebrigen Schicht überzogen.

Nekrose
Abgestorbenes Gewebe, eine Schädigung, die durch verschiedene Ursachen, wie falsche Düngung, zu starke Sonnenbestrahlung, zuviel oder zuwenig Wasser, zu niedrige Luftfeuchte sowie durch Krankheiten oder Schädlinge hervorgerufen werden kann.

NPK
Düngeformel für die 3 wichtigsten Hauptnährstoffe, die eine Pflanze braucht. N = Nitrogenium oder Stickstoff, P = Phosphor, K = Kalium. Wieviel davon anteilmäßig in jedem Dünger enthalten ist, wird durch Zahlen ausgedrückt (zum Beispiel: 14 + 7 + 14 oder 14/7/14, das bedeutet: 14 % Stickstoff, 7 % Phospor, 14 % Kalium).

Nutzinsekten
Insekten, die Schädlinge vernichten. Sie sind eine biologische Form der Schädlingsbekämpfung. Man bekommt sie im Fachhandel (→ Quellen, Seite 238).

Nutzpflanzen
Bezeichnung für Nahrungspflanzen wie Orangen oder Tomaten, Genußmittelpflanzen wie Tabak oder Kakao, Futterpflanzen wie Rüben oder Klee. Auch Pflanzen, die technisch genutzt werden und zum Beispiel Holz, Fasern, Harze, Farbstoffe, Insektizide oder Kraftstoffe liefern, zählen hierzu.

O

Orangerie
Überwinterungsort für Kübelpflanzen (→ Seite 80).

Organischer Dünger
Düngemittel aus pflanzlichen oder tierischen Stoffen wie Stallmist, Blutmehl, Hornspäne, Brennesseljauche oder Guano, deren Nährstoffe von Bodenorganismen erst aufgeschlossen werden müssen und der Pflanze nicht sofort zur Verfügung stehen.

P

Panaschierung
→ Buntblättrigkeit, Seite 76 und Zeichnungen, unten.

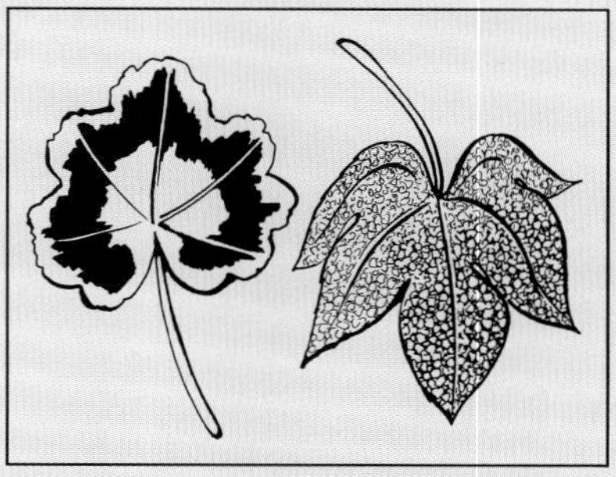

Perlite
Vulkanisches, industriell aufbereitetes Gestein, das sich wie Bimskies (→ Seite 75) durch gute Wasser- und Luftführung auszeichnet, nicht verrottet und wenig Nährstoffe bindet. Perlite wird als Orchideen-, Kakteen- und Vermehrungssubstrat verwendet und ist ideal als Dränagematerial.

Petalen
Wissenschaftliche Bezeichnung für Blütenblätter (→ Zeichnung, Seite 75).

Pflanzenschutzamt
Gibt es in vielen Städten. Pflanzenschutzämter oder -dienste geben dem Hobbygärtner Rat und Auskunft in allen Dingen des Pflanzenschutzes. Häufig werden kostenlose Sprechstunden angeboten.

Pflanzenschutzmittel
Sammelbegriff für alle Chemikalien, die nach gründlicher Prüfung gemäß des Pflanzenschutzgesetzes zur Bekämpfung von Pflanzenkrankheiten und Schädlingen zugelassen sind.

pH-Wert
Der pH-Wert (lateinisch: *potentia hydrogenii*) gibt die Wasserstoffionen-Konzentration an und wird in Zahlen von 7 an auf- und abwärts ausgedrückt. 7 = neutral, was darunter liegt, kennzeichnet saure, was darüber liegt, alkalische Reaktionen. Viele Pflanzen gedeihen bei einem pH-Wert von 5,5 bis 6,5 am besten. Der pH-Wert läßt sich leicht durch Indikatorstäbchen (im Garten- und Zoofachhandel erhältlich) ermitteln.

Photosynthese
Aufbau körpereigener organischer Stoffe aus anorganischen Stoffen mit Hilfe des Lichts (griechisch: *photos* = Licht, *synthesis* = Aufbau). Dabei nehmen die Blätter mit ihren mikroskopisch kleinen Spaltöffnungen Kohlendioxid aus der Luft auf und verwandeln es mit Hilfe von Licht, Blattgrün (Chlorophyll) und Wasser in Kohlenhydrate (Zucker) und geben Sauerstoff frei (→ Assimilation, Seite 74).

Physiologische Schäden
Krankheiten, die bei Pflanzen durch eine Störung der Lebensvorgänge hervorgerufen werden. Ursache: Pflegefehler oder schlechte Standorte.

Pikieren
Vereinzeln von Sämlingen (→ Zeichnung, Seite 41), zum Beispiel aus einem Aussaatbeet in Einzeltöpfe.

Pilliertes Saatgut
Spezielle Angebotsform besonders kleiner und feiner oder unregelmäßig geformter Samen. Die Samen werden mit einer Hüllmasse aus Ton, Torfmehl und Bindemittel umgeben. Sie lassen sich so besser aussäen, so daß der Hobbygärtner sich das Vereinzeln ersparen kann.

Pinzieren
→ Entspitzen, Seite 77 und Zeichnung, Seite 27.

Pollen
Blütenstaub, genauer alle Pollenkörner, die sich im Staubbeutel (→ Zeichnung, Seite 75) befinden. Das Pollenkorn ist die männliche Geschlechtszelle einer Pflanze.

Pyrethrum
Natürliches Insektizid aus Chrysanthemen-Arten, das bienenungefährlich ist und schnell abgebaut wird. Wirkt nach neuesten Erkenntnissen gesundheitsschädlich, wenn es in offene Wunden gelangt. Es kann über das Blut das Nervensystem erreichen und schädigen. Deshalb nicht bei allen offenen Verletzungen und Erkrankungen der Haut – vor allem bei Allergien – verwenden! Nur mit Handschuhen und bei Windstille versprühen. Noch bedenklicher sind Insektizide mit Pyrethroiden, das ist synthetisch nachgebautes Pyrethrum. Diese sind beständiger und werden nur langsam abgebaut.

R

Ranke
Kletterorgan der Pflanzen. Es gibt Ranken, die aus Sprossen und solche, die aus Blättern entstehen. Sproßranken bilden zum Beispiel die Passionsblume und Weinarten; Blattranken findet man bei Erbsen und Wicken.

Rankhilfe
→ Kletterhilfe, Seite 79.

Regenfest
Bezeichnung für Pflanzen, deren Wuchs und Blütenqualität durch Regen kaum beeinträchtigt werden. Ein wichtiges Kriterium bei Rosen und Stauden.

Resistenz
Erworbene oder vorhandene Widerstandsfähigkeit gegen Krankheiten und Schädlinge (bei Pflanzen) oder gegen chemische Substanzen (bei Insekten). Spielt in der Pflanzenzüchtung eine große Rolle, deren Ziel es unter anderem ist, Sorten herauszubringen, die Schädlingen und Krankheiten trotzen.

Rhizom
Unterirdische waagerechte Sproßachse (→ Speicherorgane, Seite 83), die nach oben Triebe und nach unten Wurzeln bildet. Rhizome werden auch Erdstämme oder Wurzelstöcke genannt und unterscheiden sich von Wurzeln dadurch, daß sie Knospen und Schuppen ausbilden. Man findet sie zum Beispiel bei Stauden als Überwinterungsorgan.

Rosette
Besonders dichte Anordnung der Blätter, die alle von einem Punkt der Sproßachse auszugehen scheinen. Dieser Eindruck entsteht, weil die Sproßachse extrem kurz ist.

Rückschnitt
Notwendige Maßnahme, um eine Pflanze in Form zu bringen, zu verjüngen, zu neuem Austrieb, buschigem Wachstum und guter Verzweigung anzuregen (→ Seite 26).

Ruhezeit
Zeit, in der eine Pflanze nicht mehr wächst, keine Blätter oder neuen Triebe bildet. Bei vielen Kübelpflanzen fällt die Ruhezeit in die Herbst- und Wintermonate, wenn auch die Lichtmengen geringer sind. In dieser Zeit bekommen diese Pflanzen weniger Wasser, keinen Dünger und einen kühleren Standort.

S

Saatband
Etwa 7,5 m langes Band und 2 cm breiter Streifen aus Zellulose oder Papier, in den im richtigen Abstand einzelne Samen verschiedener Gemüse, Kräuter oder Sommerblumen eingebettet sind. Erleichtert eine gleichmäßige Aussaat und erspart das Vereinzeln. Wichtig: Für guten Bodenanschluß sorgen. Das Saatband also fest andrücken, angießen und mit Erde abdecken.

Saatteppich
Nach dem gleichen Prinzip wie das Saatband hergestellte flächige Saatplatte, in die oft die Samen verschiedener Pflanzen eingebettet sind, zum Beispiel Samen für einen Kräutergarten, ein Kinderbeet, eine Blumenwiese.

Salzschäden
Entstehen durch Überdüngung oder durch Anreicherung der Düngesalze in »altem« Substrat. Salzschäden können sich in Wachstumsverringerung, Chlorosen (Eisenmangel) oder abgestorbenem Gewebe äußern. Abhilfe: Substrat erneuern oder Wurzelballen gründlich mit klarem Wasser durchspülen.

Samen
Befruchteter Teil einer Blütenpflanze, der keimen und eine neue Pflanze hervorbringen kann. Er ist oft mit einem Nahrungsvorrat und einer Schutzhülle ausgestattet.

Schößling
Jungpflanze, die als Ableger direkt neben der Mutterpflanze aus der Erde wächst.

Selbstbestäubung
Bestäubungsart, bei der eine Blütennarbe (→ Zeichnung, Seite 75) mit dem Pollen derselben Blüte bestäubt wird. Dabei werden ausschließlich die Anlagen ein- und derselben Pflanze weitervererbt (Inzucht).

Selbstklimmer
Pflanzen, die Haftscheiben an den Enden der Ranken oder Haftwurzeln entwickeln, zum Beispiel Wilder Wein und Efeu.

Selbstreinigend
Gärtnerischer Ausdruck für Pflanzen, die Verblühtes von allein abwerfen, so daß sie immer sauber aussehen. Wird bei Neuzüchtungen angestrebt und ist zum Beispiel bei Rosen und Pelargonien ein Kriterium für Qualität.

Selektion
→ Auslese, Seite 74.

Solitär
Pflanze, die es aufgrund ihrer Attraktivität verdient, allein zu stehen. In der Baumschule bezeichnet man damit einen mehrjährigen Strauch oder ein baumartiges Gehölz mit Krone, das mindestens dreimal verpflanzt wurde und durch extraweiten Stand auf Einzelstellung vorbereitet ist.

Sommergrün
Bezeichnung für ein Gehölz, das mit Beginn der Vegetationsruhe im Herbst das Laub abwirft, zum Beispiel *Albizia* oder *Caesalpinia*.

Sommeröl
Mineralölprodukt (Weißöl), gegen Schildläuse und andere Schädlinge, das die Wachsschicht auf der Insektenhaut zerstört und die Atmungsorgane verstopft.

Sorte
Gezüchtete Variante einer Pflanzenart, auch Varietät genannt. Der Sortenname wird dabei immer in einfache Anführungszeichen gesetzt, zum Beispiel *Chrysanthemum frutescens* 'Schöne von Nizza'.

Spalier
Kletterhilfe aus Holz.

Sparrig
Ausdruck für eine unausgeglichene Wuchsform mit langen, relativ ungeordnet wachsenden Trieben bei Pflanzen, die verholzen.

Species
Botanischer Fachbegriff für Art.

Speicherorgane
→ Zeichnung, unten.
Organe, die Wasser und Nährstoffe einlagern, wie
1 Rhizome,
2 Knollen oder
3 Zwiebeln.

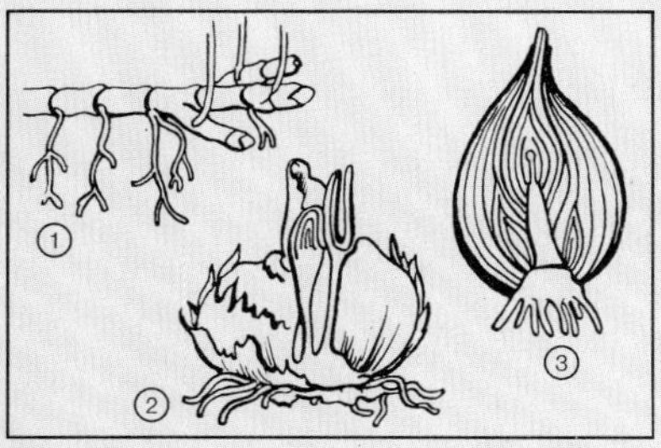

Sproß
Wird auch Trieb genannt und besteht in der Regel aus Sproßachse, Blättern und einer Endknospe.

Stamm
Mehrjähriger, holziger, oft sehr dicker, verzweigter oder unverzweigter Sproß, der im Winter nicht abstirbt.

Stammsteckling
Stück eines Stammes, zum Beispiel von Drazäne oder *Yucca,* das zur Vermehrung genutzt werden kann.

Stauden
Mehrjährige, krautartige Pflanzen, die sich jedes Jahr aus unterirdischen Organen erneuern und Blätter und Blüten bilden, zum Beispiel eine Glockenblumen-Art wie *Campanula poscharskyana.*

Staunässe
Ist mit wenigen Ausnahmen der Tod jeder Pflanze. Entsteht, wenn das Gießwasser nicht ablaufen kann und sich in der Erde staut. Wenn zuviel Wasser den Sauerstoff aus der Erde drückt, ersticken und verfaulen die Wurzeln. Darum: Immer für guten Wasserabzug sorgen (→ Dränage, Seite 76 und Zeichnung, Seite 26).

Steckhölzer
Verholzte Triebstücke. Durch Steckhölzer vermehrt man zum Beispiel Rosen.

Stecklinge
Gärtnerische Bezeichnung für Pflanzenteile, die zur Bewurzelung in Erde oder Wasser (→ Zeichnung, Seite 26) gesteckt werden. Ein Steckling kann eine Triebspitze, ein Stammstück, ein Blatt oder ein Blattteil sein (→ Zeichnung, Seite 26).

Stempel
Weibliches Organ der Blüte. Besteht aus Fruchtknoten, Griffel und Narbe (→ Zeichnung, Seite 75).

Stengel
Krautiger, verzweigter oder unverzweigter Sproß entweder mit oder ohne Blätter.

Steril
Ausdruck für unfruchtbar oder keimfrei. Gegenteil von fertil (→ Seite 77).

Stratifizieren
Früher bezeichnete man so das schichtweise Einlegen von Gehölzsamen in feuchten Sand. Heute ist damit auch die Durchmischung des Samens mit feuchtem Sand oder einem anderen Substrat gemeint. Stratifizierte Samen werden im Herbst ins Freie gestellt und müssen Temperaturen und Feuchte des Winters ausgesetzt werden. Auf diese Weise ahmt man natürliche Verhältnisse nach und erzielt eine Art Vorkeimung.

Strauch
Pflanze mit verholzten Trieben, bei der mehrere gleichwertige Triebe vom Erdboden ausgehen.

Stutzen
Rückschnitt der Pflanze, der mehr als nur die Triebspitze (→ Entspitzen, Seite 77) umfaßt.

Subtropen
Klimaregionen, die sich nördlich und südlich des Äquators an die Wendekreise anschließen und etwa bis zum 45. Breitengrad reichen. Die Pflanzen dieser Zonen sind an starke Temperaturschwankungen zwischen Tag und Nacht sowie an wechselnde Trocken- und Regenperioden angepaßt. Bei uns werden sie als Kalthauspflanzen kühl und fast trocken überwintert.

Sukkulenten
Pflanzen mit fleischigen, saftigen Blättern oder Stämmen, in denen Wasser gespeichert wird.

Systemische Pflanzenschutzmittel
Chemikalien, die über die Wurzeln oder Blätter in die Pflanze eindringen und sich überall im Gefäßsystem verteilen. Schädlinge, die an den Pflanzen saugen oder knabbern, nehmen die Stoffe auf und sterben.

T

Teilen
Vermehrungsmethode, die für Pflanzen mit mehreren Sprossen (wie zum Beispiel Stauden) geeignet ist.

Teppichbildend
Gärtnerischer Begriff für Pflanzen mit dichtem, niederliegendem, sich ausbreitendem Wuchs, wird auch polsterbildend genannt. Beispiele: *Alyssum, Lobelia, Lobularia.*

TKS
Abkürzung für Torfkultursubstrat. Im Handel sind TKS 1, ein schwach gedüngter Pflanzstoff für Vermehrung und Anzucht sowie TKS 2 zur Weiterkultur oder als Fertigerde zum Umtopfen.

Torf
Moorerde, die nach Entwässerung des Moores abgebaut, gemahlen und in Säcke verpackt wird. Wird zur Bodenverbesserung im Garten und bei der Herstellung von Blumenerden verwendet. Um den Raubbau dieses immer seltener werdenden Bodentyps zu verhindern, treten an seine Stelle nun verstärkt Ersatzstoffe wie Rinde oder Kompost.

Tropen
Erdgebiete zwischen dem 15. Breitengrad südlicher und dem 15. Breitengrad nördlicher Breite. Sie liegen zwischen dem Wendekreis des Steinbocks und dem Wendekreis des Krebses zu beiden Seiten des Äquators und werden auch heiße Zone genannt. Die mittlere Jahrestemperatur beträgt 25 bis 27 °C. Am Äquator ist es feuchtheiß, nahe den Wendekreisen herrscht Wüstenklima. Pflanzen, die aus diesen Regionen stammen, werden Warmhauspflanzen genannt und benötigen das ganze Jahr über Temperaturen, die 20 °C nicht wesentlich unterschreiten sollten. Sie werden in botanischen Gärten in sogenannten Warm- oder Tropenhäusern gehalten. Viele von ihnen können als Zimmerpflanzen kultiviert werden.

Tuff
Gärtnerische Bezeichnung für ein geschlossenes, duftiges Wuchsbild oder eine Zusammenpflanzung mehrerer gleicher Pflanzen.

U

Unterpflanzung
Bei Hochstämmchen im Kübel wird die Erdoberfläche vor dem Austrocknen am besten geschützt, wenn man sie bepflanzt. Sehr dekorativ wirken niedrige, polsterbildende oder leicht überhängende Pflanzen, zum Beispiel Semperflorens-Begonien, Lobelien, Bubiköpfchen, Efeu, Husarenknöpfchen oder Glockenblumen. Wichtig: Die Pflegeansprüche von Leitpflanze und Unterpflanzung sollten in etwa gleich sein. Günstig: Einjährige Blumen, die Jahr für Jahr nur ausgesät werden.

V

Varietät
Abkürzung: *var.* = *varietas*. Wird auch Sorte (→ Seite 82) oder Spielart genannt.

Vegetationspunkte
Wachstumspunkte der Triebspitzen, Wurzelspitzen und Knospen.

Vegetationszeit
Wird auch Vegetations- oder Wachstumsperiode genannt. Bedingt durch unsere Jahreszeiten beginnt die Vegetationszeit bei uns mit Zunahme des Lichts im Spätwinter/Frühjahr und endet, wenn die Tage kürzer werden. Der Beginn der Vegetationszeit ist am Neuaustrieb zu erkennen.

Vegetative Vermehrung
Ungeschlechtliche Vermehrung durch Pflanzenteile, Wurzel, Sproß und Blatt (→ Zeichnung, Seite 42 und 43). Die so gewonnene neue Pflanze ist äußerlich und genetisch mit der Mutterpflanze identisch.

Veredelung
Vermehrungsmethode, bei der ein Reis oder ein Auge einer wertvollen Pflanze mit einer anderen Pflanze verbunden wird. Beide verwachsen so innig miteinander, daß die Unterlage die Versorgung mit Wasser und Nährstoffen übernimmt, während an dem Reis oder Auge die Triebe entspringen, die das Aussehen der Pflanze bestimmen. Diese Methode wird zum Beispiel bei *Citrus*-Arten praktiziert, deren Sämlinge oft blühfaul sind.

Veredelungsunterlage
Besonders wüchsige Pflanze, die als Unterlage für ein Edelreis oder Auge einer besonders blühfreudigen oder gut fruchtenden Pflanze genommen wird. Beispiel: Bitterorange *(Poncirus trifoliata)* für *Citrus*-Gewächse.

Vergeilen
Gärtnerischer Ausdruck für die Ausbildung langer, schwacher und blasser Triebe mit großen Abständen zwischen den Blattansätzen und kleinen Blättern. Ursache: Lichtmangel und zu hohe Temperaturen.

Verholzen
Einlagerung von Lignin (Holzstoff) in die Zellwand. Dadurch werden die Triebe fester.

Verkahlen
Verlust der unteren Blätter durch falsche Pflege oder zu dunklen Standort. Bei manchen Pflanzen auch artbedingt. Sie werfen die unteren Blätter ab, um einen Stamm zu bilden, zum Beispiel *Dracaena draco* oder *Yucca.*

Verkorken
Bildung von Suberin (Korkstoff), das sich auf die Zellwände legt und weitgehend luft- sowie wasserundurchlässig ist. Bei manchen Pflanzen kann es zu regelrechten Korkwucherungen kommen (zum Beispiel oft bei Hängepelargonien). Ursache sind zu hohe Boden- und Luftfeuchte bei zu dunklem Stand. Verkorkte Flächen können nicht mehr assimilieren, schädigen die Pflanze aber nicht direkt.

Volldünger
Dünger, der alle für das Pflanzenleben wichtigen Hauptnährstoffe (→ Dünger, Seite 76) und oft auch Spurenelemente (→ Mikronährstoffe, Seite 80) enthält.

Vorziehen
Anzucht von Balkonblumen oder anderen Jungpflanzen aus Samen ab Februar im Haus, Wintergarten oder im Gewächshaus.

W

Wachsschicht
Hauchdünner Überzug oder Reif, mit dem sich manche Blätter gegen Wasserverlust schützen.

Wachstumsperiode
→ Vegetationszeit, links.

Wasser
Lebenselement für Menschen, Tiere und Pflanzen, Transport- und Lösungsmittel für Nährstoffe, wichtiger Faktor bei der Photosynthese (→ Seite 81). Ohne Wasser welkt die Pflanze, die Spaltöffnungen der Blätter schließen sich, Photosynthese und Transpiration sind unterbrochen. Für kalkempfindliche Pflanzen (zum Beispiel Azaleen, Kamelien, Orangenbäumchen) hartes Wasser entkalken.

Wasserpflanzen
Dazu zählen:
1 Am Grund wurzelnde Stauden, zum Teil mit Schwimmblättern.
2 Am Grund wurzelnde untergetauchte Wasserpflanzen ohne Schwimmblätter.
3 Schwimmpflanzen.

Wechselständig
Blattstellung, bei der die Blätter sich nicht genau gegenüberstehen, sondern versetzt angeordnet sind (→ Zeichnung, Seite 78). Gegenteil: Gegenständig.

Wedel
Volkstümliche Bezeichnung für Palmen- oder Farnblätter.

Weinbauklima
Spezielles Klima, das den Anbau von Wein erlaubt. Weinbau findet auf der Welt nur zwischen dem 30. und 50. Grad nördlicher und dem 30. und 40. Grad südlicher Breite statt, das heißt in den gemäßigten Zonen, wo es nicht zu kalt, aber auch nicht zu heiß und zu trocken ist. Die deutschen Weinbaugebiete zeichnen sich durch eine im Vergleich zu anderen Regionen höhere Anzahl von Sonnentagen aus. Ein solches Klima begünstigt Blütenbildung und Holzreife bei Kübelpflanzen.

Weißöl
→ Sommeröl, Seite 82.

Windfest
Bezeichnung für Pflanzen, die auch auf einem windigen, zugigen Balkon ansehnlich bleiben.

Windschutz
Vorrichtung, die generell, aber auch empfindliche Pflanzen, gegen Wind und Zug schützt. Besonders wichtig auf Balkons oder Terrassen, die stark dem Wind ausgesetzt oder sehr hoch sind. Ein Windschutz kann zum Beispiel aus begrünten Spaliergittern (→ Seite 82), Paravents aus Markisenstoff oder Glaswänden bestehen.

Winterhart
So nennt man Pflanzen, die den Winter in gemäßigten Zonen ohne Winterschutz unbeschadet überstehen.

Winterschutz
Verschiedene Maßnahmen zum Überwintern frostempfindlicher und nicht ganz winterharter Pflanzen, zum Beispiel durch Umhüllen mit Stroh, mit luftdurchlässigen Bastmatten, durch Eingraben in Erdgruben, durch Abdecken mit Tannenreisig (→ Zeichnungen, Seite 28 und 29). Gefäße bekommen einen Frostschutz aus Zeitungspapierschichten, Stroh oder Noppenfolie.

Wurmkompost
Erde, die der Kompost- oder Mistwurm *(Eisenia foetida)* bei der Verarbeitung organischen Materials produziert. Wurmkompost enthält 5mal mehr pflanzenverfügbaren Stickstoff, 7mal mehr lösliches Phosphat und 11mal mehr Kali als die umgebende Erde und ist damit ein besonders wertvolles Substrat.

Wurzelballen
Bezeichnung für die durchwurzelte Erde einer Topf- oder Kübelpflanze.

Wurzelhals
→ Zeichnung ①, unten.
Übergangsstelle von der Wurzel zum oberirdischen Teil einer Pflanze (Sproßachse). Der Wurzelhals ist bei manchen Arten sehr empfindlich!

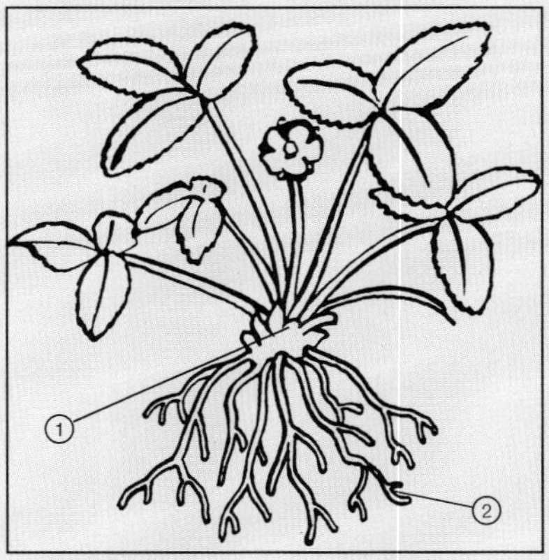

Wurzeln
→ Zeichnung ②, oben.
Sie haben bei den meisten Pflanzen die Aufgabe, diese im Boden zu verankern, Wasser und Nährstoffe aufzunehmen und weiterzuleiten, sowie Stoffe zu speichern. Besondere Wurzelformen sind zum Beispiel Luftwurzeln, Stützwurzeln und Haftwurzeln.

Z

Züchtung
Bestreben, durch Kreuzung und Auslese neue Sorten heranzuziehen, die besonderen Ansprüchen genügen. Züchtungsziele sind unter anderem größere und gefüllte Blüten, neue Blütenfarben, Widerstandsfähigkeit gegen Krankheiten und Klimaeinflüsse.

Zweihäusig
Stehen bei einer Art männliche und weibliche Blüten getrennt auf verschiedenen Pflanzen derselben Art, so sind sie zweihäusig. Bekannte Beispiele dafür sind Aukube, Palmen und Weide.

Zweijährige Pflanze
Pflanzen, die im 1. Jahr nur Blätter bilden, im 2. Jahr blühen, fruchten und dann absterben, zum Beispiel Gänseblümchen, Goldlack und Stiefmütterchen.

Zwergformen
Pflanzenzüchtungen, deren Wuchshöhe merklich unter der Norm liegt.

Zwergstrauch
Strauch unter einem halben Meter Höhe.

Zwiebel
Verdickter, unterirdischer Sproß (→ Zeichnung, Seite 83), dessen Sproßachse extrem verkürzt ist und den scheibenförmigen Zwiebelboden (auch: Zwiebelkuchen) bildet. Auf ihm sitzen die fleischigen Schuppen (auch: Schalen), die aus dem Blattgrund oder aus Niederblättern gebildet werden. Die Zwiebel dient als Nahrungsspeicher. Beispiele: Hyazinthe, Narzisse, Tulpe.

Mediterrane Pflanzengesellschaft auf der Terrasse: Orangenbäumchen mit unterpflanztem Hornklee, Feige und Bougainvillee, Echeverie, Heliotrop und Oleander neben verschiedensten Citrus-Arten. Alle in pflanzenfreundlichen Terrakottagefäßen.

PFLANZEN-PORTRÄTS UND PFLEGE-TIPS

Die schönsten Pflanzen für kleine und große Gefäße. Die meisten sind Gäste aus warmen, sonnigen Urlaubsländern, manche aber auch bei uns heimisch. Auf den folgenden Seiten erfahren Sie, welche arteigenen Bedürfnisse sie haben und wie sie erfolgreich gepflegt werden.

Die schönsten Balkon- und Kübelpflanzen

In den folgenden Pflanzenporträts lernen Sie die beliebtesten und neuesten Balkon- und Kübelpflanzen, dazu attraktive Laubgehölze und Zwerg-Koniferen sowie die schönsten Gräser, Kräuter und Gemüse für Balkon und Terrasse kennen. Die farbigen Porträts machen Sie mit dem individuellen Wuchs und der breit gefächerten Palette der Blüten- und Blattfarben bekannt. Die einzelnen Beschreibungen geben neben Hintergrundwissen wie Familie und Herkunft der Pflanze umfassend und detailliert Auskunft über ihre Pflegeansprüche rund ums Jahr. Der abschließende Gestaltungstip wird Sie sicher auf so manch hübsche Idee bringen!

Aufbau der Pflanzenporträts

Alle Pflanzen-Beschreibungen sind klar und übersichtlich aufgebaut, so daß Sie sich auf einen Blick über die Pflanze informieren können. Da alle Beschreibungen nach dem gleichen Muster angelegt sind, lassen sich die einzelnen Pflanzen besonders gut miteinander vergleichen. Und wo finden Sie Ihre gewünschten Pflanzen? Sie sind – je nach Zuordnung – in einem der folgenden Kapitel (→ Seite 89, rechts) untergebracht und erscheinen dort in der alphabetischen Reihenfolge ihres botanischen Namens.

Der deutsche Name steht groß und deutlich lesbar über der Abbildung. Er ist vielen Pflanzenliebhabern am geläufigsten. Besitzt eine Pflanze noch andere Namen, sind mehrere Bezeichnungen aufgeführt.

Der botanische Name, gleich über dem deutschen, ist international gültig und bestimmt daher die alphabetische Reihenfolge der Pflanzendarstellungen.

Steht bei einer Pflanze nur der Gattungsname (zum Beispiel *Chrysanthemum* oder *Citrus*), so werden in der Pflegeanleitung mehrere für die Gefäßkultur geeignete Arten besprochen.

Steht als botanischer Name jedoch ein Artname (zum Beispiel *Antirrhinum majus* oder *Plumbago auriculata*), dann bezieht sich die Beschreibung nur auf diese spezielle Art (und ihre möglichen Sorten).

Die Symbole und ihre Bedeutung

Sie geben Ihnen, ohne daß Sie den Text lesen müssen, sofort Auskunft über den richtigen Standort, die artgemäße Überwinterung oder ob eine Pflanze giftig ist. Darüber hinaus erfahren Sie auf einen Blick so wichtige Pflegemaßnahmen wie Gießen oder ob eine Pflanze Witterungsschutz braucht.

Die Pflanze braucht und verträgt volle Sonne und Hitze, auch mittags. Der vollsonnige, nach Süden gerichtete Platz ist für ihre Blütenentwicklung wichtig.

Die Pflanze wünscht sich einen hellen Platz ohne aggressive Mittagssonne. Morgen- und Abendsonne, also Ost- und Westlagen, werden gut vertragen.

Die Pflanze braucht Halbschatten oder gedeiht erfahrungsgemäß auch im Halbschatten gut.

Die Pflanze verträgt oder mag Schatten.

Die Pflanze braucht reichlich Wasser. An heißen Tagen zweimal durchdringend gießen.

Die Pflanze nur mäßig feucht halten. An heißen Tagen einmal durchdringend gießen.

Die Pflanze wenig gießen.

Die Pflanze ist regenempfindlich, wird durch Nässe unansehnlich und muß vor Dauerregen geschützt werden.

Die Pflanze ist windempfindlich und braucht einen windgeschützten Platz.

1 Die Pflanze ist einjährig oder kann nur ein Jahr lang erfolgreich kultiviert werden. Für diese Pflanzen braucht man also kein Überwinterungsquartier und keinen Winterschutz.

Die Pflanze muß drinnen hell überwintert werden.

Die Pflanze kann drinnen dunkel überwintert werden. Natürlich ist aber auch für diese Pflanzen ein heller Überwinterungsplatz immer besser.

Die Pflanze kann mit Schutz im Freien überwintern.

Die Pflanze ist giftig.

Erläuterung der Stichwörter

Jeder Pflegeanleitung geht eine genaue Beschreibung der Pflanze voraus. Sie enthält Hinweise auf Wuchsform, Größe, Blütenform und -farbe, Beschreibung der Blätter, Sortenvielfalt oder typische Eigenschaften. In zwangloser Reihenfolge werden Sorten genannt, die vom Erwerbsgärtner vermehrt und als Jungpflanzen auf den Markt gebracht werden, und solche, die es für den Liebhaber in Portionstüten zum Selbstaussäen gibt. Oft werden Aussagen über die Herkunft des Namens oder die Geschichte der Pflanze gemacht. Danach folgt die jeweilige Pflegeanleitung. Sie ist nach fettgedruckten Stichwörtern geordnet.

Blütezeit. Sie ist bei den meisten Balkon- und Kübelpflanzen, die man ja wegen ihrer Blütenpracht kauft oder selbst heranzieht, eine wichtige Information und betrifft die Gestaltung ganz maßgeblich.

Familie. Hier finden Sie die botanische Zugehörigkeit einer Pflanze.

Heimat nennt die geographische Herkunft.

Standort. Er ist ein wichtiges Kriterium für die Pflege. Hier erfahren Sie individuelle Licht- und Wärmebedürfnisse sowie Hinweise auf Witterungsschutz.

Substrat weist auf jeweils geeignete Erden oder Erdmischungen zum Einpflanzen hin.

Einpflanzen. Dieser Punkt kommt nur bei Balkonblumen (→ Seite 90 bis 141) vor, die meist zu mehreren in Gefäße gepflanzt werden oder wie Zwiebelblumen einen besonderen Vegetationsrhythmus haben. Sie finden unter dieser Rubrik auch Angaben zu Pflanztermin, Pflanztiefe und Pflanzabstand.

Anzucht. Dieser Hinweis erscheint nur bei Gemüse und Kräutern (→ Seite 216 bis 227), die man sehr häufig selbst heranzieht.

Gießen und Düngen nennen Ihnen die optimalen Wassermengen und Düngeintervalle. Wichtig: Die Angabe »schwach oder niedrig dosiert düngen« bedeutet, nur die Hälfte bis ein Drittel der vom Hersteller angegebenen Düngermenge pro Liter Wasser zu verwenden.

Weitere Pflege informiert Sie über Maßnahmen, die eine Wiederblüte fördern oder Pflanzen Halt geben, über Rückschnitt und Pflanzenhygiene.

Überwintern gibt Hinweise auf Einräumtermine, Schnittmaßnahmen vor dem Einräumen, Licht und Temperatur am Winterstandort. Nähere Informationen zu Pflege und Überwinterung finden Sie im Kapitel »Erfolgreich pflegen und überwintern« (→ Seite 18 bis 29).

Schädlinge, Krankheiten. Es werden solche genannt, für die die jeweilige Pflanze besonders anfällig ist, darüber hinaus auch (soweit bekannt) die Ursachen für Befall oder Erkrankung.

Wie Sie Abhilfe schaffen, sagt Ihnen das Kapitel »Erste Hilfe für Ihre Pflanzen« (→ Seite 30 bis 37).

Vermehren. Beschrieben werden die gängigsten Vermehrungsmethoden. Wie es gemacht wird, steht im Kapitel »Pflanzen aus eigener Anzucht« (→ Seite 38 bis 43).

Gestaltungstip. Hier werden Vorschläge zu Gefäßen oder für Pflanzenkombinationen gemacht, die farblich oder vom Wuchs her besonders gut zur beschriebenen Pflanze passen. Außerdem wird darauf hingewiesen, ob die Pflanze sich für Ampeln, für die Erziehung zum Hochstämmchen oder Bonsai eignet. Mehr über Gestaltung im Kapitel »Pflanzideen für jede Jahreszeit« (→ Seite 44 bis 73).

Mein Tip enthält wichtige Erfahrungen der Autorin.

Warnung steht bei Pflanzen mit giftigen oder hautreizenden Stoffen. Damit gekennzeichnete Pflanzen können für anfällige Erwachsene, Kinder oder Haustiere gesundheitsschädlich bis tödlich sein, wenn sie gegessen werden oder mit der Haut beziehungsweise den Schleimhäuten in Berührung kommen.

Vorsicht Pflanzen – was Sie auch wissen sollten

Achten Sie bei der Auswahl der Pflanzen auf die folgenden Kriterien, wenn Sie Kleinkinder oder Haustiere haben. Einige Pflanzen sind mit Vorsicht zu genießen.

Sie können Allergien verursachen. Bekannt sind Fälle von Kontaktdermatitis (Hautentzündung) durch phototoxische Stoffe zum Beispiel in *Citrus*-Arten oder *Tagetes*, Hautreizungen durch Kontakt mit Zwiebeln von Hyazinthen und Narzissen sowie Primel- und *Clematis*-Arten. Das *Cumarin* im Leberbalsam kann Heuschnupfen hervorrufen. Allergieauslösend sollen auch verschiedene Korbblütler sein, vor allem Chrysanthemen.

Sie können Verletzungen verursachen, zum Beispiel durch Stacheln, Dornen, scharfe Blattspitzen, dornige Blattstiele – zu finden bei Agave, Zitronenbaum, Natalpflaume, *Yucca*, Zwergpalme, Washingtonie.

Ihr Duft kann Kopfschmerzen hervorrufen, vor allem auf fast geschlossenen, geschützten Terrassen oder Balkonen. Sehr intensiv duften: Orangenblume, Engelstrompete, Lilien, Mandeville, Ziertabak, Sternjasmin.

Sie können Giftstoffe enthalten, die für Menschen und Haustiere gesundheitsschädigend, ja sogar tödlich sein können, wenn sie verzehrt werden. Kleinkinder stec,ken gern alles in den Mund und Haustiere können aus unerfindlichen Gründen auch an Balkon- und Kübelpflanzen gehen.

Achtung, Giftstoffe!

Manche Pflanzen, die wir im Garten, auf Balkon und Terrasse kultivieren, produzieren Giftstoffe, auf deren Gefährlichkeit in den Pflanzenporträts mit dem Symbol ☠ und dem Stichwort »Warnung« hingewiesen wird. Hier die Giftstoffe, die am häufigsten vorkommen:

Alkaloide sind basische, stickstoffhaltige Substanzen, die in der Pflanze als Salze organischer Pflanzensäuren im Zellsaft gelöst sind. Als Grundbaustein dient zumeist eine bestimmte Aminosäure. Alle Alkaloide – es soll 3000 verschiedene geben – tragen den Namen ihrer Herkunftspflanze und ein »in« am Ende. Beispiele:

- Anemone, *Anemone* = (Proto)anemonin.
- Herbstzeitlose, *Colchicum* = Colchicin.
- Ziertabak, *Nicotiana* = Nicotin.
- Nachtschatten, *Solanum* = Solanin.
- Geißklee, *Cytisus* = Cytisin.
- Buchs, *Buxus* = Buxin.
- Berberitze, *Berberis* = Berberin.

Glykoside bestehen aus Zuckermolekülen und einem nicht zuckerhaltigen Anteil, dem *Aglykon*. Beide sind chemisch ganz speziell zusammengeknüpft. Als Arzneimittel berühmt wurden die herzwirksamen Glykoside von Fingerhut, *Strophanthus*, und Maiglöckchen. Zu den glykosidhaltigen Pflanzen gehören unter anderem Goldlack, Ginster, Oleander, *Thevetia* (Gelber Oleander).

Terpene sind eine Gruppe verschiedenster biogener Substanzen. *Monoterpene* kommen in ätherischen Ölen vor, *Sesquiterpene* in manchen Korbblütlern. *Diterpene* in Erikagewächsen, *Triterpene* in Kürbisgewächsen und im Wandelröschen.

Toxische Eiweißstoffe treten neben anderen Giftstoffen bei Wolfsmilchgewächsen und Hülsenfrüchtlern auf. Beispiele:

- Rizinusstrauch, *Rizinus* = Ricin.
- Gartenbohne, *Phaseolus* = Phasin.
- Robinie, *Robinia* = Robin.

Was Sie wo am schnellsten finden

BALKONBLUMEN

Mit prächtig blühenden, und nicht zu hoch werdenden Blatt- und Blütenpflanzen für Kästen, Töpfe und Schalen werden Frühling, Sommer, Herbst und Winter zu einem Erlebnis, das jeder auf Balkon und Terrasse genießen kann. Die Auswahl an Arten und Sorten wächst ständig und ermöglicht es, auf kleinstem Raum und in luftiger Höhe ein üppiges Blumenparadies nach eigenen Ideen zu schaffen.

Eine wundervolle Kombination rosa-violetter Balkonblumen. Chrysanthemen, Salbei, Fleißiges Lieschen und Kugelamarant. Dazu blaue Lobelien als denkbar schönster Partner.

Wenn die Langobarden wüßten, was sich 1500 Jahre später aus ihrer schlichten Bezeichnung *balco* für Balkon entwickelt hat! Zunächst wurde daraus Romeo und Julias *balcone*, später entstanden der französische *balcon* und der englische *balcony*. Und schließlich im 16. Jahrhundert der Balkon, zunächst nur in seiner Bedeutung als Erker oder Fenster. Heute ist dieser in der Regel kleine Ort ein Pflanzenparadies, ein grüner und blühender Wohnraum, ein Eldorado für Bienen und Schmetterlinge, kurzum ein Stück Natur – direkt und nah, zum Anfassen und Erleben. Marktanalysen, Meinungsumfragen und die aktuelle Architektur belegen, daß die Balkongärtnerei stark im Kommen ist.

Das Pflanzensortiment für Balkonkästen

Das Angebot geeigneter Pflanzen für kleine Gefäße beschränkt sich längst nicht mehr auf die traditionellen Balkonblumen wie Pelargonien, Fuchsien oder Knollenbegonien. Heute erweitern exotische Neuheiten, die als überschäumende Ampeln oder ungestüme Kletterer Furore machen, das Angebot. Bekannte Sommerblumen, Gartenstauden, Gräser, Zwiebelblumen, die man früher nur für die Beetbepflanzung verwendete, sind hinzugekommen und eröffnen ungeahnte Gestaltungsmöglichkeiten zu beinahe jeder Saison. Während schwachwüchsige, kompaktwachsende Arten und Sorten sich sofort als tauglich erwiesen, mußten andere erst durch Züchtung oder gärtnerische Bearbeitung zu einem für kleine Gefäße passenden Habitus veranlaßt werden. Auf den folgenden 52 Seiten finden Sie nicht nur wichtige Informationen und Pflegetips zu bekannten und neuen Balkonblumen, sondern auch zu den für die Gefäßkultur geeigneten »Outsidern« wie Zwiebelblumen, Gräser und Mini-Rosen – die viele noch für ihren Balkon entdecken können.

Die artgerechte Pflege

Balkonpflanzen kommen aus aller Welt und entstammen den unterschiedlichsten Familien. Ihre Wuchsformen und Vegetationsrhythmen können stark voneinander abweichen. Nur wer darüber informiert ist, wird für seine Standorte die geeigneten Pflanzen auswählen und miteinander kombinieren können. Er wird ausdauernde Pflanzen wie Stauden oder Zwiebelblumen nicht mehr als »Schmuck für nur eine Saison« betrachten, sondern ihre individuellen Wachstums- und Ruhezeiten beachten, vielleicht sogar Lust bekommen, sie gesund über den Winter und im Folgejahr erneut zum Wachsen und Blühen zu bringen. Zugegeben, bei einigen Zwiebelblumen ist dies nicht ganz einfach, da sie im begrenzten Erdraum oft nicht genügend Kraft für eine neue Blüte tanken können. Die positive Erfahrung mancher Balkongärtner hat aber gezeigt, daß ein Versuch allemal lohnt.

Duftige Ballettröckchen
Mit zu den beliebtesten Balkonblumen zählen Fuchsien, die im Halbschatten am besten gedeihen. Hier die gefüllt-blühende Sorte 'Ullswater'.

Ageratum houstonianum
Leberbalsam

Leberbalsam gibt es in vielen Blau- und Violettnuancen.

Der botanische Name des bei uns einjährig gezogenen Halbstrauches leitet sich aus dem griechischen *ageraton* ab. Er bedeutet soviel wie »das nicht alternde« und weist vermutlich auf die lange Blütezeit hin. Leberbalsam wird je nach Sorte 15 bis 60 cm hoch und ist mit herzförmigen bis eirunden Blättern ausgestattet. Die Blütenköpfchen sitzen in Doldentrauben und sind bei der reinen Art himmel- bis silberblau. Für die Kultur im Kasten empfehlen sich niedrige, kompaktwüchsige F_1-Hybriden wie 'Blaue Donau' (15 bis 20 cm, mittelblau), 'Nordmeer' (15 bis 20 cm, tiefblau), 'Pacific' (20 cm, purpurviolett, kleinlaubig), 'Blue Blazer' (15 cm, hellblau), 'Atlantik' (20 cm, ultramarinblau).
Blütezeit: Mai bis Oktober.
Familie: *Compositae*, Korbblütler.
Heimat: Mexiko, Guatemala, Belize.
Standort: Sonnig bis halbschattig.
Substrat: Einheitserde, Balkonblumenerde.
Einpflanzen: Gekaufte oder selbstgezogene (→ Vermehren) Jungpflanzen mit 20 cm Abstand ins Gefäß setzen.
Gießen, Düngen: Reichlich gießen und alle 2 Wochen düngen.
Weitere Pflege: Verblühtes abschneiden, um neuen Flor anzuregen.
Überwintern: Entfällt.
Schädlinge, Krankheiten: Spinnmilben.
Vermehren: Durch Samen von Januar bis März bei 18 bis 21 °C Bodenwärme.
Gestaltungstip: Leberbalsam ist windfest und paßt gut zu Pantoffelblumen (→ Seite 97).
Warnung: *Ageratum* enthält *Cumarin*, das bei empfindlichen Menschen Schleimhautreizungen, Heuschnupfen und bei Genuß innere Blutungen hervorrufen kann.

Allium
Zierlauch

Der Goldlauch, Allium moly, lockt Bienen an.

Günstig für Blumenkästen oder Schalen sind die niedrigen Verwandten des Zierlauchs, die meist durch ihren Wildcharakter auch sehr reizvoll sind.
- *Allium moly* (Goldlauch), etwa 25 bis 30 cm hoch, lockt mit einer Fülle von goldgelben Blütendolden zahlreiche Bienen an.
- *Allium oreophilum* (Rosenlauch), etwa 20 cm hoch, das häufig auch *Allium ostrowskianum* genannt wird, trägt purpurfarbene Blüten mit dunkler Mittellinie.

Alle *Allium*-Arten kauft man als Zwiebeln und pflanzt sie im September/Oktober in die Gefäße.
Blütezeit: *Allium moly* Mai bis Juni, *Allium oreophilum* Juni bis Juli.
Familie: *Liliaceae*, Liliengewächse.
Heimat: Ostspanien, Südwestfrankreich (*Allium moly*); Kaukasus, Ost-Turkestan (*Allium oreophilum*).
Standort: Sonnig.
Substrat: Lehmig-sandige Gartenerde, Einheitserde mit Sand.
Einpflanzen: Zwiebeln im September/Oktober in Gefäße setzen. Pflanzabstand 15 cm, Pflanztiefe 7 cm.
Überwintern: Bepflanzten Kasten frostfrei, dunkel und kühl stellen. Erde nicht austrocknen lassen. Ab Austrieb heller stellen.
Gießen, Düngen: Bepflanzten Kasten bis zum Austrieb leicht feucht halten. Vom Austrieb an mäßig gießen und einmal düngen. Staunässe vermeiden. Nach dem Abblühen mit Wurzelballen in den Garten setzen und noch einmal düngen.
Weitere Pflege: Verblühtes entfernen.
Schädlinge, Krankheiten: Thripse, Rost, Stengelälchen.
Vermehren: Bei Gefäßkultur nicht möglich. Im Garten durch Nebenzwiebeln. *Allium moly* sät sich selbst aus, wenn man die Fruchtstände nicht entfernt.

Anemone blanda
Anemone, Strahlenanemone

Violette Strahlenanemonen mit Scharbockskraut.

Im Buchenwald verkünden die Teppiche weißer Buschwindröschen (*Anemone nemorosa*) den Lenz, auf den Balkon zaubert *Anemone blanda* Frühlingsstimmung und wird zu einem der ersten Nahrungsspender für die Bienen. Die 10 bis 15 cm hohe, ausdauernde Staude regeneriert sich aus einer knolligen Wurzel. Die Blüten der reinen Art sind himmelblau, die der Hybriden variieren zwischen Weiß, verschiedenen Rosatönen, Blau und Violett. Erhältlich sind Einzelfarben oder Mischungen.
Blütezeit: März/April.
Familie: *Ranunculaceae*, Hahnenfußgewächse.
Heimat: Südosteuropa, Kaukasus, Vorderes Asien.
Standort: Hell bis halbschattig. Blühende Pflanzen vor Spätfrösten schützen.
Substrat: Einheitserde, TKS 2, lehmig-humose Gartenerde. Kalkliebend.
Einpflanzen: Die knolligen Wurzeln im September in Gefäße setzen. Zuvor 24 Stunden in Wasser legen – das fördert den Austrieb. Pflanzabstand 10 cm, Pflanztiefe 5 cm.
Überwintern: Bepflanzten Kasten frostfrei und dunkel aufstellen. Erde nicht austrocknen lassen. Ab Austrieb heller stellen.
Gießen, Düngen: Bepflanzten Kasten stets leicht feucht halten und während der Wachstumszeit zweimal düngen.
Weitere Pflege: Nach dem Abblühen in den Garten setzen und noch einmal düngen.
Schädlinge, Krankheiten: Gelegentlich Knollenfäule.
Vermehren: Bei Gefäßkultur nicht möglich. Im Garten vermehren sich die Pflanzen von allein durch Tochterknollen.
Gestaltungstip: Rosa Sorten wie 'Pink Star' oder 'Charmer' passen wunderschön zu blaublühendem Krokus.
Warnung: Anemonen sind in allen Teilen giftig.

Antirrhinum majus
Löwenmäulchen

Die Farbpalette des Löwenmäulchens ist breit gefächert.

1

Richtig übersetzt müßte der deutsche Name Löwennäschen lauten – auf das Mäulchen allerdings deutet der typische, herausragende, bei der Urform gelbe Gaumen der Blüten hin. Die Züchter haben zahlreiche Spielarten mit einem großen Farbenspektrum entwickelt. Für den Balkonkasten eignen sich die 15 bis 25 cm hohen Zwergsorten. Von ihnen gibt es Mischungen, deren Blüten von Weiß über Gelb, Rosa und Rot reichen oder zweifarbig sind wie bei 'Kimosy-Prachtmischung' oder 'Floral Carpet Mischung'. Das Löwenmäulchen ist eine Staude, die im Garten milde Winter überdauert. Es wird aber meist einjährig kultiviert.
Blütezeit: Juni bis September. Vorkultivierte Pflanzen sind ab April blühend erhältlich und können, wenn sie etwas abgehärtet sind, bereits ins Freie gebracht werden.
Familie: *Scrophulariaceae*, Braunwurzgewächse.
Heimat: Urformen südwestliches Europa, Nordwestafrika, Westasien.
Standort: Sonnig bis halbschattig.
Substrat: Einheitserde, TKS 2, Balkonblumenerde.
Einpflanzen: Gekaufte oder selbstgezogene (→ Vermehren) Jungpflanzen mit 20 cm Abstand ins Gefäß setzen.
Gießen, Düngen: Mäßig gießen. Staunässe vermeiden! Wöchentlich niedrig dosiert düngen.
Weitere Pflege: Keine.
Überwintern: Entfällt.
Schädlinge, Krankheiten: Löwenmaulrost, Echter und Falscher Mehltau, Grauschimmel, Blattläuse, Spinnmilben.
Vermehren: Durch Samen im Februar bei 15 bis 20 °C Bodenwärme. Mitteltriebe der Jungpflanzen stutzen, um einen buschigen Wuchs zu erzielen.
Gestaltungstip: Für kleine oder flache Gefäße gibt es neuerdings die nur 15 cm hohe polsterbildende Sorte 'Floral Showers Mix'.

Asteriscus maritimus
Goldmünze, Goldtaler

Vom Goldtaler ist nur die Kulturform im Handel.

Würde man den heute gültigen Namen wörtlich übersetzen, müßte diese hübsche Staude Strandsternchen heißen (*asteriskos* = Sternchen, *maritimus* = Meeresstrand). Die Wildform ist in der Kultur etwas heikel, nicht aber die inzwischen stark verbreitete australische Kulturform ‘Gold Coin’. Sie wird 25 bis 30 cm hoch, wächst leicht überhängend, besitzt eine kräftig grüne Belaubung und bedeckt sich über und über mit sonnengelben Blüten, die sich auch bei Schlechtwetter nicht schließen und bis zum ersten harten Frost erscheinen.
Blütezeit: April/Mai bis Oktober.
Familie: *Compositae*, Korbblütler.
Heimat: Reine Art Mittelmeerraum, Kanarische Inseln.
Standort: Sonnig.
Substrat: Lehmig-sandige Gartenerde, Einheitserde.
Einpflanzen: Gekaufte oder selbstgezogene (→ Vermehren) Jungpflanzen mit 20 cm Abstand ins Gefäß setzen.
Gießen, Düngen: In der Wachstumszeit gleichmäßig feucht halten, aber Staunässe vermeiden. Bis August wöchentlich düngen.
Weitere Pflege: Verblühtes entfernen.
Überwintern: Hell, bei 10 °C. Relativ trocken halten. Im Februar/März umtopfen.
Schädlinge, Krankheiten: Verkrüppelungen der Blütenknospen durch Blattläuse.
Vermehren: Durch weiche Kopfstecklinge ohne Blütenknospen im Sommer.
Gestaltungstip: Der Goldtaler läßt sich gut mit allen sonnenliebenden Balkonblumen kombinieren und hat sich auch als Ampelpflanze hervorragend bewährt.

Begonia-Semperflorens-Hybriden
Eisbegonien

Begonia-Semperflorens-Hybride ‘Lachs Vision’.

1

Eisbegonien sind von Hause aus Stauden, werden aber nur einjährig kultiviert. Es gibt grünlaubige und braunlaubige Sorten, die gedrungen und niedrig wachsen, sowie großblumige bis 30 cm hohe Varietäten. Die Blüten sind einfach, seltener auch gefüllt. Die Palette der Farben reicht von Weiß über unterschiedliche Rosatöne und Lachs bis zu einem tiefen Rot. Sehr apart sind zweifarbige Eisbegonien.
Blütezeit: Mai bis Oktober.
Familie: *Begoniaceae*, Schiefblattgewächse.
Heimat: Urformen Brasilien.
Standort: Sonnig bis hell.
Substrat: Einheitserde, TKS 2, Balkonblumenerde. Zur besseren Durchlüftung Styromull untermischen.
Einpflanzen: Gekaufte oder selbstgezogene (→ Vermehren) Jungpflanzen mit 15 bis 25 cm Abstand ins Gefäß setzen.
Gießen, Düngen: Reichlich gießen, aber Staunässe unbedingt vermeiden – Gefahr von Wurzelfäule. Alle 2 bis 3 Wochen niedrig dosiert düngen.
Weitere Pflege: Verwelkte Blüten abzupfen. Nach dem ersten Blütenrausch Pflanzen zurückschneiden, sie bilden dann einen neuen Flor.
Überwintern: Entfällt.
Schädlinge, Krankheiten: Echter Mehltau.
Vermehren: Durch Samen Ende Dezember bei 20 bis 22 °C Bodenwärme. Samen auf Substrat streuen, nicht mit Erde bedecken – Lichtkeimer. Für den Laien ohne Gewächshaus und künstliches Zusatzlicht schwierig.
Mein Tip: Eisbegonien gedeihen auch auf windigen Balkonen.
Warnung: *Begonia*-Semperflorens-Hybriden enthalten Giftstoffe.

Knollenbegonien

Die Blüten der Knollenbegonien-Hybride 'Nonstop Apricot' leuchten bereits aus großer Entfernung.

Knollenbegonien blühen auch an nicht so hellen Standorten. Außer Blau und Violett sind alle Blütenfarben vertreten. Die bis zu 10 cm großen Blüten sind mehr oder weniger gefüllt, einige rosen- oder anemonenartig. Daneben gibt es zweifarbige Sorten mit fein gesäumten oder solche mit gefransten Blütenblättern. Die spitzovalen Blätter sind unterschiedlich groß, oliv- bis dunkelgrün, metallisch glänzend oder grün geädert. Sie sitzen an dicken, fleischigen (bei Hängeformen dünnen) Trieben. Erhältlich sind unterschiedlich hohe, aufrecht wachsende Gruppen mit großen oder kleinen Blüten sowie eher kleinblumige Hänge- oder Ampelbegonien. Besondere Erwähnung verdient die neue Girlandenbegonie 'Illumination'. Sie wächst mit langen, biegsamen, deutlich stärker verzweigten Trieben und ist mit flach gebauten Blüten in Lachsrosa übersät.

Blütezeit: Mai bis Oktober.
Familie: *Begoniaceae*, Schiefblattgewächse.
Heimat: Urformen Südamerika.
Standort: Hell bis halbschattig und windgeschützt. Bertinii- und Multiflora-Begonien auch sonnig.
Substrat: Einheitserde, TKS 2, Balkonblumenerde.
Einpflanzen: Gekaufte oder selbstgezogene (→ Antreiben und Vermehren) Jungpflanzen mit 25 cm Abstand ins Gefäß setzen.
Gießen, Düngen: In der Wachstumszeit reichlich gießen, jedoch Staunässe unbedingt vermeiden. Ab August Wassergaben einschränken. Bis Oktober alle 2 Wochen niedrig dosiert düngen, damit sich die Knollen regenerieren können.
Weitere Pflege: Großblumige Sorten stützen. Verblühtes entfernen. Ab September Laub nicht abschneiden, sondern langsam vergilben lassen.
Überwintern: Kästen oder Töpfe erst nach den ersten Nachtfrösten hereinholen. (Der Knollenzuwachs der meisten Sorten ist nämlich im herbstlichen Kurztag am größten). Vertrocknetes oder abgefrorenes Kraut und Stengel auf 2 bis 3 cm abschneiden. Erde vorsichtig von den Knollen abschütteln. Wenn sie fest daran haftet, besser belassen, denn die Knollen dürfen nicht verletzt werden – Infektionsgefahr. Knollen in luftigen Holzkästen oder Körben bis zum Antreiben bei 5 bis 10 °C trocken lagern.
Antreiben: Knollen im Februar/März in Kisten mit feuchtem Torf dicht an dicht legen und bei 18 bis 22 °C hell aufstellen. Zeigt sich der Austrieb, in größere Töpfe oder gleich in Kästen setzen. Sobald sich Blätter gebildet haben, Pflanzen zum Abhärten ins Freie bringen. Bei Frostgefahr aber wieder hereinholen.
Schädlinge, Krankheiten: Blattläuse, Thripse, Weichhautmilben, Echter Mehltau, Grauschimmel.
Vermehren: Durch Teilen der Knollen kurz nach dem Austrieb. Schnittstellen mit Holzkohlepulver desinfizieren!
Im Gartenbau durch Aussaat von November bis Januar bei 23 bis 25 °C und mit Zusatzlicht (schwierig).
Warnung: Knollenbegonien enthalten in ober- und unterirdischen Teilen Giftstoffe.
Mein Tip: Bei modernen Sorten lohnt die Überwinterung oft nicht, da die Knollen im Herbst meist noch sehr klein sind.

Die Sorten auf den Fotos:
Links: Schneeweiß und elegant 'Memory'.
Oben: Duftig wie ein Ballettröckchen 'Bali Hi'.

Bellis perennis

Gänseblümchen, Maßliebchen, Tausendschön

'Pomponette' ist eine der beliebtesten Bellis-Sorten.

Mit unserem bescheidenen Gänseblümchen haben die modernen Züchtungen nur noch die schopfartige Rosette aus spatelförmigen Blättern gemeinsam. Die Blüten geben sich weitaus prachtvoller – gefüllt, ungefüllt, pompon- oder knopfartig und weiß, rosa oder rot gefärbt. Bekannte und beliebte Sorten sind 'Teppich', 'Pomponette', 'Tasso', 'Super Enorma', 'Habanera', 'Medicis' und 'Roggli'. Die kompakten, 12 bis 20 cm hohen Sorten sind zweijährig, werden im Sommer herangezogen und blühen im folgenden Frühjahr. Für den naturnahen Balkon wird neuerdings auch das ausdauernde Wiesen-Gänseblümchen wieder angezogen und angeboten.

Blütezeit: März bis Juni.

Familie: *Compositae*, Korbblütler.

Heimat: Europa, Kleinasien.

Standort: Sonnig bis halbschattig.

Substrat: Lehmige Gartenerde, Einheitserde.

Einpflanzen: Gekaufte oder selbstgezogene (→ Vermehren) Jungpflanzen mit 15 cm Abstand ins Gefäß setzen.

Gießen, Düngen: In der Wachstumszeit bei Hitze reichlich, sonst weniger gießen. Wöchentlich düngen.

Weitere Pflege: Verwelkte Blüten abknipsen, das verlängert den Flor.

Überwintern: Im Freien mit Winterschutz (→ Seite 28/29) aus Fichtenreisig.

Schädlinge, Krankheiten: Blattläuse, Spinnmilben, Echter Mehltau.

Vermehren: Durch Samen im Juni oder Juli direkt in die Kästen (Lichtkeimer!). Die Pflanzen blühen vereinzelt schon ab Herbst.

Gestaltungstip: *Bellis* sieht dicht an dicht in rustikalen Keramikgefäßen hinreißend aus, paßt auch gut zu blauen Hyazinthen.

Brachyscome iberidifolia

Blaues Gänseblümchen, Australisches Gänseblümchen

Die Brachyscome ist mit zartduftenden Blüten übersät.

1

Das Blaue Gänseblümchen hat sich in den vergangenen Jahren die Herzen im Sturm erobert. Kein Wunder! Die einjährige Pflanze bildet zahlreiche 30 cm lange Triebe, wächst stark verästelt und präsentiert in kurzer Zeit überschäumende Blütenfülle. Die 2,5 cm großen Blüten haben eine goldene Mitte und weiße, rosafarbene, blaue oder violette Blütenblätter. Sie duften angenehm und verdecken bald das zartfiedrige Blattwerk.

Blütezeit: Juli bis September.

Familie: *Compositae*, Korbblütler.

Heimat: Australien.

Standort: Sonnig,

Substrat: Einheitserde, Balkonblumenerde.

Einpflanzen: Gekaufte oder selbstgezogene (→ Vermehren) Jungpflanzen mit 15 cm Abstand ins Gefäß setzen.

Gießen, Düngen: Stets leicht feucht halten und alle 1 bis 2 Wochen düngen. Austrocknen ebenso wie Staunässe vermeiden.

Weitere Pflege: Verblühtes entfernen.

Überwintern: Entfällt.

Schädlinge, Krankheiten: Weiße Fliege.

Vermehren: Im März durch Samen bei 20 bis 22 °C Bodenwärme. Vor dem Auspflanzen einmal pikieren. Auch durch Kopf- und Teilstecklinge von Januar bis April. Sie bewurzeln innerhalb von 2 bis 3 Wochen.

Gestaltungstip: Durch ihren Kaskadenwuchs ist die *Brachyscome* eine vorzügliche Ampelpflanze und macht sich auch hübsch als Unterpflanzung für Hochstämmchen.

Calceolaria integrifolia
Pantoffelblume

Die Pantoffelblume wächst schön gedrungen.

Die Freiland-Pantoffelblume ist die kleinblumige Schwester der großblütigen *Calceolaria*-Hybriden, die als Zimmerpflanzen angeboten werden. In ihrer Heimat wächst *Calceolaria integrifolia* halbstrauchig und wird 40 bis 120 cm hoch. Die modernen, für die Balkonkultur angebotenen F_1-Hybriden wie 'Goldari', 'Goldbukett' oder 'Leila' erreichen selten mehr als 30 cm Höhe und werden einjährig kultiviert. Die Blüten erscheinen in doldentraubigen, reichblütigen Rispen über den frischgrünen, länglich-ovalen Blättern.
Blütezeit: Mai bis September.
Familie: *Scrophulariaceae*, Braunwurzgewächse.
Heimat: Chile.
Standort: Hell bis halbschattig und regengeschützt.
Substrat: Einheitserde, TKS 1, Balkonblumenerde.
Einpflanzen: Gekaufte oder selbstgezogene (→ Vermehren) Jungpflanzen mit 25 cm Abstand ins Gefäß setzen.
Gießen, Düngen: Reichlich gießen und wöchentlich, aber nicht hoch dosiert, düngen. Die Pflanze verträgt hohe Düngesalzkonzentrationen nicht gut.
Weitere Pflege: Verblühtes regelmäßig entfernen, um die Weiterblüte zu sichern.
Überwintern: Entfällt.
Schädlinge, Krankheiten: Blattläuse, Weiße Fliege, Spinnmilben.
Vermehren: Durch Samen von Dezember bis Februar bei 15 °C Bodenwärme. Oder durch Stecklinge im Januar/Februar sowie von Mitte August bis Mitte September. Jungpflanzen bei 8 bis 10 °C hell und luftig überwintern.
Gestaltungstip: Das leuchtende Signalgelb der Pantoffelblumen paßt besonders gut zu feuerroten Pelargonien oder blauem Leberbalsam.

Calendula officinalis
Gartenringelblume

Die Ringelblumen-Sorte 'Goldschwarze Prinzessin'.

Die Ringelblume ist eine einjährige Sommerblume, die seit altersher in vielen Ländern als Heil- und Zierpflanze angebaut wird. Ihre Blüten enthalten ätherisches Öl, Saponine, Bitterstoffe, Carotinoide und Flavonoide. Sie werden in der Medizin und Homöopathie vor allem äußerlich bei schlecht heilenden Wunden eingesetzt. Für den Balkonkasten sind niedrige, kompaktwachsende Sorten optimal. Besonders empfehlenswert: 'Fiesta Gitana', eine 30 cm hohe, frühe, gefülltblühende Mischung in allen Gelbnuancen, Lachs, Apricot und Orange.
Blütezeit: Juni bis Oktober.
Familie: *Compositae*, Korbblütler.
Heimat: Vermutlich Mittelmeerraum.
Standort: Sonnig.
Substrat: Lehmige Gartenerde oder Einheitserde. Kalkliebend.
Einpflanzen: Gekaufte oder selbstgezogene (→ Vermehren) Jungpflanzen mit 20 cm Abstand ins Gefäß setzen.
Gießen, Düngen: Erde stets leicht feucht halten und wöchentlich düngen.
Weitere Pflege: Verblühtes entfernen, um den Weiterflor zu sichern.
Überwintern: Entfällt.
Schädlinge, Krankheiten: Echter und Falscher Mehltau, Blattläuse, Minierfliegen.
Vermehren: Durch Samen im Frühjahr bei 14 bis 16 °C (leicht). Lichtkeimer.
Gestaltungstip: Ringelblumen wirken am schönsten in bäuerlichen Gefäßen und passen auf den naturnahen Balkon.

Callistephus chinensis

Sommeraster

Bei der bekannten 'Pompon-Prachtmischung' strahlen die Blüten in allen Regenbogenfarben.

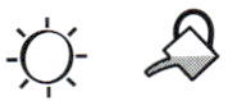 1

Der Name bedeutet soviel wie »schöner Kranz« (griechisch: *kallos* = Schönheit, *stephos* = Kranz) und bezieht sich auf die einzeln an den Zweigenden stehenden Blüten. Sommerastern zählen zu den marktgärtnerisch wichtigsten Blumen für Vasenschnitt, Beet- und Kastenbepflanzung und scheinen in Deutschland besonders favorisiert zu werden. In anderen Ländern spielen sie längst keine so wichtige Rolle. Die züchterischen Aktivitäten sind entsprechend rege, so daß eine Übersicht des Sortimentes gar nicht so einfach ist. Neben einer schier unerschöpflichen Auswahl an hohen und halbhohen Schnittastern für den Garten, gibt es eine Reihe niederer Beet- und Topfastern. Für den Balkon eignen sich am besten buschig wachsende, niedrige Zwergsorten wie:

- 'Milady', 25 bis 35 cm hoch, halbkugelige Blüten von 10 bis 12 cm Durchmesser, die einer Topfchrysantheme ähneln.
- 'Lüneburger Zwerg', 25 cm hoch, dichtgefüllt, kugelige Blüten.
- 'Tausendschön', 15 bis 20 cm hoch, dicht gefüllte 6 bis 8 cm große Blüten.
- 'Königin', 25 bis 35 cm hoch, große dicht gefüllte, einfarbige Blüten.
- 'Love me', 25 cm hoch, feinstrahlige, gefüllte Blüten.
- 'Pinocchio', 20 bis 25 cm hoch, dichte, kleine, gefüllte sternförmige Blüten.
- 'Comet', 25 cm hoch, gut gefüllte, 10 bis 12 cm große Blüten.
- 'Contrast', 20 bis 25 cm hoch, gut gefüllte Blüten mit krallenartig nach innen gebogenen Petalen.
- 'Dingi', 15 cm hoch, dicht gefüllte, 6 bis 7 cm große Blüten.
- 'Farbenteppich', 20 cm hoch, große, dicht gefüllte Blüten.
- 'Teisa Stars', 40 cm hoch, gefüllte Blüten mit sichtbarer gelber Blütenmitte.
- 'Stella', 25 cm hoch, gefüllte Blüten mit rotweiß gestreiften Petalen.
- 'Nebelungs Troll', 20 cm hoch, 11 cm große strahlenförmige Blüten.

Die Blütenfarben reichen in vielen Zwischentönen von Weiß, Creme, Rosa über Scharlach und Violett bis hin zu Blau.

Blütezeit: Juli bis Oktober.
Familie: *Compositae*, Korbblütler.
Heimat: Mittel-, Nord- und Ostasien.
Standort: Sonnig.
Substrat: Einheitserde, TKS 2, Balkonblumenerde.
Einpflanzen: Gekaufte oder selbstgezogene (→ Vermehren) Jungpflanzen mit 20 bis 25 cm Abstand ins Gefäß setzen.
Gießen, Düngen: Bei Hitze reichlich, sonst mäßig gießen und wöchentlich düngen. Staunässe vermeiden.
Weitere Pflege: Verblühtes entfernen.
Überwintern: Entfällt.
Schädlinge, Krankheiten: Asternwelke (Pilzkrankheit), Echter Mehltau, gelegentlich auch Blattläuse.
Vermehren: Durch Samen im März/April.
Gestaltungstip: Sommerastern wirken gemischt und Ton-in-Ton gepflanzt ohne Begleitpflanzen am schönsten.

Calluna vulgaris

Heidekraut, Besenheide, Sommerheide

Herbststimmung mit Heidekraut und Herbstzeitlosen.

Calluna besitzt schuppenartige Blätter.

Steigende Verkaufszahlen beweisen es: Heidekräuter liegen im Trend. Von den beiden für Garten und Balkon wichtigen Arten *Calluna* und *Erica* (→ Seite 108) werden weltweit über 30 Millionen Pflanzen verkauft!

Calluna vulgaris, die im August weite Flächen der Lüneburger Heide in sattes Rosa taucht, ist ein kriechender Zwergstrauch mit immergrünen, schuppenförmig anliegenden Blättern. Sie ist die Ausgangsform für zahlreiche Sorten mit unterschiedlichen Laub- und Blütenfarben. Neben grünlaubigen Formen werden auch solche mit goldenen ('Gold Haze') oder grauen Blättern ('Silver Queen') angeboten. Die Blütenfarben reichen von Weiß über Rosa bis Dunkelviolett. Es gibt einfache und gefüllt blühende Sorten. Die Blütezeit der Sorten beginnt Ende Juni und endet Ende November. *Calluna vulgaris*-Sorten werden – über mehrere Jahre gepflegt – 80 bis 90 cm hoch, aber bei einer Höhe von etwa 15 bis 20 cm verkauft. Sie werden zumeist als Saisonpflanze (vor allem die Sorten 'Sparkes', 'Red Star' und 'H. E. Beale') für die Herbstbepflanzung angeboten, können aber in Trögen oder in extra dafür bereitgestellten Balkonkästen über mehrere Jahre kultiviert werden.

Blütezeit: Je nach Sorte verschieden:

- Juni : 'Caerketton White' (weiß).
- Juli : 'Tib' (rosaviolett), 'Alportii Praecox' (karminrot), 'Decumbens Alba' (weiß).
- August : 'Kinlochruel' (weiß), 'J. H. Hamilton' (lachsrosa).
- September bis Oktober: 'Long White' (weiß).
- September bis November: 'Annemarie' (dunkelrosa), 'Darkness' (karminrot).
- September bis Dezember: 'Marleen' (rosalila).

Familie: *Ericaceae*, Heidekrautgewächse.
Heimat: Urformen Europa, Sibirien, Kleinasien, Nordmarokko.
Standort: Sonnig bis halbschattig.
Substrat: Rhododendronerde mit ⅓ Sand.
Einpflanzen: Gekaufte oder selbstgezogene (→ Vermehren) Jungpflanzen mit 25 bis 40 cm Abstand ins Gefäß setzen.
Gießen, Düngen: In der Wachstumszeit gleichmäßig leicht feucht halten. Düngen kann bei Saisonkultur entfallen. Bei mehrjähriger Haltung einmal im Frühjahr und Frühsommer organischen Dünger geben.
Weitere Pflege: Mehrjährig kultivierte Pflanzen zwischen Mitte März und Mitte April bis ins alte Holz zurückschneiden.
Überwintern: Im Freien ohne Winterschutz. An frostfreien Tagen wenig gießen, aber nicht austrocknen lassen.
Schädlinge, Krankheiten: Selten.
Vermehren: Im August/September durch Absenker einer Beetpflanze (relativ leicht) oder durch 3 cm lange, halbverholzte Stecklinge (schwieriger). Untere Blätter entfernen, knapp 1 cm tief stecken. Töpfe in Folienbeutel geben.
Gestaltungstip: Paßt zu anderen Moorbeetpflanzen (wie Erika, Scheinbeere Lavendelheide, Rhododendron und Azaleen), zu Gräsern, zwergigen Nadelgehölzen und kleinbleibenden Ahorn- und Ginster-Sorten.
Mein Tip: Ausgefallene Sorten finden Sie nur in guten Baumschulen und speziellen Heide-Versand-Gärtnereien (→ Quellen, Seite 238).

Wer sein Heidekraut nicht nur für eine Saison behalten möchte, sollte es möglichst mit weichem Wasser gießen.

Campanula-Arten und -Sorten

Glockenblumen

In Weiß besonders duftig – Campanula carpatica.

Campanula carpatica blüht auch violett.

Campanula poscharskyana bildet lange Ranken und ist deshalb wunderschön in Ampeln.

Neben den bekannten nicht winterharten Arten für Zimmer und Balkon wie *Campanula isophylla* oder *Campanula fragilis* werden zunehmend winterharte Glockenblumen für Steingarten oder Staudenbeet in Töpfen, Ampeln und Kästen auf Balkon und Terrasse gehalten, zum Beispiel:

- *Campanula carpatica,* Karpatenglockenblume, Wuchs dicht und buschig, polsterförmig, nicht wuchernd, 25 cm hoch. Blätter rundlich-herzförmig, Blüten einzeln an langen, kahlen Stielen, breite, offene, glockenförmige Blüten, blauviolett und weiß.
- *Campanula fragilis,* Brüchige Glockenblume, Wuchs niederliegend bis überhängend, 30 cm hoch. Blätter glatt, glänzend, am Rande gekerbt. Blüten glockenförmig, meist an der Spitze der Stengel, blau mit weißer Mitte oder weiß.
- *Campanula isophylla,* Wuchs niedrig, leicht überhängend, 10 bis 20 cm hoch. Blätter fast rund bis herz-eiförmig, Rand gezähnt. Blüten besonders zahlreich am Ende der Stengel, weiß oder blau.
- *Campanula portenschlagiana,* Wuchs polsterförmig, dicht-buschig, treibt Ausläufer. Blätter herzförmig an dünnen Stielen. Blüten zahlreich, in kurzen Trauben, blauviolett.
- *Campanula poscharskyana,* Wuchs kräftig, bleibt niedrig, treibt aber bis 50 cm lange Ausläufer. Blätter herzförmig gezähnt, lang gestielt. Blüten an verzweigten Stengelenden in unterschiedlich intensivem Blauviolett.

Blütezeit: Juni bis Juli. *Campanula poscharskyana* bis September. Vorkultivierte Pflanzen auch früher.
Familie: *Campanulaceae,* Glockenblumengewächse.
Heimat: Siebenbürgen, Karpaten *(Campanula carpatica),* Süditalien *(Campanula fragilis),* alle anderen Dalmatien.
Standort: Vollsonnig *(Campanula carpatica),* alle anderen hell ohne Sonne.
Substrat: Einheitserde, durchlässige, kalkhaltige Gartenerde.
Einpflanzen: Gekaufte oder selbstgezogene (→ Vermehren) Jungpflanzen mit 30 bis 40 cm Abstand ins Gefäß setzen.
Gießen, Düngen: Mäßig gießen. Staunässe vermeiden. Alle 14 Tage düngen.
Weitere Pflege: Verblühte Triebe entfernen.
Überwintern: Winterharte Garten-Glockenblumen frostfrei und hell, andere bei 10 °C. Wenig gießen.
Schädlinge, Krankheiten: Spinnmilben, Blattläuse.
Vermehren: Durch Teilen, Stecklinge, Aussaat im Frühjahr.
Gestaltungstip: Die überhängenden, ausläufertreibenden Arten sind herrliche Ampelpflanzen, die polsterbildenden eignen sich hervorragend als Unterpflanzung für Hochstämmchen.

Celosia argentea

Federbusch, Hahnenkamm

Die kräftig gefärbten »Blütenraketen« der Celosien haben eine große Fernwirkung.

Die kräftigen Farben sind das Markenzeichen der *Celosia.* Sie leuchten im Sommerblumenbeet wie lodernde Flammen. In alten Botanikbüchern findet man die Pflanze daher häufig unter der Bezeichnung »Brandschopf«. Urmutter der heute erhältlichen Sorten für Beet- und Topfkultur ist die 15 bis 50 cm hohe *Celosia argentea.* Die einjährige Pflanze wächst aufrecht und verzweigt. Sie bildet zwittrige Blütenähren, die bei der Varietät *Celosia argentea var. plumosa* federbuschartig, bei *Celosia argentea var. cristata* wie ein Hahnenkamm aussehen. Dieser Hahnenkamm ist ein zusammengedrückter Blütenstand, bei dem alle Stengel verwachsen und verbändert sind. Man findet solche Verbänderungen, die durch eine genetische Entgleisung in der Vegetationsspitze entstehen, auch bei Fingerhut oder Kakteen-Cristaten. Früher wurden die herrlich gefärbten »Hahnenkämme« der Celosien samt ihren Stielen abgeschnitten und an einem schattigen und luftigen Platz getrocknet. Sie bewahren ihre Schönheit jahrelang und waren Bestandteile aparter Trockensträuße. Die Blattform variiert zwischen lanzettlich und oval. Für die Kultur in Kästen oder Schalen eignen sich vor allem die 20 bis 25 cm hohen Spielarten, zum Beispiel:

- 'Olympia', 20 cm, Hahnenkammblüten in Scharlach, Gelb, Tiefrot.
- 'Miss Nippon', 25 cm, Federbuschblüten in Gelb, Rosa, Rot.
- 'Kewpie', 20 cm, Federbuschblüten in Goldgelb, Orange, Scharlach. Diese Sorte ist besonders frühblühend und nicht so sehr auf heiße Sommer angewiesen wie die anderen beiden.
- 'New Look', 40 cm, Federbuschblüten in leuchtendem Tiefrot, die über einem dunklen Laub stehen. Diese Sorte, die breitbuschig und von unten her verzweigt wächst, wurde in Europa gezüchtet. 1988 erhielt sie von der AAS (All America Selections) die Auszeichnung als beste neue Sorte. Zuvor wurde sie in 60 Probegärten in den USA und Kanada in völlig unterschiedlichen Klimaverhältnissen auf Herz und Nieren geprüft. Dabei schlug sie alle Konkurrenten hinsichtlich Blühdauer, Blütenreichtum und Wetterbeständigkeit aus dem Feld.

Blütezeit: Juli bis September.
Familie: *Amaranthaceae,* Amarantgewächse.
Heimat: Urform tropisches Afrika, heute in allen tropischen Regionen verbreitet.
Standort: Sonnig und heiß.
Substrat: Einheitserde, Balkonblumenerde.
Einpflanzen: Gekaufte oder selbstgezogene (→ Vermehren) Jungpflanzen mit 20 cm Abstand ins Gefäß setzen.
Gießen, Düngen: Reichlich gießen und wöchentlich düngen. Staunässe vermeiden.
Weitere Pflege: Verblühtes entfernen.
Überwintern: Entfällt.
Schädlinge, Krankheiten: Blattläuse, Falscher Mehltau.
Vermehren: Im März durch Samen bei 18 °C Bodenwärme. Lichtkeimer.
Gestaltungstip: Die farbintensiven Blüten vertragen die Konkurrenz anderer Blüten nicht, können aber untereinander gemischt großartig aussehen.

Centradenia
Kaskadenblume

Centradenia 'Cascade' blüht in Phasen überschäumend.

Brandneu und auf dem besten Weg ein Favorit unter den Balkonpflanzen zu werden, ist *Centradenia* 'Cascade', die noch nicht allen unter ihrem neuen, korrekten Namen *Heterocentron* bekannt ist. Ihr weiches, kupferfarbenes Laub ist flaumig-behaart. Die relativ kleinen und zarten, intensiv pinkfarbenen Blüten besitzen krallenähnliche Staubgefäße und erscheinen sehr zahlreich an den leicht überhängenden Trieben. Zwischen rauschenden Blühphasen liegen kurze Pausen, in denen die Pflanze neue Kräfte sammelt.
Blütezeit: April bis September, Hauptblüte Mai bis Juni.
Familie: *Melastomataceae*, Schwarzmundgewächse.
Heimat: Urform Zentralamerika.
Standort: Sonnig bis halbschattig.
Substrat: Einheitserde, Balkonblumenerde.
Einpflanzen: Gekaufte oder selbstgezogene (→ Vermehren) Jungpflanzen mit 20 cm Abstand ins Gefäß setzen.
Gießen, Düngen: In der Wachstumszeit gleichmäßig feucht halten. Staunässe und Ballentrockenheit unbedingt vermeiden. Alle 14 Tage niedrig dosiert düngen.
Weitere Pflege: Verblühte Triebe nicht entfernen. Häufig werden neue Knospen am alten Holz gebildet. Ausputzen entfällt, da die Pflanze selbstreinigend ist, das heißt: sie wirft von allein die verblühten Blumen ab.
Überwintern: Im Herbst stark zurückschneiden. Hell und frostfrei stellen. Nur leicht feucht halten. Im Frühjahr umtopfen.
Schädlinge, Krankheiten: Weiße Fliege.
Vermehren: Durch Kopf- und Triebstecklinge im Frühsommer.
Gestaltungstip: Idealer Sommerblüher für kleinere Ampeln und gemischte Balkonkästen oder als Unterpflanzung für Kübelpflanzen.

Cheiranthus cheiri
Goldlack

Blüten in warmen Farben und von bäuerlichem Charme.

Allein der honigsüße Duft der Blüten ist es wert, sich den Goldlack auf den Balkon zu holen. Die liebenswürdig altmodisch und etwas bäuerlich wirkende Pflanze wird bei uns zweijährig kultiviert. Züchter entwickelten bis 60 cm hohe, aufrecht wachsende Sorten für die Schnittblumengewinnung (Stangenlack) und 30 cm niedrige, verzweigte Pflanzen für die Beet- und Topfkultur (Buschlack). Das Farbenspektrum der gefüllten oder ungefüllten Blüten reicht von Gelb über Goldgelb, Samtrot, Rotbraun, Braun und Violett bis zu Schwarzbraun. Für den Balkonkasten eignen sich die Sorten 'Gefüllter Zwergbusch' (30 cm) oder 'Bedder Formelmischung' (25 cm) am besten. Blühende Topfpflanzen werden von April bis Juni angeboten.
Blütezeit: Ende April bis Juni.
Familie: *Cruciferae*, Kreuzblütler.
Heimat: Südeuropa.
Standort: Sonnig bis halbschattig.
Substrat: Lehmige, nahrhafte Gartenerde, Einheitserde.
Einpflanzen: Gekaufte oder selbstgezogene (→ Vermehren) Jungpflanzen mit 15 bis 20 cm Abstand ins Gefäß setzen.
Gießen, Düngen: In der Wachstumszeit gleichmäßig leicht feucht halten und alle 14 Tage düngen.
Weitere Pflege: Verblühtes regelmäßig entfernen, um einen längeren Flor zu erreichen.
Überwintern: Im Freien (Kästen mit Reisig abdecken). An überdachten Standorten an frostfreien Tagen etwas gießen.
Schädlinge, Krankheiten: Falscher Mehltau und andere Pilzkrankheiten.
Vermehren: Durch Samen von Mai bis Juli bei 18 °C Bodenwärme.
Gestaltungstip: Besonders apart zusammen mit Vergißmeinnicht.
Warnung: Goldlack enthält vor allem in den Samen giftige Glykoside.

Chrysanthemum
Wucherblume, Topfmargerite, Herbstchrysantheme, Mutterkraut

Chrysanthemum parthenium 'Fortuna' blüht gefüllt.

Chrysanthemum multicaule 'Kobold' wird 20 cm hoch.

Wörtlich übersetzt bedeutet der Name soviel wie Goldblume (griechisch: *chrysos* = Gold und *anthemion* = Blume). Dank Züchterkunst bietet sie uns eine Vielzahl an unermüdlichen Frühjahrs-, Sommer- und Herbstblühern für Garten, Balkon und Terrasse. Die meisten werden einjährig gezogen, wachsen aber an ihren Heimatstandorten meist auch als Stauden oder Halbsträucher. Die Blüten sind einfach oder gefüllt und im Durchmesser (je nach Art und Sorte) klein wie bei Kamillen oder so groß wie Margeritenblüten.

Für Kästen und Schalen empfehlen sich niedrige, gedrungen wachsende Arten und Varietäten, zum Beispiel:

- *Chrysanthemum frutescens,* die Strauchmargerite, wird auch als kleine Balkonpflanze angeboten (→ Seite 163).
- *Chrysanthemum*-Indicum-Hybriden, Herbstchrysantheme, Winteraster. Viele Sorten mit einfachen oder gefüllten Blüten (30 bis 40 cm, weiß, gelb, rosa, violett, purpur, rot, und bronze).
- *Chrysanthemum*-Maximum-Hybriden, Wiesenmargerite. Sorten: 'Snow Lady' (20 bis 25 cm, weiß), 'Silberprinzeßchen' (30 cm, weiß, rundbuschig).
- *Chrysanthemum multicaule* 'Kobold' und 'Goldzwerg' (20 cm, goldgelb).
- *Chrysanthemum paludosum,* Balkonkasten-Margerite (25 cm, weiß, buschig).
- *Chrysanthemum parthenium*, Mutterkraut, Gefüllte Kamille, Matricaria, Edelkamille. Sorten: 'Santana' (25 cm, cremeweiß, pomponblütig), 'Prinzeß Daisy' (25 cm, weiß, einfachblühend), 'Weißer Stern' (18 cm, weiß, gefüllt), 'Goldball' (25 cm, goldgelb), 'Schneeball' (30 bis 35 cm, kleinblumig, weiß), 'Weißkrone' (30 cm, reinweiß, dichtgefüllt), 'Fortuna' (50 cm, weiß, stark gefüllt).

Blütezeit:
- *Chrysanthemum*-Indicum-Hybriden hauptsächlich September bis November, durch gesteuerte Kultur heute ganzjährig.
- *Chrysanthemum*- Maximum-Hybriden Mai bis Juli.
- *Chrysanthemum multicaule* Juni bis September.
- *Chrysanthemum paludosum* Juni bis Oktober.
- *Chrysanthemum parthenium* Juni bis September.

Familie: *Compositae*, Korbblütler.
Heimat: Urformen Europa, Vorderasien, Japan, China.
Standort: Sonnig.
Substrat: Einheitserde, TKS 2.
Einpflanzen: Gekaufte oder selbstgezogene (→ Vermehren) Jungpflanzen mit (je nach Art oder Sorte) 20 bis 30 cm Abstand ins Gefäß setzen.
Gießen, Düngen: Leicht feucht halten. Bis August wöchentlich düngen.
Weitere Pflege: Verblühtes regelmäßig abschneiden. Bei *Chrysanthemum paludosum* fördert ein Rückschnitt im August die Neuentwicklung einer zweiten Blüte.
Überwintern: Entfällt. Ausnahmen: *Chrysanthemum*-Indicum-Hybriden und *Chrysanthemum frutescens* können zurückgeschnitten, hell, kühl und trocken überwintert und im Frühjahr erneut angetrieben werden.
Schädlinge, Krankheiten: Blattläuse, Spinnmilben, Echter und Falscher Mehltau.
Vermehren: Durch Samen im Frühjahr. Indicum-Hybriden und *Chrysanthemum frutescens* ganzjährig durch Stecklinge.
Warnung: *Chrysanthemum parthenium* und *Chrysanthemum*-Indicum-Hybriden enthalten Allergene.

Schale mit gefüllten und ungefüllten, groß- und kleinblütigen Herbstchrysanthemen.

Colchicum autumnale

Herbstzeitlose, Nackte Jungfer

Die Herbstzeitlose bildet erst Blüten und danach Blätter.

Eine merkwürdige Pflanze – im Herbst wachsen mehrere 15 cm lange, rosaviolette Blüten ohne Blätter unmittelbar aus dem Boden. Die Kraft dafür holt sich die Herbstzeitlose aus einer herz-eiförmigen Knolle. Die glänzenden, breitlanzettlichen bis fußlangen Blätter und die Früchte erscheinen im Frühjahr. Im Hochsommer ziehen die Blätter wieder ein. Für Garten und Balkon spielen *Colchicum*-Hybriden wie 'Autumn Queen' (weißviolett marmoriert) oder 'Lilac Wonder' (violett) eine Rolle, die reine Art ist schwierig zu kultivieren.
Blütezeit: August bis Oktober.
Familie: *Liliaceae*, Liliengewächse.
Heimat: Mittel-, Süd- und Westeuropa, Nordafrika.
Standort: Sonnig.
Substrat: Einheitserde, kühlfeuchte, durchlässige Garten- oder Wiesenerde.
Einpflanzen: Knollen im Juli/August in Gefäße setzen. Pflanzabstand 15 bis 20 cm, Pflanztiefe 10 bis 15 cm. Im Spätsommer sind blühende Pflanzen erhältlich, die dann eingepflanzt werden.
Gießen, Düngen: In der Wachstumszeit bepflanzten Kasten feucht halten (Wiesenpflanze). Staunässe vermeiden. Vom Austrieb der Blätter an bis etwa Juni alle 14 Tage düngen.
Weitere Pflege: Nach dem Einziehen der Blätter Zwiebeln in neue Erde oder in den Garten setzen. Dort möglichst lange ungestört wachsen lassen.
Überwintern: Bepflanzten Kasten frostfrei und dunkel stellen. Erde nicht austrocknen lassen. Ab Austrieb hell stellen.
Schädlinge, Krankheiten: Keine.
Vermehren: Bei Gefäßkultur nicht möglich. Im Garten durch Brutknollen.
Warnung: Die Herbstzeitlose enthält in allen Teilen das tödlich giftige *Colchicin*. Wer Kinder hat, verzichtet besser auf diese Pflanze. Beim Einpflanzen Handschuhe anziehen!

Ungewöhnlich – die gefülltblühende Herbstzeitlose 'Waterlily'.

Convolvulus tricolor

Dreifarbige Winde

Ihre Blüten öffnen und schließen sich nach der Uhr.

Charakteristikum ist die Dreifarbigkeit ihrer Blüten. Sie öffnen sich an schönen Sommertagen zwischen 7 und 8 Uhr und schließen sich zwischen 17 und 18 Uhr. Bei der reinen Art ist der Rand des Blütentrichters violett und geht in einen weißen Kranz über, von dem sich das schwefelgelbe Auge abhebt. Daneben gibt es zahlreiche Sorten in Pinkrosa, verschiedenen Blautönen und Violett. Angeboten wird meist eine sogenannte Prachtmischung. Die Trichterwinde ist einjährig. Sie wächst zunächst niederliegend, richtet sich dann 20 bis 40 cm auf und wird etwa 30 bis 40 cm breit. Ihre Stengel sind behaart, die Blätter lanzettlich-verkehrt-eirund, beinahe löffelförmig.
Blütezeit: Juni bis September.
Familie: *Convolvulaceae*, Windengewächse.
Heimat: Südeuropa, Nordafrika.
Standort: Sonnig.
Substrat: Kalkhaltiger durchlässiger Gartenboden, Aussaaterde.
Einpflanzen: Gekaufte oder selbstgezogene (→ Vermehren) Jungpflanzen mit 40 cm Abstand ins Gefäß setzen.
Gießen, Düngen: Mäßig gießen und alle 3 bis 4 Wochen düngen.
Weitere Pflege: Die Blüten, die nur einen Tag halten, nach dem Verblühen entfernen, um die Pflanze zu einem neuen Knospenansatz anzuregen.
Überwintern: Entfällt.
Schädlinge, Krankheiten: Gelegentlich Blattläuse.
Vermehren: Durch Samen von März bis April bei 15 bis 18 °C Bodenwärme (leicht).
Gestaltungstip: Auch wunderbar als Hängepflanze für Ampeln und Kästen. Besonders hübsch zum Kombinieren: Einfarbige Nachbarn in den Blütenfarben des Trichters, zum Beispiel gelbe Pantoffelblumen, weiße Petunien, violette Verbenen.

Convolvulus sabatius
Blaue Mauritius

Die ausdauernd bis halbstrauchig wachsende Pflanze bildet zahlreiche, aus einem Wurzelstock entspringende, meterlange, dünne, hängende Zweige mit kleinen, ovalrundlichen und silbergrünen Blättern. Die einzelnen Trichterblüten sind hellblau bis violett und schließen sich am Abend.
Blütezeit: Mai bis Oktober.
Familie: *Convolvulaceae*, Windengewächse.
Heimat: Küsten Nordwestitaliens, Siziliens, Nordwestafrikas.
Standort: Sonnig bis hell.
Substrat: Einheitserde, lehmig-humose Gartenerde.
Einpflanzen: Gekaufte oder selbstgezogene (→ Vermehren) Jungpflanzen mit 20 bis 25 cm Abstand ins Gefäß setzen.
Gießen, Düngen: In der Wachstumszeit leicht feucht halten. Wöchentlich schwach düngen.
Weitere Pflege: Rückschnitt verblühter Triebe ist jederzeit möglich und führt zu besserer Verzweigung und noch mehr Blütenreichtum.
Überwintern: Triebe vor dem Einräumen um ⅔ zurückschneiden. Hell bei 10 °C und relativ trocken halten. Im Frühjahr umtopfen und wärmer stellen.
Schädlinge, Krankheiten: Selten.
Vermehren: Durch Stecklinge von Herbst bis Frühjahr oder durch Aussaat.

Blühender Wasserfall
Auf Säulen und in Ampeln können sich die Triebe ungestört entfalten.

Crocus
Krokus

Krokusse gehören zu den ersten Frühlingsboten.

Wer sich an Krokussen im Kasten erfreuen möchte, findet ein riesiges Angebot an Arten und Sorten, die alle zwischen 10 und 12 cm hoch werden. Die Blütenfarben variieren zwischen Weiß, Gelb, Rosa, Purpur, Lavendel und Violett. Außerdem gibt es gestreiftblumige Sorten. Für Balkonkästen geeignet sind zum Beispiel: *Crocus ancyrensis* , *Crocus chrysanthus*, *Crocus imperati*, *Crocus tommasinianus* und *Crocus vernus*.
Blütezeit: Je nach Art oder Sorte ab Ende Februar bis Ende März, *Crocus vernus* und *Crocus chrysanthus* bis April.
Familie: *Iridaceae*, Iris- oder Schwertliliengewächse.
Heimat: Süd- und Südosteuropa, Kleinasien.
Standort: Sonnig. Blühende Pflanzen vor Spätfrösten schützen.
Substrat: Einheitserde, Balkonblumenerde, lehmig-humose Gartenerde.
Einpflanzen: Knollen im September/Oktober in Gruppen zu mehreren in Gefäße setzen. Pflanzabstand 10 cm, Pflanztiefe 6 bis 8 cm. Alternative: Im Frühjahr vorgetriebene, blühende Krokusse einpflanzen.
Überwintern: Bepflanzten Kasten frostfrei und dunkel. Erde nicht austrocknen lassen. Ab Austrieb hell stellen. Im 2. Jahr nicht immer erfolgreich.
Gießen, Düngen: Bepflanzten Kasten bis zum Austrieb leicht feucht halten. Nach Austriebsbeginn mäßig gießen und einmal düngen. Staunässe vermeiden. Nach dem Abblühen mit Wurzelballen in den Garten pflanzen und noch einmal düngen.
Weitere Pflege: Verblühtes entfernen, abgestorbenes Laub erst, wenn es sich von allein löst.
Schädlinge, Krankheiten: Selten.
Vermehren: Bei Gefäßkultur nicht möglich. Im Garten durch Tochterknollen im Frühsommer.

Cuphea ignea
Zigarettenblümchen

Zigarettenblümchen – auch als Ampelpflanze reizend.

1

Von den über 200 *Cuphea*-Arten ist das Zigarettenblümchen bei uns am bekanntesten geworden. Die 1845 in Europa eingeführte Staude wird einjährig gezogen und nur 30 cm hoch. Sie verzweigt sich reich, bildet dünne, etwas winkelige Äste und dunkelgrün-glänzende, ovallanzettliche Blätter. Die leuchtend roten Röhrenblüten tragen an der Mundöffnung einen schwarzen Ring mit weißer Zone, was sie einer Zigarette ähnlich macht.
Blütezeit: Mai bis September.
Familie: *Lythraceae*, Weiderichgewächse.
Heimat: Mexiko.
Standort: Sonnig bis halbschattig.
Substrat: Einheitserde, TKS 2.
Einpflanzen: Gekaufte oder selbstgezogene (→ Vermehren) Jungpflanzen mit 25 cm Abstand ins Gefäß setzen.
Gießen, Düngen: Mäßig feucht halten und alle 2 Wochen düngen.
Weitere Pflege: Pflanze kann durch Stutzen niedrig gehalten werden und blüht dennoch überreich.
Überwintern: Entfällt.
Vermehren: Im März/April durch Samen bei 18 °C Bodenwärme. Jeweils 3 Pflanzen zusammentopfen. Beim Entspitzen anfallende Triebe können als Kopfstecklinge verwendet werden.
Schädlinge, Krankheiten: Blattläuse, Weiße Fliege.
Gestaltungstip: Ungehemmt wachsend hängen die dünnen Zweige bald über und wirken in Ampeln ganz bezaubernd.

Dahlia-Hybriden

Dahlie, Georgine

Niedrige Dahlien kann man aus Samen heranziehen.

1

Dahlien werden in einer Fülle von Sorten in verschiedenen Blütenfarben und -formen angeboten. Während es den Züchtern früher vor allem um größere Blüten und ausgefallene Farben ging, ist man heute bemüht, niedrige Sorten für Balkonkästen hervorzubringen. Die höheren Dahlien-Sorten werden aus überwinterten Knollen angetrieben, die Zwergformen hingegen werden in der Regel einjährig kultiviert, da sie sich leicht aus Samen heranziehen lassen. Bekannte Sorten:

- 'Figaro-Mischung' (30 cm, gefüllt und halbgefüllt).
- 'Mignon-Prachtmischung' (30 bis 40 cm, einfachblühend).
- 'Rigoletto-Mischung' (30 bis 40 cm, gefüllt und halbgefüllt).
- 'Sunny-Serie' (30 cm, besonders frühblühend), F_1-Hybriden mit schönen, klaren Farben in Sattrot, Goldgelb und Dunkelrosa.

Blütezeit: Juli bis Oktober.
Familie: *Compositae*, Korbblütler.
Heimat: Urformen Mexiko.
Standort: Sonnig und windgeschützt.
Substrat: Einheitserde, TKS 2, Balkonblumenerde, lehmig-humose Gartenerde.
Einpflanzen: Gekaufte oder selbstgezogene (→ Vermehren) Jungpflanzen mit 30 cm Abstand ins Gefäß setzen.
Gießen, Düngen: Reichlich gießen und wöchentlich düngen.
Weitere Pflege: Verwelkte Blüten regelmäßig abschneiden.
Überwintern: Entfällt.
Schädlinge, Krankheiten: Grauschimmel, Blattflecken, Spinnmilben, Thripse, Blattläuse.
Vermehren: Durch Samen im Februar/März. Jeweils 2 bis 3 Samenkörner direkt in Einzeltöpfe säen.
Gestaltungstip: Dahlien sind so ausdrucksstark, daß man sie am besten allein pflanzt.

Dianthus-Chinensis-Hybriden

Sommernelke

Die Sorte 'Scarlet Charm' paßt gut zu Lobelien.

1

Vorläufer dieser liebenswerten Nelken ist die Chinesische Nelke, *Dianthus chinensis*. Heute bekommt man auf dem Markt fast ausschließlich F_1-Hybriden. Diese werden etwa 20 bis 30 cm hoch, besitzen die typischen schmalen Nelkenblätter und zierlich gefranste, teils rotgeäugte oder weiß gesäumte Blüten auf starken Stielen. Bekannte Sorten:

- 'Charm-Serie' (weiß, lachs, hellrosa, scharlach, dunkelrot).
- 'Princess-Serie' (wie 'Charm-Serie' gefärbt, dazu noch violett).
- 'Telstar Crimson' (karminrot).
- 'Telstar Mix-Mischung' (scharlach, rosa, lachs, mit und ohne Auge).

Alle Sorten werden ab Mai als Jungpflanzen angeboten und einjährig kultiviert.

Blütezeit: Juni bis September.
Familie: *Caryophyllaceae*, Nelkengewächse.
Heimat: Urformen China, Korea.
Standort: Sonnig und regengeschützt.
Substrat: Einheitserde, TKS 2, Balkonblumenerde, lehmig-sandige Gartenerde.
Einpflanzen: Gekaufte oder selbstgezogene (→ Vermehren) Jungpflanzen mit 20 bis 25 cm Abstand ins Gefäß setzen.
Gießen, Düngen: Mäßig gießen. Staunässe vermeiden. Alle 14 Tage düngen.
Weitere Pflege: Verblühtes abschneiden.
Überwintern: Entfällt.
Schädlinge, Krankheiten: Blattläuse, Spinnmilben, Nelkenrost.
Vermehren: Durch Samen im Februar/März bei 15 bis 18 °C Bodenwärme.
Gestaltungstip: Sommernelken sind als Mischung am schönsten. Achten Sie darauf, daß einige weißgerandete Sorten dabei sind. Sie machen die Bepflanzung duftiger.

Dimorphotheca sinuata

Kapkörbchen, Kap-Ringelblume

Die Blüten des Kapkörbchens glänzen wie gelackt.

Das Kapkörbchen *(Dimorphotheca sinuata)* ist eine unserer schönsten einjährigen Sommerblumen. Es braucht allerdings einen Sommer voller Sonne und Wärme, um seine leuchtend orangefarbenen, seidig glänzenden Blüten zu entfalten. Regenwetter behagt ihm nicht.
Im Handel sind ferner Züchtungen, die unter dem veralteten Synonym *Dimorphotheca-Aurantiaca*-Hybriden geführt werden. Es handelt sich hier aber vermutlich um Kreuzungen aus *Dimorphotheca sinuata* und *Dimorphotheca pluvialis*. Die Blüten sind weiß, hellgelb, goldgelb, aprikosenfarben und dunkelorange. Die Pflanzen bleiben bei einer Wuchshöhe von 25 bis 30 cm kompakt.

Dimorphotheca pluvialis besitzt bizarre Blüten.

Blütezeit: Juli bis August, meist sogar bis September.
Familie: *Compositae*, Korbblütler.
Heimat: Südafrika.
Standort: Sonnig.
Substrat: Einheitserde, lehmig-sandige Gartenerde.
Einpflanzen: Gekaufte oder selbstgezogene (→ Vermehren) Jungpflanzen mit 15 bis 20 cm Abstand ins Gefäß setzen.
Gießen, Düngen: Nur ganz leicht feucht halten und alle 14 Tage düngen. Staunässe und Nässe von oben (Regen) unbedingt vermeiden!
Weitere Pflege: Keine.
Überwintern: Entfällt.
Schädlinge, Krankheiten: Selten.
Vermehren: Durch Samen ab März bei 15 °C Bodenwärme. Direktsaat in den Balkonkasten ist möglich, dann aber späterer Blühbeginn.
Gestaltungstip: Paßt in jeden bunten Kasten mit sonnenhungrigen Nachbarpflanzen.

Erica herbacea

Schneeheide, Winterheide

Erica gracilis in weißen und roten Sorten.

Erica wird oft mit *Calluna* (→ Seite 99) verwechselt und umgekehrt. Bei näherem Hinsehen unterscheiden sie sich vor allem durch die Blätter, die bei *Erica* nadelförmig und quirlig, bei *Calluna* schuppenartig und gegenständig sind.
Für die Bepflanzung von Frühjahrskästen wird vor allem *Erica herbacea* (syn. *Erica carnea*) angeboten. Sie ist extrem winterhart und in zahlreichen Sorten erhältlich. Am bekanntesten: 'Winter Beauty' (rosaviolett), 'Snow Queen' (weiß), 'Vivellii' (rotviolett). Bei einigen Spielarten ('Aurea', 'Golden Starlet', 'Sunshine Rambler') verfärbt sich das Laub im Sommer und Winter bronze- oder messingfarben, goldgrün oder orangebraun.
Blütezeit: Je nach Sorte Dezember bis April.
Familie: *Ericaceae*, Heidekrautgewächse.
Heimat: Europa.
Standort: Sonnig bis halbschattig.
Substrat: Rhododendronerde mit Sand.
Einpflanzen: Gekaufte oder selbstgezogene (→ Vermehren) Jungpflanzen mit 30 cm Abstand ins Gefäß setzen.
Gießen, Düngen: In der Wachstumszeit gleichmäßig leicht feucht halten. Im Frühjahr, Frühsommer und Spätsommer einmal organischen Dünger oder Rhododendrondünger geben.
Weitere Pflege: Verblühtes abschneiden.
Überwintern: Ohne Winterschutz. Nicht austrocknen lassen.
Schädlinge, Krankheiten: Bei extremer Nässe Pilzbefall möglich.
Vermehren: Wie *Calluna* (→ Seite 99).
Gestaltungstip: Pflanzennachbarn wie *Calluna* (→ Seite 99).
Mein Tip: Für eine herbstliche Saisonbepflanzung eignet sich auch die rote, nicht frostharte »Allerheiligen-Erika«, *Erica gracilis*. Sie kann in jeder Blumenerde kultiviert werden.

Erigeron karvinskianus
Spanisches Gänseblümchen

Blütenwolken des Spanischen Gänseblümchens.

Diese schöne Staude für Trockenmauern und Steingärten ist zwar nicht ganz winterhart, sät sich aber an warmen geschützten Stellen häufig von selbst aus. Ihren Namen verdankt sie dem deutschen Botaniker und Forscher Wilhelm Karwinsky von Karwin (1780 bis 1855).
Das Spanische Gänseblümchen wächst ausgebreitet, eher kriechend, verzweigt sich reich und wird nicht höher als 20 bis 30 cm. Die zuerst weißen, später rosa bis rot überhauchten Blüten erinnern an unser heimisches Gänseblümchen. Sie erscheinen in einzelnen Köpfchen überaus zahlreich. Die Blätter sind unten verkehrt-eiförmig und gezähnt, oben länglich und ganzrandig. Bekannte Sorte: 'Blütenmeer'.
Blütezeit: Mai bis September.
Familie: *Compositae*, Korbblütler.
Heimat: Mexiko bis Venezuela. Eingebürgert in Süd- und Westeuropa, der Schweiz sowie Nordwestafrika.
Standort: Sonnig.
Substrat: Einheitserde, TKS 2.
Einpflanzen: Gekaufte oder selbstgezogene (→ Vermehren) Jungpflanzen mit 20 bis 30 cm Abstand ins Gefäß setzen.
Gießen, Düngen: In der Wachstumszeit mäßig feucht halten und alle 2 Wochen düngen.
Weitere Pflege: Abgeblühtes entfernen.
Überwintern: Hell und gerade eben frostfrei. Abgehärtete Pflanzen überstehen frei ausgepflanzt bis – 4 °C Bodenfrost.
Schädlinge, Krankheiten: Selten.
Vermehren: Durch Samen ab Januar bis März/April bei 15 bis 18 °C Bodentemperatur. Lichtkeimer.
Gestaltungstip: Gut geeignet für eine Bepflanzung mit naturhaftem Charakter.

Eschscholzia californica
Schlafmützchen, Goldmohn

Das Schlafmützchen blüht nur bei schönem Wetter.

Das einjährig gezogene Schlafmützchen ist eine ausgesprochene Schönwetterpflanze, die ihre Blüten nur bei Sonnenschein und auch dann nur zwischen 10 und 16 Uhr öffnet. Da der Flor nicht lange anhält, verlängert man ihn bei Kultur im Garten durch Folgeaussaaten. Das Schlafmützchen bildet eine Pfahlwurzel und kann daher ohne Topfballen nicht verpflanzt werden, weil die Wurzel leicht verletzt wird und sich schwer wieder erholt. Die bläulich-grünen Blätter sind fein gefiedert. Die auf 30 bis 40 cm langen Stielen sitzenden, 5 bis 8 cm großen Blüten glänzen wie Seide. Das Farbenspektrum reicht von Cremeweiß über Gelb, Orange, Rosa bis hin zu Karminrot und Bronze. Im Handel sind einfache und gefüllte Sorten, zumeist als Prachtmischung.
Blütezeit: Juli bis September. Bei Herbstaussaat bereits im Juni.
Familie: *Papaveraceae*, Mohngewächse.
Heimat: Kalifornien, Oregon. In Mittel- und Westeuropa eingebürgert.
Standort: Sonnig.
Substrat: Einheitserde, lehmig-sandige, leichte Gartenerde.
Einpflanzen: Gekaufte oder selbstgezogene (→ Vermehren) Jungpflanzen mit 25 cm Abstand ins Gefäß setzen.
Gießen, Düngen: Nur leicht feucht halten. Nicht düngen.
Weitere Pflege: Samenkapseln regelmäßig entfernen.
Überwintern: Entfällt.
Schädlinge, Krankheiten: Selten.
Vermehren: Durch Aussaat im März/April. Samen breitwürfig direkt in den Kasten säen. Auf 25 cm Abstand verziehen.
Gestaltungstip: Der wildhafte Charme des Goldmohns paßt auch auf den Naturbalkon.
Warnung: Die Wurzeln der Pflanze enthalten ein giftiges Alkaloid.

Felicia amelloides
Kapaster

Sonne ist das Lebenselixier der Kapaster.

In englischsprachigen Ländern wird sie »Blue Daisy«, Blaues Gänseblümchen, genannt. Der deutsche Name bezieht sich auf die Herkunft der Pflanze und die Ähnlichkeit ihrer Blüten mit Staudenastern.
Die Pflanze wird meist einjährig gehalten, kann aber gut überwintert werden. Die Kapaster wächst in ihrer Heimat staudig bis halbstrauchig. Sie wird 20 bis 60 cm hoch und bildet zahlreiche, 3,5 cm große Blütenköpfchen. Besonders attraktiv ist der Kontrast zwischen den himmel- bis lavendelblauen Strahlenblüten und den dottergelben Scheibenblüten in der Mitte. Die kleinen, länglich-ovalen, etwas rauhhaarigen Blätter kann man unter dem Blütensegen kaum entdecken.

Blütezeit: Ganzjährig. Hauptblütezeit im Sommer.
Familie: *Compositae*, Korbblütler.
Heimat: Südafrika.
Standort: Sonnig.
Substrat: Einheitserde, lehmig-humose Gartenerde.
Einpflanzen: Gekaufte oder selbstgezogene (→ Vermehren) Jungpflanzen mit 20 bis 25 cm Abstand ins Gefäß setzen.
Gießen, Düngen: Mäßig gießen und alle 14 Tage düngen.
Weitere Pflege: Mittel- und Seitentriebe das ganze Jahr über entspitzen. Das führt zu buschigerem Wuchs und reicherem Flor.
Überwintern: Hell bei 10 bis 12 °C. Mäßig feucht halten.
Schädlinge, Krankheiten: Echter Mehltau.
Vermehren: Durch krautige Stecklinge im Frühjahr.
Gestaltungstip: Sehr schön zusammen mit dunkelblauen Lobelien und gelben Pantoffelblumen.

Fritillaria meleagris
Fritillarie, Schachbrettblume, Kiebitzei

Schachbrettblumen sind exquisite Frühlingsblüher.

Blüten, die aussehen wie etwa 5 cm große umgestürzte Würfelbecher (lateinisch *fritillus* = Würfelbecher) und rot-weiß gemustert sind oder weiß mit zartgrüner Äderung – Fritillarien sind Frühjahrsblüher ganz besonderer Art! Die Pflanzen werden 15 bis 40 cm hoch und bilden schmale, leicht überhängende, hellgrüne Blätter und nickende Blüten. Für die Kultur im Balkonkasten empfiehlt sich die einjährige Haltung, denn Schachbrettblumen entwickeln sich auf Dauer nur im Garten prachtvoll.

Blütezeit: April bis Mai. Blühende Pflanzen vor Spätfrösten schützen.
Familie: *Liliaceae*, Liliengewächse.
Heimat: Mittel-, Ost- und Südeuropa, Kaukasus.
Standort: Sonnig bis halbschattig.
Substrat: Einheitserde, TKS 2, Balkonblumenerde, lehmig-humose Gartenerde.
Einpflanzen: Zwiebeln im September/Oktober in Gefäße setzen – am besten in Gruppen. Pflanzabstand 10 bis 15 cm, Pflanztiefe 6 bis 10 cm.
Überwintern: Bepflanzten Kasten frostfrei und dunkel aufstellen. Erde nicht austrocknen lassen. Ab Austrieb hell stellen. Im 2. Jahr selten erfolgreich.
Gießen, Düngen: Bepflanzten Kasten bis zum Austrieb leicht feucht halten. Dann regelmäßig gießen, aber Staunässe vermeiden. Einmal düngen. Nach dem Abblühen Pflanzen mit Wurzelballen in den Garten setzen und noch einmal düngen.
Weitere Pflege: Verblühtes abschneiden.
Schädlinge, Krankheiten: Bei Staunässe faulen die Zwiebeln.
Vermehren: Bei Gefäßkultur nicht möglich. Im Garten durch Brutzwiebeln.
Warnung: Schachbrettblumen enthalten in allen Teilen giftige Alkaloide.

Fuchsia
Fuchsie

Fuchsien-Sorte mit ungefüllten Blüten.

Fuchsien sind im April/Mai als Jungpflanzen auf allen Blumenmärkten vertreten. Wer Ausgefallenes sucht, etwa buntlaubige Sorten, kann sich an spezielle Fuchsienversandgärtnereien (→ Quellen, Seite 238) wenden.
Blütezeit: Sommer bis Spätherbst.
Standort: Hell bis halbschattig und windgeschützt. Einige Sorten vertragen auch Sonne.
Familie: *Onagraceae*, Nachtkerzengewächse.
Heimat: Urformen Karibik, Mexiko, Zentral- und Südamerika, Tahiti, Neuseeland.
Substrat: Einheitserde, TKS 2.
Einpflanzen: Gekaufte oder selbstgezogene (→ Vermehren) Jungpflanzen mit 20 bis 25 cm Abstand ins Gefäß setzen.
Gießen, Düngen: In der Wachstumszeit reichlich gießen und bis August wöchentlich düngen.
Weitere Pflege: Pflanzen regelmäßig putzen und zu Beginn der Vegetationszeit öfter rundum stutzen.
Überwintern: Hell oder dunkel bei 6 bis 8 °C. Wenig gießen und an frostfreien Tagen lüften. Im Frühjahr schwache und sich kreuzende Triebe entfernen und Jahrestriebe auf 1 bis 3 Augen zurückschneiden. Bei Neutrieb umtopfen und Pflanze heller stellen.
Schädlinge, Krankheiten: Blattläuse, Weiße Fliege, Spinnmilben, Grauschimmel, Mehltau, Fuchsienrost.
Vermehren: Durch krautige Stecklinge im Frühjahr, durch halbreife im Sommer (leicht).
Gestaltungstip: Alle hängenden Sorten sind herrliche Ampelpflanzen.
Mein Tip: Die immer häufiger angebotene »Gelbe Fuchsie« ist keine echte Fuchsie, sondern eine Spielart von *Phygelius capensis*, die von Juli bis Oktober blüht und wie die echten Fuchsien gepflegt wird.

Galanthus
Schneeglöckchen

Galanthus nivalis gibt es auch gefülltblühend.

Schneeglöckchen sind die ersten Frühlingsboten. Für die Gefäßkultur empfiehlt sich besonders der 15 bis 20 cm hohe *Galanthus elwesii* mit breiten, graugrünen Blättern und 4 bis 5 cm großen Blüten. Das 10 bis 15 cm hohe, einfache Schneeglöckchen *Galanthus nivalis* blüht etwas später und ist auch mit gefüllten Blüten erhältlich.
Blütezeit: *Galanthus elwesii* Februar, *Galanthus nivalis* Februar/März.
Familie: *Amaryllidaceae*, Amaryllisgewächse.
Heimat: West-, Mittel- und Südeuropa, Kleinasien.
Standort: Hell bis halbschattig.
Substrat: Einheitserde, TKS 2, Balkonblumenerde, lehmig-humose Gartenerde.
Einpflanzen: Im September/Oktober die kleinen, kugeligen Zwiebeln in Kästen oder Schalen pflanzen, am besten in Gruppen. Pflanzabstand 3 bis 4 cm, Pflanztiefe 10 cm. Achtung: Die Zwiebeln sollen prall und nicht ausgetrocknet sein.
Überwintern: Bepflanzten Kasten frostfrei und dunkel halten. Erde nicht austrocknen lassen. Ab Austrieb hell stellen.
Gießen, Düngen: Bepflanzten Kasten bis zum Austrieb leicht feucht halten. Von Austriebsbeginn an bis zum Gelbwerden der Blätter mäßig gießen. Während der Wachstumszeit zweimal düngen. Nach dem Einziehen des Laubes trockener halten.
Weitere Pflege: Verblühtes entfernen.
Schädlinge, Krankheiten: Selten.
Vermehren: Bei Gefäßkultur nicht möglich. Im Garten durch Teilen.
Gestaltungstip: Bezaubernd sind Schneeglöckchen als Unterpflanzung von Laubgehölzen in großen Kübeln, wo sie jedes Jahr wiederkommen.
Warnung: Schneeglöckchen, vor allem ihre Zwiebeln, enthalten ein giftiges Alkaloid.

Gazania-Hybriden

Mittagsgold

Die Blüten öffnen sich nur bei schönem Wetter.

Das Mittagsgold wird bei uns meist einjährig kultiviert, kann aber leicht überwintert werden. Im Handel sind ausschließlich Hybriden aus verschiedenen *Gazania*-Arten.
Für den Balkonkasten empfehlen sich die Mini-Star-Gazanien, die Chansonette-Mischung oder die Morgentau-Zwergmischung. Die beinahe polsterartig wachsenden, nur 20 bis 25 cm hohen Sorten gibt es in Weiß, Gelb und Hellorange. Die schmalen Blätter sind oberseits grün, unterseits silberfilzig.
Blütezeit: Juli bis September, vorgezogene Juni bis September.
Familie: *Compositae*, Korbblütler.
Heimat: Urformen Südafrika.
Standort: Sonnig.
Substrat: Einheitserde, TKS 2.
Einpflanzen: Gekaufte oder selbstgezogene (→ Vermehren) Jungpflanzen mit 20 cm Abstand einpflanzen.
Gießen, Düngen: In der Wachstumszeit mäßig gießen und wöchentlich düngen. Staunässe unbedingt vermeiden.
Weitere Pflege: Rückschnitt verwelkter Blüten fördert die Bildung neuer Knospen.
Überwintern: Hell und frostfrei. Die Pflanze verträgt leichten Frost. Ballen nicht völlig austrocknen lassen. Im Frühjahr Verdorrtes entfernen und Triebe um die Hälfte zurückschneiden.
Schädlinge, Krankheiten: Grauschimmel nach andauernden Regenperioden oder bei zu nassem Stand.
Vermehren: Durch Samen von Februar bis April bei 18 bis 20 °C Bodenwärme.
Gestaltungstip: Einfarbige Sorten passen zu allen Balkonblumen mit gleichen Bedürfnissen, zum Beispiel Löwenmäulchen *(Antirrhinum)*, Goldmünze *(Asteriscus)* oder *Chrysanthemum*-Indicum-Hybriden.

Gomphrena globosa

Kugelamarant

Der Kugelamarant blüht weiß, rosa oder purpurviolett.

Der Kugelamarant wird in Feldern als Schnitt- und Trockenblume kultiviert und fällt besonders durch seine lackartig glänzenden Blüten auf, die ihre Farbkraft auch im Trockenstrauß behalten. Die einjährige, weich behaarte Pflanze bildet 6 bis 10 cm lange, ovale, lebhaft grüne Blätter und wird etwa 30 cm hoch. Die Blütenköpfchen erscheinen einzeln oder zu mehreren. Sie sind je nach Spielart weiß, rosa oder purpurviolett. Für Kästen besonders gut geeignet sind die nur 15 cm hohen, kugelig-buschig wachsenden Buddy-Sorten, die es in Weiß und Weinrot gibt.
Blütezeit: Juli bis Oktober.
Familie: *Amaranthaceae*, Amarantgewächse.
Heimat: Tropisches und subtropisches Amerika.
Standort: Sonnig und regengeschützt.
Substrat: Einheitserde, lehmig-sandige Gartenerde, Balkonblumenerde mit Sand im Verhältnis 2:1.
Einpflanzen: Gekaufte oder selbstgezogene (→ Vermehren) hohe Sorten mit 25 cm Abstand, Buddy-Sorten mit 20 cm Abstand einpflanzen.
Gießen, Düngen: Wenig gießen und bis August alle 14 Tage schwach düngen.
Weitere Pflege: Keine.
Überwintern: Entfällt.
Schädlinge, Krankheiten: Echter Mehltau.
Vermehren: Durch Samen im März bei 18 °C Bodenwärme.
Gestaltungstip: Buddy-Sorten wirken durch ihren kugeligen Wuchs sehr hübsch in einzelnen schlichten Tontöpfen.

Helianthus annuus

Sonnenblume

Die Zwergzüchtung 'Teddybär' neben violettem Salbei.

1

Hohe Sonnenblumen-Sorten können – reichlich Dünger und Sonne vorausgesetzt – 2 bis 3 m hoch werden. Diese Giganten sind für den Balkonkasten nicht geeignet. Aber es gibt Zwergzüchtungen, die wesentlich kleiner bleiben, wie die Sorte 'Teddybär', im englischen Sprachraum auch 'Dwarf Sungold' genannt. Sie erreicht nur 40 cm Höhe und bildet schöne goldgelbe, gefüllte Blüten. Mit 60 cm etwas höher werden 'Gelber Knirps' und 'Helios' (70 cm). Alle stehen dank der ausgezeichneten Statik der Sonnenblume auch im Kasten stramm und sind einjährig.

Blütezeit: Juli bis Oktober.
Familie: *Compositae*, Korbblütler.
Heimat: Westliches und mittleres Nordamerika, Nordmexiko.
Standort: Vollsonnig, warm und windgeschützt.
Substrat: Einheitserde, lehmig-nahrhafte Gartenerde mit etwas Sand.
Einpflanzen: Gekaufte oder selbstgezogene (→ Vermehren) Jungpflanzen mit 20 cm Abstand einpflanzen.
Gießen, Düngen: Reichlich gießen, aber Staunässe vermeiden. Bis August wöchentlich düngen. Hoher Nährstoffbedarf.
Weitere Pflege: Pflanze in extrem winddisponierten Lagen stäben.
Überwintern: Entfällt.
Schädlinge, Krankheiten: Blattläuse.
Vermehren: Durch Samen (leicht) im April. Je ein Samenkorn pro Topf einsäen. Braucht keine Bodenwärme.

Heliotropium arborescens

Heliotrop, Sonnenwende, Vanilleblume

Lichthungrig – das nach Vanille duftende Heliotrop.

Kultiviert wird vor allem die kompakt und buschig wachsende, nur 50 cm hohe, medaillengekrönte Sorte 'Marine' mit großen, dunkelblauen, nach Vanille duftenden Blütendolden und runzligem, dunklem Laub. Die reine Art wird mehr als meterhoch und besitzt grüne Blätter.
Blütezeit: Mai bis September.
Familie: *Boraginaceae*, Rauhblattgewächse.
Heimat: Peru.
Standort: Sonnig und windgeschützt.
Substrat: Einheitserde, sandige Gartenerde.
Einpflanzen: Gekaufte oder selbstgezogene (→ Vermehren) Jungpflanzen mit 25 cm Abstand einpflanzen.
Gießen, Düngen: In der Wachstumszeit mäßig gießen, jedoch nicht austrocknen lassen und wöchentlich düngen. Blätter, die aus Wassermangel einmal schlapp gemacht haben, erholen sich nur zögernd. Meist bleiben braune Flecken zurück.
Weitere Pflege: Verblühtes regelmäßig abschneiden.
Überwintern: Wenig lohnenswert (weil im zweiten Jahr das Stauchemittel, das für den kompakten Wuchs verantwortlich ist, sich verbraucht hat), aber möglich. Die kälteempfindliche Pflanze rechtzeitig hereinholen. Hell und bei 12 bis 15 °C halten. Wenig gießen. Im Frühjahr umtopfen.
Schädlinge, Krankheiten: Weiße Fliege.
Vermehren: Durch Samen (Lichtkeimer!) ab Anfang Februar bei 20 °C Bodenwärme. Oder durch Stecklinge ab Januar von warm überwinterten Mutterpflanzen.
Gestaltungstip: Das Heliotrop läßt sich auch als Hochstämmchen ziehen, wenn man dem Haupttrieb an Stäben Halt gibt. Dies dauert jedoch in der Regel 5 Jahre.
Warnung: Heliotrop enthält giftige Alkaloide.

Jungpflanzen von Heliotrop, die man aus Samen heranzieht, wachsen häufig viel stärker und höher als die Mutterpflanze.

Hyacinthus orientalis

Hyazinthe

Hyacinthus orientalis 'City of Harlem'.

Unsere Garten-Hyazinthen stammen von *Hyacinthus orientalis* ab. Sie werden 20 bis 30 cm hoch, bilden kräftige Blütenstengel und etwas fleischige, riemenförmige Blätter.
Blütezeit: April bis Mai.
Familie: *Liliaceae*, Liliengewächse.
Heimat: Östliches Mittelmeergebiet, Südwestasien.
Standort: Sonnig bis halbschattig. Blühende Pflanzen vor Spätfrösten schützen.
Substrat: Einheitserde mit ⅓ Sand, mehr sandige als lehmige Gartenerde.
Einpflanzen: Die rundlichen Zwiebeln Anfang Oktober in tiefe Gefäße pflanzen. Pflanzabstand 15 cm, Pflanztiefe etwa 15 bis 20 cm. Alternative: Im Frühjahr bereits vorgetriebene Pflanzen kaufen und einsetzen.
Überwintern: Bepflanzten Kasten frostfrei und dunkel halten. Erde nicht austrocknen lassen. Ab Austrieb hell stellen. Im 2. Jahr selten erfolgreich.
Gießen, Düngen: Bepflanzten Kasten bis zum Austrieb ganz leicht feucht halten. Von Austriebsbeginn an mäßig gießen und einmal düngen. Staunässe vermeiden. Nach dem Abblühen mit Wurzelballen in den Garten setzen und noch einmal düngen.
Weitere Pflege: Verblühte Stengel abschneiden. Laub erst entfernen, wenn es völlig eingetrocknet ist.
Schädlinge, Krankheiten: Zwiebelfäulnis durch zuviel Bodenfeuchte.
Vermehren: Über Tochterzwiebel (Gärtnersache).
Warnung: Hyazinthenzwiebeln können bei empfindlichen Menschen Hautreizungen hervorrufen.

Impatiens-Hybriden

Springkraut, Fleißiges Lieschen

Impatiens-Neu-Guinea-Hybriden in leuchtenden Farben.

Dem Balkongärtner stehen gleich zwei fleißig blühende »Lieschen« zur Verfügung:

- Die *Impatiens*-Walleriana-Hybriden werden etwa 20 cm hoch. Bekannte Sorten bieten die Serien 'Belizzy', 'Accent', 'Super Elfin'. Außer Gelb und einem reinen Blau sind alle Blütenfarben zwischen Weiß und Violett zu finden. Daneben gibt es weiß-gesternte Sorten sowie 25 cm hohe Spielarten mit rosenartig gefüllten Blüten.
- Die *Neu-Guinea*-Hybriden schmücken sich mit farbstarken Orange-, Pink- und Violettönen. Neu sind hier samenvermehrbare Sorten wie 'Spectra' und 'Tango'.

Blütezeit: Im Freien von Juni bis Oktober.
Standort: Sonnig bis schattig.
Familie: *Balsaminaceae*, Balsaminen- oder Springkrautgewächse.
Heimat: Urformen Tropisches Ostafrika, Ceylon, Indien und Neu-Guinea.
Substrat: Einheitserde, TKS 2, Balkonblumenerde.
Einpflanzen: Gekaufte oder selbstgezogene (→ Vermehren) Jungpflanzen mit 20 bis 25 cm Abstand einpflanzen.
Gießen, Düngen: In der Wachstumszeit gut feucht halten und bis August wöchentlich niedrig dosiert düngen.
Weitere Pflege: Pflanzen ab und zu stutzen, damit sie sich verzweigen.
Überwintern: Nur Jungpflanzen können hell bei 12 bis 15 °C überwintert werden! Mäßig feucht halten.
Schädlinge, Krankheiten: Spinnmilben, Blattläuse, Weiße Fliege, Schnecken.
Vermehren: Durch Stecklinge im Frühjahr oder durch Samen im Februar/März (beides leicht).

Eleganz im Erdbeerfaß
Gefüllte Impatiens-Walleriana-Hybriden, hier zusammen mit verschiedenlaubigen Efeu-Sorten.

Iris reticulata
Zwergiris

Blaue Iris reticulata und gelbe Iris danfordiae.

Iris reticulata gehört zur Gruppe der Schwertlilien mit Zwiebeln. Sie wird maximal 20 cm hoch. Die grasartigen, schmalen Blätter überragen die violett-purpurfarbenen Blüten, die durch einen gelblichen Fleck und einen orangefarbenen Mittelstreifen auffallen.
Blütezeit: März.
Familie: *Iridaceae*, Schwertliliengewächse.
Heimat: Kaukasus, Kleinasien, Irak, Iran.
Standort: Sonnig bis halbschattig.
Substrat: Einheitserde, lehmig-sandige Gartenerde.
Einpflanzen: Die kleinen Zwiebeln im Herbst in den Kasten pflanzen oder vorgetriebene Pflanzen im Frühjahr einsetzen. Pflanzabstand 10 cm, Pflanztiefe 5 bis 8 cm.
Überwintern: Frostfrei und hell. Erde nicht austrocknen lassen.
Gießen, Düngen: Bepflanzte Kästen bis zum Austrieb leicht feucht halten. Von Austriebsbeginn an bis zum Gelbwerden der Blätter regelmäßig gießen. Staunässe vermeiden – Fäulnisgefahr! Während der Wachstumszeit zweimal düngen. Nach dem Gelbwerden des Laubes trockener halten.
Weitere Pflege: Blühende Pflanzen vor Spätfrösten schützen. Verblühtes abschneiden. Im Herbst gelbe Blätter behutsam ablösen, nicht abreißen! Die Zwergiris kann nach dem Verblühen mit Wurzelballen in den Garten gesetzt werden.
Schädlinge, Krankheiten: Selten.
Vermehren: Bei Gefäßkultur nicht möglich. Im Garten durch Jungzwiebeln im Herbst.
Gestaltungstip: Wunderschön zusammen mit *Iris danfordiae*, der gelben Zwergiris, die genauso gepflegt wird.
Warnung: Die Zwergiris kann Iridin, einen scharfschmeckenden Giftstoff, enthalten.

Lathyrus odoratus
Duftwicke, Wohlriechende Wicke

Duftwicken-Prachtmischung aus niedrigen Sorten.

Für diese charmante, einjährige Kletterpflanze haben die Engländer sogar eine eigene Liebhaber-Gesellschaft ins Leben gerufen. Die Wicke bildet an kantigen, 1 bis 2 m hohen Stengeln elliptische Blätter und lockere Blütentrauben aus 3 bis 7 wundervoll duftenden, 2,5 bis 5 cm großen Einzelblüten in Weiß, Rosa, Rot, Violett und Blau. Für den Balkonkasten empfehlen sich buschige Sorten, die keine Kletterhilfe benötigen, zum Beispiel ‘Super Snoop’ (40 cm) und ‘Little Sweatheart-Prachtmischung’ (20 bis 25 cm).
Blütezeit: Juni bis September.
Familie: *Leguminosae*, Hülsenfrüchtler.
Heimat: Süditalien, Sizilien.
Standort: Sonnig und windgeschützt. Die Wicke verträgt grelle Mittagssonne und gestaute Hitze schlecht.
Substrat: Einheitserde, TKS 2, lockere, nahrhafte Gartenerde.
Einpflanzen: Gekaufte oder selbstgezogene (→ Vermehren) Jungpflanzen mit 10 cm Abstand einpflanzen.
Gießen, Düngen: Gleichmäßig feucht halten und wöchentlich düngen. Hoher Nährstoffbedarf.
Weitere Pflege: Verblühtes regelmäßig abschneiden, damit sich neue Knospen bilden.
Überwintern: Entfällt.
Schädlinge, Krankheiten: Echter Mehltau, Spinnmilben, Grauschimmel.
Vermehren: Durch Aussaat im Februar/März in Einzeltöpfe oder ab Mitte April direkt in den Balkonkasten.
Gestaltungstip: Wer sich eine Duftwand wünscht, sät Prachtmischungen 1 bis 3 m hoher Sorten aus und läßt sie an gespannten Drähten oder Schnüren hochranken.
Warnung: Die Samen der Duftwicke sind giftig.

Lobelia erinus

Lobelie, Männertreu

Von Lobelien gibt es hängende und aufrechte Sorten.

☼ 1

Die bis zu 25 cm hohe, einjährige Lobelie blüht mit kräftig blauen Blüten, die bei einigen Sorten ein weißes Auge tragen. Es gibt auch reinweiße Typen. Im Handel sind erhältlich:

- Aufrecht wachsende, 10 bis 15 cm hohe Compacta-Sorten, zum Beispiel 'Cambridge Blue' (azurblau), 'Kristallpalast' (Blüten dunkelblau, Laub bronze), 'Pumila Splendens' (tiefblau mit weißem Auge), 'Kaiser Wilhelm' (kornblumenblau).
- Hängelobelien, die mit langen Trieben ausgestattet sind, wie 'Pendula Saphir' (tiefblau mit weißem Auge) oder 'Hamburgia' (dunkelblau).

Blütezeit: Mai bis August.
Familie: *Campanulaceae*, Glockenblumengewächse.
Heimat: Südafrika/Kapland.
Standort: Sonnig bis halbschattig.
Substrat: Einheitserde, TKS 2.
Einpflanzen: Gekaufte oder selbstgezogene (→ Vermehren) Jungpflanzen mit 20 cm Abstand einpflanzen.
Gießen, Düngen: Reichlich gießen und wöchentlich niedrig dosiert düngen. Salzempfindlich.
Weitere Pflege: Nach dem ersten Blütenflor um ein Drittel zurückschneiden. Die Pflanze treibt dann neu aus und blüht oft bis zum Herbst.
Überwintern: Entfällt.
Schädlinge, Krankheiten: Selten.
Vermehren: Durch Samen (Lichtkeimer!) von Januar bis März. Büschelweise in Töpfe pikieren.
Gestaltungstip: Lobelien sind eine wunderschöne Unterpflanzung für Hochstämmchen, bei denen sie das Austrocknen der Erdoberfläche verhindern. Da sie sich polsterartig ausbreiten, im Kasten immer nach vorne pflanzen, so daß sie über den Kastenrand hängend wachsen können.

Lobularia maritima

Duftsteinrich, Steinkraut

Weißer Duftsteinrich neben Gelben Gänseblümchen.

☼ 1

Den meisten ist der Duftsteinrich sicher besser unter der alten Bezeichnung *Alyssum* bekannt. Die einjährige, anspruchslose Pflanze entwickelt sich selbst in niedrigen Balkonkästen mit wenig Erde prachtvoll und trotzt sogar den ersten Herbstfrösten. Sie bildet 8 bis 15 cm hohe Polster aus zahlreichen, bogig aufsteigenden Stengeln, die dicht mit schmalen Blättern besetzt sind. Die je nach Sorte weißen, rosa- oder lilafarbenen Blüten erscheinen den ganzen Sommer über in 2,5 bis 5 cm langen Trauben und duften süß nach Honig.
Blütezeit: Juni bis Oktober.
Familie: *Cruciferae*, Kreuzblütler.
Heimat: Azoren, Kanarische Inseln, Südeuropa, Mittelmeergebiet.
Standort: Sonnig bis halbschattig.
Substrat: Einheitserde, lehmig-sandige Gartenerde. Verträgt Kalk.
Einpflanzen: Gekaufte oder selbstgezogene (→ Vermehren) Jungpflanzen mit 15 cm Abstand einpflanzen.
Gießen, Düngen: Mäßig gießen und nur nach dem Rückschnitt einmal düngen.
Weitere Pflege: Ein Rückschnitt nach dem ersten Flor fördert die Bildung neuer Triebe und Knospen.
Überwintern: Entfällt, die Blumen säen sich jedoch oft selbst aus.
Schädlinge, Krankheiten: Echter und Falscher Mehltau.
Vermehren: Aus Samen im März/April (leicht). Jeweils 5 Samenkörner in 5 bis 6-cm-Töpfe legen.
Gestaltungstip: Der Duftsteinrich eignet sich hervorragend als Unterpflanzung für Hochstämmchen und für den Vordergrund in Pflanzkombinationen mit höheren, aufrecht wachsenden Pflanzen im Balkonkasten (*Pelargonium*-Zonale-Hybriden, Kapkörbchen, Heliotrop).

Lotus berthelotii
Hornklee

Der Hornklee darf niemals austrocknen!

Der Hornklee ist eine prächtige Ampelpflanze, die im Frühjahr zunehmend häufiger angeboten wird. Er gehört zu den Stauden und bildet am Grunde verholzende niederliegende oder herabgebogene Zweige mit feinen, bis zu 2 cm langen, silberhaarigen Blättern. Die achselständigen Blüten sitzen gehäuft an den Zweigenden, sind etwa 3 cm lang und scharlachrot gefärbt. Neu auf dem Markt ist der gelb-kupferfarbene *Lotus maculatus* 'Golden Flash'. Er blüht im Gegensatz zu *Lotus berthelotii* den ganzen Sommer über.

Blütezeit: März/April.
Familie: *Leguminosae,* Hülsenfrüchtler.
Heimat: Kapverdische und Kanarische Inseln.
Standort: Hell bis sonnig.
Substrat: Einheitserde, lehmig-humose Gartenerde, Balkonblumenerde.
Einpflanzen: Gekaufte oder selbstgezogene (→ Vermehren) Jungpflanzen mit 30 cm Abstand einpflanzen.
Gießen, Düngen: In der Wachstumszeit gleichmäßig leicht feucht, aber auf keinen Fall naß halten. Bei Ballentrockenheit sofort Blattfall. Von Februar bis Oktober wöchentlich düngen. Hoher Nährstoffbedarf.
Weitere Pflege: Nach der Blüte umtopfen.
Überwintern: Vor Frostbeginn einräumen – kälteempfindlich. Hell und nicht wärmer als 10 °C halten. Wenig gießen.
Schädlinge, Krankheiten: Blattläuse.
Vermehren: Durch Kopfstecklinge im Februar/März oder August/September bei 20 bis 25 °C Bodenwärme. Sie bewurzeln leicht.
Gestaltungstip: Der Hornklee ist auch nach der Blüte durch sein Silberlaub, das im Sommer mächtig zunimmt, eine attraktive Pflanze für Ampeln, Säulen oder Brüstungskästen.

Die bizarren Blüten von Lotus maculatus 'Golden Flash'.

Mesembryanthemum criniflorum
Mittagsblume

Die Blüten der Mittagsblumen glänzen wie Seide.

Keine Frage: Mittagsblumen zählen zu den schönsten Blühern im Pflanzenreich und sind auch im Balkonkasten immer etwas Besonderes. Die einjährigen Sommerblumen breiten sich rasch aus und werden 5 bis 15 cm hoch. Ihre dickfleischigen Blätter sind durch einen Überzug vor Verdunstung geschützt. Die 2,5 cm großen, weithin leuchtenden Blütensonnen, die nur bei schönem Wetter aufgehen, sind weiß, gelb, orange, rosa, rot oder violett. Der Samen wird meist als Mischung angeboten. Die Mittagsblume heißt nach aktueller Nomenklatur *Dorotheanthus bellidiformis*, läuft aber noch unter dem bekannteren Namen *Mesembryanthemum,* dessen wörtliche Übersetzung ja auch Mittagsblume lautet, von griechisch: *mesembria* = Mittag und *anthemion* = Blume.

Blütezeit: Juli bis September.
Familie: *Aizoaceae,* Mittagsblumengewächse.
Heimat: Kap/Südafrika.
Standort: Sonnig, heiß und regengeschützt.
Substrat: Einheitserde mit reichlich Sand, sandige Gartenerde.
Einpflanzen: Gekaufte oder selbstgezogene (→ Vermehren) Jungpflanzen mit 10 cm Abstand einpflanzen.
Gießen, Düngen: Ziemlich trocken halten und nicht düngen.
Weitere Pflege: Keine.
Überwintern: Entfällt.
Schädlinge, Krankheiten: Pilzinfekte durch Staunässe oder Dauerregen.
Vermehren: Durch Samen im März/April bei 18 °C Bodenwärme. Direkt in Töpfe säen, da die schwache Wurzelbildung das Pikieren erschwert.
Gestaltungstip: Geeignet für niedrige Kästen und Schalen mit wenig Erdvolumen.

Mimulus-Hybriden

Gauklerblume, Affenblume

Gauklerblumen brauchen reichlich Nährstoffe.

Wie ein Schauspieler oder Gaukler ist die Gattung *Mimulus* ein Meister der Verwandlungskunst. Ihre Blüten präsentieren sich groß-, oder kleinblumig, mal bäuerlich-lieb, mal exotisch getigert oder gefleckt. Im Handel sind F_1-Hybriden verschiedener Sorten aus *Mimulus luteus* und *Mimulus guttatus* (wegen ihrer Tigerzeichnung auch unter dem Namen *Mimulus* x *tigrinus* bekannt), zum Beispiel:

- 'Grandiflorus', 30 cm, großblumig, gefleckt, in allen Farben.
- 'Malibu', 15 cm, kompakt und breitrund wachsend, gelb und orange.
- 'Royal Velvet', 20 bis 30 cm, braunrot mit gesprenkeltem, gelbem Schlund.
- 'Viva', 20 cm, großblumig, goldgelb-braun getigert.
- Mischungen mit cremeweißen, goldgelben, orangefarbenen, roten und weinroten Sorten.

Blütezeit: Juni bis September. *Mimulus*-Hybriden werden blühend zwischen April und Juli angeboten.
Familie: *Scrophulariaceae*, Braunwurzgewächse.
Heimat: Urformen Nord- und Südamerika.
Standort: Hell bis halbschattig, luftig und kühl.
Substrat: Einheitserde, TKS 2, Balkonblumenerde.
Einpflanzen: Gekaufte oder selbstgezogene (→ Vermehren) Jungpflanzen mit 15 bis 25 cm Abstand einpflanzen.
Gießen, Düngen: Stets leicht feucht halten und wöchentlich düngen. Hoher Nährstoffbedarf.
Weitere Pflege: Nach dem ersten Flor zurückschneiden, um Wiederblüte anzuregen.
Überwintern: Entfällt.
Schädlinge, Krankheiten: Echter Mehltau, Blattläuse.
Vermehren: Durch Samen. Vorkultur von Februar bis April oder im April direkt in den Kasten säen.
Gestaltungstip: Die getigerten Sorten passen gut zu Freilandfarnen.

Muscari

Traubenhyazinthe

Traubenhyazinthen gibt es weiß- und blaublühend.

Von den 40 bis 50 bekannten Arten eignen sich für die Kultur in Gefäßen die ähnlich aussehenden Arten *Muscari armeniacum* und *Muscari botryoides* und ihre Sorten am besten. Beide werden 10 bis 20 cm hoch, bilden schmale, grasartige Blätter und kegelförmige Blütentrauben in unvergleichlichen Blautönen, bei der Varietät 'Album' auch in Weiß.
Blütezeit: März bis Mai.
Familie: *Liliaceae*, Liliengewächse.
Heimat: Mittel- und Südeuropa, Kleinasien, Kaukasus.
Standort: Sonnig bis halbschattig. Blühende Pflanzen vor Spätfrösten schützen.
Substrat: Einheitserde, lehmig-sandige Gartenerde.
Einpflanzen: Zwiebeln im September/Oktober in Gruppen zu mehreren in Kästen setzen. Pflanzabstand 6 bis 10 cm, Pflanztiefe 5 bis 8 cm. Alternative: Im Frühjahr bereits vorgetriebene, blühende Exemplare kaufen und einpflanzen.
Überwintern: Bepflanzten Kasten frostfrei und dunkel, ab Austrieb hell stellen. Erde nicht austrocknen lassen. Im 2. Jahr selten erfolgreich.
Gießen, Düngen: Bepflanzten Kasten bis zum Austrieb leicht feucht halten. Von Austriebsbeginn an mäßig gießen und einmal düngen. Nach dem Abblühen in den Garten setzen und noch einmal düngen.
Weitere Pflege: Keine.
Schädlinge, Krankheiten: Selten.
Vermehren: Bei Gefäßkultur nicht möglich, im Garten durch Tochterzwiebeln.

Myosotis sylvatica

Vergißmeinnicht

Vergißmeinnicht lieben den Halbschatten.

Das Vergißmeinnicht ist eine ausdauernde Pflanze, die zweijährig kultiviert wird. Die kompakt wachsende, reich verzweigte Pflanze wird je nach Sorte 15 bis 25 cm hoch und ist mit weichen, kurzhaarigen Blättern besetzt.
Bekannte Sorten: 'Blauer Korb' (tiefblau, großblumig, 25 cm), 'Indigo' und 'Blauer Strauß' (dunkelblau, 30 cm), 'Blauer Ball' (leuchtend blau, 15 cm, kugeliger, geschlossener Wuchs).
Blütezeit: Mai bis Juli.
Familie: *Boraginaceae*, Rauhblattgewächse.
Heimat: Europa, Kleinasien, Mittelasien, Nordwestafrika.
Standort: Hell, halbschattig bis schattig.
Substrat: Einheitserde, TKS 2, Balkonblumenerde.
Einpflanzen: Gekaufte oder selbstgezogene (→ Vermehren) Pflanzen mit 15 cm Abstand einsetzen.
Gießen, Düngen: Gleichmäßig feucht, aber nicht naß halten – und nicht düngen. Vergißmeinnicht sind Waldpflanzen!
Weitere Pflege: Keine.
Überwintern: Entfällt bei gekauften Pflanzen. Jungpflanzen hell und frostfrei. Im Haus ohne, im Freien mit Winterschutz aus Fichtenreisig.
Schädlinge, Krankheiten: Grauschimmel, Echter Mehltau, Blattläuse.
Vermehren: Durch Samen im Juli bei 18 °C Bodenwärme. 4 Wochen später in Einzeltöpfe pikieren.
Gestaltungstip: Wünschen Sie sich einen nostalgischen Frühlingskasten? Dann pflanzen Sie Vergißmeinnicht und Stiefmütterchen zusammen.

Narcissus

Narzisse

Narzissen lassen sich gut in Schalen kultivieren.

Kleine Wildnarzissen werden wegen ihres natürlichen Charmes immer beliebter. Sie sind auch die besten Kandidaten für den Balkonkasten. Fragen Sie nach

- *Narcissus bulbocodium* (Reifrock-Narzissen), 10 bis 20 cm.
- *Narcissus cyclamineus*, 10 bis 20 cm, gelb, 2 bis 4 Blüten pro Stiel.
- *Narcissus poeticus* 'Actaea', Dichternarzissen, 40 cm, weiß mit orangefarbener Mitte.
- Von *Narcissus pseudonarcissus*, Osterglocken, eignen sich allenfalls die kleinblumigen, bis 40 cm hohen Spielarten.

Blütezeit: Je nach Art März bis Mai.
Familie: *Amaryllidaceae*, Amaryllisgewächse.
Heimat: Mittel-, West- und Südeuropa, Algerien.
Standort: Sonnig. Blühende Pflanzen vor Spätfrösten schützen.
Substrat: Einheitserde, lehmig-sandige Gartenerde, Balkonblumenerde mit etwas Sand.
Einpflanzen: Zwiebeln im Herbst in tiefe Gefäße setzen. Pflanzabstand 10 cm, Pflanztiefe je nach Zwiebelgröße 5 bis 10 cm. Alternative: Bereits vorgetriebene, blühende Exemplare im Frühjahr einpflanzen.
Überwintern: Bepflanzten Kasten frostfrei und dunkel, ab Austrieb heller stellen. Erde nicht austrocknen lassen. Im 2. Jahr oft nicht erfolgreich.
Gießen, Düngen: Bepflanzten Kasten bis zum Austrieb leicht feucht halten. Von Austriebsbeginn an mäßig gießen und einmal düngen. Nach dem Abblühen in den Garten setzen und noch einmal düngen.
Weitere Pflege: Laub erst entfernen, wenn es ganz abgetrocknet ist.
Schädlinge, Krankheiten: Zwiebelfäulnis durch Bodennässe.
Vermehren: Bei Gefäßkultur nicht möglich. Im Garten durch Tochterzwiebeln.
Warnung: Narzissenzwiebeln sind giftig.

Nemesia-Hybriden

Elfenspiegel

So exotisch wie Orchideen – Nemesia-Blüten.

Lieben Sie kunterbunte Farben? Dann sollten Sie sich den farbenfroh blühenden Elfenspiegel auf den Balkon holen. Die Farbpalette der Blüten, die in Doldentrauben an den Stengeln sitzen, reicht von Weiß über Gelb, Orange, Scharlach- und Karminrot bis hin zu Blau. Die etwa 3 cm großen Blüten glänzen wie gelackt. Was man heute kaufen kann, sind Hybriden von *Nemesia strumosa*. Die blauen Töne entstanden durch Einkreuzung von *Nemesia versicolor*. Am bekanntesten sind die Prachtmischungen 'Karneval' (25 cm, große Blüten) und 'Triumph' (20 cm, großblumig, kompaktwachsend).

Blütezeit: Juni bis August/September.

Familie: *Scrophulariaceae*, Braunwurzgewächse.

Heimat: Urformen Südafrika.

Standort: Sonnig bis halbschattig und windgeschützt.

Substrat: Aussaaterde, TKS 1, Einheitserde.

Einpflanzen: Gekaufte oder selbstgezogene (→ Vermehren) Pflanzen mit 15 bis 20 cm Abstand.

Gießen, Düngen: Mäßig feucht halten und nach dem Rückschnitt nur einmal düngen. Geringer Nährstoffbedarf.

Weitere Pflege: Ein Rückschnitt nach dem ersten Blütenflor fördert die Nachblüte.

Überwintern: Entfällt.

Schädlinge, Krankheiten: Selten.

Vermehren: Durch Samen im März/April. Einmal pikieren und büschelweise in 11-cm-Töpfe setzen. Oder ab Mitte Mai direkt in den Balkonkasten säen.

Gestaltungstip: Zur Farbenvielfalt und Farbintensität des Elfenspiegels paßt nur ein diskreter Partner. Sehr schön: Nachtblaue Lobelien.

Nierembergia hippomanica var. violacea

Nierembergie

Die Nierembergie eignet sich gut als Unterpflanzung.

Im englischen Sprachraum wird diese nach dem spanischen Jesuit und Naturwissenschaftler Juan Eusebio Nieremberg benannte Pflanze »Cup-Flower« (Becherblume) genannt. Tatsächlich erinnern ihre zahlreichen einzeln stehenden Blüten mit dem goldgelben Schlund an zierliche Dessertschalen. Das Laub der in ihrer Heimat ursprünglich ausdauernden Staude ist frischgrün und zierlich. Als Saisonpflanzen angeboten werden hauptsächlich die blauviolette, 8 bis 30 cm hohe Varietät sowie neue, 15 bis 20 cm hohe Züchtungen wie 'Purple Robe' (weinrot) oder 'White Robe' (weiß).

Blütezeit: Juni bis Oktober.

Familie: *Solanaceae*, Nachtschattengewächse.

Heimat: Argentinien.

Standort: Sonnig und warm.

Substrat: Einheitserde, TKS 2, Balkonblumenerde, lehmig-humose Gartenerde.

Einpflanzen: Gekaufte oder selbstgezogene (→ Vermehren) Jungpflanzen mit 20 cm Abstand einsetzen.

Gießen, Düngen: Während der Wachstumszeit gleichmäßig leicht feucht halten, wöchentlich düngen.

Weitere Pflege: Verblühtes entfernen.

Überwintern: Die bei uns einjährigen Pflanzen lassen sich nicht überwintern, nur von ihnen abgenommene Stecklinge: Hell, luftig bei 8 bis 10 °C.

Schädlinge, Krankheiten: Blattläuse.

Vermehren: Durch Samen im Februar/März bei 18 °C Bodenwärme. Oder durch Stecklinge im Spätsommer. Rechtzeitig entspitzen, damit die Pflanzen schön buschig werden.

Gestaltungstip: Wunderschön als Unterpflanzung von Kronenbäumchen mit gleichen Ansprüchen wie *Lantana* oder *Laurus*.

Warnung: Die Nierembergie gehört zu den giftigen Nachtschattengewächsen.

Pelargonium-Peltatum-Hybriden

Efeupelargonien, »Hängegeranien«

Die 'Lachskönigin' wird seit Jahrzehnten kultiviert.

Am Heimatstandort in den südostafrikanischen Küstenländern wächst die Stammutter unserer modernen »Hängegeranien«, die Schildpelargonie, als leicht überhängender Strauch mit kantigen Zweigen, schildförmigen, fein-flaumigen oder unbehaarten, fleischigen Blättern und rosenroten Blüten. Aus ihr entstanden um die Jahrhundertwende durch Kreuzung mit anderen Wildarten Züchtungen wie die violette 'Galilée' und die rosa 'Lachskönigin', die immer noch kultiviert werden. Das heutige Angebot besteht aus hängenden und halbhängenden Pelargonien mit gefüllten, halbgefüllten oder einfachen Blüten und teils fleischigen Blättern.

Blüten über Blüten
Die selbstreinigenden Cascade-Hybriden garantieren bis in den Herbst hinein Blütenpracht im Kasten und in der Ampel.

Eine eigene Gruppe bilden die Cascade-Sorten. Es handelt sich hier um einfach-, aber äußerst reichblühende Pelargonien, die selbstreinigend sind. Bekannte Sorten sind:

- 'Ville de Paris', rosa, einfach, bis 1,5 m lange Ranken, Urmutter der Cascade-Sorten.
- 'Feuercascade', feuerrot, einfach, 1,5 m lange Ranken, wetterfest.
- 'Amethyst', dunkellila, halbgefüllt, kurze Ranken.
- 'Sugar Baby', hellrosa Liebhabersorte, kleine, gefüllte Blüten, hängend, kleinwüchsig, etwas regenempfindlich.
- 'Mexicanerin', weiß mit rotem Rand, große gefüllte Blüten, hängend, gedeiht auch im Halbschatten.
- 'Schöne von Grenchen', leuchtendrot, halbgefüllt, halbhängend, wetterfest, robust, leicht vermehrbar.
- 'Solidor', lachsrosa mit dunkelrotem Auge, hängend, buschig, wetterfest.
- 'Tavira', leuchtendrot, große gefüllte Blüten, langsam wachsend, sehr wetterfest.

Neu sind samenvermehrbare Hängepelargonien wie die verschiedenfarbigen F_1-Hybriden 'Summer Showers'.

Blütezeit: April bis Oktober.
Familie: *Geraniaceae*, Storchschnabelgewächse.
Heimat: Urformen Südafrika.
Standort: Sonnig bis halbschattig.
Substrat: Einheitserde, lehmig-humose Gartenerde.
Einpflanzen: Gekaufte oder selbstgezogene (→ Vermehren) Pflanzen mit 20 cm Abstand setzen.
Gießen, Düngen: In der Wachstumszeit reichlich gießen, aber Staunässe unbedingt vermeiden. Bis Ende August wöchentlich düngen.
Weitere Pflege: Verblühtes regelmäßig entfernen (bei den nicht selbstreinigenden Sorten).
Überwintern: Nicht mit nassem Ballen einräumen. Zuvor Verwelktes und Vergilbtes entfernen, zu lange Triebe einkürzen. Hell bei 5 °C aufstellen. Bei Cascade-Sorten besser Stecklinge überwintern. Ab und zu etwas gießen. Im Februar auf 3 bis 4 Knoten am grünen Stengel zurückschneiden und in neue Erde setzen.
Schädlinge, Krankheiten: Blattläuse, Spinnmilben, Weiße Fliege, Grauschimmel, Pelargonienwelke.
Vermehren: Durch Stecklinge ab August bis spätestens März. F_1-Hybriden durch Samen von Dezember bis Januar bei über 20 °C Bodenwärme.
Gestaltungstip: Besonders hübsch sehen zum Beispiel rosa Hängepelargonien zu kardinalroten Zonal-Sorten oder lila *Peltatum*-Hybriden zu weißen Stehpelargonien aus.

Pelargonien in Ampeln an heißen Tagen täglich herunternehmen und in einen Eimer mit Wasser tauchen bis keine Luftblasen mehr aufsteigen.

Pelargonium-Zonale-Hybriden

Aufrechte Pelargonien, Zonalpelargonien, »Stehende Geranien«

Die Sorte 'Champagner' bildet große Blüten.

'Fidelio' wird auch gern für die Beete verwendet.

Geranien oder Pelargonien – was ist richtig? Strenggenommen das zweite. Als die ersten Pelargonien um 1700 von Kaufleuten aus Südafrika nach Europa gebracht wurden, bezeichnete man sie zunächst als *Geranium.* 1789 ordnete sie der französische Botaniker Charles Louis L'Héritier de Brutelle den Pelargonien zu. Nichtsdestoweniger ist der Volksmund in Frankreich wie in Deutschland bis heute bei der Bezeichnung »Geranie« geblieben. Die aufrecht wachsenden, bis 35 cm hohen Zonalpelargonien sind aus *Pelargonium zonale*, der Gürtelpelargonie (*zonale* = Gürtel, Streifen), *Pelargonium inquinans* (Scharlachpelargonie) und weiteren Arten hervorgegangen. Sie besitzen fleischige, leicht behaarte Stengel, die mit zunehmendem Alter unten verholzen. Die Blätter sind rundlich oder nur wenig gelappt, flaumig, behaart, glatt oder haben mehr oder weniger stark ringförmige, dunkle Blattzeichnungen. Die Farben der einfachen, halbgefüllten oder gefüllten Blütendolden bewegen sich zwischen allen Rot- und Rosatönen. Weniger häufig sind lachsfarbene und reinweiße Sorten. Ein Züchtertraum sind gelbe Pelargonien.

Beliebte Sorten im Angebot: 'Rio' (hellrosa mit dunkelrosa Zeichnung, einfach, wetterfest), 'Bolero' (leuchtendrot, gefüllt, wetterfest), 'Casino' (dunkel-lachsfarben, großblumig, gefüllt), 'Flirtpel' (pink, halbgefüllt), 'Cabaret' (orangerot, großblumig, halbgefüllt), 'Champagner' (hellrosa mit weiß, großblumig, einfach), 'Kardinal' (purpur, großblumig, einfach, verträgt leichten Schatten), 'Stadt Bern' (leuchtendrot, kleinblumig, einfach, schattenverträglich).

Neu sind auch samenvermehrbare F_1-Hybriden von Zonalpelargonien wie 'Red Elite' (scharlach), 'Bright Eyes' (rot mit weißem Auge), 'Smash Hit Lachs' (lachsrosa) und 'Happy End' (lachsrosa, dunkle ringförmige Zonen auf dem grünen Blatt).

Blütezeit: April bis Oktober.

Familie: *Geraniaceae*, Storchschnabelgewächse.

Heimat: Urformen Südafrika.

Standort: Sonnig bis halbschattig.

Substrat: Einheitserde, lehmig-humose Gartenerde.

Einpflanzen: Gekaufte oder selbstgezogene (→ Vermehren) Jungpflanzen mit 20 cm Abstand setzen.

Gießen, Düngen: In der Wachstumszeit reichlich gießen, aber Staunässe unbedingt vermeiden. Bis Ende August wöchentlich düngen.

Weitere Pflege: Verblühtes regelmäßig entfernen.

Überwintern: Nicht mit nassem Ballen einräumen. Zuvor Verwelktes und Vergilbtes entfernen. Hell bei 5 °C aufstellen. Ab und zu etwas gießen. Im Februar auf 3 bis 4 Knoten am grünen Stengel zurückschneiden und in neue Erde setzen.

Schädlinge, Krankheiten: Blattläuse, Spinnmilben, Weiße Fliege, Pelargonienrost, Grauschimmel, Pelargonienwelke.

Vermehren: Durch Stecklinge von August bis spätestens Mitte März. F_1-Hybriden durch Samen von Dezember bis Januar bei über 20 °C Bodenwärme.

Gestaltungstip: Besonders schön sind Ton-in-Ton-Kombinationen von weiß-roten Hängepelargonien mit weißen oder roten Zonal-Sorten. Auch machen sich rosa oder lila Töne zu silberlaubigen oder grünpanaschierten Hängepflanzen (zum Beispiel Elfengold) sehr hübsch.

Duft-Pelargonien

Pelargonium fragrans duftet nach Kiefern.

Pelargonium crispum verströmt Zitronenduft.

Duftpelargonien sind ein Fest für die Nase und ein duftig-zartes Pendant zur farbigen Bäuerlichkeit der »Balkongeranien«. Wer nicht soviel Wert auf üppige Blütenfülle legt, findet bei der Gattung *Pelargonium* wildhaft anmutige Vertreter mit unterschiedlich aussehenden Blättern, die oft erst nach Berührung nach Minze, Rosen, Zitronen oder Gewürzen duften. Hier einige Empfehlungen:

- *Pelargonium crispum* 'Minor', gekräuselte Blätter, gedrungen wachsend, leicht verholzend, für Kastenbepflanzung geeignet; duftet nach Zitrone.
- *Pelargonium filicifolium* zeichnet sich durch farnartiges, fein geschlitztes Laub aus, das ebenso wie die klebrig-drüsigen Stengel stark nach Edelraute duftet. Gut geeignet zur Erziehung kleiner Topfbäumchen.
- *Pelargonium fragrans*, zierliche Blätter, vom Wuchs her ebenfalls für Ampeln geeignet; duftet intensiv nach Kiefern.
- *Pelargonium fragrans* 'Lilian Pottinger', auch für Ampeln geeignet; duftet nach Ananas.
- *Pelargonium graveolens* 'Grey Lady Plymouth' duftet nach Rosen mit einem Hauch von Pfefferminze und Zimt. Sie ist kleinwüchsiger als die reine Art, auch in den Blättern, die darüber hinaus noch blaugrün oder cremefarben gerandet sind.
- *Pelargonium odoratissimum,* kleinlaubig, rankend, daher für Ampeln geeignet; duftet nach Zitrone und Äpfeln.
- 'Pink Pet' (Gewürzduft) sowie die Sorten 'Princess Ann' (Zitronenduft), 'Clorinda' (Gewürzduft) und 'Queens of Lemon' fühlen sich ebenfalls im Blumenkasten wohl.
- *Pelargonium tomentosum,* die Pfefferminz-Pelargonie, wächst staudig bis halbstrauchig mit ausgebreiteten, verzweigten, weichfilzigen Stengeln und dicken, ganz dunkelgrünen, weich behaarten Blättern, die wie mit weißem Reif überzogen aussehen.

Fragen Sie in Spezialgärtnereien (→ Quellen, Seite 238) nach diesen Kostbarkeiten.

Blütezeit: Sommer.
Familie: *Geraniaceae*, Storchschnabelgewächse.
Heimat: Südafrika.
Standort: Sonnig; *Pelargonium odoratissimum* besser halbschattig.
Substrat: Einheitserde, lehmig-sandige Gartenerde.
Einpflanzen: Gekaufte oder selbstgezogene (→ Vermehren) Jungpflanzen mit 40 cm Abstand einpflanzen.
Gießen, Düngen: Mäßig gießen, bis August alle 2 Wochen düngen.
Weitere Pflege: Keine.
Überwintern: Wie *Zonale-* und *Peltatum-*Hybriden.
Schädlinge, Krankheiten: Weiße Fliege, Blattläuse.
Vermehren: Durch Stecklinge im Sommer.

Gestaltungstip: Sehr schön als Ruhepunkt zwischen hängenden und aufrechten Pelargonien. *Pelargonium crispum* eignet sich zur Bonsaigestaltung, *Pelargonium cunarifolium* läßt sich leicht zu einem Hochstämmchen erziehen.

Die Hybride 'Scarlet Pet' besitzt leuchtendrote Blüten und duftet nach Orange.

Pelargonium
Blattschmuck-Pelargonien

Panaschierte Blätter, rosa Blüten – 'Chelsea Gem'.

Spielarten mit schön gezeichneten Blättern.

Aus England kommen die zauberhaften Blattschmuck-Pelargonien, deren Buntlaubigkeit vorwiegend auf Chlorophylldefekte zurückgeht. Gründlich erforscht und beschrieben wurde dieses Phänomen, das seit 250 Jahren bekannt ist, ab 1853. Danach sammelten und vermehrten Gärtner und Liebhaber die »variegated leafed geraniums« eifrig. Heute gibt es in England fast 50 verschiedene Spielarten. Leider bekommt man die klein- bis großlaubigen, 30 bis 50 cm hohen Sorten mit den eher bescheidenen Blüten nur über private Sammler oder die Englische Liebhabergesellschaft (The British Pelargonium and Geranium Society, → Quellen, Seite 238). Beliebte englische Sorten sind:

- 'Dolly Vardon' (→ Foto 4, oben) mit hellroten Blütendolden. Wuchs mittelstark.
- 'Freak of Nature' (→ Foto 3, oben). Bildet keine Blüten. Wuchs aufrecht, stark.
- 'Madame Salleron' (→ Foto 1, oben). Bildet keine Blüten. Wuchs aufrecht, mittelstark.
- 'Masterpiece'. Blätter groß, leicht gebuchtet, mit dunkelgrüner Mitte, dunklen, stark ausgeprägten Blattringen und cremeweißem, rötlich überhauchtem Rand. Blüten klein, halbgefüllt, lachsfarbene Dolden. Wuchs aufrecht, stark.
- 'Miß Burdett Countts'. Blätter sehr klein, gebuchtet mit grüner Mitte, dunkelbraunen, weinrot überlagerten Blattringen und schmalem, weißem Rand. Blüten einfach, hellrote Dolden. Wuchs aufrecht, schwach.
- 'Pink Golden Harry Hieouver'. Blätter groß, leicht gebuchtet, behaart, hellgrün bis goldgelb mit breiten, nach außen hin heller werdenden Blattringen. Blüte einfach, lachsfarbene Dolden. Wuchs aufrecht, stark.
- 'The Czar'. Blätter mittelgroß, leicht gebuchtet, hellgrün mit dunkelbraunen, extrem breiten Blattringen. Blüten einfach, karminrote Dolden.
- 'The Boar' (→ Foto 2, oben). Lachsfarbene Einzelblüten. Wuchs aufrecht, stark.

Blütezeit: April bis Oktober.
Familie: *Geraniaceae*, Storchschnabelgewächse.
Heimat: Urformen Südafrika.
Standort: Sonnig und luftig.
Substrat: Einheitserde mit Sand im Verhältnis 2:1, lehmig-sandige Gartenerde.
Einpflanzen: Gekaufte oder selbstgezogene (→ Vermehren) Jungpflanzen mit 20 cm Abstand ins Gefäß setzen.
Gießen, Düngen: In der Wachstumszeit reichlich gießen, aber Staunässe unbedingt vermeiden. Bis Ende August wöchentlich düngen.
Weitere Pflege: Blütenansätze besser entfernen, damit die Pflanzenkraft auf das Laub konzentriert bleibt.
Überwintern: Möglichst trocken einräumen. Vorher Verwelktes und Vergilbtes entfernen. Hell, bei 5 °C und lufttrocken aufstellen. Fast völlig trocken halten. Im Februar auf 3 bis 4 Knoten am grünen Stengel zurückschneiden und umtopfen.
Schädlinge, Krankheiten: Blattläuse, Spinnmilben, Weiße Fliege, Pelargonienrost und -welke, Grauschimmel.
Vermehren: Durch Stecklinge von August bis spätestens Mitte März. Die Sorte 'Freak of Nature' ist wegen ihres geringen Chlorophyllanteils in den Blättern für Stecklingsvermehrung nicht vital genug.

Die Blattschmuck-Pelargonien auf den Fotos:
1 'Madame Salleron'.
2 'The Boar'.
3 'Freak of Nature'
4 'Dolly Vardon'.

Petunia-Hybriden

Petunie, Trichterblume

Petunien müssen vor Regen geschützt werden.

Die großblumige, weißgerandete Hybride 'Picotee'.

Petunien – der Name ist auf die brasilianische Bezeichnung *petun* für Tabak zurückzuführen – werden bereits seit fast 150 Jahren züchterisch bearbeitet. An der Züchtung, die nach 1825 begann, waren neben Engländern vor allem die berühmten französischen und belgischen Samenzüchter Vilmorin und van Houtte beteiligt. In Deutschland arbeiteten die Erfurter Züchter Benary und Heinemann an der Weiterentwicklung des Sortimentes. Was viele nicht wissen: Gefülltblühende Petunien wurden bereits 1849 angeboten. Die Züchtung stark gefüllter Sorten gelang allerdings erst fast 100 Jahre später durch den japanischen Samenzüchter Sakasa.

Eltern der modernen Garten-Petunien sind die weißblühende, duftende *Petunia axillaris* und die rosaviolett blühende *Petunia violacea*, beides einjährige bis halbstrauchige, etwas klebrige Pflanzen.

Heute sind zahlreiche 25 bis 30 cm hohe, großblumige Hybriden auf dem Markt. Die Blütenfarben reichen von einem reinen Weiß über verschiedene Rosa- und Rotnuancen bis hin zu Violett, ja sogar Gelb und ein richtiges Himmelblau fehlen nicht. Die Blütenfarbe Gelb war lange Zeit ein begehrtes Züchtungsziel, das man erst in jüngerer Zeit zufriedenstellend erreicht hat. Sorten wie 'Summer Sun', 'Ruban Jaunes' oder 'Magic Jaune', 'California Girl' oder 'Yellow Magic' blühen in unterschiedlichen Gelbnuancen und werden immer häufiger angeboten.

Außerdem gibt es klein- und vielblumige Spielarten sowie Sorten mit weiß gesternten oder purpur geäderten Blüten und hängende *Pendula*-Formen mit 80 cm langen Trieben. Als besonders regenfest gelten die kleinblumigen *Petunia*-Multiflora- beziehungsweise Floribunda-F_1-Hybriden.

Blütezeit: Mai bis September.
Familie: *Solanaceae*, Nachtschattengewächse.
Heimat: Urformen Südamerika.
Standort: Sonnig.
Substrat: Einheitserde, Balkonblumenerde.
Einpflanzen: Gekaufte oder selbstgezogene (→ Vermehren) Jungpflanzen mit 20 bis 25 cm Abstand einpflanzen.
Gießen, Düngen: Reichlich gießen und wöchentlich schwach düngen.
Weitere Pflege: Verwelkte Blüten täglich abknipsen. Die Samenbildung erfolgt sehr rasch. Nach dem ersten Flor (Ende Juli/Anfang August), wenn die Pflanzen immer längere Triebe bekommen und beginnen auseinanderzufallen, um die Hälfte zurückschneiden. Petunien regenerieren sich innerhalb von 14 Tagen, wachsen wieder buschig und blühen üppig wie zuvor.
Überwintern: Entfällt.
Schädlinge, Krankheiten: Vor allem Blattläuse.
Vermehren: Durch Samen im Februar bei 20 bis 22 °C Bodenwärme.
Gestaltungstip: Zu Petunien passen gut kleinblumige Balkonblumen wie Strauchmargerite, Kapaster, Lobelie, Blaues Gänseblümchen (→ Foto, Seite 96).
Warnung: Petunien gehören zu den giftigen Nachtschattengewächsen.

Phlox drummondii

Einjahrsphlox, Flammenblume

Die Farbpalette umfaßt kühle Töne von Weiß bis Blau.

Der englische Botaniker und Pflanzensammler James Ramsey Drummond (1851 bis 1921) ist Taufpate dieser einjährigen *Phlox*-Art. Die 10 bis 50 cm hohe, duftende Sommerblume mit den blaßgrünen, länglichen Blättern hat sich seit ihrer Einführung 1835 mächtig gemausert. Aus der einst nur rot blühenden Art entstanden durch Züchtung nicht nur verschiedene Blütenfarben von Weiß über Rosa, Pink und Violett bis Blau, sondern vor allem niedrige, gedrungen wachsende Exemplare. Einjahrsphlox kann man selbst aussäen (→ Vermehren) oder bereits fertige Pflanzen kaufen. Von Mai bis Juli werden blühend angeboten:

- 'Beauty Prachtmischung', 20 cm, großblumig, reine Farben.
- 'Sternenzauber', 15 cm, gesternte, meist mehrfarbige Blüten.
- 'Wagners Fantasiemischung', 20 cm, klare, reine Farben.
- 'Cäcilien-Mischung', 20 cm, großblumig, alle Farben mit weißem Auge.

Blütezeit: Juli bis September.
Familie: *Polemoniaceae,* Sperrkrautgewächse.
Heimat: Texas und angrenzende Staaten.
Standort: Sonnig.
Substrat: Einheitserde, Balkonblumenerde, lehmig-sandige Gartenerde.
Einpflanzen: Gekaufte oder selbstgezogene (→ Vermehren) Jungpflanzen mit 20 bis 25 cm Abstand einpflanzen.
Gießen, Düngen: Reichlich gießen, aber Staunässe vermeiden und wöchentlich schwach düngen.
Weitere Pflege: Verblühtes regelmäßig abschneiden.
Überwintern: Entfällt.
Schädlinge, Krankheiten: Echter Mehltau. Auf offenen Terrassen Schnecken.
Vermehren: Durch Samen von Februar bis Mai bei 18 °C Bodenwärme.

Plectranthus coleoides

Harfenstrauch, Duftendes Elfengold

Der Harfenstrauch kann auch überwintert werden.

Dieser Verwandte des Mottenkönigs *(Plectranthus fruticosus)* ist eine sehr beliebte Blattschmuckpflanze für Balkonkästen. Das halbstrauchig und niedrig wachsende Elfengold verdeckt mit einer Flut von hübsch belaubten, bis zu 1 m langen Trieben den Kasten und lockert jede bunte Bepflanzung wohltuend auf. Die kleinen, ovalen Blätter sind bei der reinen Art grün, bei der Sorte 'Marginatus' weiß gerandet. Sie verströmen beim Zerreiben einen herben, kampferähnlichen Duft, weshalb die Pflanze auch oft »Mottenkönig« genannt wird. Die weißen Blüten sind unscheinbar und ähneln denen der Buntnessel.
Blütezeit: Spätsommer/Herbst.
Familie: *Labiatae*, Lippenblütler.
Heimat: Südafrika, Asien.
Standort: Sonnig bis halbschattig.
Substrat: Einheitserde, Balkonblumenerde.
Einpflanzen: Gekaufte oder selbstgezogene (→ Vermehren) Jungpflanzen mit 20 bis 30 cm Abstand einpflanzen.
Gießen, Düngen: In der Wachstumszeit mäßig feucht halten. Von März bis August alle 14 Tage düngen.
Weitere Pflege: Keine.
Überwintern: Hell bei 10 °C. Wenig gießen. Im Frühjahr umtopfen. Besser im Sommer für Nachwuchs sorgen und diesen überwintern.
Schädlinge, Krankheiten: Selten.
Vermehren: Durch Kopfstecklinge im März/April oder im Sommer (leicht).
Gestaltungstip: Das Elfengold paßt zu allen Balkonblumen. Allein wirkt es besonders schön in bauchigen Terrakottagefäßen.

Portulaca grandiflora

Portulakröschen

Portulakröschen wollen keine großen Wassergaben.

1

Blüten wie Seidentaft für teure Abendroben, in strahlendem Gelb, Orange, Pink und Karminrot oder edlem Weiß sind das typische Merkmal dieser einjährigen Pflanze. Das Portulakröschen wächst mit niederliegenden Stengeln, die sich ausbreiten. An ihnen sitzen an kleinen Stielen runde, fleischige Blätter. Aus den bis zu 8 cm großen Blüten, die sich nur bei Sonnenschein öffnen, leuchten die Staubgefäße wie Goldknäuel. Angeboten werden meist Mischungen, zum Beispiel ‘Gefüllte Prachtmischung’, ‘Einfache Prachtmischung’ und ‘Calypso-Mischung’.

Blütezeit: Juni bis August.

Familie: *Portulaceae*, Portulakgewächse.

Heimat: Argentinien, Brasilien, Uruguay.

Standort: Sonnig und regengeschützt. Verträgt auch große Hitze.

Substrat: Einheitserde mit Sand, leichter, sandiger Gartenboden.

Einpflanzen: Gekaufte oder selbstgezogene (→ Vermehren) Jungpflanzen mit 15 cm Abstand einpflanzen.

Gießen, Düngen: Wenig gießen und höchstens alle 4 Wochen düngen.

Weitere Pflege: Keine.

Überwintern: Entfällt.

Vermehren: Durch Samen im März bis Mai. Direktsaat in Balkonkästen ist möglich.

Gestaltungstip: Besonders gut paßt das Portulakröschen zu Gazanien (→ Seite 112) und Mittagsblumen (→ Seite 118), die die gleichen Pflegeansprüche haben.

Primula

Primeln

Kissenprimeln sind bereits ab Januar erhältlich.

Fröhlich-bunte Frühlingsblüher, die sich auch im Balkonkasten wohlfühlen:

- *Primula denticulata*, die ornamental wirkenden, 20 bis 30 cm hohen Kugelprimeln, blühen weiß oder purpurrot.
- *Primula veris*, die Schlüsselblumen, gibt es nur in Gelb.
- *Primula*-Vulgaris-Hybriden (syn. *Primula acaulis*), die etwa 10 cm hohen Kissenprimeln, gibt es groß- oder kleinblumig in Weiß, Gelb, Rosa, Rot, Violett, Flieder, Hell- oder Dunkelblau und weißgerandet, gelb oder rosa geflammt.

Sie alle werden im Sommer angezogen und kommen im März/April – *Primula*-Vulgaris-Hybriden bereits ab Dezember – auf den Markt. Man hält sie im Kasten nur für eine Saison, kann sie aber nach dem Abblühen im Garten weiterkultivieren.

Blütezeit: Je nach Art oder Sorte März, April, Mai.

Familie: *Primulaceae*, Primelgewächse.

Heimat: Urformen Europa, Asien.

Standort: Halbschattig.

Substrat: Aussaaterde, TKS 1, lehmig-humose, magere, kalkhaltige Gartenerde.

Einpflanzen: Gekaufte Jungpflanzen mit 15 bis 20 cm Abstand einsetzen.

Gießen, Düngen: Gleichmäßig feucht halten. Nicht austrocknen lassen! Düngen kann bei einjähriger Kultur entfallen.

Weitere Pflege: Keine.

Überwintern: Entfällt. Im Garten ausgepflanzte Exemplare sind winterhart.

Vermehren: Durch Samen (schwierig). Gärtnersache.

Schädlinge, Krankheiten: Blattläuse, Ramularia-Blattfleckenkrankheit.

Gestaltungstip: Sehr attraktiv wirkt eine Ton-in-Ton-Kombination aus rosa Kugelprimeln, Kissenprimeln, Maßliebchen und Hyazinthen.

Warnung: Primeln können bei empfindlichen Menschen Allergien verursachen.

Sind Sie Gartenbesitzer? Dann pflanzen Sie die Frühlingsprimeln nach dem Verblühen unter Sträucher, wo sie immer wieder kommen und sich mit der Zeit wie in der Natur ausbreiten.

Rosa
Balkonrosen

Die tief goldgelb blühende Zwergrose 'Sonnenkind' wächst buschig und verzweigt sich gut.

Die Rosenleidenschaft macht auch vor dem Balkon nicht halt. Allerdings darf der Balkongärtner nicht damit rechnen, daß die Pflanzen mit dem bißchen Erde unter den Füßen so alt wie im Garten werden. Denn Rosen sind Tiefwurzler und gedeihen um so besser, je mehr Raum ihnen für ihre Wurzeln zur Verfügung steht. Dennoch lohnt ein Versuch, diese im Kasten außergewöhnlichen Blütengehölze zu halten. Inzwischen gibt es zahlreiche schwachwüchsige Sorten, die schon bei einem Minimum von 20 cm Pflanztiefe zufriedenstellend gedeihen. Für eine Pflanzung in tiefe Kästen oder Schalen geeignet sind alle 30 bis 40 cm hohen Zwergrosen wie 'Sonnenkind' (gelb), 'Baby Maskerade' (orangegelb), 'Guletta' (gelb), 'Orange Meillandina' (orange), 'Daniela' (zartrosa), 'Rosmarin 89' (pink) und 'Scarletta' (rot). Im übrigen kann man alles, was in kleinen Töpfen angeboten wird, auch in Kästen pflanzen, also auch Topfrosen und Mini-Topfrosen. Neu sind samenvermehrbare Topfrosen wie 'Kissy' (zwergig, zartrosa, gut verzweigt). Für geräumige, tiefe Kästen sind auch höhere Bodendeckerrosen wie 'The Fairy' geeignet. Diese Sorte bringt Unmengen von kleinen Blütendolden in ganz hellem Rosa hervor, bildet glänzende, sehr robuste Blätter und wächst mit feinen Trieben, die sich stark verzweigen. Etwas niedriger mit 40 cm bleibt 'Swany'. Sie bildet lange, niederliegende und bogig aufrechte Triebe und blüht mit schwanenweißen, 4 bis 6 cm großen, gefüllten Blüten. Das Laub ist dunkelgrün und glänzend.

Blütezeit: Juni bis Herbst.
Familie: *Rosaceae*, Rosengewächse.
Heimat: Kulturformen.
Standort: Vollsonnig und luftig.
Substrat: Humusreiche, lockere, lehmig-sandige Gartenerde, Einheitserde, TKS 2 mit Lehm.
Einpflanzen: Gekaufte oder selbstgezogene (→ Vermehren) Jungpflanzen mit 20 bis 25 cm Abstand einpflanzen.
Gießen, Düngen: In der Wachstumszeit mäßig gießen. Staunässe unbedingt vermeiden. Bis Ende Juli wöchentlich düngen. Wer Vorratsdünger bevorzugt, streut ihn zweimal (im März und Juni) auf die Erdoberfläche.
Weitere Pflege: Verblühtes entfernen, um die Wiederblüte anzuregen.
Überwintern: Im Freien mit Winterschutz. Einzeltöpfe in Schalen oder Kisten einfüttern (→ Seite 28/29), Kästen im Garten eingraben und mit Fichtenzweigen abdecken. Oder Gefäß im Haus frostfrei, dunkel und luftig stellen. Im Frühjahr obere Erdschicht erneuern. Triebe auf eine Handbreite kürzen. Ab Austrieb halbschattig ins Freie stellen.
Schädlinge, Krankheiten: Blattläuse, Spinnmilben, Echter Mehltau, Sternrußtau, Rosenrost.
Vermehren: Durch Stecklinge von Mitte August bis Mitte September. Die Sorte 'Kissy' durch Samen im März bei 20 bis 22 °C Bodenwärme.
Gestaltungstip: In geräumigen Gefäßen sehr schön zusammen mit niedrigem Lavendel (→ Seite 186), in Kästen besser allein pflanzen.

'Daniela' besitzt frischgrüne, zierliche Blätter.

Salpiglossis sinuata
Trompetenzunge

Die Trompetenzunge braucht Windschutz.

1

Von den 8 Arten der Gattung *Salpiglossis* hat bisher nur *Salpiglossis sinuata* Eingang ins Sommerblumensortiment gefunden. Die 0,5 bis 1 m hohe, klebrig-weichhaarige, einjährige Pflanze wächst aufrecht und mehr oder weniger verästelt. Ihre trompeten- oder besser trichterförmigen Blüten sind weiß, gelb, purpur, rotbraun, dunkelbraun und violett. Besonders apart, beinahe orchideenblütig, wirken sie durch die bläulichen, gelben, bräunlichen oder rötlichen Äderungen. Angeboten werden Samen und Jungpflanzen der 80 cm hohen 'Grandiflora'-Mischung. Neu auf dem Markt ist die überaus reichblühende, sehr großblumige, nur 60 cm hohe F_1-Hybriden-Mischung 'Casino Mix'.
Blütezeit: Juni bis August.
Familie: *Solanaceae*, Nachtschattengewächse.
Heimat: Chile.
Standort: Sonnig und windgeschützt.
Substrat: Einheitserde, TKS 2, humusreiche, nahrhafte Gartenerde. Kalkliebend.
Einpflanzen: Gekaufte oder selbstgezogene (→ Vermehren) Jungpflanzen mit 25 bis 30 cm Abstand einpflanzen.
Gießen, Düngen: Stets leicht feucht halten. Staunässe und Austrocknen aber unbedingt vermeiden. Wöchentlich düngen. Hoher Nährstoffbedarf.
Weitere Pflege: Verblühtes abschneiden.
Überwintern: Entfällt.
Schädlinge, Krankheiten: Stengel- und Wurzelfäule durch zuviel Nässe.
Vermehren: Durch Samen im Februar bei Vorkultur oder im März/April direkt ins Gefäß.
Gestaltungstip: Schön für Bodenkästen, in denen man die Blüten aus der Nähe betrachten kann.
Warnung: Die Trompetenzunge gehört zu den giftigen Nachtschattengewächsen.

Salvia splendens
Salvie, Feuersalbei

Salvienblüten sind einfach oder rispig verzweigt.

1

Der Feuersalbei ist in Brasilien zu Hause und wird dort bis zu 1,5 m hoch. Die Stengel sind vierkantig, die 5 bis 10 cm langen Blätter eirund. Die scharlachroten Blütentrauben sind einfach oder rispig verzweigt und 15 bis 20 cm lang.
Salvia splendens ist seit 1822 in Kultur. Was wir heute kennen, sind einjährig kultivierte Züchtungen, die deutlich niedriger als die reine Art sind, reicher blühen und neue Blütenfarben zeigen. Für Balkonkästen werden die niedrigen, kompaktwachsenden Sorten bevorzugt, zum Beispiel:

- 'Johannisfeuer', 25 cm, leuchtend scharlachrot.
- 'Laser Purple', 25 cm, dunkelviolett.
- 'Melba', 25 cm, lachsrosa mit hellscharlach.
- 'Carabiniere', 20 cm, glühend scharlach, dicke Rispen, dunkles Laub.

Blütezeit: Mai bis September.
Familie: *Labiatae*, Lippenblütler.
Heimat: Brasilien.
Standort: Sonnig und wind- und möglichst auch regengeschützt. Bei Regen kümmern die Pflanzen.
Substrat: Einheitserde, lehmig-humose Gartenerde.
Einpflanzen: Gekaufte oder selbstgezogene (→ Vermehren) Jungpflanzen mit 20 bis 30 cm Abstand einpflanzen.
Gießen, Düngen: Gleichmäßig feucht halten, aber Staunässe vermeiden. Wöchentlich niedrig dosiert düngen.
Weitere Pflege: Nach der ersten Blüte braune Blütenstände herausschneiden, damit die Pflanze neu austreiben kann.
Überwintern: Entfällt.
Schädlinge, Krankheiten: Spinnmilben.
Vermehren: Durch Samen im März bei 22 °C Bodenwärme. Triebspitzen bei 8 cm Wuchshöhe entfernen und als Stecklinge bewurzeln.
Gestaltungstip: Zu roten wie zu violetten Salvien passen gelbe Pantoffelblumen ausgezeichnet.

Sanvitalia procumbens

Husarenknöpfchen

Zauberhaft – Husarenknöpfchen in der Ampel.

Ob diese »Mini-Sonnenblume« ihren botanischen Namen der vornehmen Familie Sanvitali aus Parma oder einem italienischen Botaniker namens Sanvitali verdankt, ist bis heute ungeklärt. Auf alle Fälle ist sie bereits seit 1798 in Europa und erfreut sich seitdem größter Beliebtheit als Beet- und Balkonpflanze. Wie die Artbezeichnung *procumbens* = niederliegend sagt, handelt es sich um eine Pflanze mit hängenden Trieben, die nur 8 bis 15 cm an Höhe erreicht. Sie ist einjährig, bildet verästelte, ausgebreitete Stengel, an denen oval-lanzettliche Blättchen sitzen. Die knopf- oder pfenniggroßen Blüten bestehen außen aus gelben Strahlen- und fast schwarzen Scheibenblüten in der Mitte. 1987 kam mit 'Mandarin Orange' eine orangeblütige Sorte heraus.

Blütezeit: Juni/Juli bis Oktober.
Familie: *Compositae*, Korbblütler.
Heimat: Mexiko, Guatemala.
Standort: Sonnig.
Substrat: Einheitserde, TKS 2, sandige Gartenerde.
Einpflanzen: Gekaufte oder selbstgezogene (→ Vermehren) Jungpflanzen mit 15 cm Abstand einpflanzen.
Gießen, Düngen: Mäßig gießen und alle 14 Tage niedrig dosiert düngen. Geringer Nährstoffbedarf.
Weitere Pflege: Verblühtes regelmäßig abschneiden.
Überwintern: Entfällt.
Schädlinge, Krankheiten: Selten.
Vermehren: Durch Samen im März bei 15 bis 18 °C Bodenwärme. Mitte Mai die Jungpflanzen direkt aus der Saatschale in die Balkonkästen setzen.
Gestaltungstip: Geeignet für flache Gefäße und als Unterpflanzung zu gelbblühenden Kübelpflanzen.

Scaevola aemula

Blaue Fächerblume

Die Fächerblume nimmt Trockenheit nicht übel.

Die Blaue Fächerblume ist eine Neuheit, deren Blütenreichtum, Wiederblüte, Selbstreinigung und Witterungsbeständigkeit allenthalben begeistern. Die buschig-halbhängende Pflanze, die bei uns einjährig gezogen wird, bildet zahlreiche bis zu 1 m lange Triebe. Haupt- und Seitentriebe sind an den Spitzen überreich mit 2 bis 2,5 cm großen violettblauen, im Halbschatten eher blauen Blüten bedeckt, die wie kleine Fächer geformt sind. Die Blätter sind leicht sukkulent, daher erholt sich die Pflanze von zeitweiliger Ballentrockenheit überraschend gut.

Blütezeit: April bis Herbst.
Familie: *Goodeniaceae*, Goodeniengewächse.
Heimat: Australien.
Standort: Sonnig bis halbschattig.
Substrat: Einheitserde, TKS 2.
Einpflanzen: Gekaufte Jungpflanzen mit 20 cm Abstand einsetzen.
Gießen, Düngen: Mit weichem Wasser ausreichend feucht halten. Staunässe unbedingt vermeiden. Wöchentlich niedrig dosiert düngen. Die Pflanze stammt von den roten Sandböden Australiens und ist salz- und kalkempfindlich.
Weitere Pflege: Keine. Verblühtes fällt von selbst ab.
Überwintern: Hell und bei 15 °C möglich, aber nicht empfehlenswert, da die Pflanze meist unansehnlich wird.
Schädlinge, Krankheiten: Minierfliegen, Weiße Fliege. Gelegentlich kommt *Verticillium*-Welke, eine Pilzkrankheit, vor.
Vermehren: Gärtnersache. (Durch Stecklinge im Winter unter Sprühnebel bei 20 °C).
Gestaltungstip: Herrliche Ampelpflanze, die bei guter Pflege leicht einen Meter Durchmesser erreicht und im Balkonkasten ihre Nachbarn nicht bedrängt. Sehr schön in gemischten Balkonkästen mit roten und rosa Hängepelargonien oder Strauchmargeriten.

Schizanthus-Wisetonensis-Hybriden

Spaltblume, »Orchidee des kleinen Mannes«

Die Blätter der Spaltblume dürfen nicht naß werden.

1

Blüten, exotisch wie Orchideen und das gleich straußweise – kein Wunder, daß die Spaltblume so viele Freunde gefunden hat. Während in England gern meterhohe Schaupflanzen gezogen werden, hat man sich im übrigen Europa mehr auf die niedrig und kompakt wachsenden Sorten spezialisiert. Die Blätter der Pflanzen sind frischgrün und wirken beinahe farnartig. Die Grundfarben der gefleckten, getigerten oder getuschten Blüten reichen von Lachs über Hellrosa, Pink, Rot und Burgund bis zu Violett. Bekannte Sorten: 'Hitparade' (25 bis 30 cm), 'Starparade' (20 cm, großblumig), 'Excelsior-Mischung' (40 cm).
Blütezeit: Juli bis September.
Familie: *Solanaceae*, Nachtschattengewächse.
Heimat: Urformen Chile.
Standort: Sonnig.
Substrat: Einheitserde, TKS 2, Balkonblumenerde, lehmig-humose Gartenerde. Kalkliebend.
Einpflanzen: Gekaufte oder selbstgezogene (→ Vermehren) Jungpflanzen mit 30 cm Abstand einsetzen. Nicht zu eng setzen, sonst vergilbt das Laub.
Gießen, Düngen: Stets feucht halten. Nicht übers Laub gießen – Fäulnisgefahr. Wöchentlich düngen.
Weitere Pflege: Vergilbte Blätter und Verblühtes regelmäßig entfernen. Rückschnitt nach der Blüte ermöglicht zweiten Blütenflor.
Überwintern: Entfällt.
Schädlinge, Krankheiten: Weiße Fliege, Grauschimmel.
Vermehren: Durch Samen im März/April bei 16 bis 18 °C Bodenwärme. Jeweils 3 bis 5 Jungpflanzen in einen Topf setzen, damit man buschige Exemplare erhält.
Gestaltungstip: Die Spaltblume paßt sehr schön in runde, ornamentale Schalen oder alte Steinvasen.
Warnung: Die Spaltblume gehört zu den giftigen Nachtschattengewächsen.

Scilla siberica

Blausternchen, Blauglöckchen

Scilla siberica kann man im Frühjahr blühend kaufen.

1

Von den mehr als 80 Arten ist *Scilla siberica* für den Kasten am besten geeignet, vor allem ihre Sorte 'Spring Beauty'. Die Blüten dieser Spielart sind nicht nur besonders groß und strahlend blau, sie schieben sich auch 15 bis 20 cm aus der Zwiebel heraus, während die reine Art nur 8 bis 10 cm hoch wird. *Scilla siberica* wird vorgetrieben und im Frühjahr blühend verkauft.
Blütezeit: Je nach Art und Sorte März bis April.
Familie: *Liliaceae*, Liliengewächse.
Heimat: Mittelrußland bis Kaukasus und Vorderasien.
Standort: Sonnig bis halbschattig. Blühende Pflanzen vor Spätfrösten schützen.
Substrat: Einheitserde, TKS 2, Balkonblumenerde, lehmig-humose Gartenerde.
Einpflanzen: Die Zwiebeln im September in Gruppen in den Kasten pflanzen. Pflanzabstand 10 cm, Pflanztiefe 5 bis 8 cm. Alternative: Bereits vorgetriebene, blühende Pflanzen im Frühjahr einsetzen.
Überwintern: Bepflanzten Kasten frostfrei und dunkel, ab Austrieb heller stellen. Erde nicht austrocknen lassen. Im 2. Jahr selten erfolgreich.
Gießen, Düngen: Bepflanzten Kasten bis zum Austrieb leicht feucht halten. Von Austriebsbeginn an mäßig gießen und einmal düngen. Staunässe vermeiden. Nach dem Abblühen mit Wurzelballen in den Garten setzen und nochmals einmal düngen.
Weitere Pflege: Keine.
Schädlinge, Krankheiten: Selten.
Vermehren: Bei Gefäßkultur nicht möglich. Im Garten läßt sich die reine Art durch Samen, die Sorte 'Spring Beauty' durch Tochterzwiebeln vermehren.
Warnung: Die Zwiebeln und Samen einiger Arten sind giftig. Der Saft kann Hautreizungen hervorrufen.

Senecio bicolor
Silberblatt, Greiskraut, Kreuzkraut, Aschenblume

Das Silberblatt – hübscher Kontrast in Pflanzungen.

Die bei uns einjährig kultivierte, 20 bis 30 cm hohe Pflanze wächst am Heimatstandort halbstrauchig und wird dort 40 bis 80 cm hoch. Sie ist auch unter der alten Bezeichnung *Senecio cineraria* im Handel und fällt durch ihr tief gelapptes oder geschlitztes, silberfilziges Laub auf. Die kleinen gelben Blüten erscheinen bei einjähriger Kultur nicht. Bekannte Sorten sind:

- 'Silverdust,' 20 cm, zierlich belaubt, weißsilbrig.
- 'Diamant', 40 cm, grünsilbrig.
- 'New Look', 30 cm und
- 'Cirrus', 20 cm, beide mit großen, kohlähnlich gebuchteten, etwas bläulich schimmernden Blättern, dicht weißwollig behaart.

Blütezeit: Am Heimatstandort Juli bis September.
Familie: *Compositae*, Korbblütler.
Heimat: Mittelmeergebiet.
Standort: Sonnig und regengeschützt.
Substrat: Einheitserde, TKS 2 oder lehmig-sandige Gartenerde.
Einpflanzen: Gekaufte oder selbstgezogene (→ Vermehren) Jungpflanzen mit 20 bis 30 cm Abstand einsetzen.
Gießen, Düngen: Nur leicht feucht halten und alle 14 Tage düngen.
Weitere Pflege: Keine.
Überwintern: Im Beet in milden Regionen ohne Winterschutz möglich. Im Kasten unüblich.
Schädlinge, Krankheiten: Echter und Falscher Mehltau, Blattflecken, Blattläuse, Minierfliegen.
Vermehren: Durch Samen im März bei 18 °C Bodenwärme.
Gestaltungstip: Am schönsten zusammen mit pastellzarten rosa, weiß und violett blühenden Blumen, zum Beispiel Lobelien, Mittagsblumen, Portulakröschen. Oder – ganz englisch – zusammen mit *Reseda odorata*, *Helichrysum petiolare* 'Aureum' und einigen Lobelien.
Warnung: Die Pflanze enthält giftige Alkaloide.

Tagetes-Hybriden
Studentenblume, Samtblume

Tagetes besitzen sonnigwarme Farben.

Wer sich für *Tagetes* interessiert, dem steht eine große Zahl unterschiedlicher Züchtungen gegenüber. Für die Kultur in Schalen und Kästen eignen sich die 30 cm hohen *Tagetes*-Erecta-Hybriden und vor allem *Tagetes*-Patula-Hybriden, deren Höhe zwischen 20 und 25 cm liegt. Dem Trend zu Wildblumen entspricht die zierliche *Tagetes tenuifolia* mit kleinen, einfachen Blüten, die sich durch reiche, lange Blüte und Unempfindlichkeit gegenüber Regen auszeichnet. Die Blüten sitzen über dem sattgrünen, gefiederten Laub und sind einfach oder gefüllt, leuchtendgelb und orange oder zweifarbig gold- oder braunorange. Die Pflanzen riechen herb.

Blütezeit: Juli bis Oktober.
Familie: *Compositae*, Korbblütler.
Heimat: Urformen Mexiko, Guatemala.
Standort: Sonnig bis halbschattig.
Substrat: Einheitserde, TKS 2, Balkonblumenerde, lehmig-humose Gartenerde.
Einpflanzen: Gekaufte oder selbstgezogene (→ Vermehren) Jungpflanzen mit 15 bis 25 cm Abstand einsetzen.
Gießen, Düngen: Gleichmäßig feucht halten. Wöchentlich düngen.
Weitere Pflege: Verwelkte Blüten entfernen, um die Weiterblüte zu sichern.
Überwintern: Entfällt.
Schädlinge, Krankheiten: Blattläuse, Spinnmilben, Schnecken.
Vermehren: Durch Samen von Januar bis März bei 18 °C Bodenwärme.
Gestaltungstip: *Tagetes* wirken besonders schön in gemischten Farben untereinander oder in Kombination mit blauen Blumen. Sehr gut harmonisieren sie mit Tomaten.
Warnung: Die Pflanzen enthalten Stoffe, die durch Lichteinwirkung Hautreizungen (Photodermatitis) hervorrufen können.

Thunbergia alata

Schwarzäugige Susanne

Die in ihrer Heimat ausdauernde, bei uns einjährig gezogene, sich windende Staude läßt sich leicht selbst heranziehen. Die trichterförmigen Blüten mit dem schwarzen Auge sind goldgelb bis orange und bei der Sorte 'Alba' weiß. Bei Samenmischungen, zum Beispiel 'Susie Mix', kommen auch Blüten ohne Augen vor. Die Blätter sind herzförmig, langgestielt und satt dunkelgrün.

Blütezeit: Mai/Juni bis Oktober.

Familie: *Acanthaceae*, Akanthusgewächse.

Heimat: Südostafrika.

Standort: Sonnig, warm und windgeschützt.

Substrat: Einheitserde, TKS 2 oder lehmig-humose Gartenerde.

Einpflanzen: Gekaufte oder selbstgezogene (→ Vermehren) Jungpflanzen mit 30 bis 40 cm Abstand einsetzen.

Gießen, Düngen: Reichlich gießen, aber Staunässe unbedingt vermeiden. Alle 14 Tage düngen.

Weitere Pflege: Braucht eine Kletterhilfe mit einer rauhen Oberfläche.

Überwintern: Entfällt.

Schädlinge, Krankheiten: Blattläuse, Spinnmilben, Weiße Fliege.

Vermehren: Durch Samen ab Februar bei 18 °C Bodenwärme. Jeweils 3 Samenkörner in einen Topf legen. Jungpflanzen einmal entspitzen, damit sie sich schön verzweigen.

Blüten unter Palmen
An Haltestäben, die rechts und links der Hanfpalme in den Kübel gesteckt wurden, klettert hier die Schwarzäugige Susanne mit üppiger Blütenpracht empor.

Thymophylla tenuiloba

Gelbes Gänseblümchen

Das Gelbe Gänseblümchen – Neuheit aus den USA.

1

Diese goldfarben blühende Verwandte von Strauchmargerite und Spanischem Gänseblümchen gilt noch als Geheimtip unter den neuen Balkonpflanzen. Darum gibt es darüber auch wenig deutschsprachige Literatur. In den USA dagegen gehört die nur 15 cm hohe und stark in die Breite wachsende, einjährige Pflanze zum Standardsortiment. Die Artbezeichnung weist auf das zierliche, fein gelappte Laub hin. Die 2 cm großen Blüten erscheinen zahlreich den ganzen Sommer über.

Blütezeit: Juli bis Oktober.
Familie: *Compositae*, Korbblütler.
Heimat: Südliche USA, Mexiko.
Standort: Sonnig.
Substrat: Einheitserde, TKS 2, Balkonblumenerde, humose Gartenerde.
Einpflanzen: Gekaufte oder selbstgezogene (→ Vermehren) Jungpflanzen mit 20 cm Abstand einpflanzen.
Gießen, Düngen: Mäßig feucht halten und wöchentlich niedrig dosiert düngen.
Weitere Pflege: Verblühtes entfernen.
Überwintern: Entfällt.
Schädlinge, Krankheiten: Echter Mehltau, Blattläuse.
Vermehren: Durch Samen von Februar bis April bei 18 bis 20 °C Bodenwärme.
Gestaltungstip: Das Gelbe Gänseblümchen wirkt besonders hübsch als Ampelpflanze. Im Kasten paßt es sehr schön als hängende Komponente zu Studentenblumen, orangegelben Wandelröschen, gelben Pantoffelblumen, aber auch zu aufrechten gelbroten Pelargonien.

Tradescantia-Andersoniana-Hybriden

Gartentradeskantie, Dreimasterblume, Flinker Heinrich

Die purpurfarbene Tradescantia-Hybride 'Karin'.

Die Gartentradeskantie ist eine enge Verwandte so beliebter Zimmerpflanzen wie Rotblatt *(Setcreasea)* oder Zebrakraut *(Zebrina)*. Sie wächst genauso flink wie diese Blattschönheiten, blüht aber attraktiver. Die hellblauen, rot- oder blauvioletten Blüten der durchschnittlich 50 cm hohen, horstartig bis buschig wachsenden Staude stehen zu 3 oder mehr in Dolden und bilden einen schönen Kontrast zu den schmallanzettlichen, 15 bis 40 cm langen Blättern. Bekannte Sorten: 'C. Weguelin', 'Karminglut' und 'Zwanenburg Blue' (in Staudengärtnereien).

Blütezeit: Mai bis September.
Familie: *Commelinaceae*, Commelinengewächse.
Heimat: Urformen Nordamerika.
Standort: Sonnig bis schattig, eher frischkühl und feucht als heiß und trocken.
Substrat: Einheitserde, lehmig-humose Gartenerde.
Einpflanzen: Gekaufte oder selbstgezogene (→ Vermehren) Jungpflanzen mit 30 bis 50 cm Abstand einpflanzen.
Gießen, Düngen: Während der Wachstumszeit gleichmäßig feucht, aber nicht staunaß halten. Der Ballen darf nicht austrocknen. Alle 4 Wochen düngen.
Weitere Pflege: Keine.
Überwintern: Frei ausgepflanzt winterhart. Zieht im Herbst ein und treibt im Frühjahr wieder aus. Im Gefäß mit Fichtenreisig abdecken. Bei Trockenheit an frostfreien Tagen mäßig gießen. Bei Bedarf im Frühjahr umtopfen.
Schädlinge, Krankheiten: Blattläuse.
Vermehren: Durch Teilen vor dem Umtopfen.
Gestaltungstip: Paßt sehr schön als Randbepflanzung oder Nachbarpflanze zu Wasserpflanzen im Kübel.

Tropaeolum peregrinum

Kanarische Kresse

Kanarische Kresse nur sparsam dosiert düngen.

1

Die Kanarische Kresse ist bei uns beinahe genauso lange bekannt wie die verwandte Kapuzinerkresse. Um die Mitte des 18. Jahrhunderts wurde dieser emsige, am Heimatstandort bis 4 m hohe, einjährige Klettermaxe bereits bei uns eingeführt. Die Stengel sind kahl, die zierlichen Blätter handförmig und 5- bis 7lappig. Einzeln wirken sie im Umriß fast nieren- bis herzförmig oder kreisrund. Die Blattoberseite ist frischgrün, die Unterseite graugrün. Die zahlreichen kleinen, gefransten Blüten sind zitronengelb, rot gepunktet und tragen einen hakenförmig umgebogenen Sporn.
Blütezeit: Juli bis Oktober.
Familie: *Tropaeolaceae*, Kapuzinerkressegewächse.
Heimat: Peru, vermutlich auch Ekuador.
Standort: Sonnig bis halbschattig, warm und windgeschützt.
Substrat: Aussaaterde, TKS 1, lehmig-sandige Gartenerde.
Einpflanzen: Gekaufte oder selbstgezogene (→ Vermehren) Jungpflanzen mit 30 cm Abstand einpflanzen.
Gießen, Düngen: Reichlich gießen und alle 14 Tage niedrig dosiert düngen. Bei zu reicher Ernährung bilden sich mehr Blätter als Blüten.
Weitere Pflege: Für Kletterhilfe (→ Seite 50/51) sorgen.
Überwintern: Entfällt.
Schädlinge, Krankheiten: Blattläuse.
Vermehren: Durch Samen von April bis Mai direkt in den Kasten. Alternative: Ab März im Zimmer vorziehen; dazu jeweils 3 bis 4 Samen in 8-cm-Töpfe säen.
Gestaltungstip: Die Kanarische Kresse eignet sich gut für leuchtend gelbe Blütenwände, die als Sichtschutz sowie Hintergrund für rote oder blaue Blumen dienen können.

Tropaeolum-Hybriden

Kapuzinerkresse

Blätter und Blüten der Kapuzinerkresse sind eßbar.

1

Von der Kapuzinerkresse erfreuen sich vor allem Kreuzungen aus *Tropaeolum majus* und *Tropaeolum peltophorum* größter Beliebtheit. Es wird unterschieden zwischen *Majus*-Sorten mit bis zu 2 m langen Trieben und *Majus-Nanum*- oder 'Tom Thumb'-Sorten, die 25 bis 30 cm hohe, vieltriebige Büsche bilden. In beiden Gruppen gibt es gefüllt und ungefüllt blühende Vertreter. Die Farben variieren zwischen Gelb, Orange, Lachsrosa, Rot und Scharlach, oft sind die Blüten auch orangerot getupft oder geflammt. Die frischgrünen Blätter sind schildförmig.
Blütezeit: Juni/Juli bis Oktober.
Familie: *Tropaeolaceae*, Kapuzinerkressegewächse.
Heimat: Urformen Peru, Kolumbien, Ekuador.
Standort: Sonnig. Bei weniger Licht bilden sich viele Blätter und wenig Blüten.
Substrat: Einheitserde, lehmig-sandige, nährstoffarme Gartenerde. Bei zu fettem Boden übermäßige Blattbildung und wenig Blüten.
Einpflanzen: Gekaufte oder selbstgezogene (→ Vermehren) niedrige Sorten mit 30 bis 50 cm Abstand, hohe Sorten nur 1 Pflanze pro Balkonkasten.
Gießen, Düngen: Reichlich gießen. Überhaupt nicht oder höchstens alle 6 bis 8 Wochen düngen (kein stickstoffbetonter Dünger).
Weitere Pflege: Hohe Sorten, die klettern sollen, brauchen eine Rankhilfe (Maschendraht).
Überwintern: Entfällt.
Schädlinge, Krankheiten: Blattläuse, Spinnmilben.
Vermehren: Durch Samen von April bis Mai direkt in den Kasten. Später vereinzeln. Alternative: Ab März im Zimmer vorkultivieren, dazu jeweils 3 bis 4 Samen in einen 8-cm-Topf geben.

Niedrige Sorten bilden in bauchigen Gefäßen dichte »Blütenkugeln«.

Tulipa
Tulpe

Die botanische Tulipa pulchella 'Persian Pearl'.

Weiße, lilienblütige Hybride 'White Triumphator'.

Im 17. Jahrhundert waren Tulpen so kostbar, daß mancher Haus und Hof verkaufen mußte, um eine ganz bestimmte Tulpenzwiebel zu erwerben. Heutzutage sind Tulpen für jedermann zu erstehen, so manchem Pflanzenliebhaber wird aber durch das Riesenangebot an Züchtungen die Qual der Wahl nicht erspart. Für die Bepflanzung von Kästen und Schalen kommen vorwiegend niedrige Arten und Sorten in Frage, zum Beispiel:

- Einfach blühende, frühe Tulpen, 15 bis 25 cm hoch, Blüten bis zu 12 cm groß, Blütenblätter an den Spitzen mehr oder weniger stark abgerundet, in vielen Farben ein- und mehrfarbig erhältlich, Blätter grün.
- *Greigii*-Hybriden, 20 bis 25 cm hoch, Blüten becherförmig, orange- bis scharlachrot, bei den Hybriden auch gelb-rot gestreift oder rosarot, Blätter braun- oder schwarzgrün gestreift oder gefleckt.
- *Fosteriana*-Hybriden, 15 bis 40 cm hoch, Blüten becherförmig mit kleinem schwarzem, gelb gerandetem Fleck, orange, leuchtend rot, weiß mit gelbem Mittelstreifen.
- *Kaufmanniana*-Hybriden, 20 bis 25 cm hoch, bei der Wildform *Tulipa kaufmanniana* Blüten breitglockig, weit geöffnet, mit zugespitzten, gelben Blütenblättern, deren Außenseite rot überlaufen ist, Blüten der Hybriden in leuchtenden Farben, Blätter purpur gefleckt oder gestreift.
- *Tulipa tarda*, 10 cm hoch, mit 4 bis 8 sternförmigen, weißgelben Blüten pro Stengel, Blätter schmal, mittelgrün. Wird auch unter dem Synonym *Tulipa dasystemon* verkauft.
- *Tulipa linifolia*, 20 cm hoch, signalrote Blüten, frischgrüne Blätter.
- *Tulipa clusiana*, 30 cm hoch, zierliche, spitze, weiß-rot geflammte Blüten, die sich sternförmig öffnen, schmale Blätter.
- *Tulipa pulchella*, 12 cm hoch, Blüten eiförmig, purpurrot, Blätter schmal.

Blütezeit: März, April, Mai je nach Herkunft.
Familie: *Liliaceae*, Liliengewächse.
Heimat: Urformen Klein- und Mittelasien, Turkestan.
Standort: Sonnig. Blühende Pflanzen vor Spätfrösten schützen!
Substrat: Einheitserde, TKS 2, Balkonblumenerde mit Sand, lehmig-humose Gartenerde.
Einpflanzen: Tulpenzwiebeln im Herbst in Gruppen einpflanzen. Pflanzabstand 5 cm, Pflanztiefe 10 cm. Alternative: Einige Hybriden sind im Frühjahr vorgetrieben (blühend oder knospig) erhältlich und können dann gepflanzt werden.
Überwintern: Bepflanzten Kasten frostfrei und dunkel, ab Austrieb heller stellen. Erde nicht austrocknen lassen. Im 2. Jahr meist nicht erfolgreich.
Gießen, Düngen: Bepflanzten Kasten bis zum Austrieb leicht feucht halten. Von Austriebsbeginn an mäßig gießen und einmal düngen. Staunässe vermeiden. Nach dem Abblühen mit Wurzelballen in den Garten setzen und noch einmal düngen.
Weitere Pflege: Blütenreste nach Abfallen der Blütenblätter sofort abschneiden. Samenbildung laugt die Zwiebel aus, die Kraft für die Bildung einer neuen braucht. Sobald diese neue Zwiebel ausgebildet ist, wird das Laub gelb.
Schädlinge, Krankheiten: Selten Pilzkrankheiten.
Gestaltungstip: Besonders hübsch sehen Tulpen in Kombination mit Blausternchen, Hyazinthen und Narzissen aus.
Warnung: Tulpenzwiebeln sind leicht giftig und enthalten Stoffe, die bei empfindlichen Menschen Allergien verursachen können.

Verbena-Hybriden

Balkonverbene, Eisenkraut

Die lackrote 'Salome' wird etwa 30 cm hoch und besitzt ein kleines weißes Auge.

Verbenen gehören zu den beliebtesten Pflanzen im Balkonblumensortiment. Was uns heute in einer berauschenden Farbenvielfalt zur Verfügung steht, ist das Ergebnis zahlreicher Züchtungsbemühungen. Zu den Stammeltern gerechnet werden *Verbena peruviana*, welche die roten Farbtöne liefert sowie *Verbena phlogifolia* und *Verbena incisa*, die rosa und purpurfarbene Nuancen hineinbrachten. Den Duft verdanken die Verbenen *Verbena platensis.* Weitere züchterische Querverbindungen führten zu scharlachroten Farben oder weißen Augen. Die Blüten erscheinen bei den modernen Hybriden in doldenartigen, dichten Ähren. Die Farbskala reicht von Weiß über Lachs, Rosa, Pink, Rot und Purpur bis zu Blau und Violett. Die Blätter sind steif behaart, länglich-eiförmig und am Rande gezackt. Obwohl die Hybriden Erbanlagen für staudigen bis halbstrauchigen Wuchs in sich tragen, werden sie wie Einjährige kultiviert. Unter den zahlreichen Sorten sind die 20 bis 25 cm hohen, entweder aufrecht wachsenden, kriechenden oder leicht überhängenden Vertreter für den Balkon am besten geeignet, zum Beispiel:

- 'Blütenmeer Violett' (Violett-Töne), 30 cm hoch, überhängend.
- 'Novalis' (sämtliche Farbnuancen), 20 cm hoch, aufrecht, kompakt, rundwachsend.
- 'Derby' (sämtliche Farbnuancen), 25 cm hoch, aufrecht wachsend.
- 'Sparkle', 20 cm hoch, aufrecht, kompakt.
- 'Showtime Belle', kleiner als 20 cm, kriechend, purpurrot.

Blütezeit: Juni bis Oktober.
Familie: *Verbenaceae*, Verbenengewächse.
Heimat: Urformen Südamerika.
Standort: Sonnig.
Substrat: Einheitserde, TKS 1, Balkonblumenerde.
Einpflanzen: Gekaufte oder selbstgezogene (→ Vermehren) Jungpflanzen mit 20 cm Abstand einpflanzen.
Gießen, Düngen: Reichlich gießen, aber Staunässe vermeiden. Alle 14 Tage niedrig dosiert düngen. Geringer Nährstoffbedarf.
Weitere Pflege: Verblühtes regelmäßig entfernen.
Überwintern: Entfällt.
Schädlinge, Krankheiten: Echter Mehltau, Blattläuse, Thripse, Spinnmilben, Weiße Fliege.
Vermehren: Durch Samen von Februar bis April bei 18 bis 20 °C Bodenwärme. Achtung: Der Samen keimt oft ungleichmäßig! Die Keimkraft ist nicht sehr hoch.
Gestaltungstip: Die kühlen Töne der Verbenen passen gut zu silbrigen Blatt- oder Blütenpflanzen wie Silberblatt *(Senecio)* oder Salbei (*Salvia farinacea* 'Silber').
Mein Tip: Manchmal findet man im Angebot Hängeverbenen, die unter dem Namen Kleopatra-Verbenen oder Italienische Verbenen angeboten werden. Es handelt sich um Hybriden, die aus *Verbena tenera* hervorgegangen sind. Sie werden 15 bis 30 cm hoch, wachsen staudig bis halbstrauchig und bilden 5 cm große Blütendolden in Purpurrosa. Das Besondere an diesen Pflanzen ist ihre außerordentlich gute Regenfestigkeit. Sie überstehen tagelangen Dauerregen und halten sogar Staunässe aus.

Die Sorten auf den Fotos:
Links: die rosafarbene Hybride 'Delight'.
Oben: die tiefblaue 'Novalis'.

Viola-Wittrockiana-Hybriden

Garten-Stiefmütterchen

Bei der Sortenvielfalt der Stiefmütterchen findet jeder garantiert seine Lieblingsfarbe.

Die zweijährigen Pflanzen werden bei uns bereits seit 1536 kultiviert. Die Kreuzungsarbeit begann in England Anfang des vorigen Jahrhunderts. 1850 waren französische, belgische und deutsche Züchter an der Weiterentwicklung beteiligt. Stammeltern unserer modernen, 15 bis 25 cm hohen, lieblich duftenden Sorten sollen *Viola tricolor*, unser heimisches Feldstiefmütterchen, *Viola lutea*, eine gelbblühende Wildart und *Viola altaica* sein. Zuchtziele waren vor allem große, schöngeformte Blüten, frühe Blütezeiten, reicher Flor, ein gedrungener, geschlossener Wuchs, bessere Winterhärte und robuste Gesundheit. Was heute an verschiedenen Rassen angeboten wird, ist das Ergebnis züchterischer Bemühungen zweier Jahrhunderte und entsprechend reichhaltig. Es gibt frühe und spätblühende, klein- und großblumige, einfarbige, mehrfarbige, geäugte und lasierte (feine Strichelung anstelle des Auges) Sorten. Das Farbenspiel scheint unerschöpflich. Da Pflanzen im September/Oktober und im März/April blühend angeboten werden, kann man bereits im Herbst, bei günstigem Klima bis fast Dezember, Freude an einer farbenfrohen Stiefmütterchenbepflanzung haben. Hauptsaison ist allerdings das Frühjahr. Im Herbst gepflanzte Exemplare können auch im Kasten überwintern, brauchen aber im Frühjahr etwas länger, um wieder in Blühschwung zu kommen. Im Frühjahr angebotene Pflanzen sind je nach Rasse reich mit Knospen besetzt, die mit voller Kraft alle auf einmal aufblühen. Ab Juni werden die Pflanzen dann meist unansehnlich und werden weggeworfen.

Blütezeit: Je nach Rasse im Herbst und Frühjahr.
Familie: *Violaceae*, Veilchengewächse.
Heimat: Urformen: Europa, Sibirien, Altai, Nordafrika.
Standort: Sonnig bis halbschattig.
Substrat: Einheitserde, lehmig-humose Gartenerde.
Einpflanzen: Gekaufte oder selbstgezogene (→ Vermehren) Jungpflanzen mit 10 bis 15 cm Abstand einsetzen.
Gießen, Düngen: In der Wachstumszeit nie austrocknen lassen, aber auch nicht zu naß halten. Alle 2 Wochen düngen.
Weitere Pflege: Verblühtes regelmäßig entfernen.
Überwintern: Im Herbst gepflanzte Stiefmütterchen in klimatisch günstigen Regionen im Freien ohne Winterschutz, eventuell mit etwas Fichtenreisig als Sonnenschutz. In klimatisch ungünstigen Lagen Kasten hell und frostfrei stellen. Wichtig: Die Pflanzen auch im Winter nicht austrocknen lassen. Bei Trockenheit an frostfreien Tagen mäßig gießen.
Schädlinge, Krankheiten: Grauschimmel, Echter und Falscher Mehltau, Blattläuse.
Vermehren: Durch Samen im Juni oder Juli. Aussaatgefäß nicht austrocknen lassen. Wer einen Garten hat, sät ins Frühbeet oder in ein halbschattig gelegenes Beet aus. Die jungen Pflänzchen bleiben den Winter über im Beet und werden im Frühjahr in die Gefäße gepflanzt.
Gestaltungstip: Stiefmütterchen wirken flächig am schönsten. Darum besser eine Gruppe in Schalen mit großem Durchmesser pflanzen, als einzeln in einen schmalen Balkonkasten.
Ganz aktuell sind F_1-Miniatur-*Viola*, zum Beispiel die Sorte 'Alpensommer' mit dreifarbigen dunkel-, hellblau und gelben Blüten, die etwa 2,5 cm groß sind.

Braune und bronzefarbene Töne sind ein beliebtes Züchtungsziel.

Viola-Cornuta-Hybriden
Hornveilchen

Dem Liebreiz der Veilchen kann niemand widerstehen.

Wer das Natürliche, Unaufdringliche liebt, hat seine helle Freude an diesen Veilchen. Die am Heimatstandort 20 bis 25 cm hohe Staude bildet aus einem kriechenden Wurzelstock zahlreiche, meist dreikantige Stengel mit länglich-eiförmigen Blättern. Die violetten Blüten sitzen an einem gebogenen Stiel. Heute werden auf den Blumenmärkten und in Staudengärtnereien fast nur Züchtungen angeboten. Es gibt Sorten von kleinblumigen Typen, die etwa 10 cm hoch werden, sowie Sorten von großblumigen Typen, die 20 cm Höhe erreichen.
Blütezeit: Züchtungen Mai bis September. Die reine Art Juni bis August.
Familie: *Violaceae*, Veilchengewächse.
Heimat: Pyrenäen.
Standort: Sonnig.
Substrat: Einheitserde, lehmig-humose Gartenerde mit etwas Sand.
Einpflanzen: Gekaufte oder selbstgezogene (→ Vermehren) Jungpflanzen mit 10 bis 20 cm Abstand einsetzen.
Gießen, Düngen: In der Wachstumszeit gleichmäßig leicht feucht halten. Staunässe vermeiden.
Weitere Pflege: Keine.
Überwintern: In klimatisch günstigen Regionen im Freien (sonst Kasten hell und frostfrei stellen). Kästen mit Reisig abdecken. Bei Trockenheit an frostfreien Tagen mäßig gießen.
Schädlinge, Krankheiten: Echter und Falscher Mehltau, Rost, Spinnmilben, Blattfleckenkrankheiten.
Vermehren: Durch Samen im Frühjahr bei 18 °C Bodenwärme. Jungpflanzen bei 12 °C kühl halten, damit sie gedrungen bleiben.
Gestaltungstip: Kleinblumige Typen eignen sich gut für flache Schalen oder als Unterpflanzung für höhere Tulpen. Großblumige Sorten sehen hübsch im Balkonkasten aus.

Zinnia elegans
Zinnie

Nicht ganz so häufig – gefülltblühende Zinnien.

1

Zinnien, benannt nach dem Göttinger Botaniker Johann Gottfried Zinn (1727 bis 1759), zählen zu den dankbarsten einjährigen Sommerblumen. Es gibt zahlreiche Sorten mit sehr unterschiedlichen Blütenformen und -farben. In Balkonkästen und Schalen haben sich am besten die neuen, niedrigen und kompaktwachsenden Züchtungen bewährt. Zum Beispiel:

- 'Peter Pan'-Serie (mit Goldmedaillen überhäuft), 30 cm hoch, 8 cm große Blüten in Weiß, Goldgelb, Orange, Lachsrosa, Karmin und Scharlach.
- 'Dreamland'-Zinnien, 20 bis 25 cm hoch, 9 bis 10 cm große Blüten in Cremeweiß, Lachs, Rosa, Hellscharlach, Goldgelb.
- *Zinnia elegans* 'Thumbelina', 15 cm hoch, dahlienförmige Blüten in gemischten Farben.

Blütezeit: Juli bis September.
Familie: *Compositae*, Korbblütler.
Heimat: Mexiko.
Standort: Sonnig, windgeschützt und sehr warm.
Substrat: Einheitserde, TKS 2, Balkonblumenerde, lehmig-sandige Gartenerde.
Einpflanzen: Gekaufte oder selbstgezogene (→ Vermehren) Jungpflanzen mit 15 bis 20 cm Abstand einsetzen. Alle Zinnien-Sorten nicht vor Ende Mai auspflanzen!
Gießen, Düngen: Gleichmäßig leicht feucht, nie naß halten und alle 14 Tage düngen (kein stickstoffbetonter Dünger).
Weitere Pflege: Verblühtes regelmäßig entfernen.
Überwintern: Entfällt.
Schädlinge, Krankheiten: Blattläuse, Spinnmilben, Blattälchen, Schnecken.
Vermehren: Durch Samen von Februar bis Mai bei 20 °C Bodenwärme.
Gestaltungstip: Eine spannungsreiche Kombination sind die rundlichen Formen der Zinnienblüten zusammen mit den spitzen, hoch aufgerichteten Blüten von Salbei und Lavendel.

Briza maxima
Zittergras

Das Zittergras bildet zierliche, zapfenartige Blüten.

1

Der deutsche Name weist auf die zapfenartigen Blütenrispen hin, die an haarfeinen Stielchen hängen und sich beim leisesten Luftzug bewegen. Das Zittergras ist eine einjährige, etwa 40 cm hohe Pflanze mit länglich-spitzen Blatthäutchen und herz-eiförmigen, fünf- bis zwölfblütigen Ährchen. Von den 20 bekannteren Arten besitzt *Briza maxima,* die bei uns bisweilen verwildert vorkommt, die größten Ähren und die etwas später blühende *Briza minima* die kleineren und typisch herzförmigen Ähren.

Blütezeit: Mai bis Juni.
Familie: *Gramineae*, Gräser.
Heimat: Mittelmeergebiet, Kanarische Inseln.
Standort: Sonnig bis halbschattig.
Substrat: Einheitserde, lehmig-humose Gartenerde mit etwas Sand.
Einpflanzen: Gekaufte oder selbstgezogene Jungpflanzen (→ Vermehren) mit 20 cm Abstand ins Gefäß setzen.
Gießen, Düngen: Mäßig gießen, aber nicht völlig austrocknen lassen. Nicht düngen.
Weitere Pflege: Keine.
Überwintern: Entfällt.
Schädlinge, Krankheiten: Selten.
Vermehren: Durch Samen im April, entweder in mehrere kleine Töpfe (günstig für spätere Pflanzkombinationen) oder direkt in Balkonkästen.
Gestaltungstip: Das Zittergras wird für Trockensträuße vor Ausfallen der Samen geschnitten. Es sieht aber auch hübsch aus, wenn man die Blüten an der Pflanze trocknen läßt.

Hordeum jubatum
Mähnengerste

Die Mähnengerste ist mit der Braugerste verwandt.

1

Die Mähnengerste ist ein attraktives Gras, dessen silbrige Grannen im Gegenlicht so bezaubernd aussehen wie die seidige Mähne eines schönen Pferdes. Die im Kasten einjährige, im Freiland bisweilen zwei- bis dreijährige Pflanze wird 40 bis 70 cm hoch. Sie bildet Horste mit bis oben beblätterten, schlanken Halmen. Die 5 bis 12 cm langen Ähren hängen elegant über und fallen besonders durch ihre langen Grannen auf, deren Silberschimmer nach der Spitze hin oft in ein schwaches Violett ausläuft.

Blütezeit: Juni bis August.
Familie: *Gramineae*, Gräser.
Heimat: Nord- und Südamerika, Mexiko, Sibirien.
Standort: Sonnig bis halbschattig.
Substrat: Einheitserde, lehmig-humose Gartenerde mit etwas Sand.
Einpflanzen: Gekaufte oder selbstgezogenen Jungpflanzen (→Vermehren) mit 40 cm Abstand ins Gefäß setzen.
Gießen, Düngen: Mäßig gießen, aber nicht völlig austrocknen lassen. Nicht düngen.
Weitere Pflege: Keine.
Überwintern: Entfällt.
Schädlinge, Krankheiten: Selten.
Vermehren: Durch Samen im April, entweder in mehrere kleine Töpfe (günstig für spätere Pflanzkombinationen) oder direkt in Balkonkästen.
Gestaltungstip: Sehr schön zu niedrigen Sommerblumen mit rundlichen Blütenformen, zum Beispiel *Tagetes*, Zinnien, Zwergringelblumen.

Die Grannen verfärben sich im Herbst rosa.

Lagurus ovatus

Hasenschwanzgras, Sammetgras

Das Sammetgras möchte man ständig streicheln.

1

Die deutschen Namen sind wirklich treffend. Dieses Gras besitzt schmuseweiche Blütenstände und weich behaarte, flache Blätter. Die ein- bis zweijährige Pflanze bildet 20 bis 40 cm breite Horste. Sie ist die einzige Art der Gattung und bei uns bereits seit 1588 in Kultur.
Blütezeit: Juni bis August, bei Frühlingsaussaat meist ab Juli.
Familie: *Gramineae*, Gräser.
Heimat: Mittelmeergebiet, Kanarische Inseln.
Standort: Sonnig.
Substrat: Lehmig-sandige, magere Gartenerde. In nahrhaftem Boden bilden sich weiche Stiele, die leicht umknicken.
Einpflanzen: Gekaufte oder selbstgezogene Jungpflanzen (→ Vermehren) mit 20 cm Abstand ins Gefäß setzen.
Gießen, Düngen: Mäßig gießen, aber nicht völlig austrocknen lassen. Nicht düngen.
Weitere Pflege: Keine.
Überwintern: Entfällt.
Schädlinge, Krankheiten: Selten.
Vermehren: Durch Samen im April, entweder in mehrere kleine Töpfe (günstig für spätere Pflanzkombinationen) oder direkt in Balkonkästen.
Gestaltungstip: Paßt zu Mittagsgold sowie in naturnahe Kästen zusammen mit Kamille, Klatschmohn oder anderen Pflanzen, die magere Böden lieben.

Pennisetum alopecuroides

Federborstengras, Australisches Lampenputzergras

Federborstengras mit Scheinbeere unterpflanzt.

1

Der botanische Name von lateinisch *penna* = Feder und *seta* = Borsten weist auf die flauschigen, braunviolett getönten 15 bis 25 cm langen Ähren hin. *Pennisetum alopecuroides* bildet verholzende Erdstämme und wächst im Garten ausdauernd. Es ist in Staudengärtnereien meist unter der Bezeichnung *Pennisetum compressum* erhältlich. Im Kübel kann es im Freien überwintern.
Blütezeit: August bis Oktober.
Familie: *Gramineae*, Gräser.
Heimat: Asien bis Ostaustralien.
Standort: Sonnig.
Substrat: Einheitserde, Balkonblumenerde, lehmig-humose Gartenerde.
Einpflanzen: Gekaufte Jungpflanzen mit 40 cm Abstand ins Gefäß setzen.
Gießen, Düngen: Reichlich gießen. An heißen Tagen nicht austrocknen lassen. Im Sommer alle 14 Tage düngen.
Weitere Pflege: Keine.
Überwintern: In großen Gefäßen im Freien, mit Reisig bedecken. An frostfreien Tagen mäßig gießen.
Schädlinge, Krankheiten: Selten.
Vermehren: In großen Gefäßen durch Teilen im Frühjahr.
Gestaltungstip: Ähren nicht abschneiden! Sie passen sehr schön zu Herbstfarben und wirken im Winter bei Rauhreif einfach bezaubernd.

An heißen Tagen ist das Federborstengras sehr durstig.

KÜBELPFLANZEN

So vielfältig wie heute war das Pflanzenangebot für große Gefäße noch nie. Zu den Sonnenkindern aus dem Mittelmeerraum, mit denen der Kübelpflanzen-Boom begann, haben sich immer mehr faszinierende Exoten aus Tropen und Subtropen gesellt. Inzwischen haben auch bekannte und beliebte Gartenstauden sowie schwachwurzelnde oder kleinbleibende Gehölze in großen Gefäßen auf Balkon und Terrasse Einzug gehalten.

Die Schmucklilie, Agapanthus praecox, blüht Jahr für Jahr prachtvoller, wenn sie kühl überwintert wird.

Die Engländer nennen sie »half hardy plants« (halbharte Pflanzen) und meinen damit exotische Arten, die in ihrem maritimen Klima einige Minusgrade verkraften, bei den Franzosen heißen sie nach dem historischen Vorbild der berühmten Versailler Orangerie »plantes de l'orangerie« (Orangeriepflanzen). Bei uns spricht man von Kübelpflanzen, weil die ersten Exemplare als Importe aus südlichen Regionen zu uns kamen und wegen mangelnder Winterhärte in beweglichen Gefäßen kultiviert werden mußten. Da es sich um Arten handelte, die am Heimatstandort als Bäume, Sträucher oder hohe Stauden wachsen, kam nur ein größeres Gefäß, eben ein Kübel, in Frage. Die ersten Kübel waren vermutlich halbierte Weinfässer oder andere hölzerne Behälter. Darauf weist zumindest die Herkunft des Wortes hin. Die mittelhochdeutsche Bezeichnung Kübel ist aus dem althochdeutschen *kubil* beziehungsweise der alemannischen Bezeichnung *miluh-chubili* = Milchkübel entstanden, die sich wiederum aus dem lateinischen *cupa* = Faß, Kufe ableiten soll.

Das vielfältige Kübelpflanzen-Sortiment

Die Palette der Kübelpflanzen ist heute so breit wie noch nie. Auf den folgenden 67 Seiten finden Sie neben allen traditionellen Kübelpflanzen von *Abutilon* bis *Yucca*, neben Palmen und Riesengräsern auch exotische Neueinführungen und -züchtungen, die sich für die Kultur in großen Gefäßen bewährt haben. Außerdem die wichtigsten, im Zuge des mobilen Gärtnerns aktuell gewordenen Gartengehölze und -stauden. Sie alle präsentieren sich in unterschiedlichen Wuchs- oder Gestaltungsformen mal als Baum, Strauch oder Kletterer, mal als Hochstamm oder Ampelpflanze.

Die artgerechte Pflege

Kübelpflanzen stammen aus unterschiedlichen Regionen und haben naturgemäß sehr voneinander abweichende Ansprüche. Die folgenden Pflanzenporträts helfen Ihnen, die Pflanze und ihre individuellen Bedürfnisse näher kennenzulernen. Grundsätzlich ist es wichtig zu wissen, welche Bedingungen vom Heimatstandort her eine Kübelpflanze gewohnt ist. Daraus resultieren arteigene Vegetationsrhythmen sowie Ansprüche an Licht, Wasser und Nährstoffe. Auch die Kälteempfindlichkeit hängt mit der Herkunft der Pflanze zusammen und spielt eine Rolle bei der Überwinterung. Bedenken Sie vor dem Kauf der meist nicht gerade preiswerten Kübelpflanzen, ob es sich bei dem Pflegling um eine winterharte Pflanze handelt oder ob Sie ihr ein frostfreies Winterquartier zur Verfügung stellen müssen. Wenn Überwinterung und die Pflege übers Jahr die artspezifischen Bedürfnisse unserer Pflanzengäste erfüllen, werden sie die Heimat nicht vermissen, prachtvoll gedeihen und uns jedes Jahr mit neuer Blütenpracht verwöhnen.

Beliebt und pflegeleicht
Die Engelstrompete zählt neben Oleander, Strauchmargerite und Citrus zu den Lieblingen unter den Kübelpflanzen. Hier die rotblühende Datura sanguinea.

Abutilon

Schönmalve

Rotblühende Abutilon-Hybride 'Feuerglocke'.

Die Schönmalve wird im Kübel bis zu 2 m hoch.

Der botanische Name der Schönmalve leitet sich aus dem Arabische *abu tilun* = indische Malve ab. Die deutsche Bezeichnung verweist auf die auffallende Schönheit der Blüten. Die Schönmalve ist ein reichblühender, straff aufrechter Strauch mit ahornähnlichem Laub, das im Winter nicht abgeworfen wird. Sie kann im Kübel 2 bis 3 m hoch werden. Die Pflanze gehört zu einer 150 Artenn umfassenden Gattung, von der nur wenige Arten als Zimmer- oder Kübelpflanzen in Kultur sind. Am bekanntesten dürften die Sorten von *Abutilon Pictum* sein, besonders die Varietät 'Thompsonii', die vorwiegend mit grüngolden panaschierten Blättern im Handel ist. Diese Goldfleckigkeit wird übrigens durch eine Virusinfektion hervorgerufen, die der Pflanze aber nicht schadet und auch auf andere nicht übergreift. Im Handel sind weiterhin rot-, orange- und gelbblühende Hybriden, die aus Kreuzungen von *Abutilon darwinii* mit *Abutilon pictum* hervorgegangen sind. Besonders beliebt sind Hochstämmchen von *Abutilon megapotamicum*, die oft auf *Abutilon pictum* veredelt werden. Man läßt den Haupttrieb bis zu einer bestimmten Höhe wachsen, schneidet ihn ab, spaltet ihn, steckt ein keilförmig angespitztes Edelreis in den Spalt und tütet die Veredelung in einem Folienbeutel ein, bis sie angewachsen ist.

Blütezeit: Bei hellem Stand ganzjährig. Hauptblüte im Frühjahr und Sommer. Bei hellem Stand blüht Abutilon ganzjährig.
Familie: *Malvaceae,* Malvengewächse.
Heimat: Brasilien.
Standort: Hell, aber vor praller Sonne, Regen und Wind schützen. Die Zweige sind brüchig!
Substrat: Einheitserde, TKS 2 oder Balkonblumenerde.
Gießen, Düngen: Während der Vegetationszeit (März bis Oktober) reichlich gießen, bis August wöchentlich düngen.
Weitere Pflege: Verblühtes und gelbe Blätter regelmäßig entfernen. Bei schlechter Verzweigung Triebe öfter entspitzen.
Überwintern: Hell und kühl um 10 °C. Wenig gießen. Beim Einräumen im Herbst oder beim Ausräumen im Frühjahr um die Hälfte zurückschneiden. Bei Bedarf ab Mitte März umtopfen, heller und wärmer stellen.
Schädlinge, Krankheiten: Weiße Fliege und Blattläuse, Spinnmilben. Bei Dauerregen Grauschimmel der Blüten. *Abutilon* reagiert auf Zugluft, extreme Temperaturschwankungen und Standortwechsel mit Blatt- und Blütenfall, treibt aber rasch wieder durch.
Vermehren: Durch Stecklinge im Frühjahr. Jungpflanzen häufig entspitzen.
Gestaltungstip: *Abutilon*-Hybriden lassen sich leicht zu einem Hochstämmchen (→ Seite 51) erziehen. Sie wachsen so vital, daß sie Erziehungs- und Schnittmaßnahmen gut vertragen. Der Rückschnitt der fertigen Krone kann bei Bedarf sogar bis ins alte Holz erfolgen.

Acer palmatum

Japanischer Ahorn, Fächerahorn, Schlitzahorn

Der Fächerahorn bezaubert durch seine Herbstfärbung.

Der japanische Ahorn ist ein kostbares und dekoratives Gehölz, das nur sehr langsam wächst. Er ist mit frischgrünen 5 bis 7 lapigen Blättern ausgestattet, die je nach Sorte mehr oder weniger tief geschlitzt sind und sich im Herbst rotgolden färben. Neben schwachwüchsigen Sorten von *Acer palmatum* eignen sich für die Gefäßkultur besonders die grazilen 'Dissectum'-Varietäten, Schlitzahorne, die im Kübel 1,5 bis 2 m Höhe und eine Breite von bis zu 2 m erreichen, zum Beispiel:

- 'Ornatum' (syn. 'Dissectum Atropurpureum') mit weinroten, sehr fein und dicht geschlitzten Blättern.
- 'Dissectum Garnet' mit braunrotem Laub.
- 'Dissectum Nigrum' mit dunkel-braunrotem Laub.

Familie: *Aceraceae*, Ahorngewächse.
Heimat: Japan, Korea, China.
Standort: Halbschattig.
Substrat: Leicht saurer Gartenboden, Einheitserde oder ein Gemisch aus halb TKS 2, halb Gartenerde.
Gießen, Düngen: Gleichmäßig feucht halten, nie austrocknen, aber auch keine Staunässe aufkommen lassen. Bis August alle 4 Wochen düngen.
Weitere Pflege: Formschnitt ist möglich, muß aber nicht sein.
Überwintern: Im Freien ohne Winterschutz. Laubabwerfend. An frostfreien Tagen ausgetrocknetes Substrat mäßig gießen. Im Frühjahr oberste Erdschicht erneuern.
Schädlinge, Krankheiten: Trockenschäden und Laubverbrennungen durch zuviel Sonne.
Vermehren: Durch Samen, der im Frühjahr ausgesät wird.
Gestaltungstip: Klassischer Freiland-Bonsai.

Aeonium arboreum

Aeonium, Rosetten-Dickblatt

Bei zu wenig Licht kann diese rote Sorte vergrünen.

Das Rosetten-Dickblatt kann mit seinen saftreichen Blättern am Heimatstandort regenarme Zeiten überstehen. Die Blätter sind rosettenförmig angeordnet und sitzen am Ende der bis zu 90 cm hohen, aufrechten, wenig verzweigten, glatten Stämme. Besonders attraktiv ist die Sorte 'Atropurpureum'. Sie besitzt weinrote Blätter, die allerdings im Winter bei zu wenig Licht vergrünen können. Der interessante, pyramidale Blütenstand erscheint – wenn überhaupt – nur an Pflanzen, die optimal hell stehen.

Blütezeit: Januar bis Februar.
Familie: *Crassulaceae*, Dickblattgewächse.
Heimat: Marokko.
Standort: Hell bis vollsonnig und regengeschützt.
Substrat: Einheitserde mit Lehm und Sand im Verhältnis 2:2:1 oder Kakteenerde.
Gießen, Düngen: In der Wachstumszeit sparsam gießen. Von Mai bis September alle 14 Tage Kakteendünger ins Wasser geben.
Überwintern: Rechtzeitig vor Frosteinbruch und unbedingt mit trockenem Ballen einräumen, sonst Fäulnisgefahr. Hell überwintern bei 10 bis 16 °C, sehr wenig gießen. Bei Bedarf im Frühjahr umtopfen.
Schädlinge, Krankheiten: Nur bei zuviel Wasser, Staunässe und zu warmem Winterstand. Verkahlen von unten ist bei *Aeonium arborescens*, das einen Stamm bildet, arttypisch.
Vermehren: Durch Blattrosetten oder Einzelblätter. Vor dem Stecken in lehmig-sandiges Substrat (Mischung halb Lehm, halb Sand) die Schnittflächen 1 bis 2 Tage antrocknen lassen.
Gestaltungstip: Wirkt sehr schön im Arrangement mit großen Steinen, da es am Heimatstandort Felsen bewohnt.

Agapanthus praecox
Schmucklilie, Liebesblume

Die Schmucklilie blüht nur nach kühler Überwinterung.

Die auf meterhohen Stielen stehenden, blau- bis blauvioletten, seltener weißen Blütendolden machen die Schmucklilie zu einer der auffälligsten Kübelpflanzen. In einer Dolde können sich bis zu 200 Einzelblüten befinden! Die grundständigen Blätter sind riemenförmig, immergrün und stehen in einem dichten Busch zusammen. Kultiviert werden vor allem Hybriden von *Agapanthus praecox* und seinen Unterarten *ssp. minimus, ssp. orientalis* und *ssp. praecox*. Der Name leitet sich aus dem Griechischen *agape* = Liebe und *anthos* = Blume ab.

Blütezeit: Juli bis August/September.
Familie: *Liliaceae*, Liliengewächse.
Heimat: Südafrika.
Standort: Vollsonnig.
Substrat: Gemisch aus lehmiger Gartenerde und Einheitserde oder TKS 2.
Gießen, Düngen: Während der Wachstumszeit reichlich gießen und bis August wöchentlich düngen. Staunässe vermeiden.
Weitere Pflege: Keine.
Überwintern: Hell und sehr kühl (höchstens 8 °C) stellen. Die Pflanze legt im Winter ihre Blüten an und braucht dazu niedrige Temperaturen. Blühfaulheit im Sommer ist fast immer eine Folge zu warmer Überwinterung. Wenig gießen. Das Laub darf aber nicht eintrocknen. Selten (nicht in jedem Frühjahr beim Ausräumen) umtopfen, denn nur gut durchwurzelte, alte Pflanzen blühen reich.
Schädlinge, Krankheiten: Selten. Gefährlich ist für die fleischigen Wurzeln nur Staunässe.
Vermehren: Durch Teilen im Frühjahr. Geht aber auf Kosten des Blütenreichtums.
Mein Tip: Die äußerst kräftigen Wurzeln der Schmucklilie können das Gefäß sprengen. Also keine zu teuren Gefäße nehmen, besser attraktive Übertöpfe wählen.

Agave americana
Amerikanische Agave, Hundertjährige Aloe

Agaven überstehen den Urlaub ohne Pflanzensitter.

Bis der 8 m hohe Blütenstand erscheint, dauert es 30 bis 40 Jahre. Danach stirbt die Pflanze ab, aber nicht ohne zwischenzeitlich für reichlich Nachwuchs gesorgt zu haben. Neben der reingrünen Art gibt es noch Sorten, die gelb oder cremeweiß gestreift oder gerandet sind. Die dickfleischigen Blätter können auch im Kübel mehr als meterlang werden.

Familie: *Agavaceae*, Agavengewächse.
Heimat: Mexiko; in den Tropen, Subtropen und im Mittelmeerraum eingebürgert.
Standort: Sonnig. Verträgt aber auch Halbschatten.
Substrat: Gemisch aus 2 Teilen lehmiger Gartenerde sowie je 1 Teil Einheitserde und Sand.
Gießen, Düngen: Mäßig gießen. Während der Wachstumszeit höchstens 1 bis 2mal Kakteendünger geben. Zu häufige Düngung hat übermäßiges Wachstum zur Folge.
Weitere Pflege: Keine.
Überwintern: Hell bei 5 °C. Selten gießen. Bei Bedarf im Frühjahr umtopfen.
Schädlinge, Krankheiten: Schild- und Wolläuse.
Vermehren: Durch Kindel, die sich reichlich bilden. Auch aus Samen.
Gestaltungstip: Solitärpflanze.
Warnung: Die langen Blätter haben bewehrte Ränder und laufen in harten, nadelfeinen Spitzen aus, an denen man sich schwer verletzen kann. Beim Ein- und Ausräumen zur Sicherheit deshalb Korken auf die Blattspitzen stecken (→ Zeichnung, Seite 29). Wo nur wenig Platz ist oder Kinder spielen, besser auf diese Agaven-Art verzichten.

Albizia julibrissin

Seidenbaum, Schlafbaum

Die Blüten sind so weich wie ein Kosmetikpinsel.

Ältere Exemplare dieses Baumes überstehen problemlos – 10 °C. Die gefiederten Blätter falten sich abends in Schlafstellung zusammen und werden im Winter abgeworfen. Die zu einer Rispe zusammengesetzten, duftenden Blüten wirken durch ihre lang herausragenden, zartrosa Staubblätter wie ein Kosmetikpinsel. Der Schlafbaum wird im Kübel etwa 2 bis 3 m hoch. Wesentlich kleiner bleibt die Sorte 'Rosea'. Sie ist besonders frosthart und hat karmesinrote Staubfäden.

Blütezeit: Juli bis September.

Familie: *Leguminosae*, Hülsenfrüchtler.

Heimat: Subtropisches Asien, vom Iran bis Japan, Abessinien, Zentralchina.

Standort: Sonnig und heiß. Ein heißer Sommer und ein trockener Herbst begünstigen die Holzreife, Voraussetzung für die nächstjährige Blüte.

Substrat: Gemisch aus Einheitserde oder TKS 2 mit etwas Gartenerde.

Gießen, Düngen: Im Sommer gleichmäßig feucht halten. Bis Ende Juli wöchentlich düngen.

Weitere Pflege: Seitentriebe entfernen, damit sich eine schöne Krone entwickelt.

Überwintern: Muß erst eingeräumt werden, wenn die Temperatur unter – 5 °C fällt. Kann bei 2 bis 8 °C hell oder dunkel überwintert werden. Regelmäßig alte Blätter entfernen. Selten gießen. Ab März bei Bedarf umtopfen.

Schädlinge, Krankheiten: Manchmal treten Schildläuse auf.

Vermehren: Durch Samen.

Gestaltungstip: Besitzer eines frostfreien Wintergartens können auch *Albizia lophantha* halten. Sie blüht von März bis Mai mit cremegelben, bis zu 8 cm langen Blütenständen und behält bei hellem Winterstandort ihre Blätter. Beide Arten sind bonsaigeeignet.

Aloysia triphylla

Zitronenstrauch

Der Zitronenstrauch gehört in jede Duftpflanzen-Ecke.

Vielen ist dieser Strauch unter seiner früheren Bezeichnung *Lippia citriodora* bekannt, der auf den herrlichen Zitronenduft der Blätter und Blüten hinweist. Letztere sind unscheinbar, blaßlila gefärbt und erscheinen in achselständigen Ähren oder endständigen Rispen. Die frischgrünen Blätter sind auf der Rückseite drüsig gepunktet und verströmen beim Zerreiben einen herrlich erfrischenden Zitronenduft. Die getrockneten Blätter sind unter der Bezeichnung *Herba verbenae odoratae* vor allem in Frankreich als Verveine-Tee bekannt. Man verwendet sie außerdem in der Parfüm- und Kosmetikindustrie.

Der Zitronenstrauch wächst im Kübel etwa 1 m hoch. Da er mit zunehmendem Alter etwas sparrig wird, sollte man rechtzeitig für Jungpflanzen sorgen.

Blütezeit: Juli bis September.

Familie: *Verbenaceae*, Verbenengewächse.

Heimat: Südamerika.

Standort: Hell und sonnig.

Substrat: Einheitserde oder TKS 2 mit etwas Lehm.

Gießen, Düngen: Während der Wachstumszeit (bis August) reichlich gießen und alle 2 Wochen düngen.

Weitere Pflege: Keine.

Überwintern: Bei 3 bis 10 °C hell oder dunkel überwintern. Laubabwerfend, deshalb alte Blätter regelmäßig entfernen. Selten gießen. Im März um die Hälfte zurückschneiden, den alten Ballen ausschütteln und in neues Substrat topfen.

Schädlinge, Krankheiten: Selten.

Vermehren: Durch Stecklinge, die innerhalb von 3 bis 4 Wochen bewurzeln. Mehrfach entspitzen, damit die Pflanze buschig wird.

Im 19. Jahrhundert fehlte die nach einer Prinzessin von Parma benannte Aloysia in keiner Orangerie. Heute ist sie eine vielbegehrte Rarität.

Anisodontea capensis

Scheinmalve, Kap-Malve, Echtes Fleißiges Lieschen

Die Scheinmalve ist ein kleines Blühwunder.

Der etwa 1 m hohe, leicht klebrige Strauch gehört zur südafrikanischen Flora, worauf auch die überholten botanischen Namen wie *Malva capensis* oder *Malvastrum capense* (Kap-Malve) hinweisen. Die Scheinmalve blüht überreich. Ihre Einzelblüten sind klein und dunkelrosa. Sie erscheinen bei guter Pflege den ganzen Sommer über und in großen Mengen. Die Blätter ähneln denen von *Abutilon*, sind aber mit 3 cm Länge etwas kleiner.

Blütezeit: Juni bis September.

Familie: *Malvaceae,* Malvengewächse.

Heimat: Südafrika.

Standort: Sonnig.

Substrat: Einheitserde, TKS 2 oder Balkonblumenerde.

Gießen, Düngen: In der Wachstumsphase leicht feucht halten und bis August alle 14 Tage düngen. Vorübergehende Trockenheit (Urlaub) wird vertragen.

Weitere Pflege: Verblühte Triebe abschneiden, das fördert die Nachblüte.

Überwintern: Hell und bei 8 bis 12 °C. Nur so viel gießen, daß die Pflanze nicht austrocknet. Im Frühjahr zurückschneiden und in neues Substrat topfen.

Schädlinge, Krankheiten: Weiße Fliege.

Vermehren: Durch Samen oder Kopfstecklinge bei 20 °C Bodenwärme.

Gestaltungstip: Die Scheinmalve kann zur buschigen Topfpflanze, zu einer Pyramide oder zu einem Hochstämmchen gezogen werden.

Arbutus unedo

Erdbeerbaum

Die Blüten des Erdbeerbaums erscheinen im Winter.

Der Erdbeerbaum ist ein winterblühender, immergrüner Strauch, der auch im Sommer durch seine verkehrt-eiförmigen Blätter (die oberseits glänzend grün und unterseits mattgrün sind), jederzeit eine attraktive Kübelpflanze ist.

Blütezeit: November bis März, zusammen mit der Fruchtreife.

Familie: *Ericaceae,* Heidekrautgewächse.

Heimat: Mittelmeerraum.

Standort: Hell bis halbschattig und windgeschützt.

Substrat: Einheitserde, TKS 2 oder Balkonblumenerde.

Gießen, Düngen: Während der Wachstumszeit reichlich gießen. Austrocknen, aber auch Staunässe vermeiden! Bis August wöchentlich düngen.

Weitere Pflege: Keine.

Überwintern: Der Erdbeerbaum verträgt kurzfristig bis zu – 5 °C, kann also spät eingeräumt werden. Hell bei 2 bis 8 °C stellen. Ballen nicht völlig austrocknen lassen. Bei Bedarf im Frühjahr umtopfen. Schon im Februar sehr hell stellen, da der Neuaustrieb früh beginnt.

Schädlinge, Krankheiten: Spinnmilben.

Vermehren: Durch Kopfstecklinge, die bereits als junge Pflanzen blühen und fruchten.

Warnung: Ungeklärt ist bislang, ob der Erdbeerbaum nicht – wie viele Heidekrautgewächse – Giftstoffe enthält.

Die Früchte ähneln Erdbeeren.

Aristolochia macrophylla
Pfeifenwinde, Pfeifenblume

Autoabgase machen diesem Kletterer nichts aus.

Diesem hoch- und linkswindenden Schlinger kann man die Wünsche an den Blättern ablesen. Sie sitzen an grünlichen, 5 bis 10 m langen Trieben, sind sattgrün, bis 30 cm groß und fühlbar weich. Das bedeutet: Die *Aristolochia* verträgt keine pralle Sonne und braucht bei so großen Verdunstungsflächen viel Wasser.
Der deutsche Name stammt von den unscheinbaren, aber sehr interessanten pfeifenkopfartigen Einzelblüten, die Insektenfallen sind. Aus ihnen entstehen 10 cm lange Fruchtkapseln.
Blütezeit: Juni bis Juli.
Familie: *Aristolochiaceae*, Osterluzeigewächse.
Heimat: Nordamerika.
Standort: Schattig bis halbschattig und windgeschützt.
Substrat: Einheitserde, TKS 2, lehmig-humose Gartenerde.
Gießen, Düngen: In der Wachstumszeit reichlich gießen. Junge Pflanzen 2 bis 3mal, ältere 2mal düngen.
Weitere Pflege: Für eine Kletterhilfe (Spanndraht, Spalier) sorgen.
Überwintern: Im Freien ohne Winterschutz. Laubabwerfend. Bei Trockenheit an frostfreien Tagen mäßig gießen.
Schädlinge, Krankheiten: Selten.
Vermehren: Gärtnersache.
Gestaltungstip: Die großen Blätter der *Aristolochia* überlappen sich dachziegelartig und bieten einen undurchdringlichen Sichtschutz. Die Pflanze wächst auch in der Stadt problemlos.

Aucuba japonica
Aukube

Die Aukube erkennt man am goldgefleckten Laub.

Anspruchslos, robust und besonders dekorativ – diese Eigenschaften machen die Aukube zu einer Kübelpflanze, die man nur empfehlen kann. Die meist elliptisch zugespitzten, immergrünen dicken und ledrigen Blätter sind bei der Art grün, bei vielen Sorten goldgefleckt oder -gepunktet. Die rötlichen Blüten erscheinen im Frühjahr und sind unscheinbar. Hohen Zierwert besitzen vor allem die leuchtend roten Beeren. Als wertvollste Sorten gelten die zwittrige, gefleckte 'Crotonifolia' und die ebenfalls zwittrige, grünblättrige 'Rozannie'. Da die meisten Aukuben zweihäusig sind, braucht man normalerweise für den Fruchtansatz eine männliche und eine weibliche Pflanze.
Blütezeit: März bis April.
Familie: *Cornaceae*, Hartriegelgewächse.
Heimat: Himalaja bis Japan.
Standort: Halbschattig bis schattig. Vor anhaltendem Regen schützen.
Substrat: Lehmige Gartenerde.
Gießen, Düngen: In der Wachstumszeit reichlich gießen und bis August alle 4 Wochen düngen. Den Ballen nicht austrocknen lassen.
Weitere Pflege: Keine.
Überwintern: Verträgt im Kübel kurzzeitig bis – 5 °C, kann spät ein- und bereits im April wieder ausgeräumt werden. Sehr kühl (um 0 °C) und hell stellen. Die Pflanze behält ihr Laub. Sparsam gießen. Bei Bedarf im Frühjahr umtopfen.
Schädlinge, Krankheiten: *Ascochyta* durch Dauernässe, schwarze Blattflecken bei zu dunkler und warmer Überwinterung. Auf Schildläuse achten!
Vermehren: Durch halbreife Stecklinge im Frühjahr und Sommer.
Mein Tip: Die Aukube ist abgasresistent, eignet sich also gut für Balkone oder Terrassen an lebhaften Straßen.
Warnung: Die Beeren enthalten Triterpensaponine und sind leicht giftig.

Berberis
Berberitze

Die immergrüne Kissen-Berberitze, Berberis candidula.

Die Gattung umfaßt etwa 190 Arten laubabwerfender und immergrüner, dornenbewehrter Sträucher vom Zwergstrauch bis zum Großstrauch. Für die Kübelkultur eignen sich:

- *Berberis buxifolia* 'Nana', Polster-Berberitze: flachwurzelnd, dichtbuschig, 40 bis 60 cm hoch, immergrüne stachelspitze Blätter, orangegelbe Blüten.
- *Berberis candidula,* Kissen-Berberitze: flachwurzelnd, halbkugelig, breitbuschig, 50 bis 80 cm hoch, immergrüne Blätter mit weißer Unterseite, goldgelbe Blüten.
- *Berberis thunbergii* 'Atropurpurea Nana', Rote Hecken-Berberitze: flachwurzelnd, aufrecht, breit ausladend, 30 bis 60 cm hoch, purpurbraune Blätter, im Herbst leuchtend rot, gelbliche Blüten, korallenrote Früchte.

Blütezeit: Frühjahr.
Familie: *Berberidaceae*, Sauerdorngewächse.
Heimat: Südamerika *(Berberis buxifolia)*, China *(Berberis candidula)*, Japan *(Berberis thunbergii)*.
Standort: Sonnig bis halbschattig.
Substrat: Alle Bodenarten möglich.
Gießen, Düngen: In der Wachstumszeit mäßig gießen und bis August alle 4 Wochen düngen.
Weitere Pflege: Rück- und Formschnitt von Frühjahr bis Herbst möglich.
Überwintern: Im Freien ohne Winterschutz. Bei Trockenheit an frostfreien Tagen gießen.
Schädlinge, Krankheiten: Raupen, Blattläuse, einige Arten auch Mehltau.
Vermehren: Durch Samen oder Stecklinge.
Gestaltungstip: Die Rote Berberitze ist eine wunderschöne Hintergrundpflanze für goldfarbene und blaue Blumen, die Polster-Berberitze läßt sich in jede Form trimmen. Bonsaigeeignet.
Warnung: An den nadelfeinen Dornen kann man sich verletzen.
Die Früchte enthalten leicht giftige Alkaloide.

Bougainvillea
Bougainvillee

Was wie Blüten aussieht, sind nur Hochblätter.

Heimat der Bougainvilleen ist das südamerikanische Hochland, wo sie der französische Admiral Louis Antoine de Bougainville (1729–1811) entdeckte und nach Europa brachte. Bougainvilleen gehören zu den Wunderblumengewächsen und ein Wunder erlebt man bei ihnen in der Tat: Das, was die meisten als leuchtend-bunte Blüten betrachten, sind gar keine, sondern Hochblätter, die den unscheinbaren, cremefarbenen Blüten die Schau stehlen.
Von den zahlreichen Arten und Sorten des Kletterstrauches kommen für die Kübelpflanzenkultur vor allem die rosaviolette *Bougainvillea glabra* und ihre Varietäten 'Sanderiana' und 'Alexandra' in Frage. Sie können auch im Kübel bis 3 m hoch werden. Voraussetzung für einen prachtvollen Flor ist ein heißer, sonniger Sommer. Neben diesen beiden bekannten Spielarten im typischen Bougainvilleen-Lila überrascht der tropische Kletterer aber auch noch mit anderen Farben. Bei den *Bougainvillea*-Hybriden finden wir Spielarten mit weißen, gelben, orangefarbenen, blutrot- und ziegelroten Tönen. Bisweilen mischen sich die Farben auch untereinander. In Indien und Kalifornien soll es Hunderte von Zuchtformen geben! Sie alle sind durch Kreuzung verschiedener Arten entstanden und werden als *Bougainvillea* x *buttiana* bezeichnet.
Interessant ist, daß die roten Hochblätter als spontane Veränderungen im Erbgefüge reinweißer Sorten auftreten. Wer diese zweifelsohne interessanten Hybriden hält, muß wissen,

Farbenfrohe Arten und Sorten auf dem Foto:
1 Bougainvillea 'California Gold'.
2 Bougainvillea glabra.
3 Bougainvillea spectabilis.
4 Bougainvillea 'Jamaica White'.

daß sie nicht so robust wie die Sorten der *Bougainvillea glabra* sind. Gärtner empfehlen sie hauptsächlich für den Wintergarten.
Blütezeit: April bis Juni, wegen der bei uns ungünstigen Licht- und Temperaturverhältnisse im Frühjahr aber meist später.
Familie: *Nyctaginaceae,* Wunderblumengewächse.
Heimat: Brasilien.
Standort: Vollsonnig, warm, windgeschützt.
Substrat: Einheitserde.
Gießen, Düngen: In der Wachstumszeit reichlich gießen, aber Staunässe unbedingt vermeiden! Bis August wöchentlich düngen. Hoher Nährstoffbedarf.
Weitere Pflege: Für stabile Kletterhilfe (Spalier, Gerüst) sorgen. Allzu üppigen Wuchs mit der Schere im Zaum halten.
Überwintern: Hell und kühl (8 bis 10 °C). Mit abgetrocknetem Wurzelballen einräumen. Zu lange Triebe zurückschneiden. Sobald das Laub fällt, nicht mehr gießen und kalte Füße unbedingt vermeiden, da sonst die Wurzeln faulen. Abgeworfenes Laub regelmäßig entfernen. Alle 2 bis 4 Jahre im Frühjahr in neues Substrat topfen. Um möglichst früh Blüten zu erhalten, Pflanze im März an einem sonnigen Fenster antreiben.
Schädlinge, Krankheiten: Blattläuse.
Vermehren: Durch halbreife Kopfstecklinge im Frühjahr oder Sommer (schwierig).

Gruß aus der Toskana
So prächtig wie am Heimatstandort können sich Bougainvilleen auch bei Ihnen entfalten – viel Sonne und Wärme sowie reichlich Nährstoffe vorausgesetzt.

Buxus sempervirens 'Suffruticosa'

Einfassungs-Buchsbaum

Klassisch – der Einfassungsbuchs als Kugel.

Etwas für Gestaltungskünstler – Buchs als Vogel.

Der maximal bis zu 1 m hohe Kleinstrauch ist dichtbuschig und besitzt immergrüne, verkehrt-eiförmige oder eiförmige glänzend-dunkelgrüne Blätter. Sie riechen vor allem bei warmem Wetter sehr streng. Einen bitter-aromatischen Duft verströmen dagegen die in Büscheln stehenden, blaßgelben Blütchen. Wesentlich höher wird der robuste *Buxus sempervirens var. arborescens,* der ebenfalls im Kübel gehalten werden kann.
Buchs ist neben der Eibe die klassische Pflanze für den Formschnitt, der schon bei den Römern, vermutlich noch früher, praktiziert wurde. Im Mittelalter wurde die Kunst wiederbelebt, war im 16. Jahrhundert groß in Mode, setzte sich erneut im 19. Jahrhundert durch und erlebt heute ein Comeback.
Bei den Franzosen hat das Schneiden ornamentaler Beeteinfassungen, bei den Engländern das Formieren von Buchs zu allen möglichen Gestalten eine lange Tradition. Bekannt sind Spiralformen, Kugeln, Kegel, Pyramiden, Pilze, Hochstämme und Buchsbaum-Skulpturen wie Hühner, Schwäne und Hasen. Da Buchs langlebig ist, kann man die geschnittenen Pflanzen ruhig in wertvolle, alte Gefäße setzen. Sie sollten wegen der Überwinterung jedoch unbedingt frostbeständig sein.

Blütezeit: März/April.
Familie: *Buxaceae,* Buchsbaumgewächse.
Heimat: Südwesteuropa, Nordafrika, Westasien.
Standort: Sonnig bis schattig.
Substrat: Neutraler bis kalkhaltiger Gartenboden, Einheitserde.
Gießen, Düngen: In der Wachstumszeit gleichmäßig feucht halten. Buchs verträgt aber kurzfristig Trockenheit. Von Mai bis August monatlich düngen.
Weitere Pflege: Rückschnitt besonders günstig um Ende Juni, auch im März. Leichter Schnitt bei schon geformten Pflanzen ist mehrmals während der ganzen Wachstumszeit möglich.
Überwintern: Im Freien ohne Winterschutz, aber vor Sonne schützen. Bei Trockenheit an frostfreien Tagen mit handwarmem Wasser gießen.
Schädlinge, Krankheiten: Buchsbaumfloh und Buchsbaumgallmücke, meist aber nur bei extrem trockenem Stand. Schildläuse.
Vermehren: Durch Teilen (leicht); Teilstücke tiefer als zuvor pflanzen. Auch durch Stecklinge im März oder August (langwierig).
Mein Tip: Besonders viele und schöne Buchs-Schnittformen in Töpfen kann man in Walda Pairons Giardini in Kalmthout-Heide (Belgien) bewundern und kaufen.
Gestaltungstip: Der Buchs ist eine klassische Pflanze für den Formschnitt (→ Seite 50). Bonsaigeeignet.
Warnung: Alle Pflanzenteile, besonders aber die Blätter, enthalten hochgiftige Alkaloide.

Höher wachsender Buchs läßt sich auch als Spirale gestalten.

Calliandra tweedii
Flammenbusch

Die Calliandra ist manchmal launisch im Blühen.

Von den 120 Arten, die hauptsächlich im tropischen und subtropischen Amerika beheimatet sind, ist die immergrüne *Calliandra tweedii* als Kübelpflanze am bekanntesten geworden. Wie aus dem botanischen Namen hervorgeht, handelt es sich um einen äußerst attraktiven Strauch (griechisch: *kallos* = Schönheit und *andros* = des Mannes). Die dünnen, biegsamen Zweige hängen elegant über. Die roten, bis zu 7 cm breiten Blüten bestehen aus einer seidenhaarigen Blütenhülle mit langen, purpurroten Staubblättern und erscheinen von Frühjahr bis Herbst.

Blütezeit: April bis Oktober.
Familie: *Leguminosae*, Hülsenfrüchtler.
Heimat: Brasilien.
Standort: Sehr hell und warm.
Substrat: Einheitserde.
Gießen, Düngen: In der Wachstumszeit mäßig gießen und bis Ende Juli alle 14 Tage düngen. Staunässe vermeiden!
Weitere Pflege: Keine.
Überwintern: Die *Calliandra* verträgt keine Kälte. Darum schon Ende September einräumen. Das Winterquartier sollte hell sein mit Temperaturen von 12 bis 15 °C. Ab und zu gießen. Im März zurückschneiden und bei Bedarf umtopfen. Achtung: Zurückgeschnittene Pflanzen blühen später.
Schädlinge, Krankheiten: Blattläuse bei zu warmem, lufttrockenem Winterstand.
Vermehren: Durch Samen oder Kopfstecklinge bei 20 bis 25 °C Bodenwärme.
Mein Tip: Attraktive Alternative für den temperierten Wintergarten: Die von Oktober bis März lachsfarben blühende *Calliandra haematocephala* mit sehr auffälliger metallischgrüner Belaubung. Bonsaigeeignet.

Callistemon citrinus
Schönfaden, Zylinderputzer

Der Schönfaden verträgt kein hartes Wasser.

Zauberhafte Blüten mit langen, meist roten Staubfäden, die flaschenbürstenartig dicht um die Zweige gestellt sind, machen diesen Strauch unverwechselbar. Die immergrünen, steifen Blätter sind lanzettlich und bis 7 cm lang. Der Zylinderputzer wächst auch im Kübel relativ schnell und kann bis zu 3 m hoch werden. Im Handel sind sehr unterschiedlich wachsende Typen.

Blütezeit: Juni bis Juli. Manche Exemplare blühen zweimal.
Familie: *Myrtaceae*, Myrtengewächse.
Heimat: Südostaustralien.
Standort: Sehr hell bis vollsonnig.
Substrat: Rhododendronerde.
Gießen, Düngen: In der Wachstumszeit reichlich gießen. Staunässe und kalkhaltiges Wasser vermeiden. Von Mai bis August wöchentlich Rhododendrondünger geben.
Weitere Pflege: Zu lange Triebe nach der Blüte zurückschneiden.
Überwintern: Jungpflanzen vor dem ersten Frost einräumen, ältere vertragen leichte Minusgrade. Hell und kühl (bei 5 bis 10 °C) halten. Etwa alle 4 Wochen gießen, den Ballen nicht austrocknen lassen. Im Frühjahr umtopfen.
Schädlinge, Krankheiten: Schildläuse bei zu warmem, dunklem Winterstand oder am Sommerplatz durch andere schildlausbefallene Pflanzen. Wachstumsstörungen durch zu hartes und kaltes Gießwasser.
Vermehren: Durch Samen oder Kopfstecklinge bei 20 bis 25 °C Bodenwärme. Jungpflanzen öfter stutzen, damit sie sich schön verzweigen.
Gestaltungstip: Der *Callistemon* paßt gut in eine Sammlung von Myrtengewächsen (Eukalyptus, Brautmyrte, Eisenholzbaum, Kirschmyrte, Südseemyrte) oder in ein mediterran gestaltetes Umfeld.

Die Blüten ähneln Flaschenbürsten oder Zylinderputzern.

Camellia

Kamelie, Teestrauch

Aus den Blättern des Teestrauchs wird Tee gewonnen.

Der bei uns selten blühende Teestrauch *(Camellia sinensis)* und die vom Spätherbst bis zum Frühjahr blühenden Kamelien *(Camellia japonica)* sind eigentlich Wintergarten- beziehungsweise Zimmerpflanzen. Ein Sommerplatz im Freien kann sich für sie aber sehr positiv auswirken: Einmal sind die Licht- und Luftfeuchteverhältnisse häufig besser als drinnen, zum anderen begünstigt die sommerliche Wärme bei Kamelien die Anlage der Blütenknospen, während die spätsommerliche nächtliche Abkühlung die Knospenreife fördert.

Blütezeit: Winter und Frühjahr.

Familie: *Theaceae*, Teegewächse.

Heimat: China, Assam, Burma (Teestrauch), Japan, Korea, Taiwan, Riukiu-Inseln (Kamelien).

Standort: Hell bis halbschattig.

Substrat: Anzuchterde.

Gießen, Düngen: Ganzjährig mäßig feucht halten. Kein hartes Wasser verwenden. Sobald bei Kamelien im Sommer die Blütenknospen erscheinen, Gießen reduzieren.
Bis Ende Juli wöchentlich Azaleendünger geben.

Weitere Pflege: Keine.

Überwintern: Vor den Nachtfrösten hereinholen. Bis zum Öffnen der Blüten möglichst nicht über 12 °C und während der Blüte nicht wärmer als 15 °C halten. Blätter und Knospen öfter einsprühen. Sehr wenig gießen. Bei Bedarf nach der Blüte (bis spätestens Juli) umtopfen.

Schädlinge, Krankheiten: Läuse, Rußtau, Laubfall nach zu warmer Überwinterung oder durch falsche Sommerpflege. Bei Kamelien Knospenfall durch zu hohe Temperaturen oder Drehen der Pflanze nach dem Knospenansatz, zu trockene Erde, Staunässe oder zu hartes Wasser.

Vermehren: Durch knospenlose Kopfstecklinge im August.

Gestaltungstip: Bonsaigeeignet.

Campsis radicans

Trompetenblume

Die Trompetenblume blüht ohne Unterbrechung.

Vitaler, blühfreudiger Kletterstrauch, dessen orangefarbene Blüten zu 4 bis 12 in endständigen Büscheln sitzen und weithin leuchten. Die Trompetenblume klettert mit Haftwurzeln selbst an Mauern und Wänden empor und wird frei ausgepflanzt 5 bis 10 m hoch, im Kübel etwa 2 bis 3 m. Das Laub ist hellgrün und gefiedert.
Im Handel sind:

- *Campsis radicans.*
- Die gelbblühende Sorte 'Flava'.
- *Campsis grandiflora,* die etwas kleiner bleibt und nur wenige Haftwurzeln besitzt.
- *Campsis* x *tagliabuana,* eine Kreuzung aus *Campsis radicans* und *Campsis grandiflora.* Sie wächst mehr strauchig und etwas wirr, blüht aber bereits als junge Pflanze sehr reich.
- Die feuerrot blühende Sorte 'Madame Galen', die besonders bekannt ist.

Blütezeit: Juli bis September.

Familie: *Bignoniaceae,* Bignoniengewächse.

Heimat: USA.

Standort: Sonnig und windgeschützt.

Substrat: Einheitserde, lehmig-humose Gartenerde.

Gießen, Düngen: In der Wachstumszeit reichlich gießen und bis August wöchentlich düngen.

Weitere Pflege: Abgeblühte »Trompeten« regelmäßig entfernen.

Überwintern: Mit Winterschutz (→ Seite 28/29) im Freien. An frostfreien Tagen mäßig gießen. Im Februar alle Triebe, die geblüht haben, auf wenige Augen zurück- und eventuell erfrorenes Holz ausschneiden. Die Trompetenblume blüht an den neuen Trieben, also am diesjährigen Holz.

Schädlinge, Krankheiten: Blattläuse an den Blütenknospen. Spinnmilben.

Vermehren: Durch halbreife Stecklinge im August.

Gestaltungstip: Unterpflanzen Sie die orangefarbene Trompetenblume, die einen schattigen Fuß liebt, mit dunkelblauen Lobelien.

Canna-Indica-Hybriden

Indisches Blumenrohr

Das Indische Blumenrohr braucht reichlich Wasser.

Die exotisch und üppig wirkenden Pflanzen werden seit etwa 1840 züchterisch bearbeitet und sind je nach Sorte zwischen 30 und 200 cm hoch. Die Palette der Blütenfarben reicht von Weiß über Gelb, Orange, Lachs, Rosa bis zum tiefen Rot, außerdem gibt es zweifarbige Spielarten. Die sattgrünen, bei manchen Sorten auch rotbraunen Blätter bilden einen schönen Kontrast zu den farbstarken Blüten. Für die Kübelkultur eignen sich niedrige Varietäten am besten, zum Beispiel 'Lucifer' und 'Prinz Carneval' (beide gelb-rot geflammt), 'Puck' (gelb) und 'Alberich' (rot).

Blütezeit: Juni bis Oktober.

Familie: *Cannaceae*, Cannagewächse.

Heimat: Urformen Westindien, Mittel- und Südamerika sowie südliche USA.

Standort: Vollsonnig.

Substrat: Einheitserde, TKS 2 mit Gartenerde, Balkonblumenerde.

Gießen, Düngen: Ab April/Mai reichlich gießen und bis August wöchentlich düngen. Erde nie austrocknen lassen.

Weitere Pflege: Verblühtes entfernen, damit der Flor nicht unterbrochen wird.

Überwintern: Wenn die ersten Fröste das Laub vernichtet haben, kahle Triebe auf 5 cm zurückschneiden. Knollige Rhizome herausnehmen, abtrocknen lassen und in trockenem Torf oder Sand einschlagen. Bei 8 bis 10 °C dunkel überwintern. Im März herausnehmen, eintopfen und warm antreiben. Bei Austrieb heller stellen und gießen.

Schädlinge, Krankheiten: Rhizomfäule bei zu feuchter Überwinterung.

Vermehren: Durch Teilen der Rhizome im Frühjahr. Teilstücke sollten 3 bis 5 Augen haben.

Capparis spinosa

Echter Kapernstrauch

Seine Knospen werden als Kapern eingelegt.

Felsen und Mauern sind das Domizil dieses Strauches. Seine bis zu 1 m langen, herabhängenden Rutenzweige tragen eiförmige, dickliche blaugrün bereifte Blätter, deren Nebenblätter zu Dornen umgewandelt sind. Die auffallenden weißen Blüten sind mit zahlreichen langen Staubblättern ausgestattet und erscheinen in den Blattachseln. Im Handel sind fertige Pflanzen. Man kann sich aber auch selbst welche heranziehen.

Blütezeit: Sommer.

Familie: *Capparaceae*, Kaperngewächse.

Heimat: Portugal, Mittelmeergebiet, Kleinasien, West-Himalaja, Vorderindien.

Standort: Vollsonnig.

Substrat: Kalkreiche Gartenerde mit Perlite oder Sand. Einheitserde mit Sand.

Gießen, Düngen: In der Wachstumszeit wenig gießen. Die Wurzeln des Kapernstrauches sind sehr nässeempfindlich. Zeitweiliges Austrocknen schadet nicht. Bis August alle 4 Wochen niedrig dosiert düngen.

Weitere Pflege: Keine.

Überwintern: Vor Frosteinbruch hereinholen und eventuell zurückschneiden. Hell und nicht wärmer als 15 °C aufstellen. Fast trocken halten. Bei Bedarf im Frühjahr umtopfen.

Schädlinge, Krankheiten: Blattläuse und Spinnmilben bei zu warmer Überwinterung, Wurzelfäule durch zu viel Gießen.

Vermehren: Durch Kopfstecklinge im warmen Vermehrungsbeet. Oder durch Samen, den man durch Handbestäubung gewinnen kann.

Mein Tip: Wer selbst Kapern ernten und einlegen möchte, nimmt die ungeöffneten Blütenknospen ab, wenn sie etwa erbsengroß sind. Etwas welken lassen, damit sich dabei das würzige Methylsenföl entwickeln kann, danach roh in Essig oder Olivenöl einlegen.

Carissa macrocarpa

Natalpflaume, Wachsbaum

Die Früchte verfärben sich beim Ausreifen scharlachrot.

Langsam wachsender, immergrüner Strauch mit bis zu 7 cm langen, ledrigen Blättern und auffallenden, mehr als 3 cm großen gegabelten Dornen. Die weißen Blüten sind sternförmig, etwa 5 cm breit und duftend. Aus ihnen entstehen die scharlachroten Beerenfrüchte.
Blütezeit: Sommer. Bei hellem Winterstand auch schon im Frühjahr.
Familie: *Apocynaceae*, Hundsgiftgewächse.
Heimat: Östliches Südafrika.
Standort: Hell bis vollsonnig. Verträgt auch Schatten, blüht dann aber schlecht.
Substrat: Einheitserde, TKS 2 oder Balkonblumenerde.
Gießen, Düngen: Während der Wachstumszeit mäßig feucht halten und alle 2 Wochen Dünger verabreichen.
Weitere Pflege: Keine.
Überwintern: Vor Frostbeginn einräumen. Verträgt keine Kälte. Hell und kühl (5 bis 10 °C) stellen. Wenig gießen. Bei Bedarf im Frühjahr umtopfen.
Schädlinge, Krankheiten: Nur bei falscher Überwinterung anfällig für verschiedenste Schädlinge und Pilzkrankheiten.
Vermehren: Durch Kopfstecklinge im warmen Vermehrungsbeet.
Gestaltungstip: Die Natalpflaume eignet sich ausgezeichnet für die Gestaltung eines Zimmer-Bonsai.
Warnung: Mit Ausnahme der Früchte ist die Natalpflaume in allen Teilen tödlich giftig. An den Dornen kann man sich verletzen.

Caryopteris x clandonensis

Bartblume

Die blauen Blüten erscheinen am diesjährigen Holz.

Das Blau der Blüten dieses flach wurzelnden Kleinstrauches ist so einmalig, daß die Farbe in jedem Sortennamen vorkommt. 'Heavenly Blue' ist die berühmteste Züchtung. Sie wächst straff aufrecht und vieltriebig bis zu 1 m hoch. Die lanzettlichen Blätter sind an der Spitze tiefgrün, am Blattgrund graugrün und duften aromatisch. Die satt-himmelblauen Blüten sitzen in verzweigten Rispen am Ende der diesjährigen Triebe. Bei der Sorte 'Kew Blue', die überaus reich blüht, sind sie dunkelblau.
Blütezeit: August bis September.
Familie: *Verbenaceae*, Verbenengewächse.
Heimat: Mongolei, Nordchina. Kulturform 1930 in Clandon, Surrey/England entstanden.
Standort: Sonnig und windgeschützt.
Substrat: Einheitserde, lehmig-humose Gartenerde mit Sand (im Verhältnis 2:1).
Gießen, Düngen: In der Wachstumszeit mäßig gießen. Staunässe unbedingt vermeiden. Bis August monatlich düngen.
Weitere Pflege: Keine.
Überwintern: Rechtzeitig einräumen. Hell oder dunkel überwintern bei 5 bis 10 °C. Mäßig gießen, Wurzelballen nicht ganz austrocknen lassen. Im Frühjahr zurückschneiden, das regt die Bildung vieler neuer Triebe an. Bei Bedarf umtopfen.
Schädlinge, Krankheiten: Bei Staunässe Wachstumsstörungen.
Vermehren: Durch halbreife Stecklinge im Sommer.
Gestaltungstip: Einmalig schön zu roten Rosen im Kübel. Außerdem in Steingartennähe (Terrassenrand) in Verbindung mit Stauden, zum Beispiel mit Frauenmantel (*Alchemilla mollis*), rosa Kissenastern (*Aster dumosus*) oder Nachtkerze (*Oenothera missouriensis*).

Cassia
Kassie, Gewürzrinde, Kerzenstrauch

Cassia corymbosa, die Gewürzrinde.

Der Kerzenstrauch, Cassia didymobotrya.

Von den etwa 400 Arten sind als Kübelpflanzen am meisten verbreitet:

- *Cassia corymbosa*, sie wird im Kübel etwa 3 m hoch, hat meist unpaarig gefiederte Blätter und goldgelbe Blüten, die in langgestielten, die Blätter überragenden Doldentrauben am Ende der Triebe sitzen.
- *Cassia corymbosa var. plurijuga* (syn. *Cassia floribunda*). Bei dieser Varietät sind die Blüten größer und die Fiederblätter breiter. Sie läßt sich leicht zu Hochstämmen erziehen.
- *Cassia didymobotrya* wird bei uns Kerzenstrauch, in englischsprachigen Ländern Popcorn Bush genannt. Die bis 35 cm langen, gefiederten Blätter riechen sehr stark nach Erdnußbutter. Der Blütenstand weicht von dem anderer Kassien ab. Die zahlreichen, bis zu 4 cm großen Blüten stehen in aufrechten Kerzen, die sich allein oder zu mehreren an den Enden der Triebe befinden. Diese Kerzen wachsen ständig weiter, während die unteren Blüten abfallen, und können 30 bis 50 cm lang werden.

Blütezeit: *Cassia corymbosa* Juli bis Oktober, bei günstigen Licht- und Temperaturverhältnissen (im Wintergarten) bis in den Winter. *Cassia didymobotrya* im Wintergarten ganzjährig mit einer Pause im Februar/März.
Familie: *Leguminosae*, Hülsenfrüchtler.
Heimat: Südamerika (*Cassia corymbosa*), tropisches Afrika (*Cassia didymobotrya*).
Standort: Vollsonnig.
Substrat: Einheitserde.
Gießen, Düngen: In der Wachstumszeit reichlich wässern, den Ballen nicht austrocknen lassen. *Cassia didymobotrya* ab September weniger gießen, damit die Triebe ausreifen können. Bis Ende August wöchentlich düngen.
Weitere Pflege: Keine.

Überwintern: Die Kälteempfindlichkeit ist bei den einzelnen Arten recht unterschiedlich: *Cassia corymbosa* verträgt leichten Frost und muß nicht zu zeitig eingeräumt werden. Vor dem Einräumen Ballen abtrocknen lassen und Jahrestriebe um ⅔ einkürzen. Gerade eben frostfrei und dunkel überwintern. Ballen nicht austrocknen lassen. Bei Bedarf im Frühjahr umtopfen.
Cassia didymobotrya vor Frosteinbruch hereinholen. Hell und nicht unter 10 °C überwintern. Mäßig gießen. Anfang März um die Hälfte zurückschneiden und bei Bedarf umtopfen.
Schädlinge, Krankheiten: Weiße Fliege bei zu warmer Überwinterung, Blattläuse am Neutrieb, Grauschimmel durch schlechte Belüftung.
Vermehren: Durch Samen oder halbverholzte Kopfstecklinge.
Gestaltungstip: Solitärpflanze. Bonsaigeeignet.

Mein Tip: Wer sich eine *Cassia*-Sammlung zulegen möchte, kann über 20 weitere Arten selbst aussäen, unter anderem die als »Manna« angebotene Röhrenkassie mit kanariengelben duftenden Blüten sowie den als Heilpflanze bekannten Sennesstrauch, *Cassia angustifolia* (→ Quellen, Seite 238).
Warnung: Viele *Cassia*-Arten enthalten Giftstoffe.

Keine Sorge, wenn der Austrieb der Kassie panaschiert ist! Sobald es wärmer wird, gibt sich die Verfärbung von allein.

Cestrum
Hammerstrauch

Cestrum elegans ist äußerst dekorativ, aber giftig.

Von den 200 Arten der Gattung haben die gelbblühenden Arten *Cestrum aurantiacum, Cestrum nocturnum* und *Cestrum parqui,* das rotblühende *Cestrum elegans* und die Hybride *Cestrum* x *newellii* sowie die pinkfarbene Varietät 'Smithii' als Kübelpflanzen Bedeutung erlangt. Die vitalen Sträucher werden auch im Kübel mehr als 2 m hoch.

Blütezeit:
- *Cestrum aurantiacum*, Sommer bis Spätherbst;
- *Cestrum elegans* und Sorten April bis September;
- *Cestrum parqui* und *Cestrum nocturnum* Juni bis Juli.

Familie: *Solanaceae,* Nachtschattengewächse.
Heimat: Tropisches und subtropisches Amerika.
Standort: Sonnig.
Substrat: Gemisch aus halb Gartenerde, halb Kompost, Einheitserde, Balkonblumenerde.
Gießen und Düngen: In der Wachstumszeit reichlich gießen und bis August wöchentlich düngen.
Weitere Pflege: Bei blühenden Pflanzen, vor allem bei Hochstämmchen, Krone abstützen.
Überwintern: Entweder hell bei 5 bis 10 °C und ohne Rückschnitt. Wenig gießen. Laub bleibt erhalten, Blüte im zeitigen Frühjahr. Alternative: Kühl und dunkel überwintern. Dabei Pflanze vor dem Einräumen fast bodeneben zurückschneiden und nahezu trocken halten. Grundsätzlich im Frühjahr umtopfen.
Schädlinge, Krankheiten: Blattläuse und Weiße Fliege. Grauschimmel nach Schlechtwetterperioden, Krautfäule (*Phytophtora*).
Vermehren: Durch krautige Stecklinge im Frühjahr.
Gestaltungstip: Alle *Cestrum*-Arten lassen sich auch am Spalier oder als Stämmchen ziehen.
Warnung: Der Hammerstrauch ist in allen Teilen giftig.

Der Hammerstrauch ist schnellwüchsig.

Chamaerops humilis
Zwergpalme

Die Zwergpalme bildet ab 20 cm Höhe Seitentriebe.

Sie ist die einzige europäische Palmen-Art, wächst mehrstämmig und buschig und trägt bläulich-grüne, tief geschlitzte, bis 60 cm breite Fächerblätter. Von der Hanfpalme (→ Seite 212) unterscheidet sie sich durch ihre stark bedornten Blattstiele. Ab 20 cm Höhe bildet die Zwergpalme die ersten Seitentriebe. Jedes Jahr erscheint dann ein neuer Blattschopf. Die Zwergpalme wächst langsam, kann aber bei guter Pflege schon recht früh blühen. Während sie in ihrer Heimat 5 m hoch wird, erreicht sie im Kübel maximal 3 m.
Familie: *Arecaceae*, Palmen.
Heimat: Mittelmeerregionen, Süd-Portugal.
Standort: Hell bis sonnig.
Substrat: Einheitserde.
Gießen, Düngen: In der Wachstumszeit bei großer Hitze reichlich gießen. Ballen nicht austrocknen lassen. Nicht in den Blattschopf, sondern auf die Erde gießen, sonst fault das Herz! Bis August wöchentlich düngen.
Weitere Pflege: Keine.
Überwintern: Verträgt kurzzeitig einige Frostgrade und kann spät eingeräumt werden. Hell, notfalls auch völlig dunkel, bei 4 bis 10 °C stellen. Darf auch etwas wärmer überwintert werden, dann aber unbedingt hell. Ab und zu gießen, bei dunklem Stand seltener. Bei Bedarf im Frühjahr umtopfen.
Schädlinge, Krankheiten: Blatt- und Schildläuse bei zu warmer Überwinterung, im Sommer auch Spinnmilben.
Vermehren: Durch Samen (ganzjährig) und Teilen.
Gestaltungstip: Solitärpflanze mit großem Platzbedarf.
Warnung: An den dornigen Blattstielen der Zwergpalme kann man sich verletzen. Verzichten Sie besser auf diese Pflanze, wenn Sie Kleinkinder oder wenig Platz haben.

Chamelaucium uncinatum

Waxflower

Chamaelaucium wirkt im Sommer durch sein Silberlaub.

Chamaelaucium uncinatum wird bei uns als Zimmer- und Wintergartenpflanze unter der Bezeichnung »Waxflower« (Wachsblume) verkauft, hat aber nichts mit unserer kletternden Wachsblume (*Hoya carnosa*) zu tun, die im englischsprachigen Raum »Wax plant« heißt. Vielmehr handelt es sich um einen 1 bis 2 m hohen, immergrünen Strauch mit nickenden Zweigen. Die Blätter sind linealisch-flach, steif und weißdrüsig. Die weißen, zart- oder tiefrosa gefärbten Blüten stehen zu mehreren in Trugdolden.

Blütezeit: März bis Mai.
Familie: *Myrtaceae,* Myrtengewächse.
Heimat: Westaustralien.
Standort: Vollsonnig.
Substrat: Einheitserde.
Gießen, Düngen: In der Wachstumszeit mäßig gießen und bis August höchstens alle 4 Wochen schwach dosiert düngen. Die Pflanze ist empfindlich gegenüber zuviel Dünger.
Weitere Pflege: Nach der Blüte allzu staksig wachsende Triebe zurückschneiden. Das fördert einen buschigen Wuchs.
Überwintern: Hell und kühl um 10 °C. Wenig gießen. Sobald die Blütenknospen erscheinen, etwas wärmer und viel heller stellen. Bei Bedarf umtopfen.
Schädlinge, Krankheiten: Blütenfall durch zu hohe Wassergaben und zu dunklen Stand.
Vermehren: Durch Samen oder krautige Stecklinge bei 25 bis 30 °C Bodenwärme. Jungpflanzen 1- bis 2mal stutzen, damit sie sich gut verzweigen.
Gestaltungstip: Das zierliche, silbrige Laub kommt am besten vor Kübelpflanzen mit großflächigen, intensiv-grünen Blättern zur Geltung.

Choisya ternata

Orangenblume

Die Blüten der Choisya duften sehr intensiv.

Wer Duftpflanzen liebt und Zitronen- oder Orangenbäumchen schlecht durch den Winter bekommt, sollte es mit der Orangenblume versuchen. Der im Kübel bis zu 1 m hohe, immergrüne und rundbuschige Strauch ist nicht nur viel robuster – er besitzt auch genauso schöne, glänzend grüne, ledrige Blätter und weiße, köstlich duftende Blüten.

Blütezeit: Mai bis Juni, im kühlen Wintergarten auch früher.
Familie: *Rutaceae,* Rautengewächse.
Heimat: Mexiko.
Standort: Hell bis sonnig. Gedeiht auch am halbschattigen Platz, verliert dort aber den kompakten Wuchs und blüht spärlicher.
Substrat: Einheitserde.
Gießen, Düngen: In der Wachstumszeit am sonnigen Standort reichlich, sonst mäßig gießen. Von April bis August düngen. <u>Staunässe vermeiden und nicht mit kalkhaltigem Wasser gießen!</u>
Weitere Pflege: Nach der Blüte störende Triebe entfernen. Rückschnitt ist dann ebenfalls möglich.
Überwintern: Die Orangenblume ist in England winterhart und verträgt bei uns bis –10 °C, kann also spät eingeräumt werden. Hell und um 5 bis 10 °C oder dunkel und gerade eben frostfrei aufstellen. Wenig gießen. Bei Bedarf im Februar umtopfen. Für gute Dränage sorgen!
Schädlinge, Krankheiten: Spinnmilben bei zu warmer Überwinterung.
Vermehren: Durch Kopfstecklinge im warmen Vermehrungsbeet.
Gestaltungstip: Mit zunehmendem Alter bekommt die Orangenblume bei optimal hellem Standort einen beinahe rundlichen Wuchs und paßt dann sehr schön zu gestalteten Kugelbäumchen.
Warnung: Der Duft der Blüten ist sehr intensiv und kann bei empfindlichen Menschen Kopfschmerzen verursachen.

Chrysanthemum frutescens
Strauchmargerite

Variante der Strauchmargerite in Gelb.

Eine Standard-Kübelpflanze – im Handel sind groß- und kleinköpfige, weißblühende, gelbe und rosa sowie klein und gedrungen wachsende, nur 50 cm hohe Sorten wie 'Whity'. Das Laub des Halbstrauches ist je nach Sorte gröber oder feiner geteilt, mal grüner, mal silbriger gefärbt. Was viele nicht wissen: Die Pflanze kann gut überwintert werden und wird jedes Jahr schöner.
Blütezeit: Ganzjährig, wenn laufend abgeblühte Blüten entfernt werden und die Margerite auch im Winter hell steht.
Familie: *Compositae*, Korbblütler.
Heimat: Kanarische Inseln.
Standort: Hell bis sonnig.
Substrat: Einheitserde.

◄ **Margeriten-Hochstämmchen**
Älteres Exemplar von Chrysanthemum frutescens mit schön verholztem Stamm und blütenübersäter Krone.

Gießen, Düngen: In der Wachstumszeit reichlich gießen. Bis August wöchentlich düngen.
Weitere Pflege: Verblühtes und verdorrte Blätter im Kroneninnern ständig entfernen.
Überwintern: Vor den ersten Frösten einräumen. Sehr hell bei 5 bis 10 °C halten. Mäßig gießen. Steht kein heller Überwinterungsplatz zur Verfügung, Pflanze mit abgetrocknetem Ballen einräumen und um die Hälfte zurückschneiden. Ganz wenig gießen, im Frühjahr umtopfen. Triebe um ⅓ zurücknehmen, bei bereits zurückgeschnittenen sauber nachschneiden.
Schädlinge, Krankheiten: Blattläuse im Mai, Minierfliegen, Wurzelpilze bei zu nassem Ballen im Winter.
Vermehren: Ganz leicht durch Kopfstecklinge überwinterter Mutterpflanzen im Frühjahr oder August/September. Jungpflanzen mehrmals entspitzen, damit sie buschig werden.

Cistus ladanifer
Zistrose

Zistrosen sind Leitpflanzen der mediterranen Macchia.

Die immergrünen, 1 bis 2 m hohen Sträucher der mediterranen Macchia blühen reich in Weiß, Rosa oder Rot. Die Einzelblüten verwelken zwar nach 8 Stunden, doch öffnen sich ständig neue. Im Handel sind hauptsächlich:

- *Cistus* x *aguilari* mit lanzettlichen, tiefgrünen Blättern und großen, weißen Blüten.
- *Cistus ladanifer*, der weiße Blüten mit rotbraunen Basalflecken besitzt.
- *Cistus* x *purpureus*, ein rosablühender, graulaubiger Strauch.

Die Blätter der Zistrosen scheiden ein aromatisches, klebriges Harz aus, das früher eine große Rolle als Heilmittel und in der Parfumindustrie gespielt hat (Gummi Ladanum).
Blütezeit: April bis Juli.
Familie: *Cistaceae*, Zistrosengewächse.
Heimat: Südwesteuropa, Mittelmeerregionen, Nordafrika.
Standort: Vollsonnig, sonst blüht der *Cistus* nicht.
Substrat: Lehmig-humose Gartenerde oder Einheitserde.
Gießen, Düngen: In der Wachstumszeit reichlich gießen und wöchentlich düngen.
Weitere Pflege: Nach dem Abblühen kann um die Hälfte zurückgeschnitten werden.
Überwintern: Hell und luftig bei 5 bis 10 °C. Mäßig gießen und öfters lüften – Grauschimmelgefahr! Jüngere Pflanzen jährlich Anfang März umtopfen.
Schädlinge, Krankheiten: Blattläuse am frischen Blattaustrieb, Grauschimmel.
Vermehren: Im Frühjahr durch Samen oder Stecklinge. Jungpflanzen mehrfach entspitzen, damit sie sich schön verzweigen.
Gestaltungstip: Zistrosen passen gut in eine mediterrane Pflanzengesellschaft, zusammen mit Agaven, Mittagsblumen, Palmen, Myrte, Rosmarin und Zitronenstrauch.

Charakteristisch für Cistus ladanifer – die rotbraunen Punkte auf den Blütenblättern.

Citrus

Verschiedene Citrus-Arten

Die Meyer-Lemon, Citrus limon 'Meyerii', ist sehr robust.

Die Vier-Saison-Zitrone blüht rund ums Jahr.

Alle *Citrus*-Arten sind immergrüne Gehölze mit wechselständigen, etwas ledrigen Blättern, deren Blattstiel häufig flügelartig verbreitert ist. Fast alle sind mit kurzen oder längeren Dornen ausgestattet. Die weißen oder rosaviolett überhauchten Blüten entspringen einzeln oder zu mehreren den Blattachseln. Die äußerst formenreiche Gattung ist schwierig zu gliedern, da es viele Kreuzungen und Mutationen gibt.
Die bekanntesten Arten und Varietäten sind:

- *Citrus aurantiifolia* (Saure Limette, Limonelle, Limonette, Lumie, Tahiti Lime). Sie benötigt mehr Wärme als andere *Citrus*-Arten und wird in den Tropen häufig angebaut. Sie wächst strauchig, bildet spitzovale, im Vergleich zur Zitrone kleine Blätter und sehr kleine, birnenförmige, gelbe Früchte.
- *Citrus aurantiifolia* x *Fortunella margarita* (Limequat, Zwergzitrone). Hier handelt es sich um eine Kreuzung, die ganz kleine, gelbe Zitronen hervorbringt und sparrig wächst.
- *Citrus aurantium ssp. aurantium* (Pomeranze, Sauerorange, Bitterorange, Bigarade). Ihre Schalen liefern das zum Backen beliebte Orangeat. Erhältlich ist auch die Unterart *ssp. bergamina* (Bergamotte), deren stark duftende Früchte aber nicht genießbar sind.
- *Citrus limon* (Zitronenbaum). Diese Art zeichnet sich durch enorme Wüchsigkeit auch im Kübel aus.
- *Citrus limetta* (Süße Zitrone, Marrakesch-Limonette) besitzt bedornte Zweige und eher rundliche Zitronen.
- *Citrus* x *nobilis* (Clementine) blüht und fruchtet sehr reich.
- *Citrus* x *paradisi* (Grapefruit, Paradiesapfel) ist eine Kreuzung aus Pampelmuse (*Citrus maxima*) und Apfelsine (*Citrus sinensis*) und besitzt im Gegensatz zu allen anderen Verwandten traubenähnlich angeordnete Fruchtstände (*grape* = Traube). Braucht lange, heiße Sommer und viel Licht, auch im Winter.
- *Citrus reticulata* (Mandarine) ist eine kleinbleibende, buschig wachsende, robuste Art. Manchmal sind auch ihre Varietäten *var. unshiu* (Satsuma) und *var. tangerina* (Tangerine) im Handel.
- *Citrus sinensis* (Apfelsine, Orange). Sie ist je nach Sorte unterschiedlich wüchsig. Am bekanntesten sind Valencia- und Navelorangen sowie die Blutorangen 'Sanguina' und 'Moro'.

Überall erhältlich sind die »Mini-Ausgaben« des *Citrus*-Clans, die meist als »Orangenbäumchen« angeboten werden: *Citrus microcarpa (syn. Citrus mitis)* und dieselbe Sorte gekreuzt mit *Citrofortunella mitis*, die Calamondin-Orange.

Blütezeit: Bei hellem Stand fast ganzjährig.
Familie: *Rutaceae*, Rautengewächse.
Heimat: Tropen und Subtropen Asiens, Westindien. Die Pflanzen werden heute plantagenmäßig überall dort angebaut, wo das Klima zusagt.
Standort: Vollsonnig.
Substrat: Gemisch aus halb Einheitserde oder TKS 2, halb lehmig-humoser Gartenerde.
Gießen, Düngen: In der Wachstumszeit mäßig gießen. Wenig ist stets besser als zuviel. Staunässe unbedingt vermeiden, aber Ballen nie ganz austrocknen lassen. Wasser enthärten. Bis August wöchentlich düngen, am besten mit Guanodünger.
Weitere Pflege: Rück- und Formschnitt sind jederzeit möglich, gehen aber auf Kosten blühfähiger Triebe.
Überwintern: Alle *Citrus*-Arten sind frostempfindlich, daher früh und mit abgetrocknetem Ballen einräumen. Hell, luftig und bei 4 bis 8 °C halten. Am dunklen Platz fallen die Blätter, regenerieren sich aber im Frühjahr wie-

der. Wenig gießen. Bei Bedarf (ältere Pflanzen höchstens alle 5 Jahre) umtopfen. Für gute Dränage sorgen! Erst Ende Mai ausräumen.
Schädlinge, Krankheiten: Chlorose (gelbe Blätter) durch hartes, kaltes Wasser oder Übernässung. Blattläuse im Mai, Schildläuse am Sommerplatz, Spinnmilben nach zu dunkler, warmer Überwinterung.
Vermehren: Durch Stecklinge (schwierig), aber manchmal erfolgreich. Durch Samen gekaufter Früchte. Leider weiß man nie, wann und ob die Jungpflanze blüht und fruchtet. Der Gärtner veredelt deshalb alle *Citrus*-Arten.
Gestaltungstip: Empfehlenswert für alle, die nicht viel Platz haben, ist die kleinlaubige Varietät *Citrus aurantium var. myrtifolia* (Myrtenblättrige Bitterorange oder 'Chinotto'). Sie wächst langsam, nicht zu ausladend, läßt sich gut in Form halten, blüht reich und duftet unübertrefflich. Bonsaigeeignet.
Warnung: Manche *Citrus*-Arten tragen lange und spitze Dornen, an denen man sich verletzen kann. Beim Einräumen Triebe fest zusammenbinden (→ Zeichnung, Seite 29). Außerdem können die in den Blättern enthaltenen ätherischen Öle bei empfindlichen Menschen auf feuchter Haut und unter Lichteinwirkung Hautreizungen hervorrufen.

Der Zauber des Südens
Orangenbäumchen von klein bis groß. Fortunella margarita (Kumquat) mit grünem und panaschiertem Laub und ein mit Hornklee unterpflanztes Calamondin-Hochstämmchen.

Clematis
Klematis, Waldrebe

Gedeiht auch im Kübel – Clematis montana 'Rubens'.

Klematisblüten sind zwischen 5 und 20 cm groß und in Weiß, Rosa- und Rottönen sowie in verschiedenen Blau- und Blauviolett-Nuancen erhältlich.
Für die Kübelkultur eignen sich vor allem schwachwüchsige Wildformen und deren Sorten wie *Clematis alpina* und *Clematis macropetala*, außerdem viele Hybriden (→ Quellen, Seite 238). Container-Pflanzen können von Ende März bis Mitte September gepflanzt werden.
Blütezeit: Je nach Art und Sorte ab Ende April bis Juli und später.
Standort: Hell bis halbschattig. Artgerecht: Blüten im Licht, Wurzelbereich im Schatten.
Substrat: Einheitserde oder lehmig-humose Gartenerde. Tief pflanzen, der Ballen soll mindestens 10 cm unter der Erde sein.
Gießen, Düngen: In der Wachstumszeit reichlich gießen, aber Staunässe unbedingt vermeiden. Von April bis Juli alle 4 Wochen düngen.
Weitere Pflege: Die Pflanzen benötigen Kletterhilfen. Frühjahrsblühende Klematis, wenn überhaupt, nach der Blüte zurückschneiden beziehungsweise auslichten, sommerblühende im zeitigen Frühjahr auf 40 bis 60 cm zurückschneiden.
Überwintern: Mit Winterschutz (→ Seite 28/29) im Freien. An frostfreien Tagen ausgetrocknetes Substrat mäßig gießen. Junge Pflanzen sind frostempfindlich!
Schädlinge, Krankheiten: Klematis-Welke, eine Pilzkrankheit.
Vermehren: Durch halbreife Stecklinge im Juni/Juli im warmen Vermehrungsbeet.
Mein Tip: Wer eine schnelle Berankung wünscht, sollte 2 bis 3 Pflanzen in einen Kübel mit etwa 50 cm Durchmesser setzen.
Warnung: Alle *Clematis*-Arten und -Sorten enthalten hautreizende Stoffe.

Klematis-Blüten wirken wie Schmuckstücke.

Cobaea scandens
Glockenrebe

Von der Glockenrebe gibt es weiße, rote und blaue Sorten.

Die Glockenrebe ist ein unermüdlicher Blüher und hangelt sich auch im Kübel bis zu 4 m empor. Ihre Blütenglocken färben sich zuerst weißgrün und später violett. Es gibt auch weiße, rote und blaue Sorten. Die Früchte sind 5 bis 7 cm lang, oval geformt und mit drei Kerben ausgestattet, werden jedoch bei uns kaum gebildet. Die gefiederten Blätter sind beim Austrieb rötlich gefärbt – vermutlich ein Lichtschutz – und an den Enden zu einer Wickelranke umgebildet. Bei uns wird die an sich mehrjährige Kletterpflanze meist nur einjährig gezogen, weil sie schlecht zu überwintern ist.
Blütezeit: Ab Juli bis zum ersten Frost.
Familie: *Polemoniaceae*, Sperrkrautgewächse.
Heimat: Mexiko.
Standort: Sonnig.
Substrat: Einheitserde, TKS 2, Komposterde mit Sand.
Gießen, Düngen: Reichlich gießen und alle 2 Wochen Dünger verabreichen.
Weitere Pflege: Benötigt als Rankhilfe Drähte oder Stäbe. Abkneifen der Triebspitzen fördert die Verzweigung und sorgt für eine »Dauerblüte«.
Überwintern: Entfällt in der Regel, ist aber im frostfreien Wintergarten möglich. So kann man die spät eintretende Blüte, die im Freien vom Frost beendet wird, in ihrer vollen Länge genießen.
Schädlinge, Krankheiten: Blattläuse.
Vermehren: Durch Samen im Februar/März bei 18 °C Bodentemperatur (leicht).
Gestaltungstip: Schnell wachsender und bezaubernd schöner Sichtschutz. Außerdem gut zur Mauerbegrünung geeignet.

Cordyline australis
Keulenlilie

Schön im Licht – die rotlaubige Sorte der Keulenlilie.

Meist wird diese *yucca*-ähnliche Pflanze als *Dracaena indivisa* angeboten. Bei den Wurzeln aber wird der Unterschied klar: Drazänen besitzen schlanke, orangegelbe, Keulenlilien keulenförmig verdickte Wurzeln. Die *Cordyline* entwickelt sich am Heimatstandort zu einem bis zu 12 m hohen »Baum«. Ihre etwa 1 m langen, schwertförmigen Blätter bilden einen Schopf und hängen elegant über. Im Kübel kommt sie nicht zur Blüte.

Familie: *Agavaceae*, Agavengewächse.
Heimat: Neuseeland.
Standort: Sonnig.
Substrat: Einheitserde oder lehmig-humose Gartenerde.
Gießen, Düngen: In der Wachstumszeit mäßig gießen, Ballen nicht austrocknen lassen. Bis August alle 4 Wochen düngen.
Weitere Pflege: Keine.
Überwintern: Nicht mit nassem Ballen einräumen und hell bei 2 bis 10 °C halten. Kaum gießen. Schöpfe, die abgefroren sind, nach dem Abtrocknen entfernen. Meist treibt die Pflanze im Frühjahr an der Basis dann wieder aus und wird mehrstämmig, was äußerst dekorativ aussieht. Bei Bedarf im März umtopfen.
Schädlinge, Krankheiten: Selten.
Vermehren: Durch Samen oder Kopf- und Stammstecklinge.
Gestaltungstip: Eine schöne Solitärpflanze ist die seltene Sorte 'Atropurpurea' mit bronzerotem Laub. Sie wächst etwas schwächer und ist kälteempfindlicher als die grüne.

Cotoneaster
Zwergmispel

Cotoneaster-Hochstämmchen mit Herbstzeitlosen.

Die Zwergmispel ist wegen ihrer Anspruchslosigkeit ein im öffentlichen Grün häufig gepflanzter Strauch. Darüber hinaus ist dieses Gehölz mit seinem auffälligen Beerenschmuck im Herbst ein willkommener Farbtupfer. Für die Kübelkultur haben sich folgende Arten und Sorten besonders bewährt:

- *Cotoneaster adpressus* (sommergrün, 25 cm hoch, Blüten rosa, etwas duftend, Beeren rot).
- *Cotoneaster dammeri* und Sorten (immergrün, 0,5 bis 1 m hoch, Blüten klein, weiß, Beeren rot).
- *Cotoneaster microphyllus* 'Cochleatus' (immergrün, 30 bis 40 cm hoch, Blüten klein, weiß, Beeren rot).
- *Cotoneaster*-Watereri-Hybride 'Pendulus' (wintergrün, im Kübel bis 2 m hoch, Blüten in großen, weißen Doldentrauben, Beeren hellrot).

Blütezeit: Juni.
Familie: *Rosaceae*, Rosengewächse.
Heimat: China.
Standort: Hell bis halbschattig.
Substrat: Einheitserde oder jede Gartenerde.
Gießen, Düngen: In der Wachstumszeit mäßig gießen, aber nicht austrocknen lassen. Alle 4 Wochen düngen.
Weitere Pflege: Bei Bedarf ist leichter Formschnitt während der Wachstumszeit möglich. Ende Juni (eventuell auch März) kann man stärker zurückschneiden.
Überwintern: Mit Winterschutz (→ Seite 28/29) im Freien. An frostfreien Tagen mäßig gießen.
Schädlinge, Krankheiten: *Cotoneaster*-Watereri-Hybride 'Pendulus' ist anfällig für Feuerbrand.
Vermehren: Durch halbverholzte Stecklinge im Sommer.
Gestaltungstip: Bonsaigeeignet.
Warnung: Die Beeren sind leicht giftig.

Cupressus macrocarpa

Kalifornische Zypresse

Verkauft wird das immergrüne Nadelgehölz meist als Zimmerzypresse. Es gedeiht aber bei Zimmerwärme nicht sonderlich gut. Besser sind eine kühle Überwinterung und ein Sommeraufenthalt im Freien. Besonders attraktiv ist die goldnadelige Sorte 'Goldcrest'.

Familie: *Cupressaceae*, Zypressengewächse.

Heimat: Südkalifornien.

Standort: Hell bis halbschattig. Bei praller Sonne verdorren die Nadeln.

Substrat: Einheitserde.

Gießen, Düngen: Den Sommer über gleichmäßig feucht halten. Ballentrockenheit und Staunässe vermeiden! Bis September alle 4 Wochen düngen. Wer schnelleres Wachstum wünscht, düngt wöchentlich.

Weitere Pflege: Formschnitt während der ganzen Wachstumszeit möglich.

Überwintern: Hell bei 5 bis 10 °C. Wenig gießen. Bei Bedarf im Frühjahr oder Herbst umtopfen.

Schädlinge, Krankheiten: Spinnmilben bei zu warmer Überwinterung.

Vermehren: Durch Kopfstecklinge im Sommer (schwierig).

Gestaltungstip: Besonders apart sind symmetrisch aufgestellte Pärchen von Kronenbäumchen, die man leicht selbst gestalten kann.

Kronenbäumchen
Cupressus macrocarpa wird oft als Zimmerpflanze verkauft, kann aber ohne viel Frischluft nur schlecht gedeihen.

Cycas revoluta
Palmfarn

Der Palmfarn wächst sehr langsam.

Der Palmfarn ist eine der schönsten, aber auch teuersten Kübelpflanzen und wächst sehr langsam. Im Handel sind meist nur Jungpflanzen, unter anderem auch als Bonsai. Der Palmfarn existierte schon Millionen Jahre vor den Blütenpflanzen. Wie die Nadelgehölze gehört er zu den Nacktsamern, bei denen die Samenanlagen frei auf den Fruchtblättern liegen. Was sich goldgelb in der Mitte der dichten Schöpfe aus ledrigen Wedeln ab einem gewissen Alter zeigt, sind die dichtbehaarten Fruchtblätter. Die Staubblätter der zweihäusigen Pflanze sind in geschlossenen Zapfen angeordnet. Der dicke, kurze Stamm bildet sich erst im hohen Alter.
Heimat: Südostasien, Japan.
Familie: *Cycadaceae*, Palmfarngewächse.
Standort: Halbschattig bis schattig und regengeschützt.
Substrat: Mit Sand vermischte Einheitserde.
Gießen, Düngen: In der Wachstumszeit mäßig gießen. Erde zwischendurch immer abtrocknen lassen. Staunässe unbedingt vermeiden. Bis August wöchentlich schwach dosiert düngen. Kenner schwören auf Guano oder in Wasser aufgelösten, getrockneten Rinderdung.
Weitere Pflege: Keine.
Überwintern: Hell bei 12 bis 15 °C, möglichst nicht darunter. An frostfreien Tagen lüften! Wenig gießen. Jüngere Pflanzen alle 2 Jahre im Frühjahr umtopfen, ältere selten.
Schädlinge, Krankheiten: Wolläuse am zu warmen, ungelüfteten Winterstandort, Schildläuse im Sommer.
Vermehren: Durch Samen bei hohen Bodentemperaturen (schwierig).
Gestaltungstip: Ornamentale Pflanze für schattige Standorte.
Warnung: Pflanzenteile nicht essen – Vergiftungsgefahr! Vorsicht bei Kindern und Haustieren!

Cytisus
Ginster

Der Ginster verbreitet Duft und Frühlingsflair.

Dieser kleine Strauch gehört zu den Frühjahrsblühern und verbreitet mit seinen frischen Farben eine fröhliche Atmosphäre. Er blüht an ein-, vor- oder mehrjährigen Trieben. Geeignete Arten und Sorten sind:

- *Cytisus* x *beanii*, Duftender Kriechginster (kriechend, 40 bis 80 cm, sonnengelb).
- *Cytisus* x *kewensis* (locker überhängend, 30 bis 50 cm, rahmgelb).
- *Cytisus decumbens*, Kissenginster (buschig, 20 cm, leuchtend gelb).
- *Cytisus purpureus*, Purpurginster (strauchig aufrecht, 40 bis 60 cm, purpurrosa).

Blütezeit: Mai/Juni, *Cytisus purpureus* Juni/Juli.
Familie: *Leguminosae*, Hülsenfrüchtler.
Heimat: Mittel- und Südeuropa. Im Handel sind jedoch meist Kulturformen.
Standort: Sonnig.
Substrat: Lehmig-sandige Gartenerde, Einheitserde. Ginster wächst schlecht an, wenn der Ballen beim Einpflanzen nicht bereits gut durchwurzelt ist.
Gießen, Düngen: In der Wachstumszeit wenig gießen und düngen. Staunässe unbedingt vermeiden.
Weitere Pflege: Im Frühjahr blühende Pflanzen können direkt nach der Blüte auf ⅓ zurückgeschnitten werden. Sommerblühende Arten im Frühjahr nur leicht auslichten. Auch sie können nach der Blüte geschnitten werden.
Überwintern: Mit Winterschutz (→ Seite 28/29) im Freien. An frostfreien Tagen ausgetrocknetes Substrat mäßig gießen.
Schädlinge, Krankheiten: Selten.
Vermehren: Meist durch Stecklinge nach der Blüte. Auch Aussaat und Veredelung möglich.
Gestaltungstip: Im gut 1 m langen Trog je 1 Pflanze von *Cytisus* x *kewensis* und *Cytisus purpureus* zusammenpflanzen.
Warnung: Ginster ist in allen Teilen giftig.

Datura (neuerdings Brugmansia)

Engelstrompete

Brugmansia x candida 'Plena' mit gefüllten Blüten.

Der blaue Stechapfel – Datura meteloides.

Engelstrompeten gehören zu den attraktivsten Kübelpflanzen, die wir haben. Ihre nickenden, manchmal auch hängenden Blüten sind trichter-, trompeten- oder röhrenförmig, können bis zu 50 cm lang werden und verströmen abends einen narkotisierenden Duft. Die Früchte, je nach Art ei- oder spindelförmig, erscheinen bei uns nicht. Die Blätter der strauch- oder baumartigen Pflanzen sind in der Regel groß, sattgrün und eiförmig, können aber selbst an einer Pflanze außerordentlich variieren.

Der botanische Name *Datura* ist – was viele nicht wissen – nicht lateinisch, sondern auf den altindischen Volksnamen *dhattura* für den Stechapfel *Datura metel* zurückzuführen. Neuere Untersuchungen in den USA haben ergeben, daß er für die strauchigen Arten nicht mehr zutrifft. Sie sollen jetzt wieder – wie bereits 1805 – der Gattung *Brugmansia* zugeordnet werden. Obwohl der Name *Datura* noch sehr populär ist, sollen die beliebtesten Arten und Sorten im folgenden richtig benannt werden. Soweit bekannt, finden Sie daneben noch andere Namen, unter denen die jeweilige Art auch im Handel ist.

- *Brugmansia aurea* (*Datura affinis, Datura pittieri*), weiß- bis apricotfarben, Riesenblätter.
- *Brugmansia suaveolens* (*Datura gardneri*), weiß; Sorten: 'Rosa Glocke', 'Rosa Traum', beide rosa.
- *Brugmansia arborea (Datura speciosa, Datura knightii, Datura frutescens),* weiß.
- *Brugmansia sanguinea (Datura bicolor, Datura lutea, Datura chlorantha, Datura rosei),* rotgelb, nicht duftend.
- *Brugmansia* x *candida,* weiß; Sorte 'Grand Marnier', gelb.
- *Brugmansia* x *insignis,* cremeweiß.
- *Brugmansia versicolor (Datura mollis),* weiß, rosa, lachsfarben.
- *Datura meteloides* (Blauer Stechapfel) ist eine einjährige Pflanze mit weißen, zartviolett gerandeten Blüten und den datura-typischen, stacheligen Früchten.

Blütezeit: Juli bis September. *Brugmansia sanguinea* Herbst/Winter/ Frühjahr.
Familie: *Solanaceae*, Nachtschattengewächse.
Heimat: Südamerika.
Standort: Sonnig bis halbschattig und windgeschützt.
Substrat: Einheitserde mit Vorratsdünger, nahrhafte Gartenerde mit Torf.
Gießen, Düngen: In der Wachstumszeit reichlich gießen und bis August wöchentlich düngen. Hoher Nährstoffbedarf!
Weitere Pflege: Verblühte Trompeten entfernen.
Überwintern: Hell bei 4 bis 12 °C oder dunkel. Bei dunkler Überwinterung im Herbst stark zurückschneiden. *Brugmansia sanguinea* hell stellen, sonst blüht sie im Winter nicht. Wenig gießen. Im Frühjahr zu lange, dünne und abgestorbene Triebe entfernen und in geräumige Gefäße umtopfen.
Schädlinge, Krankheiten: Blattläuse, Blattwanzen, Spinnmilben, Weiße Fliege, Dickmaulrüßler.
Vermehren: Durch Stecklinge von Frühjahr bis Herbst (leicht).
Hinweis: Genauso gepflegt wird die eng verwandte Baumtomate oder Tamarillo (*Cyphomandra betacea*). Sie wächst als Strauch oder kleiner Baum, bildet sehr dekorative, große, herzförmige Blätter, blüht mit weißen bis rosa überhauchten »Kartoffelblüten«, aus denen die roten eiförmigen, bis zu 8 cm langen Früchte hervorgehen.

Die Baumtomate (Cyphomandra betacea) ist mit der Datura eng verwandt und wird wie diese gepflegt.

Gestaltungstips: Die *Brugmansia* ist eine ausgesprochene Solitärpflanze. Wer sie zur Schau stellen möchte und sich noch reicheren Blütensegen wünscht, kann sie ab Juni auch frei in den Garten auspflanzen und im Herbst zum Überwintern wieder ausheben.

Warnung: *Datura*- und *Brugmansia*-Arten sind in allen Teilen giftig. Ihr betäubender Blütenduft kann bei empfindlichen Menschen Kopfschmerzen verursachen. Die Blüten enthalten etwa doppelt soviel Giftstoffe wie doe Blätter. Noch gefährlicher ist *Datura meteloides*, der Blaue Stechapfel. diese Art ist eng mit dem als Gift- und Heilpflanze berühmt-berüchtigten Gemeinen Stechapfel, *Datura stramonium*, verwandt und bildet ebenfalls Früchte, die aussehen wie stachelige, grüne Kastanien. Mit ausnahme der Früchte ist auch die *Cyphomandra* giftig.

Blütentrompeten an Bäumen

Alle Brugmansia/Datura-Arten sind stark- und schnellwüchsig. Sie benötigen daher schwere, standfeste Kübel. Hier Brugmansia aurea (Datura affinis). Der baumartige, knorrige Wuchs entsteht durch Rückschnitt.

Ensete ventricosum

Zierbanane

Bananen sind Kübelpflanzen mit großem Platzbedarf.

In ihrer Heimat , wo sie in lichten Bergwäldern noch in über 2000 m Höhe anzutreffen ist, wird die Zierbanane bis zu 13 m hoch. Beeindruckend sind die bis zu 6 m langen und 1 m breiten Blätter. Im Kübel erreichen Sämlinge schon im ersten Jahr eine Höhe von 1 m, mit zunehmendem Alter sind 2 bis 3 m und entsprechende Blattlängen keine Seltenheit.
Familie: *Musaceae*, Bananengewächse.
Heimat: Süd-, Mittel- und Nordostafrika.
Standort: Sonnig bis halbschattig und geschützt, da starker Wind die schönen Blätter zerfetzt.
Substrat: Halb lehmige Gartenerde, halb TKS 2 oder Einheitserde.
Gießen, Düngen: In der Wachstumszeit reichlich gießen und bis September wöchentlich düngen. Hoher Nährstoffbedarf.
Weitere Pflege: Keine.
Überwintern: Rechtzeitig einräumen. Im geheizten Wintergarten Blattschöpfe belassen und leicht feucht halten. Sonst die Zierbanane bis auf die Herzblätter einkürzen, hell bei 10 °C überwintern. Bei zu kaltem Stand Gefahr von Bodenpilzen, bei zu warmem zu früher, kräftezehrender Austrieb. Wenig und nicht in das Herz gießen, sonst geht die Banane durch Fäulnis ein. Junge Pflanzen jedes Frühjahr umtopfen, ältere nur bei Bedarf.
Schädlinge, Krankheiten: Bodenpilze durch Fußkälte, Spinnmilben im Sommer.
Vermehren: Ganzjährig durch Samen (leicht), günstig im Januar/Februar. Wichtig für eine gute Keimung ist frisches Saatgut.
Gestaltungstip: Die Zierbanane ist die Kübelpflanze mit dem größten Platzbedarf!
Hinweis: Genauso gepflegt werden *Musa basjoo*, die Japanische Faserbanane und *Musa* x *paradisiaca*, die Echte Banane. Sie vertragen allerdings bis –5 °C Frost und können bei 2 bis 5 °C überwintert werden.

Eriobotrya japonica

Wollmispel, Japanmispel, Loquate

Die Wollmispel schmückt sich mit filzigen Blättern.

Die Wollmispel ist ein kleiner, immergrüner Baum, der bei Kübelkultur leicht über 2 m hoch wird. Ihr schönster Schmuck sind die bis zu 30 cm langen, oberseits dunkelgrünen, unterseits silbrig- oder rötlichfilzigen Blätter. Wegen ihrer aprikosen- bis pflaumenartig schmeckenden Früchte (Loquats) wird sie heute in fast allen subtropischen Ländern angebaut. Bei uns blüht und fruchtet sie nur, wenn man sie ganzjährig unter Glas hält.
Blütezeit: September bis Oktober, Fruchtreife im Mai.
Familie: *Rosaceae,* Rosengewächse.
Heimat: Japan, China.
Standort: Sonnig bis halbschattig. Möglichst regengeschützt. In zu nassen Sommern Gefahr von *Eriobotrya*-Schorf auf den Blättern.
Substrat: Lehmige Gartenerde mit Sand und TKS 2 zu gleichen Teilen oder Einheitserde.
Gießen, Düngen: In der Wachstumszeit mäßig gießen. Oberste Erdschicht immer erst abtrocknen lassen. Bis August alle 14 Tage düngen.
Weitere Pflege: Keine.
Überwintern: Verträgt Frost bis –5 °C, nicht zu früh einräumen! Rückschnitt (aus Platzgründen) wird vertragen, ist aber meistens überflüssig. Hell bei 10 °C, (notfalls auch dunkel bei 5 °C) stellen. Wenig gießen. Bei Bedarf im Frühjahr umtopfen.
Schädlinge, Krankheiten: *Eriobotrya*-Pilzbefall durch längere Nässe auf den Blättern.
Vermehren: Durch Samen oder Kopfstecklinge im warmen Vermehrungsbeet.
Gestaltungstip: Die Wollmispel ist eine attraktive Solitärpflanze für Wintergärten.

Erythrina crista-galli

Korallenstrauch

Der Korallenstrauch – eine Pflanze mit Fernwirkung.

Suchen Sie eine auffallende Kübelpflanze mit geringen Pflegeansprüchen? Dann ist ein Korallenstrauch das Richtige. Der in seiner Heimat 8 m hoch werdende Strauch erreicht im Kübel bis zu 1,8 m und bildet meist nur einen kurzen dicken Stamm, an dem sich jährlich unzählige neue, oft dornige Triebe entwickeln. Sie werden im Sommer von langen, in Schüben erscheinenden Blütentrauben mit tiefroten Einzelblüten gekrönt, die weithin leuchten.

Blütezeit: Juli/August bis Oktober.

Familie: *Leguminosae*, Hülsenfrüchtler.

Heimat: Brasilien.

Standort: Vollsonnig, heiß.

Substrat: Gemisch aus lehmiger Gartenerde, Torf und Sand zu gleichen Teilen oder Einheitserde.

Gießen, Düngen: In der Wachstumszeit bis August reichlich gießen und wöchentlich düngen. Danach nicht mehr düngen und weniger gießen. Staunässe vermeiden!

Weitere Pflege: In der Wachstumszeit nicht stutzen, da sich die Blütentrauben am Ende der jüngsten Triebe entwickeln.

Überwintern: Mit trockenem Ballen einräumen. Haupttrieb bis auf etwa 10 cm zurückschneiden. Dunkel und trocken bei 8 °C halten. Ende Februar umtopfen. Sobald sich der neue Austrieb zeigt, heller und wärmer stellen.

Schädlinge, Krankheiten: Weiße Fliege und Spinnmilben im Sommer.

Vermehren: Durch Kopfstecklinge nach dem Austrieb. Oder ganzjährig (am besten im zeitigen Frühjahr) durch Samen (leicht). Aus Samen vermehrte Pflanzen blühen jedoch meist erst nach 3 bis 4 Jahren.

Gestaltungstip: Die auffälligen, frischroten Blüten kommen am besten zur Geltung, wenn der Korallenstrauch einen Einzelstand erhält.

Eucalyptus

Eukalyptus

Eucalyptus citriodora duftet nach Zitrone.

Von den über 500 Arten dieser Gattung haben als immergrüne Kübelpflanzen Bedeutung erlangt:

- *Eucalyptus ficifolia* mit etwas dickeren, lanzettlichen Blättern und Blüten in unterschiedlichen Rottönen.
- *Eucalyptus globulus*, der Blaugummibaum. Eine der schönsten Arten. Wächst sehr schnell.
- *Eucalyptus gunnii* mit graugrünen Blättern und cremeweißen Blüten, die sich schon an relativ jungen Pflanzen zeigen.

Charakteristisch für die Gattung sind die silbrigblauen Jugendblätter, die anders geformt sind als bei älteren Pflanzen.

Blütezeit: Sommer, blüht bei uns aber kaum.

Familie: *Myrtaceae*, Myrtengewächse.

Heimat: Australien, Tasmanien.

Standort: Sonnig bis halbschattig.

Substrat: Einheitserde, TKS 2.

Gießen, Düngen: In der Wachstumsphase reichlich gießen. Wasser unbedingt enthärten. Staunässe vermeiden, Ballen aber auch nicht austrocknen lassen, da sich das Laub nach Trockenheit nicht mehr erholt. Wenig oder überhaupt nicht düngen, um das ohnehin starke Wachstum nicht unnötig anzuregen.

Weitere Pflege: Nicht schneiden! Ausnahme: *Eucalyptus gunnii*.

Überwintern: Hell und luftig bei 2 bis 10 °C. Wenig gießen. Bei Bedarf im Frühjahr umtopfen.

Schädlinge, Krankheiten: Selten, wegen der starken ätherischen Öle.

Vermehren: Ganzjährig (günstig im zeitigen Frühjahr) durch Samen (leicht). Der Versandhandel für exotische Sämereien (→ Quellen, Seite 238) hält über 10 Arten bereit. Oder durch Stecklinge (schwierig).

Gestaltungstip: Besonders hübsch: Das blaugraue Laub in der Nähe zartgelber oder zartrosa blühender Sommerblumen.

Euonymus
Spindelstrauch

Der Spindelstrauch, Euonymus japonica.

Von den über 170 Arten sind wegen ihrer Anspruchslosigkeit und Unempfindlichkeit am bekanntesten:

- *Euonymus fortunei*, ein 20 bis 300 cm hoher, winterharter Strauch, der mit Haftwurzeln klettert oder am Boden kriecht. Die immergrünen Blätter sind eiförmig oder rundlich, derbledrig, grün, gelbbunt oder weiß gerandet, die Blüten unscheinbar. Sorten: 'Emerald Gaiety' (20 bis 100 cm), 'Emerald'n Gold' (20 bis 150 cm), 'Minimus' (150 cm, schattenverträglich), 'Vegetus' (60 bis 300 cm, reicher hellgelber Fruchtbehang im Herbst).
- *Euonymus japonica*, von der es ebenfalls viele buntlaubige Varietäten gibt, ist im Kübel bei uns nur selten winterhart.

Euonymus fortunei 'Emerald'n Gold' ist winterhart.

Blütezeit: Juni/Juli.
Familie: *Celastraceae*, Spindelbaumgewächse.
Heimat: China, Japan, Riukiu-Inseln, Korea.
Standort: Sonnig bis halbschattig.
Substrat: Einheitserde, Balkonblumenerde oder lehmig-humose Gartenerde.
Gießen, Düngen: Mäßig feucht halten. Im Sommer alle 2 Wochen düngen.
Weitere Pflege: Form- und Rückschnitt sind jederzeit möglich. Meist schneidet man aber nur störende Triebe heraus.
Überwintern: *Euonymus fortunei* im Freien ohne Winterschutz. Bei Trockenheit an frostfreien Tagen mäßig gießen. *Euonymus japonica* hell und gerade eben frostfrei. Wenig gießen.
Schädlinge, Krankheiten: Bei *Euonymus fortunei* selten. Bei *Euonymus japonica* Mehltau.
Vermehren: Durch Stecklinge von August bis Oktober.
Gestaltungstip: *Euonymus fortunei* und seine Varietäten wie zum Beispiel 'Coloratus' färben sich im Herbst von Zartrosa über Rot und Purpurrot bis Braunrot. Sie passen wundervoll zu Chrysanthemen.

Ficus carica
Echte Feige

Die Echte Feige besitzt kuriose Blüten.

Ihre großen, handförmig gelappten, sattgrünen Blätter machen die Verwandte unseres Gummibaums zu einer der prachtvollsten Sommergrünen im Kübel. Ein Kuriosum für sich sind die Blüten. Sie verstecken sich im Inneren der krugförmigen Blütenstandsachse, die nur eine kleine Öffnung für die Bestäubung durch Gallwespen enthält. Bei einigen der heute angebauten Rassen entwickeln sich (samenlose) Früchte (→ Foto, Seite 38) auch ohne Befruchtung. Im Kübel setzen sie im Spätsommer und Herbst in den Blattachseln etwa erbsengroße Blüten an, die mit etwas Glück überwintern und im folgenden Frühjahr/Sommer ausreifen.
Blütezeit: Am Heimatstandort 3mal pro Jahr, bei uns im Frühjahr und Herbst.
Familie: *Moraceae*, Maulbeerbaumgewächse.
Heimat: Mittelmeerraum, Vorderasien, Nordwestindien.
Standort: Bis die neuen Blätter ausgewachsen sind hell, aber nicht sonnig, später sonnig und warm.
Substrat: Einheitserde zur Hälfte mit lehmiger Gartenerde vermischt.
Gießen, Düngen: In der Wachstumszeit reichlich gießen und bis August wöchentlich düngen.
Weitere Pflege: Keine.
Überwintern: Die Echte Feige verträgt einige Frostgrade und muß nicht sofort eingeräumt werden. Hell bei 2 bis 8 °C (notfalls auch dunkel) stellen. Wenig gießen. Bei Bedarf im Frühjahr umtopfen. Möglichst früh ausräumen.
Schädlinge, Krankheiten: Schildläuse, Blattläuse, Spinnmilben sowie Rinden- und Holzkrankheiten.
Vermehren: Im Frühjahr durch Stecklinge oder Ausläufer bei 25 °C Bodenwärme.
Mein Tip: Die Feige braucht viel Platz. Bonsaigeeignet.

Fuchsia

Fuchsie

Für die Kübelkultur eignen sich Einzelpflanzen aufrecht wachsender *Fuchsia*-Hybriden, jedoch auch Sorten mit überhängendem Wuchs, die als Hochstämmchen besonders beliebt sind. Außerdem gibt es Pyramiden und buschige Sträucher, die selten höher als 1,5 m werden sowie bedingt winterharte Fuchsien, wie die Varietäten von *Fuchsia magellanica* oder die Sorte 'Vielliebchen'.

Blütezeit: Sommer bis Spätherbst.

Familie: *Onagraceae*, Nachtkerzengewächse.

Heimat: Urformen Karibik, Mexiko, Zentral- und Südamerika, Neuseeland.

Standort: Hell bis halbschattig und windgeschützt.

Substrat: Einheitserde, TKS 2.

Gießen, Düngen: In der Wachstumszeit reichlich gießen und bis August wöchentlich düngen.

Weitere Pflege: Pflanzen regelmäßig putzen und zu Beginn der Vegetationsperiode öfter stutzen. Hochstämmchen brauchen eine Stütze (→ Seite 51).

Überwintern: Hell oder dunkel bei 6 bis 8 °C. Wenig gießen und an frostfreien Tagen lüften. Im Frühjahr schwache und sich kreuzende Triebe entfernen und Jahrestriebe auf 1 bis 3 Augen zurückschneiden. Bei Neutrieb umtopfen und Pflanze heller stellen.

Schädlinge, Krankheiten: Blattläuse, Weiße Fliege, Spinnmilben, Grauschimmel, Fuchsienrost.

Vermehren: Durch krautige Stecklinge im Frühjahr, durch halbreife im Sommer (leicht).

Formenreiche Fuchsien-Kollektion
Fuchsien sind so vielfältig, daß sie zum Sammeln verführen.

Gaultheria procumbens

Scheinbeere, Rote Teppichbeere, Wintergrün

Ab September erscheinen die kugeligen Scheinbeeren.

Die Scheinbeere ist ein bis zu 20 cm hoher, immergrüner Zwergstrauch mit 1 bis 3 cm langen, glänzenden, eiförmigen Blättern, weißrosa gefärbten, einzeln oder in Trauben stehenden Blüten, aus denen sich ab September 8 bis 15 mm dicke, kugelige, rote Scheinbeeren entwickeln. Die Scheinbeere bildet unterirdische Ausläufer, wächst teppichartig und ist deshalb in größeren Pflanzungen ein idealer Bodendecker. Im Herbst verfärbt sich ihr Laub weinrot. Tee aus Wintergrünkraut war früher ein probates Hausmittel gegen Blasenkatarrh und Nierenleiden. Die wichtigsten Wirkstoffe sind ein Glykosid, ein Bitterstoff, verschiedene Gerbstoffe sowie Salicylsäuremethylester.

Blütezeit: Juli bis August.
Familie: *Ericaceae*, Heidekrautgewächse.
Heimat: Nordamerika.
Standort: Halbschattig bis schattig.
Substrat: Rhododendronerde.
Gießen, Düngen: In der Wachstumszeit leicht feucht halten. Nicht mit hartem Wasser gießen, die Scheinbeere ist kalkempfindlich. Bis August alle 4 Wochen Rhododendrondünger oder einen anderen kalkfreien Dünger ins Gießwasser geben.
Weitere Pflege: Formschnitt jederzeit möglich.
Überwintern: Ohne Winterschutz im Freien. An frostfreien Tagen ausgetrocknetes Substrat mäßig gießen.
Schädlinge, Krankheiten: Selten.
Vermehren: Durch Wurzelausläufer (leicht) oder durch Samen.
Gestaltungstip: Idealer Bodendecker; paßt gut zu *Erica*.

Hebe-Andersonii-Hybriden

Strauchveronika

Die Blütentrauben der Hebe sind violett, rot oder weiß.

Von den rund 140 Strauchveronika-Arten eignen sich nur die Hybriden von *Hebe* x *andersonii* für die Gefäßkultur. Es sind hübsche, kleine Sträucher, die aus Kreuzungen zwischen *Hebe salicifolia*, *Hebe speciosa* und anderen Arten hervorgegangen sind. Die Blütentrauben variieren je nach Sorte zwischen Weiß, Karminrot und Blauviolett. Die immergrünen Blätter fühlen sich ledrig an und sind bei der Form 'Variegata' panaschiert.

Blütezeit: Je nach Sorte verschieden, meist im Spätsommer.
Familie: *Scrophulariaceae*, Braunwurzgewächse.
Heimat: Urformen Neuseeland.
Standort: Hell und geschützt.
Substrat: Einheitserde oder Balkonblumenerde mit Sand.
Gießen, Düngen: In der Wachstumszeit regelmäßig gießen, aber Staunässe unbedingt vermeiden. Bis August alle 14 Tage düngen.
Weitere Pflege: Keine.
Überwintern: Hell bei 8 bis 10 °C. Wenig gießen, aber nicht austrocknen lassen. Im Frühjahr umtopfen.
Schädlinge, Krankheiten: Wachstumsstörungen durch Staunässe.
Vermehren: Durch Kopfstecklinge im Sommer bei Bodenwärme zwischen 20 und 22 °C (leicht). Jungpflanzen mehrmals umtopfen und öfter stutzen, damit sie sich schön verzweigen.
Gestaltungstip: Hübscher Spätsommerblüher, der sich in Kombination mit *Erica* und Greiskraut sehr hübsch macht. Kann auch in Balkonkästen gepflanzt werden.

Hedera helix
Efeu

Der Efeu bildet im Kübel 1,5 bis 5 m lange Triebe und kann 1 bis 2 m breit werden. Die immergrünen Blätter sind je nach Art oder Varietät drei- bis fünflappig (im Alter auch rautenförmig), lederartig glänzend, grün oder panaschiert. Blüten und Früchte erscheinen nur bei älteren Pflanzen. Efeu hat sich als abgasresistent erwiesen.
Familie: *Araliaceae*, Araliengewächse.
Heimat: Urformen Süd-, Ost- und Mitteleuropa, Nordafrika, Vorderasien, Azoren, Kanaren, Madeira, Irland.
Standort: Halbschattig bis schattig.
Substrat: Sandig-humose Gartenerde, Einheitserde.
Gießen, Düngen: In der Wachstumszeit gut feucht halten, aber Staunässe vermeiden. Von Mai bis August alle 8 bis 10 Wochen düngen.
Weitere Pflege: Junge Pflanzen mit Stab hochleiten, sonst kriechen sie. Leichter Formschnitt wird jederzeit gut vertragen. Stärkerer Rückschnitt am besten Ende Juni, eventuell auch im März.
Überwintern: Mit Winterschutz (→ Seite 28 und 29) im Freien. An frostfreien Tagen ausgetrocknetes Substrat mit handwarmem Wasser gießen.
Schädlinge, Krankheiten: Selten.
Vermehren: Durch Stecklinge von Frühjahr bis Herbst oder durch Aussaat.
Warnung: Die Beeren sind sehr giftig.

Efeu-Spielereien
Neben buntlaubigen und grünen Sorten mit unterschiedlich geformten Blättern findet man auf Efeuaralie veredelte, zierliche Hochstämme.

Hedychium gardnerianum

Zieringwer, Kahili-Ingwer, Schmetterlingsblume

Die halbmeterlangen Blütenähren duften verführerisch.

Prachtstaude, die über 1 m hoch wird und die sich Jahr für Jahr aus einem knolligen Wurzelstock regeneriert. Besonderes Merkmal: Die herrlich duftenden, etwa ½ m langen Blütenähren aus creme- bis goldgelben Einzelblüten mit weit herausragenden rötlichen Staubfäden. Die fast ebenso langen, bis 15 cm breiten Blätter machen die exotisch-üppige Ausstrahlung perfekt.

Blütezeit: August bis September. Vorgetriebene Pflanzen ab Juli.

Familie: *Zingiberaceae*, Ingwergewächse.

Heimat: Ost-Himalaja, Nepal, Sikkim.

Standort: Sonnig, hell oder halbschattig.

Substrat: Gemisch aus halb Einheitserde, halb lehmiger Gartenerde.

Gießen, Düngen: Während des Wachstums reichlich gießen und wöchentlich düngen.

Überwintern: Pflanze vor Frosteinbruch einräumen, im Haus abblühen lassen, bodeneben zurückschneiden und dann dunkel, fast trocken und bei 4 bis 10 °C halten. Im Februar Rhizom in eher breite Gefäße mit neuer Erde setzen. Hell und warm antreiben.

Schädlinge, Krankheiten: Selten.

Vermehren: Durch Teilen beim Umpflanzen oder durch Samen.

Gestaltungstip: Die großen Blätter und der ungewöhnliche Blütenstand des Zieringwers kommen am besten bei Einzelstellung zur Geltung.

Hibiscus rosa-sinensis

Chinesischer Roseneibisch

1 2 3 4

Beim Hibiscus gibt es viele Farben und Blütenformen.

Hibiskusblüten verkörpern die üppige Farbenpracht der Tropen. Kein Wunder, daß man sie in Hawaii, wo es über 2000 Sorten geben soll, zur Nationalblume erkor! Was wir heute mit einfachen oder gefüllten, ein- oder zweifarbigen, normal- bis tellergroßen Blüten in Weiß, Gelb, Orange, Rosa oder Rot kaufen, sind Hybriden aus zahlreichen Kreuzungspartnern. Die Wachstumsregulatoren, mit denen man sie behandelt, damit sie als Zimmerpflanze auf die Fensterbank passen, lassen im Laufe der Zeit in ihrer Wirkung nach. Etwa nach einem Jahr wachsen die tropischen Sträucher wieder ihrer Art entsprechend und erreichen im Kübel eine Höhe von 1 bis 1,5 m.

Die Hibisicus-Blüten auf dem Foto:

1 Hibiscus rosa-sinensis 'Vollmond'.

2 Weiße Blüten mit rosa Adern.

3 Halbgefüllte Varietät.

4 Halbgefüllte, lachsfarbene Sorte.

Blütezeit: März bis Oktober.

Familie: *Malvaceae*, Malvengewächse.

Heimat: Tropisches Asien, wahrscheinlich Südchina.

Standort: Hell, sonnig, wind- und regengeschützt. Standort nicht wechseln, sonst können die Knospen abfallen.

Substrat: Einheitserde, TKS 2.

Gießen, Düngen: In der Wachstumszeit reichlich gießen, Ballentrockenheit, aber auch Staunässe vermeiden. Bei Ballentrockenheit Blattfall. Bis August 2mal wöchentlich düngen.

Weitere Pflege: Kronenbäumchen stützen. Hibiskussträucher, die älter als 2 Jahre sind, sollten regelmäßig Anfang Mai geschnitten werden. Sonst verlieren sie ihren kompakten Wuchs. Außerdem erkennt man das Nachlassen der Vitalität daran, daß die Blätter und Blüten merklich kleiner werden. Beim Rückschnitt entfernt man alle verdorrten und dünnen Zweige und schneidet die Haupttriebe um die Hälfte zurück (auch, wenn dabei Knospen zum Opfer fallen). Geschnitten wird wie bei Rosen, also immer über einer nach außen weisenden Knospe.
Überwintern: Hell bei 14 bis 16 °C. Wenig gießen, bei wärmerer Überwinterung monatlich düngen. Bei Bedarf im Frühjahr umtopfen. Zuvor lang gewordene Triebe zurückschneiden.
Schädlinge, Krankheiten: Blattläuse, Wolläuse, Spinnmilben, Weiße Fliege, Bodenpilze.
Vermehren: Durch halbreife Stecklinge im Mai im warmen Vermehrungsbeet. Jungpflanzen entspitzen.
Gestaltungstip: Der Hibiskus läßt sich leicht zum Hochstämmchen (→ Seite 51) ziehen. Bonsaigeeignet.

Rose der Tropen
Der Roseneibisch wird genauso geschnitten wie unsere Rosen, damit er kompakt bleibt und üppig blüht.

Humulus scandens
Japanischer Hopfen

Der Hopfen klettert in Windeseile.

Der Japanische Hopfen ist eine einjährige Pflanze, die sich frei ausgepflanzt 3 bis 4 m hoch windet. Die oberseits lebhaft grünen, leicht behaarten Blätter sind 5- bis 7lappig. Die Blüten sind unscheinbar. Im Handel findet man Jungpflanzen der grünlaubigen Art (auch unter dem Synonym *Humulus japonicus* bekannt) sowie die weißbunte Sorte 'Variegatus'. Für die Kübelkultur weniger geeignet ist der viel stärker wachsende, bis 6 m hohe Bierhopfen, *Humulus lupulus*. Seine weiblichen Blüten (Hopfenzapfen) werden als Bierwürze sowie als appetitanregende und beruhigende Arznei verwendet.

Blütezeit: Juli/August.

Familie: *Moraceae*, Maulbeerbaumgewächse.

Heimat: Japan, Taiwan, China.

Standort: Sonnig bis halbschattig.

Substrat: Einheitserde, Balkonblumenerde, TKS 2, lehmig-humose Gartenerde.

Gießen, Düngen: In der Wachstumszeit reichlich gießen, aber Staunässe unbedingt vermeiden. Im Sommer alle 6 bis 8 Wochen düngen.

Weitere Pflege: Der Japanische Hopfen braucht Spalier, Stange oder Draht als Kletterhilfe.

Überwintern: Entfällt.

Schädlinge, Krankheiten: Selten.

Vermehren: Durch Samen im Februar/März. Wer einen Garten besitzt und die Pflanze frei ausgepflanzt hatte, findet meist im Frühjahr Sämlinge, die er eintopfen kann.

Gestaltungstip: Mit Hopfen läßt sich in kurzer Zeit eine grüne oder grünbunte Wand als Sicht- und Windschutz hochziehen.

Hydrangea anomala ssp. petiolaris
Kletterhortensie

Die Blüten der Kletterhortensien lassen sich trocknen.

Die Kletterhortensie erklimmt im geräumigen Kübel bis zu 5 m. Die herzförmigen Blätter sind etwa 10 cm groß, oberseits glänzend dunkelgrün. Sie werden im Herbst goldgelb und bleiben in geschützten Lagen im Winter lange haften. Die cremeweißen Blüten stehen in üppigen, 15 bis 25 cm großen, flachen Doldentrauben und entwickeln sich am vorjährigen Holz.

Blütezeit: Juni bis Juli.

Familie: *Saxifragaceae*, Steinbrechgewächse.

Heimat: Japan, Taiwan, Südkorea.

Standort: Hell bis schattig, auf keinen Fall vollsonnig! Optimal ist ein windgeschützter luftfeuchter Platz.

Substrat: Anzuchterde, TKS 1, Rhododendronerde.

Gießen und Düngen: Von Frühjahr bis August reichlich mit weichem Wasser gießen und wöchentlich Rhododendrondünger hinzufügen. Staunässe vermeiden!

Weitere Pflege: Für eine stabile Kletterhilfe sorgen und die Triebe ab und zu in Form binden.

Überwintern: Ohne Winterschutz im Freien. An frostfreien Tagen ausgetrocknetes Substrat mäßig gießen. Bei Bedarf im Frühjahr umtopfen.

Schädlinge, Krankheiten: Selten. Bei Sonneneinstrahlung und an zu heißen Plätzen bekommen die Blätter hellbraune Ränder. Das Schälen der Rinde ist keine Krankheit, sondern arteigen.

Vermehren: Durch Stecklinge (leicht, da sie bereits Wurzeln tragen).

Gestaltungstip: Blütendolden am Strauch trocknen lassen. Sie verfärben sich von Lindgrün bis Altrosa und sehen lange sehr attraktiv aus.

Hydrangea macrophylla

Hortensie

Hortensien brauchen Halbschatten und weiches Wasser.

Die Hortensie kann sich auch im Kübel sehen lassen. Ihre riesigen weißen, rosafarbenen, roten oder blauen ('Adria', 'Nachtigall') Doldenrispen bestehen aus verkümmerten, sterilen Einzelblüten, deren eigentlicher Schmuck die farbigen Kelchblätter sind.
Blütezeit: Juni und Juli. Von März bis Mai blühende Exemplare sind vom Gärtner vorgetrieben.
Familie: *Saxifragaceae*, Steinbrechgewächse.
Heimat: Japan.
Standort: Halbschattig.
Substrat: Azaleen- oder Rhododendronerde.
Gießen, Düngen: Von März bis Ende August reichlich gießen, danach etwas weniger. Wasser enthärten, die Hortensie verträgt nur wenig Kalk. Bis August alle 14 Tage Rhododendrondünger ins Gießwasser geben.
Weitere Pflege: Verblühtes entfernen. Nach der Blüte ist ein Rückschnitt möglich.
Überwintern: Hell oder dunkel bei 4 bis 8 °C. Die Hortensie wirft das Laub ab. Vertrocknete Blätter entfernen, damit sich keine Krankheitsherde bilden. Wenig gießen, aber Ballen nicht völlig austrocknen lassen. Im Frühjahr umtopfen und heller stellen.
Schädlinge, Krankheiten: Chlorose durch zu hartes Gießwasser. Blattläuse, Spinnmilben.
Vermehren: Durch krautige Stecklinge im Mai/Juni (schwierig).
Gestaltungstip: Die Hortensie ist äußerst vielseitig. Englisch-aristokratisch wirkt sie in verwitterten, grauen Steingefäßen, bäuerlich-rustikal im Eichenkübel.

Blüte einer Tellerhortensie.

Iochroma cyaneum

Veilchenstrauch

Das Lila der Blüten variiert von Standort zu Standort.

Der Name von griechisch: *ion* = Veilchen und *chroma* = Farbe weist bereits auf die violette Blütenfarbe der Gattung hin; *cyaneum* = dunkelblau verstärkt den Hinweis auf das eigenwillige Blau noch, das diesen 1 bis 1,5 m hohen Strauch unverwechselbar macht. Leider läßt die Leuchtkraft der Farbe bei uns oft zu wünschen übrig. Die röhrenförmigen Blüten sind aber dennoch sehr dekorativ. Sie hängen büschelweise in großer Zahl an den Triebspitzen. Die Blätter sind wie die Zweige grau behaart und elliptisch geformt. Die langen Triebe sind brüchig.
Blütezeit: Juli bis August.
Familie: *Solanaceae*, Nachtschattengewächse.
Heimat: Kolumbien.
Standort: Hell bis halbschattig und windgeschützt.
Substrat: Einheitserde, nahrhafte Gartenerde mit Torf.
Gießen, Düngen: In der Wachstumszeit reichlich gießen und bis Ende August wöchentlich düngen (hoher Nährstoffbedarf).
Weitere Pflege: Triebe ständig aufbinden.
Überwintern: Kann im Herbst auf etwa 1 m Höhe zurückgeschnitten und dann dunkel (auch hell) bei 6 bis 12 °C überwintert werden. Wenig gießen. Im Frühjahr umtopfen.
Schädlinge, Krankheiten: Spinnmilben, Weiße Fliege, gelegentlich Blattläuse.
Vermehren: Durch krautige Stecklinge im Sommer, die man besser nur von reichblühenden Exemplaren nimmt.
Gestaltungstip: Wie wär's mit einem violetten Arrangement aus Veilchenstrauch, Passionsblume, Nachtschatten und Heliotrop? Farblich bildet die *Iochroma* einen zauberhaften Kontrast zu orangefarbenen Blumen oder *Citrus*-Gewächsen.
Warnung: Der Veilchenstrauch ist in allen Teilen giftig.

Ipomoea
Trichterwinde, Prunkwinde

Ipomoea purpurea besitzt mehrfarbige Blüten.

Die Schwestern unserer Ackerwinde sind genauso vital wie das gefürchtete Unkraut. Die bei uns einjährig gezogenen Winden schlingen sich rasch 3 m hoch und blühen verschwenderisch. Ihre etwa 10 cm großen, trichterförmigen Einzelblüten öffnen sich nacheinander. Die Blätter sind herzförmig zugespitzt. Erhältlich sind:

- *Ipomoea tricolor* (syn. *Pharbitis rubrocaerulea*) mit Blüten in dem charakteristischen Himmelblau sowie in verschiedenen Pastelltönen.
- *Pharbitis purpurea* (syn. *Ipomoea purpurea*) mit Formen, deren Blüten weiß, rosa, rot, violett, blau, gestreift, dreifarbig und gefüllt sein können.
- Unter dem Synonym *Ipomoea quamoclit* läuft ferner die rotblühende Sternwinde *Quamoclit vulgaris* (syn. *Quamoclit pennata*). Die papierartigen braunen Früchte enthalten braune Samen.

Blütezeit: Juli bis September.

Familie: *Convolvulaceae,* Windengewächse.
Heimat: Tropisches Amerika.
Standort: Sonnig und windgeschützt.
Substrat: Einheitserde, TKS 2, neutraler lockerer Gartenboden.
Gießen, Düngen: In der Wachstumszeit reichlich gießen. Nicht austrocknen lassen. 1- bis 2mal wöchentlich düngen.
Weitere Pflege: Für Kletterhilfe sorgen.
Überwintern: Entfällt.
Schädlinge, Krankheiten: Empfindlich gegen kalte, nasse Witterung und Spinnmilben.
Vermehren: Durch Samen im März/April bei 18 °C Bodenwärme.
Gestaltungstip: Die Prunkwinde überrankt in kurzer Zeit Spaliere, Pyramiden, Geländer, Gerüste.
Warnung: *Ipomoea*-Arten können Lysergsäureamid, ein dem LSD verwandtes Rauschgift, enthalten.

Ipomoea tricolor – von besonders schönem Blau.

Jasminum nudiflorum
Winterjasmin

Ein sonnengelber Frühlingsgruß – der Winterjasmin.

Wenn noch nichts blüht, zaubert der Winterjasmin bereits Frühlingsstimmung. Der locker aufgebaute, breit wachsende und stark überhängende Strauch ist – was viele nicht wissen – ein Spreizklimmer, der an einer Kletterhilfe bis 3 m Höhe erreichen kann.
Im Kübel hält man ihn meistens als »goldene Blütenfontäne«. Die 1 bis 3 cm langen Blätter sind lanzettlich, tiefgrün und fallen erst vor dem Frühling ab, weswegen man sie als wintergrün bezeichnet.
Die gelben, bis 3 cm großen Blüten erscheinen am vorjährigen Holz.
Die schwarzen Früchte entwickeln sich bei uns nur selten.
Blütezeit: Februar bis April.
Familie: *Oleaceae*, Ölbaumgewächse.
Heimat: Westchina.
Standort: Sonnig bis halbschattig, geschützt.
Substrat: Lehmig-humose Gartenerde, Einheitserde. Kalkliebend.
Gießen, Düngen: Mäßig gießen und nach der Blüte bis August monatlich düngen.
Weitere Pflege: Abgeblühte Triebe regelmäßig auslichten, wenn die Pflanze zu dicht wird.
Überwintern: Im Freien, nur in extrem kalten Lagen mit Winterschutz (→ Seite 28/29 und 31). An frostfreien Tagen ausgetrocknetes Substrat mäßig gießen.
Schädlinge, Krankheiten: Selten.
Vermehren: Durch Triebstücke, die bei Erdkontakt wurzeln und im Juni/Juli durch Stecklinge.
Gestaltungstip: Solitärpflanze, die sich wegen des struppigen Wuchses nicht zum Unterpflanzen und Zusammenpflanzen eignet. Fließt schön über Mauern und läßt sich gut für Terrassen begrenzende Pflanztröge verwenden. Bonsaigeeignet.

Juanulloa aurantiaca

Guacamayastrauch

Neue fremdländische Schönheit – Juanulloa aurantiaca.

Noch ist der immergrüne, 1 bis 2 m hohe, orange-rot blühende Strauch mit den spitzovalen, ledrigen und mattdunkelgrünen Blättern eine Rarität auf dem Markt. Entsprechend dürftig sind auch die Erfahrungen in der Pflege. Die Familienzugehörigkeit zu den äußerst vitalen Nachtschattengewächsen läßt vermuten, daß die *Juanulloa* im Wachstum unproblematisch ist, ob sie aber Jahr für Jahr zuverlässig blüht, muß erst noch herausgefunden werden. Es wird in erster Linie von den Lichtmengen abhängen, die wir ihr übers Jahr bieten können.

Blütezeit: Juni bis Oktober.

Familie: *Solanaceae,* Nachtschattengewächse.

Heimat: Peru, Mexiko.

Standort: Sonnig, warm, windgeschützt und eher luftfeucht. Wächst am Heimatstandort auch epiphytisch.

Substrat: Einheitserde, Balkonblumenerde.

Gießen, Düngen: Während der Wachstumszeit nicht austrocknen lassen. Von April bis August alle 14 Tage düngen.

Weitere Pflege: Keine.

Überwintern: Hell und warm (mindestens 15 °C), am besten im Wintergarten oder Gewächshaus. Leicht feucht halten, im März umtopfen.

Schädlinge, Krankheiten: Bis jetzt keine typischen bekannt. Befall mit Schild- und Blattläusen ist aber nicht auszuschließen.

Vermehren: Vermutlich durch Stecklinge im Frühjahr/Sommer. Es liegen keine Erfahrungen vor.

Warnung: Die *Juanulloa* ist wie alle Nachtschattengewächse giftig.

Lagerstroemia indica

Lagerströmie, Kreppmyrte

Lagerströmien erreichen auch im Kübel Baumhöhe.

Sommergrüner Großstrauch oder kleiner Baum, der warme, sonnige Sommer und goldene Herbsttage braucht, um seine Blütenpracht zu entfalten. In kühlen Gegenden wird man bei uns vergeblich darauf warten. Die je nach Sorte weißen, rosafarbenen, roten oder violetten, hübsch gekrausten Blüten erscheinen nur an der Spitze dicker, einjähriger Triebe. Die dunkelgrünen Blätter sind elliptisch oder länglich, die Zweige vierkantig, der Stamm glänzt seidig.

Blütezeit: August bis Oktober, bei uns leider meist sehr spät. Selbst Antreiben beschleunigt die Blüte kaum.

Familie: *Lythraceae,* Weiderichgewächse.

Heimat: China, Korea.

Standort: Sonnig und anfangs windgeschützt. Am besten vor einer weißen Hauswand, die Licht und Wärme reflektiert.

Substrat: Einheitserde mit Sand.

Gießen, Düngen: In der Wachstumszeit gleichmäßig feucht halten und bis August alle 2 bis 4 Wochen düngen. Staunässe und Ballentrockenheit vermeiden, sonst Knospenfall!

Weitere Pflege: Keine.

Überwintern: Da ausgewachsene Lagerströmien kurzzeitig sogar Frost bis –15 °C vertragen, kann man die Pflanzen relativ lange im Freien lassen. Vor dem Einräumen einstämmige Pflanzen kopfweidenartig auf Stummel zurückschneiden, bei mehrtriebigen alle dünnen Triebe entfernen und die dicken einkürzen. Dunkel, fast trocken und bei 4 bis 8 °C halten. Im Frühjahr bei Bedarf umtopfen und die Pflanze zum Vortreiben hell stellen. Vorsicht beim Ausräumen mit den Neutrieben. Sie brechen leicht und sind lichtempfindlich.

Schädlinge, Krankheiten: Echter Mehltau, Blattläuse an den Jungtrieben.

Vermehren: Durch Samen oder Kopfstecklinge im August.

Lantana-Camara-Hybriden

Wandelröschen

Als Hochstämmchen allerliebst – gelbes Wandelröschen.

Mehrere Lantanen bilden schnell einen Busch.

Der große schwedische Botaniker Linné übertrug den Namen *Lantana*, der ein alter Name für *Viburnum* (Schneeball) sein soll, auf diese Gattung, zu der mehr als 150 meist tropische bis subtropische Arten gehören. Gärtnerisch kultiviert hat man aber nur zwei: *Lantana camara*, die 1819 nach England gebracht wurde und *Lantana montevidensis*, die 1820 nach Deutschland gelangte. Beide Arten sind im wesentlichen die Stammeltern der *Lantana*-Camara-Hybriden. Sie entstanden durch mannigfache Kreuzungen um die Jahrhundertwende in Frankreich. In der Belle Epoque spielte der 30 bis 100 cm hohe Strauch eine bedeutende Rolle und geriet dann ein wenig in Vergessenheit. Seit einigen Jahren ist das Wandelröschen wieder eine häufig verwendete Topf- und Beetpflanze, deren zahlreiche Blüten die eiförmigen, netzig-runzligen Blätter überdecken und viele Schmetterlinge anlocken. Der deutsche Name geht auf eine seltsame Eigenschaft der doldenartigen, in halbrunden Köpfchen gedrängten Blütenstände zurück: Sie wandeln sich ständig. Blüten, die beim Aufblühen orangefarben sind, wechseln zu Gelb oder Dunkelkarminrot, rosafarbene werden plötzlich feuerrot oder lila. Nur wenige Sorten bleiben farbstabil. Wandelröschen wirken besonders hübsch als Hochstämmchen.

Farbige Blüten wandeln sich ständig, weiße bleiben relativ stabil.

Blütezeit: Juni bis Oktober.
Familie: *Verbenaceae*, Verbenengewächse.
Heimat: Urformen tropisches Amerika.
Standort: Sonnig.
Substrat: Einheitserde, TKS 2, Balkonblumenerde.
Gießen, Düngen: In der Wachstumszeit mäßig feucht halten, bis August alle 14 Tage düngen. Staunässe vermeiden!
Weitere Pflege: Häufiges Entspitzen bis Juni fördert Verzweigung und Blütenreichtum. Die beerenartigen Steinfrüchte frühzeitig entfernen, das regt zur reichen Nachblüte an.
Überwintern: Hell bei 6 bis 10 °C. Fast trocken halten. Abgeworfenes Laub regelmäßig entfernen. Jedes Frühjahr umtopfen und Triebe um die Hälfte zurückschneiden.
Schädlinge, Krankheiten: Weiße Fliege, Spinnmilben.
Vermehren: Durch krautige Kopfstecklinge im Frühjahr nach dem Austrieb.
Gestaltungstip: Passende Unterpflanzung für Hochstämmchen: Niedrige, kleinblütige Margeriten/gelb (*Chrysanthemum multicaule* 'Kobold'), Lobelien/blau (*Lobelia erinus*) oder Steinkraut/weiß (*Lobularia maritima*). Bonsaigeeignet.
Warnung: Die Pflanze ist in allen Teilen giftig.

Laurus nobilis

Lorbeerbaum

Immergrünes Gehölz mit dunkelgrünen, ledrigen Blättern, die als Gewürz verwendet werden. Die grünlich-gelben männlichen und weiblichen Blüten befinden sich auf zwei verschiedenen Pflanzen. Sie erscheinen nur an freiwachsenden, ungeschnittenen Exemplaren. Aus den weiblichen entwickeln sich tiefschwarze Beeren.
Blütezeit: April bis Mai.
Familie: *Lauraceae*, Lorbeergewächse.
Heimat: Mittelmeerregionen.
Standort: Sonnig bis schattig.
Substrat: Lehmige Gartenerde mit etwas Torf und Sand, Einheitserde.
Gießen, Düngen: In der Wachstumszeit mäßig feucht halten. Der Ballen darf nie austrocknen, vor allem nicht während des Austriebs. Bis August wöchentlich düngen.
Weitere Pflege: Im Sommer ab und zu mit scharfem Strahl abbrausen.
Überwintern: Verträgt kurzfristig Frost bis –10 °C. Hell, luftig und bei 0 bis 6 °C halten, notfalls auch dunkles, kühles Winterquartier möglich. Wenig gießen. Bei Bedarf im März zurückschneiden, dabei Blätter nicht beschädigen! Selten umtopfen.
Schädlinge, Krankheiten: Schildläuse.
Vermehren: Durch halbreife Stecklinge im August/September.

Stolzer Türwächter
Kugelbäume des Lorbeers sind an Eingängen besonders beliebt.

Lavandula angustifolia

Echter Lavendel

Blauer Lavendel ist bekannt. Weißer, wie die Sorte 'Nana Alba', ist dagegen eine vielbegehrte Rarität.

Lavendel bringt Duft und Stimmung der Provence auf Balkon und Terrasse, ruft Erinnerungen an das im Sonnenlicht flimmernde unvergleichliche Blau der südfranzösischen Lavendelfelder wach. Wußten Sie, daß es sich bei diesen sauber in Reihen ausgerichteten blauen Igeln der Provence gar nicht um den Echten Lavendel *(Lavandula angustifolia),* sondern um eine Kreuzung mit dem Großen Speik *(Lavandula latifolia)* handelt? Diese Lavandin genannte Varietät bringt im Gegensatz zum Verwandten aus den Bergen auch in niederen Lagen reiche Ölausbeute für die Parfümindustrie. Allerdings – im Aroma unterscheiden sich die beiden Lavendel-Arten wie die Walderdbeere von Züchtungen aus dem Supermarkt: Lavandin-Öl riecht etwas schärfer als das dreimal so teure Lavande-fine-Öl, das aus den Blüten von *Lavandula angustifolia* destilliert wird.

Der Echte Lavendel *(Lavandula angustifolia)* wird in Europa bereits seit 1500 angebaut und ist eine alte Heilpflanze. Die getrockneten Blüten enthalten beruhigende, desodorierende und verdauungsfördernde Inhaltsstoffe und werden als Tee, Badezusatz und Körperpflegemittel verwendet. Weil Lavendel so frisch duftet, legt man seit altersher gern Lavendelzweige zwischen die Wäsche, daher auch der Name von lateinisch: *lavare* = waschen. *Lavandula angustifolia* ist ein immergrüner verzweigter Halbstrauch mit linealischen silbergraufilzigen, nach oben zu grünen Blättern und wird maximal 60 cm hoch. Die Blüten sitzen in endständigen Scheinähren und sind bei der reinen Art blauviolett. Daneben gibt es zahlreiche Varietäten. Das größte Sortiment findet man in Staudengärtnereien. Die bekanntesten Sorten heißen: 'Hidcote Blue' (dunkelviolett, 40 cm), 'Hidcote Giant', (violett, 60 bis 80 cm), 'Dwarf Blue' (dunkelblau, 30 cm), 'Grappenhall' (klarblau, 60 bis 90 cm), 'Munstead' (hellblau, 40 cm), 'Rosea' (hellrosa, 40 cm) und 'Nana Alba' (weiß, 20 cm).

Blütezeit: Juni bis Juli, oft bis September.

Familie: *Labiatae*, Lippenblütler.

Heimat: Westliches Mittelmeergebiet bis Griechenland.

Standort: Sonnig.

Substrat: Kalkreiche, lehmig-humose Gartenerde, Einheitserde.

Gießen, Düngen: Wenig gießen und nicht düngen.

Weitere Pflege: Kann nach der Blüte zur Verjüngung zurückgeschnitten werden.

Überwintern: In geschützten Lagen ohne, in freien mit Winterschutz aus Fichtenreisig (→ Zeichnung, Seite 29). Bei Trockenheit an frostfreien Tagen mäßig gießen. Im Frühjahr Reisig entfernen und Pflanze auf 1/3 zurückschneiden. Alternative: Hell und frostfrei überwintern!

Schädlinge, Krankheiten: Selten, wegen der schützenden ätherischen Öle.

Vermehren: Die reine Art durch Samen (sät sich im Garten selbst aus), die Sorten durch Sommerstecklinge, die in einem Gemisch aus Gartenerde und Sand leicht bewurzeln.

Gestaltungstip: Unterpflanzen Sie ein Rosenhochstämmchen mit niedrigem Lavendel. Oder umstellen Sie den Kübel mit Lavendeltöpfen. Lavendel hält Blattläuse von Rosen fern.

Lavendel – kleine Blüten, großer Duft.

Leonotis leonurus

Löwenohr

Am Mittelmeer blüht das Löwenohr früher als bei uns.

Bizarrer Halbstrauch, der von weitem wie eine Riesentaubnessel aussieht und je nach Standort 1 bis 2 m hoch wird. Die orangefarbenen, fast 5 cm langen Röhrenblüten sind behaart, sitzen in dichten achselständigen Scheinquirlen und nehmen fast die Hälfte der Höhe ein. Die lanzettlichen Blätter sind etwa 10 cm lang.

Blütezeit: September bis November.

Familie: *Labiatae*, Lippenblütler.

Heimat: Südafrika.

Standort: Vollsonnig und windgeschützt. Die Triebe brechen leicht ab.

Substrat: Einheitserde, TKS 2, Balkonblumenerde.

Gießen, Düngen: In der Wachstumszeit reichlich gießen und von Mai bis August alle 4 Wochen düngen.

Weitere Pflege: Keine.

Überwintern: Nach den ersten Frösten einräumen, immer mit abgetrocknetem Wurzelballen, sonst Fäulnisgefahr. Blüten abschneiden (für die Vase), Triebe auf 10 bis 20 cm zurückschneiden. Pflanze hell oder dunkel, bei 5 bis 10 °C stellen und fast trocken halten. Abgeworfenes Laub regelmäßig entfernen. Im Februar bei Bedarf umtopfen, leicht anfeuchten, heller und wärmer stellen.

Schädlinge, Krankheiten: Selten. Blattläuse und Weiße Fliege.

Vermehren: Durch Samen oder Stecklinge im Frühjahr. Anfangs mehrmals entspitzen.

Gestaltungstip: Im Wintergarten behält das Löwenohr sein Laub, wird höher und blüht länger.

Leptospermum scoparium

Südseemyrte

Die Südseemyrte »nadelt« bei Ballentrockenheit.

Die Südseemyrte ist eine Neuheit, die als Zimmer- und Kübelpflanze bei uns immer populärer wird. Sie wird im Mai/Juni als buschige Topfpflanze oder zierliches Hochstämmchen angeboten. Wuchs, Blütenfarben und Blattformen sind sehr veränderlich. Die Pflanze kann sich vom 30 cm hohen Strauch bis zum 10 m hohen Baum präsentieren. Die immergrünen Blätter sind grün oder bronzerot und tragen meist eine schmale, stechende Spitze. Die Blüten sind weiß, rosa oder rot, teils auch gefüllt.

Blütezeit: Mai bis Juni.

Familie: *Myrtaceae*, Myrtengewächse.

Heimat: Neuseeland, Australien.

Standort: Vollsonnig.

Substrat: Anzuchterde, TKS 1, Rhododendronerde.

Gießen, Düngen: In der Wachstumszeit reichlich mit weichem Wasser gießen. Bei Ballentrockenheit wirft die Pflanze ihre Blättchen ab. Kein hartes, kalkhaltiges Wasser nehmen! Bis August alle 14 Tage Rhododendrondünger ins Gießwasser geben.

Weitere Pflege: Nach der Blüte zurückschneiden.

Überwintern: Hell, kühl (4 bis 10 °C) und luftig. An frostfreien Tagen lüften! Gerade so viel gießen, daß der Ballen nicht austrocknet. Im März umtopfen.

Schädlinge, Krankheiten: Selten.

Vermehren: Durch Samen im Frühjahr oder krautige Kopfstecklinge im März/April oder August. Öfter entspitzen.

Gestaltungstip: Die feinlaubige, zierliche Südseemyrte wirkt am besten vor einem ruhigen Hintergrund, zum Beispiel vor einer Hecke oder einer weißen Hauswand. Bonsaigeeignet.

Lilium-Hybriden
Lilien

Die Königslilie, Lilium regale, wird etwa 1 m hoch.

Man pflanzt im Februar/März in einen Kübel mit mindestens 20 cm Durchmesser. Wichtig: Unter dem Substrat eine 3 cm hohe Dränageschicht aus grobem Sand, Kies oder Perlite. Die Zwiebeln (3 oder mehr pro Topf) im Abstand von 5 cm pflanzen und mindestens 15 cm hoch mit Erde bedecken. Töpfe leicht angießen und draußen sonnig aufstellen.
Blütezeit: Sommer.
Familie: *Liliaceae*, Liliengewächse.
Heimat: Urformen auf der nördlichen Halbkugel (Asien, Amerika, Europa), im Handel sind aber Zuchtformen.
Standort: Sonnig und windgeschützt.
Substrat: Einheitserde oder lehmig-humose Gartenerde mit Styromull, Perlite oder Sand.
Gießen, Düngen: Von Mai bis September reichlich gießen. Staunässe unbedingt vermeiden! Im April/Mai eine Handvoll Langzeitdünger auf die Topfoberfläche streuen.
Weitere Pflege: An Haltestäben oder mit Staudenring festhalten. Verwelkte Blüten abschneiden und Pflanzen langsam einziehen lassen.
Überwintern: Im Oktober/November vergilbte Stengel abschneiden. Im Dezember einräumen und im Haus dunkel und bei 0 bis 5 °C überwintern. Nicht völlig austrocknen lassen. Alle 2 Jahre im Februar/März umtopfen.
Schädlinge, Krankheiten: Grauschimmel und Zwiebelbodenfäule durch Staunässe. Viruskrankheiten.
Vermehren: Durch Samen, Teilen, Achselbulben, Zwiebelschuppen, je nach Art/Sorte.
Warnung: Lilienzwiebeln sind giftig.

Lust zum Nachmachen?
Für die Topfkultur gut geeignet sind Türkenbundlilien, Lilium martagon, (mit aufgerollten Blütenblättern) und Lilium-auratum-Hybriden.

Lonicera henryi
Geißblatt

Der liebliche Blütenduft entfaltet sich abends.

Der Name Geißblatt rührt daher, daß diese Pflanzen so behende wie eine Ziege klettern können.
Kenner halten diesen frei ausgepflanzt 3 bis 4 m hohen Schlinger für die Kübelkultur als besonders geeignet; einmal wegen seiner immergrünen, schön geformten, lanzettlichen Blätter, aber auch wegen seines dichten Wuchses. Und nicht zuletzt wegen der duftenden, gelbroten Blüten, aus denen sich im Herbst dekorative Früchte entwickeln. Darüber hinaus soll diese Art von Blattläusen eher verschont bleiben als ihre laubabwerfenden Verwandten.
Blütezeit: Juni bis Juli.
Familie: *Caprifoliaceae*, Geißblattgewächse.
Heimat: Westchina.
Standort: Sonnig bis halbschattig.
Substrat: Jeder Gartenboden, Einheitserde, TKS 2 oder Balkonblumenerde.
Gießen, Düngen: In der Wachstumszeit reichlich gießen. Den Ballen nicht austrocknen lassen! Bis August alle 4 Wochen düngen.
Weitere Pflege: Für Kletterhilfe (Gitter, Spalier, Draht) sorgen. Rückschnitt nach der Blüte möglich.
Überwintern: Mit Winterschutz (→ Seite 28 und 29) im Freien. Bei Trockenheit an frostfreien Tagen mäßig gießen. Bei Bedarf im Frühjahr umtopfen.
Schädlinge, Krankheiten: Selten Läuse.
Vermehren: Durch Stecklinge im Frühsommer.
Gestaltungstip: *Lonicera* wächst besonders schnell und dicht und eignet sich daher ausgezeichnet als Sicht- und Windschutz. Empfehlenswert ist eine Unterpflanzung, zum Beispiel aus Efeu. Sie hält der *Lonicera* die Füße feucht.
Warnung: Die Beeren sind giftig.

Der Fruchtschmuck des Geißblatts.

Mandevilla laxa
Chilenischer Jasmin, Mandeville

Der Duft der Mandevilla ist betäubend.

Der Chilenische Jasmin ist eine rasch 5 m hoch kletternde Schlingpflanze mit betäubend duftenden Blüten. Die schneeweißen Blütentrichter erscheinen an den neuen Trieben, öffnen sich nacheinander und sitzen bis zu 20 in lockeren Blütentrauben zusammen. Die frischgrünen, oval-lanzettlichen Blätter werden im Winter abgeworfen.
Blütezeit: Juni bis August.
Heimat: Argentinien, Bolivien.
Familie: *Apocynaceae*, Hundsgiftgewächse.
Standort: Vollsonnig.
Substrat: Einheitserde, TKS 2, Balkonblumenerde.
Gießen, Düngen: In der Wachstumszeit reichlich gießen und bis August wöchentlich düngen. Danach nur leicht feucht halten.
Weitere Pflege: Die *Mandevilla* braucht ein festes Spalier. Auf Schädlingsbefall – hauptsächlich Blattläuse – achten.
Überwintern: Mit trockenem Ballen einräumen, fast bis unten zurückschneiden. Dunkel, kühl (4 bis 8 °C) und trocken stellen. Ganz selten gießen. Im März umtopfen und zum Austreiben heller und wärmer stellen.
Schädlinge, Krankheiten: Sehr häufig Blattläuse. Spinnmilben.
Vermehren: Durch Samen oder Stecklinge im warmen Vermehrungsbeet.
Warnung: Die *Mandevilla* ist in allen Teilen giftig. Der Duft kann bei empfindlichen Menschen Kopfschmerzen verursachen.

Metrosideros excelsa
Eisenholzbaum

Knospen und Blattunterseiten sind weißflaumig.

Blüten oder Blätter – beide sind beim Eisenholzbaum reizvoll. Die Blüten sind mit scharlachroten, bis 3,5 cm langen Staubblättern ausgestattet und stehen in endständigen Trugdolden. Sie entwickeln sich aus schneeweiß wolligen Knospen. Weißflaumig sind auch die Zweige und Unterseiten der glänzenden, dunkelgrünen Blätter.
In seiner Heimat wird der Eisenholzbaum 20 m hoch. Man kauft ihn meist als verzweigten Busch, der selbst mit zunehmendem Alter Kübelmaß behält.
Der botanische Name von *metros* = Mark und *sideros* = Eisen weist auf das harte Holz hin, das zum Beispiel von der Art *Metrosideros umbellata* für den Schiffsbau verwendet wird.
Blütezeit: Bei uns Frühsommer, in der Heimat Spätwinter.
Familie: *Myrtaceae*, Myrtengewächse.
Heimat: Neuseeland.
Standort: Sehr hell bis vollsonnig.
Substrat: Rhododendronerde.
Gießen, Düngen: Während der Wachstumszeit reichlich gießen. Staunässe und hartes, kaltes Wasser vermeiden, der Eisenholzbaum verträgt nur wenig Kalk! Bis August wöchentlich Rhododendrondünger geben.
Weitere Pflege: Kann nach der Blüte gestutzt werden.
Überwintern: Hell und kühl (5 bis 10 °C). Etwa alle 4 Wochen gießen. Den Ballen nicht austrocknen lassen. Im Frühjahr umtopfen, ältere Pflanzen nur alle 3 bis 4 Jahre.
Schädlinge, Krankheiten: Schildläuse bei zu warmem, dunklem Stand oder am Sommerplatz durch andere schildlausbefallene Pflanzen. Wachstumsstörungen durch zu hartes und kaltes Gießwasser.
Vermehren: Durch Samen oder Kopfstecklinge bei 20 bis 25 °C Bodenwärme (schwierig).

Myrtus communis
Brautmyrte

Brautmyrten erreichen im Kübel ein hohes Alter.

Aus den Blüten können sich Beeren entwickeln.

Wie der Lorbeer ist auch die Brautmyrte eine Kübelpflanze mit jahrhundertealter Tradition. In der Antike wurde sie zu kultische Zwecken sowie als Kosmetik- und Heilpflanze verwendet. Die ägyptischen Frauen schmückten Haar und Kleidung mit blühenden Myrtenzweigen, bei den Griechen und Römern war die Myrte heilig und der Aphrodite beziehungsweise der Venus gewidmet. Alte Münzen zeigen die Göttin geschmückt mit einem Myrtenkranz. Plinius empfiehlt als besonders kulinarisches Erlebnis Wildschweinbraten mit Myrtensauce. Myrtenöl fand früher gegen mancherlei Krankheiten und in der Kosmetik Verwendung. Seit altersher gilt die Myrte als Symbol der Jungfräulichkeit, was sich im Brauch des Brautkranzes aus Myrtenzweigen niederschlägt, der bis in unsere Zeit gepflegt wird. Der immergrüne Strauch, der bei guter Pflege uralt werden kann, erreicht im Kübel etwa Meterhöhe und blüht den ganzen Sommer über mit weißen Blüten, aus denen die für Myrtengewächse typischen duftigen Staubfäden herausragen. Ihnen folgen manchmal erbsengroße, blauschwarze, eßbare Beeren. Die eirunden oder lanzettlichen Blätter glänzen lederartig und duften beim Zerreiben würzig-aromatisch. Die reine Art ist im Handel selten. Was wir heute kaufen, sind altbewährte Sorten wie 'Hamburger Brautmyrte' oder 'Königsberger Brautmyrte'.

Blütezeit: Juni bis Oktober.
Familie: *Myrtaceae*, Myrtengewächse.
Heimat: Mittelmeerregionen.
Standort: Vollsonnig.
Substrat: Einheitserde, TKS 2 oder Balkonblumenerde.
Gießen, Düngen: In der Wachstumszeit gleichmäßig feucht halten. Staunässe und Ballentrockenheit vermeiden! Wasser möglichst enthärten. Bis August wöchentlich Dünger verabreichen.
Weitere Pflege: Triebspitzen junger Pflanzen regelmäßig stutzen, damit die Pflanze buschig wird.
Überwintern: Hell, kühl (5 bis 10 °C). Ganz leicht feucht halten. Im März umtopfen, junge Myrten jährlich, ältere bei Bedarf. Frühjahrsrückschnitt ist möglich, geht aber auf Kosten des Blütenreichtums.
Schädlinge, Krankheiten: Schild- und Blattläuse nach zu warmer Überwinterung. Weiße Fliege.
Vermehren: Durch Kopfstecklinge im Frühjahr und Sommer. Mehrmals entspitzen.
Gestaltungstip: Myrten lassen sich zu zauberhaften Hochstämmchen (→ Seite 51) ziehen. Bonsaigeeignet.

Nerium oleander
Oleander

Gefüllte und ungefüllte Oleanderblüten.

Oleander gibt es mit einfachen oder gefüllten (teils duftenden) Blüten in Weiß, Elfenbein, Gelb, Lachs, Orange, Rosa oder Rot. Die einfachblühenden Sorten sind weniger regenempfindlich.

Die Sorten auf dem Foto:
1 'Mont Blanc'.
2 'Pink Beauty'.
3 Dunkelrosa gefüllte Sorte.
4 'Professor Grandel'.

Blütezeit: Juni bis Oktober.
Familie: *Apocynaceae*, Hundsgiftgewächse.
Heimat: Mittelmeerregionen, Asien.
Standort: Sonnig, heiß, regengeschützt.
Substrat: Lehmig-humose Gartenerde, Einheitserde.
Gießen, Düngen: Im Sommer reichlich gießen. Der Oleander liebt Wasser im Untersatz. Bis Ende August wöchentlich gut düngen.
Weitere Pflege: Blütentriebe, die sich noch im Herbst bilden, nicht entfernen.
Überwintern: Vor dem Einräumen kahle und zu lange Triebe ausschneiden. Hell und kühl (4 bis 8 °C) stellen. Wenig gießen. Mehr Wärme ab März fördert eine frühe Blütenbildung. Jüngere Pflanzen jedes Frühjahr, ältere seltener umtopfen.
Schädlinge, Krankheiten: Blatt- und Schildläuse, Spinnmilben, *Ascochyta* (Pilzerkrankung), Oleanderkrebs (Bakterienerkrankung).
Vermehren: Durch Stecklinge von Juni bis September in Wasser.
Gestaltungstip: Der Oleander läßt sich zu einem Hochstämmchen (→ Seite 51) ziehen.
Warnung: Die Pflanze ist in allen Teilen sehr giftig.

◄ **Den Kopf in der Sonne ...**
... die Füße im Wasser – *so gefällt es dem Oleander. In verregneten Sommern wartet man vergeblich auf Blütensegen.*

Nicotiana x sanderae
Ziertabak

Die ganze Farbpalette des Ziertabaks in einer Schale.

Der botanische Name ist auf den französischen Gesandten Jean Nicot (1530 bis 1600) zurückzuführen. Er soll den Königshöfen von Frankreich und Portugal als erster den Tabak überreicht haben. Nach Deutschland gelangte die erste Tabakpflanze (*Nicotiana tabacum*) durch den Augsburger Stadtphysiker Occo um 1560.
Als Zierpflanzen wurden *Nicotiana alata, Nicotiana sylvestris,* am meisten aber *Nicotiana* x *sanderae* bekannt. Von der einjährigen, 60 bis 100 cm hohen Pflanze gibt es heute zahlreiche Hybriden mit wohlriechenden Blüten in Weiß, Gelb, Rosa oder Rot. Die unteren Blätter sind groß, spatelförmig und etwas gewellt, die oberen lanzettlich.
Blütezeit: Juli bis September.
Familie: *Solanaceae*, Nachtschattengewächse.
Heimat: Urformen Südamerika.
Standort: Sonnig.
Substrat: Einheitserde, Balkonblumenerde, lehmig-humose Gartenerde.
Gießen, Düngen: Reichlich gießen und wöchentlich düngen. Hoher Nährstoffbedarf.
Weitere Pflege: Verwelkte Blüten regelmäßig entfernen.
Überwintern: Entfällt.
Schädlinge, Krankheiten: Blattläuse, Schnecken.
Vermehren: Durch Samen (Lichtkeimer) im Februar/März.
Gestaltungstip: Eine einzelne Pflanze in einem großen Kübel mit nährstoffreichem Substrat wächst zu einem hohen, schlanken, mit Blüten übersäten »Strauch« heran. Sehr hübsch als Unterpflanzung: Lobelien *(Lobelia erinus).*
Warnung: Ziertabak ist in allen Teilen giftig. Der Duft kann bei empfindlichen Menschen Kopfschmerzen verursachen.

Olea europaea
Ölbaum, Olivenbaum

Charakterpflanze der Mittelmeerländer – der Ölbaum.

Olivenbäume prägen die mediterrane Landschaft. Der flirrende Schimmer ihrer oberseits blaugrünen, unterseits silbrigen, weidenähnlichen Blätter bleibt jedem Urlauber unvergeßlich. Der immergrüne Ölbaum wächst im Kübel recht schnell bis zu 2 m hoch, verzweigt sich aber anfangs nur langsam. Die kleinen cremeweißen Blüten erscheinen in achselständigen Trauben. Sie setzen bei uns nur selten Früchte an, da dazu eine andere Sorte als Pollenspender notwendig ist. Die Früchte würden bei uns in Ermangelung warmer Temperaturen im Herbst ohnehin nicht reifen. Vor Jahren noch selten, wird der Ölbaum heute schon häufig angeboten, meist die dornenlose Varietät *var. europaea*.

Blütezeit: Juli bis August.

Familie: *Oleaceae*, Ölbaumgewächse.

Heimat: Mittelmeerländer.

Standort: Vollsonnig.

Substrat: Lehmige Gartenerde oder Einheitserde.

Gießen, Düngen: In der Wachstumszeit gleichmäßig feucht halten. Bis August alle 14 Tage düngen.

Weitere Pflege: Rück- und Formschnitt sind jederzeit möglich.

Überwintern: Verträgt einige Minusgrade. Hell und kühl (2 bis 10 °C) halten. (Kann auch dunkel stehen, verliert dann aber das Laub). An frostfreien Tagen lüften! Im März bei Bedarf umtopfen und im April Pflanze an einen geschützten Platz ins Freie bringen, um frühzeitigen Austrieb zu verhindern.

Schädlinge, Krankheiten: Selten. Möglich sind Pilzinfekte auf den Blättern im August.

Vermehren: Durch angeritzte Olivenkerne im Frühjahr oder Kopfstecklinge im Sommer bei über 30 °C Bodenwärme.

Gestaltungstip: Bonsaigeeignet.

Pandorea jasminoides
Pandorea

Die Pandorea ist bei viel Licht ein Dauerblüher.

Die jasminähnliche Kletterpflanze Pandorea wird in Italien *Bignonia semperflorens*, immerblühende Bignonia, genannt. Bei besten Lichtverhältnissen – zum Beispiel bei ganzjährigem Aufenthalt in einem sehr hellen Wintergarten – beginnt sie bereits im März ihre trichterförmigen, 5 cm breiten, weißrosa Blüten zu öffnen und stellt erst im Herbst den Blütensegen langsam wieder ein. Die gefiederten, glänzendgrünen Blätter sind immergrün. Bei Kübelkultur braucht die Pandorea ein im Gefäß verankertes Spalier für ihre langen Triebe. Im Handel sind neben der Art auch Sorten wie die reinweiße 'Alba' und die rosafarbene 'Rosea'.

Blütezeit: Juli bis September.

Familie: *Bignoniaceae*, Bignoniengewächse (Trompetenbaumgewächse).

Heimat: Australien.

Standort: Hell bis sonnig.

Substrat: Einheitserde, TKS 2 oder Balkonblumenerde.

Gießen, Düngen: In der Wachstumszeit gleichmäßig feucht halten. Bis August wöchentlich düngen.

Weitere Pflege: Obwohl die Pandorea selbst schlingen kann, Triebe am Spalier ordnen und festbinden.

Überwintern: Früh einräumen, die Pandorea ist kälteempfindlich. Hell bei 15 °C halten und mäßig gießen. Im Frühjahr oberste Erdschicht erneuern. Bei Bedarf umtopfen, wobei die Pflanze vom Spalier abgenommen werden muß und ein Rückschnitt der Triebe meist unerläßlich ist.

Schädlinge, Krankheiten: Blattläuse.

Vermehren: Durch Stecklinge im Frühjahr/Sommer.

Gestaltungstip: Die Pandorea ist ein langblühender Sichtschutz mit mediterranem Flair.

Parthenocissus quinquefolia

Jungfernrebe, Wilder Wein, Mauerwein

Feurige Herbstfärbung der Jungfernrebe.

Beliebtes Vogelfutter – blaue Beeren an roten Stielen.

Mit feurigrot gefärbtem Herbstlaub zaubert dieser Schlinger im Herbst Farbe auf Balkon oder Terrasse. Er wird frei ausgepflanzt bis zu 12 m hoch und klettert mit Sproßranken, an deren Enden gelegentlich Haftscheiben sitzen. Im botanischen Standardwerk 'Illustrierte Flora von Mitteleuropa' (→ Quellen, Seite 238) wird die Entstehung der Haftscheiben sehr anschaulich beschrieben: »Die Verzweigungen der lichtfliehenden Ranken tragen in der Jugend noch keine Haftscheiben, sondern sind hakenförmig eingerollt und nur unbedeutend verdickt. Sobald sie in die Nähe eines festen Gegenstandes kommen, spreizen die Verzweigungen auseinander und legen sich seitlich an. Innerhalb zweier Tage verdicken sich die verkrümmten Spitzen, färben sich hellrot und werden zu scheibenartigen Gebilden, die sich mit einem von den Zellen der Scheibe ausgeschiedenen, anfänglich zähflüssigen, später erstarrenden Kitt untrennbar mit ihrer Unterlage verbinden.« Die bis zu 12 cm großen, sommergrünen, fingerförmigen Blätter werden im Herbst nach und nach abgeworfen. Die unscheinbaren weiß-grünlichen Blüten sitzen in Rispen unter dem Laub. Sie duften und werden gerne von den Bienen besucht, während die erbsengroßen, blauen Beeren an roten Stielen zum Lieblingsfutter der Vögel gehören. Die Jungfernrebe ist im Gegensatz zu ihrer Verwandten *Parthenocissus tricuspidata* (Wilder Wein), die bereits 1862 eingeführt wurde, erst seit 1929 bekannt. Sie wird auch heute noch häufig mit ihr verwechselt. Inzwischen entstanden einige Varietäten, zum Beispiel:

- *Parthenocissus quinquefolia var. engelmanii.* Diese Varietät unterscheidet sich von der reinen Art durch zierlichere Blätter, die sich im Herbst dunkelrot färben und durch besser ausgebildete Haftscheiben. Sie erlauben ihr, frei ausgepflanzt über 10 m hoch zu klettern. Außerdem hilft ihr die bessere Haftfähigkeit, auch glatte Wände und Mauern zu erklimmen.
- *Parthenocissus quinquefolia var. hirsuta.* Bei dieser Varietät sind Blätter und Triebe weich behaart (*hirsuta*). Die Herbstfärbung ist eher hellrot.

Blütezeit: Juni bis August.
Familie: *Vitaceae*, Weinrebengewächse.
Heimat: Nordamerika bis Mexiko.
Standort: Sonnig bis halbschattig. In sonniger Lage intensivere Herbstfärbung.
Substrat: Einheitserde oder lehmig-humose Gartenerde.
Gießen, Düngen: In der Wachstumszeit reichlich gießen. Bis August alle 8 Wochen düngen.
Weitere Pflege: Die Pflanze braucht einen stabilen Spanndraht oder ein Rankgerüst.
Überwintern: Mit Winterschutz (→ Seite 28/29) im Freien. Bei Trockenheit an frostfreien Tagen mäßig gießen.
Schädlinge, Krankheiten: Pilzinfekt, bei dem die Triebe schlapp werden (selten).
Vermehren: Durch Steckhölzer (Gärtnersache).
Gestaltungstip: Im Herbst kann man die Jungpflanze in einen Topf setzen, der genau in die Öffnung eines bauchigen Gefäßes paßt. Es wirkt dann durch das feuerrote Laub wie mit Lava übergossen. Bonsaigeeignet.

Passiflora

Passionsblume

Die robuste Passiflora caerulea 'Constance Elliot'.

Alle Arten sind prächtige immergrüne Kletterpflanzen mit bis zu 12 cm langen, 3- bis 7lappigen Blättern und spiraligen Sproßranken, die den Blattachseln entspringen.

- *Passiflora edulis,* die Purpurgranadilla, bedeckt sich mit weiß-purpurfarbenen Blüten, aus denen sich – sonnige, warme Herbsttage vorausgesetzt – rotbraune oder (bei der Form *Passiflora flavicarpa)* gelbe, etwa 5 bis 8 cm große Früchte (Maracujas) entwickeln.
- *Passiflora caerulea* bildet noch prachtvollere, violettblaue oder weiße ('Constance Elliot') Blüten.
- *Passiflora violacea* ist ebenfalls reich- und violettblühend.

Blütezeit: Je nach Art Juni bis September.
Familie: *Passifloraceae,* Passionsblumengewächse.
Heimat: Tropisches und subtropisches Südamerika.
Standort: Sonnig.
Substrat: Einheitserde, TKS 2, Balkonblumenerde.
Gießen, Düngen: In der Wachstumszeit reichlich gießen und bis August wöchentlich düngen. Staunässe vermeiden!
Weitere Pflege: Für Kletterhilfe sorgen (→ Seite 51).
Überwintern: Vor dem Frost mit abgetrocknetem Ballen einräumen. Hell bei 10 °C halten. Selten gießen. Abgeworfenes Laub regelmäßig entfernen. Beim Einräumen oder im März Seitentriebe auf 3 bis 5 Augen zurückschneiden. Alle 2 Jahre umtopfen.
Schädlinge, Krankheiten: Spinnmilben, Schild- und Wolläuse. Gelbe Blätter durch Nährstoffmangel und Staunässe.
Vermehren: Durch Kopfstecklinge im warmen Vermehrungsbeet oder Samen (leicht).
Mein Tip: Die als Zimmerpflanzen verkauften, rundbogig gezogenen Exemplare überstehen den Aufenthalt im Freien oft nicht.

Passiflora flavicarpa mit Früchten (Maracujas).

Phoenix canariensis

Kanarische Dattelpalme, Phönixpalme

Die Phönixpalme wird mit der Zeit immer ausladender.

Nach den Worten eines arabischen Dichters taucht die Dattelpalme den Fuß ins Wasser und ihr Haupt in das Feuer des Himmels, was darauf hinweist, daß sie eine klassische Oasenpflanze ist. In Urlaubsländern bildet *Phoenix canariensis* regelmäßig ihre üppigen goldgelben Blütenstände aus, die im Kübel und in Ermangelung nötiger Lichtmengen bei uns nicht oder nur äußerst selten erscheinen.
Blütezeit: August/September.
Familie: *Arecaceae,* Palmen.
Heimat: Kanarische Inseln.
Standort: Vollsonnig. Zuvor 14 Tage an einem nichtsonnigen Platz akklimatisieren, sonst verbrennen die Blätter.
Substrat: Einheitserde oder lehmige Gartenerde mit Sand.
Gießen, Düngen: In der Wachstumszeit reichlich gießen und bis August alle 14 Tage düngen.
Weitere Pflege: Pflanze ab und zu mit dem Schlauch abspritzen, damit sich keine Schädlinge einnisten können. Verdorrte Wedel sauber abschneiden.
Überwintern: Hell bei 5 bis 10 °C. Ballen ganz leicht feucht halten. Im Frühjahr Jungpflanzen alle 2 bis 3 Jahre, ältere bei Bedarf umtopfen. Dabei kann man den Wurzelballen mit scharfem Messer seitlich und unten verkleinern.
Schädlinge, Krankheiten: Phoenix-Brandpilz (selten). Schildläuse und Spinnmilben nach zu warmer Überwinterung. Zu starkes Gießen im Winter kann zu Wurzel- oder Herzfäule und zum Tod der Pflanze führen.
Vermehren: Ganzjährig durch Samen.
Gestaltungstip: Die Phönixpalme wächst sehr schnell zu einem ausladenden Exemplar heran und braucht entsprechend Platz.
Hinweis: Genauso gepflegt wird die Echte Dattelpalme, *Phoenix dactylifera.*

Phormium tenax
Neuseeländer Flachs

Die gestreifte Sorte Phormium tenax 'Variegatum'.

Interessante, immergrüne Rosettenpflanze mit schwertförmigen Blättern, die am Naturstandort 3 m, im Kübel etwa 1,5 bis 2 m lang werden und einem Wurzelstock entspringen. Sie liefern mit die dehnbarsten Fasern des Pflanzenreiches. Die Faserbündel erreichen fast die Länge der Blätter, so daß es selbst dem stärksten Mann unmöglich ist, ein Blatt quer zur Faserrichtung zu zerreißen. Ältere Exemplare bilden einen die Blätter weit überragenden Schaft mit mattroter Blütenrispe. Bekannt ist neben der grünen Art die gelbweiß-gestreifte Sorte 'Variegatum'.
Blütezeit: Spätsommer.
Familie: *Liliaceae,* Liliengewächse.
Heimat: Neuseeland.
Standort: Von sonnig bis schattig.
Substrat: Einheitserde oder lehmige Gartenerde mit Torf.
Gießen, Düngen: In der Wachstumszeit reichlich gießen und bis August wöchentlich düngen. Die Pflanze nimmt jedoch eine schlechtere Versorgung auch nicht sofort übel.
Weitere Pflege: Keine.
Überwintern: Neuseeländer Flachs verträgt leichten Frost. Hell bei 4 bis 10°C überwintern, notfalls auch dunkel. Wenig gießen. Verdorrte Blätter regelmäßig entfernen. Im Frühjahr bei Bedarf umtopfen.
Schädlinge, Krankheiten: Thripse bei zu warmer Überwinterung.
Vermehren: Durch Teilen älterer Pflanzen im Frühjahr oder durch Aussaat (langwierig).
Mein Tip: Wer nur wenig Platz hat, greift besser zu den schwächer wachsenden Sorten. Sehr schön sind die kupferrote 'Atropurpureum', die cremeweiß-gestreifte 'Cream Delight' oder die gelbweiß-gestreifte 'Yellow Waves'.

Phyllostachys
Phyllostachys

Phyllostachys nigra und Phyllostachys aurea.

Diese ausläufertreibende Bambus-Gattung mit lichtgrünen, zierlichen Blättern und gefärbten, gestreiften oder gefleckten Halmen hat sich längst unsere Gärten erobert. Für die Kübelkultur eignen sich:

- *Phyllostachys aurea* (Goldrohrbambus), und ihre Sorte 'Holochrysa' mit gelborange getönten Halmen.
- *Phyllostachys aureosulcata* 'Spectabilis', die Kenner für einen der schönsten Bambusse überhaupt halten.
- *Phyllostachys nigra* (Schwarzrohrbambus), die kaum Ausläufer treibt.

Alle werden im Kübel mehr als 2 m hoch.
Familie: *Gramineae,* Gräser.
Heimat: China, Japan.
Standort: Sonnig.
Substrat: Einheitserde, TKS 2 mit lehmiger Gartenerde, lockerer Wiesenboden. Das Pflanzgefäß muß 3- bis 4mal so groß wie der Wurzelballen sein und mindestens 50 l fassen.
Gießen, Düngen: In der Wachstumszeit reichlich gießen. Staunässe aber unbedingt vermeiden. Der Bambus ist keine Sumpfpflanze! Bis Ende August alle 3 Wochen mit Blaukorn düngen.
Weitere Pflege: Um die Pflanze vor dem Austrocknen zu schützen, kann man abgefallenes Bambuslaub zum Mulchen (Abdecken der Erdoberfläche mit Pflanzenmaterial) verwenden.
Überwintern: Mit Winterschutz (→ Seite 28/29) im Freien oder in einem hellen, gerade eben frostfreien Raum. Bei Trockenheit an frostfreien Tagen mit warmem Wasser gießen. Im Frühjahr ältere Halme auslichten.
Schädlinge, Krankheiten: Selten, wegen des hohen Kieselsäuregehaltes.
Vermehren: Durch Teilen.
Gestaltungstip: Schöne Begleitpflanzen: Ahorn, Aukube, Azalee, Hortensie, Kiefer, Klematis, Spindelstrauch.

Pittosporum tobira

Klebsame

Eine stattliche Kübelpflanze – der Klebsame.

Blühendes Pittosporum tobira 'Variegatum'.

Die eigenartigen Kapselfrüchte des Klebsamens.

Das *Pittosporum* ist eine anspruchslose, gesunde und überaus dekorative Pflanze, die im Kübel recht stattlich wird. In den Mittelmeerländern sieht man den immergrünen Strauch als Heckenpflanze überall an den Straßen. Den wie lackiert aussehenden, verkehrt-eiförmigen Blättern machen Abgase anscheinend nichts aus. Die cremeweißen, nach Zitrone duftenden Blüten erscheinen in Büscheln je nach Überwinterung zwischen März und Frühsommer. Die Frucht ist eine Kapsel, in der die Samen in eine harzige, klebrige Masse eingebettet sind – daher der Name (*pitta* = Harz und *spora* = Samen). Weitere Arten, die man manchmal auch im Handel findet:

- *Pittosporum tenuifolium* aus Neuseeland. Der im Alter bis zu 9 m hoch werdende Großstrauch oder Baum hat im Vergleich zu *Pittosporum tobira* kleine Blätter von höchstens 7 cm Länge. Attraktiv: Die fast schwarzen Blattstiele, die ebenfalls schwarze Rinde der jungen Zweige und die dunkelroten Blüten, die im Frühjahr in den Blattachseln erscheinen. *Pittosporum tenuifolium* läßt sich wunderbar zu Pyramiden oder Hochstämmchen formieren. Wenn man Glück hat, bekommt man eine der zahlreichen Sorten mit silbrigen, roten oder panaschierten Blättern.
- *Pittosporum undulatum* stammt aus Ostaustralien und bildet am Heimatstandort eine schöne, kuppelförmige Krone. Diese Art wächst ziemlich langsam und fällt durch ihre dunkelgrün glänzenden, am Rande gewellten *(undulatum)*, 15 cm langen Blätter auf. Die Blüten erscheinen im späten Frühjahr. Kenner halten sie für einen der schönsten Bäume für kühle, frostfreie Glasanbauten.

Blütezeit: März bis Mai.
Familie: *Pittosporaceae*, Klebsamengewächse.
Heimat: Subtropisches China, Japan, Südkorea.
Standort: Sonnig bis halbschattig.
Substrat: Einheitserde oder lehmige Gartenerde mit Torf und Sand.
Gießen, Düngen: In der Wachstumszeit am sonnigen Platz reichlich gießen. Bis August alle 14 Tage düngen.
Weitere Pflege: Rück- und Formschnitt jederzeit möglich.
Überwintern: Die Pflanze verträgt etwas Frost. Hell bei 0 bis 10 °C oder im Zimmer überwintern. Notfalls auch dunkel, dann aber kühl, bei zu dunklem und warmem Stand Laubfall. Bei kühler Überwinterung wenig gießen. Jungpflanzen im Frühjahr, ältere bei Bedarf umtopfen.
Schädlinge, Krankheiten: Blattläuse, Pilzinfekte.
Vermehren: Durch Samen oder halbreife Stecklinge (leicht).

Gestaltungstip: Das einheitlich tiefe Grün des Laubes und der formale Wuchs machen *Pittosporum* zu einer Kübelpflanze, mit der sich Ruhe- oder Markierungspunkte setzen lassen.

Pleioblastus fortunei 'Variegatus'

Pleioblastus, Weißgestreifter Buschbambus

Nach Rückschnitt ist der Neutrieb besonders schön.

Von den etwa 20 Arten der stark ausläufertreibenden Bambus-Gattung ist diese weißgestreifte Varietät am bekanntesten. Sie wurde bereits 1863 in Belgien eingeführt und wird von internationalen Bambuskennern heute als optimale Sorte für die Kübelkultur gelobt. Die 30 bis 40 cm langen Halme sind grün, die für Bambus relativ breiten Blätter weißgestreift.

Familie: *Gramineae*, Gräser.

Heimat: Japan.

Standort: Sonnig.

Substrat: Einheitserde, lehmig-humose Gartenerde, Wiesenerde. Pflanzgefäß muß 3- bis 4mal so groß wie der Wurzelballen sein.

Gießen, Düngen: In der Wachstumszeit reichlich gießen und bis August wöchentlich düngen.

Weitere Pflege: Keine.

Überwinterung: Mit Winterschutz (→ Seite 28/29) im Freien. Oder Kübel in Erdgrube einsenken und Pflanze mit Laub oder Reisig abdecken. Bei Trockenheit an frostfreien Tagen mit warmem Wasser gießen. Im März dicht über dem Boden abschneiden. Der Neutrieb ist besonders farbintensiv.

Schädlinge, Krankheiten: Selten, wegen des Kieselsäuregehaltes.

Vermehren: Durch Teilen.

Gestaltungstip: Dieser Bambus paßt auch auf einen kleinen Balkon. In Beeten frei ausgepflanzt ist er ein beliebter Bodendecker, der durch sein gestreiftes Laub einen aparten Reiz besitzt.

Plumbago auriculata

Bleiwurz

Die Bleiwurz sollte vor Wind und Regen geschützt werden.

Die Bleiwurz ist ein zuverlässiger Dauerblüher. Die phloxähnlichen Blüten erscheinen am Ende neuer Triebe in reichen, kurzen, fast einseitigen Ähren. Sie sind bei der reinen Art himmelblau, bei der Sorte 'Alba' schneeweiß gefärbt. Die Bleiwurz kann im Kübel mehr als 2 m hoch und ebenso breit werden. Sie bildet lange, später überhängende, recht windempfindliche, brüchige Triebe mit kleinen, unterseits hell bemehlten Blättern.

Blütezeit: Juni bis Oktober.

Familie: *Plumbaginaceae*, Bleiwurzgewächse.

Heimat: Südafrika.

Standort: Sonnig, wind- und besser auch regengeschützt.

Substrat: Lehmig-humose Gartenerde, TKS 2, Einheitserde.

Gießen, Düngen: In der Wachstumszeit reichlich gießen und bis August wöchentlich düngen.

Weitere Pflege: Verblühtes regelmäßig auszupfen. Wegen ihrer klebrig-behaarten Kelche fallen die Blüten nicht von allein ab. Geformte Pflanzen (Hochstämmchen, Pyramiden) öfter schneiden.

Überwintern: Mit abgetrocknetem Wurzelballen einräumen. Triebe um die Hälfte kürzen. Hell, bei 5 bis 8 °C und fast trocken halten. Notfalls auch dunkel und kühl überwintern, wobei die Pflanze viel Laub verliert. Deshalb in diesem Fall Triebe fast bodeneben herunterschneiden. Im Frühjahr umtopfen und zum Antreiben wärmer stellen.

Schädlinge, Krankheiten: Selten Blattläuse.

Vermehren: Ab Juli durch halbreife Stecklinge (leicht).

Gestaltungstip: Die Bleiwurz läßt sich am Spalier, als Hochstämmchen, Ampelpflanze oder Pyramide ziehen.

Das unverwechselbare Blau der Plumbago-Blüten.

Podranea ricasoliana
Podranea

Schön als Kaskadenbäumchen – die Podranea.

Glockig – trichterförmige Podraneablüten.

Die Podranea – Schwester der Trompetenblume (*Campsis*) – ist noch nicht allzulange im europäischen Raum bekannt. Heute findet man *Podranea ricasoliana* (manchmal auch *Podranea brycei)* in Spezialversandgärtnereien (→ Quellen, Seite 238).
Der vitale, immergrüne Kletterstrauch bildet bis zu 3 m lange Jahrestriebe und blüht mit glockig-trichterförmigen, bis zu 5 cm breiten Blüten. Diese sind rosa gefärbt und rot gezeichnet und stehen in bis zu 30 cm langen Rispen am Ende der Triebe. Das Laub ist gefiedert.
Blütezeit: Juli bis Herbst, im Wintergarten bis Dezember.
Familie: *Bignoniaceae*, Bignoniengewächse.
Heimat: Tropisches Südafrika.
Standort: Sonnig und möglichst regengeschützt.
Substrat: Lehmig-humose, nahrhafte Gartenerde, Einheitserde, TKS 2.
Gießen, Düngen: In der Wachstumszeit reichlich gießen und bis August wöchentlich düngen. Hoher Nährstoffbedarf.
Weitere Pflege: Die Podranea braucht eine Kletterhilfe und muß angebunden werden.
Überwintern: Triebe vor dem Einräumen auf ein Grundgerüst von etwa 80 cm Höhe zurückschneiden. Hell und kühl (6 bis 10 °C), notfalls auch dunkel und fast trocken halten. Die Pflanze verliert bei kühler Überwinterung ihr Laub fast vollständig. Es muß regelmäßig entfernt werden. Im Frühjahr umtopfen.
Schädlinge, Krankheiten: Blattläuse an den weichen Triebspitzen und Blütenknospen.
Vermehren: Durch Kopfstecklinge im Frühjahr.
Gestaltungstip: Die Podranea gilt unter Kennern als schönste aller kletternden Bignoniengewächse und ist noch eine Rarität, die nicht jeder hat.

Polygonum (Fallopia) auberttii
Schlingknöterich

Der Knöterich ist ein Klettermaxe im Tüllschleier.

Wegen seiner ungestüm wachsenden Triebe, mit denen er binnen kurzer Zeit alles eingrünt, woran er sich festhalten kann, wird der Knöterich in manchen Regionen scherzhaft »Klettermaxe« genannt. Frei ausgepflanzt legt er in einem Jahr spielend mehrere Meter zu und kann bis zu 15 m hoch werden. Im Kübel bringt er es immerhin auch auf 5 bis 7 m. Seine sommergrünen Blätter sind frischgrün, im Austrieb rötlich, aber nicht übermäßig attraktiv. Schön sind die 20 bis 40 cm langen, cremeweißen, duftig wirkenden Blütenrispen. Sie sind eine Bienenweide, während die kleinen Nußfrüchte den Vögeln schmecken.
Blütezeit: Juli bis Oktober.
Familie: *Polygonaceae*, Knöterichgewächse.
Heimat: Westchina, Tibet.
Standort: Sonnig bis halbschattig.
Substrat: Lehmig-humose Gartenerde, Einheitserde, Balkonblumenerde.
Gießen, Düngen: In der Wachstumszeit reichlich gießen und bis August wöchentlich düngen. Hoher Nährstoffbedarf.
Weitere Pflege: Braucht eine Kletterhilfe (Spanndrähte, Rankgitter). Kann jederzeit mit der Schere in Form gehalten werden.
Überwintern: Im Kübel mit Winterschutz (→ Seite 28/29) im Freien. Bei Trockenheit an frostfreien Tagen gießen. Im Frühjahr oberste Erdschicht erneuern und Pflanze bei Bedarf zurückschneiden.
Schädlinge, Krankheiten: Blattläuse und Weiße Fliege bei Trockenheit.
Vermehren: Durch Stecklinge Ende Juni oder Steckhölzer ab Oktober.
Gestaltungstip: Der Knöterich eignet sich zum schnellen Begrünen von Wänden, Pfosten, Balkongeländern und Lauben. Man kann ihn kletternd oder hängend wachsen lassen. Die Blüten sind sehr schön in der Vase.

Potentilla fruticosa

Strauchiges Fingerkraut

Das strauchige Fingerkraut blüht monatelang.

Der dichtverzweigte, breitbuschige Kleinstrauch ist laubabwerfend und wird maximal 1 m hoch. Die 3- bis 7zähligen Blätter sind 1 bis 3 cm lang und grün bis bläulich-grün gefärbt. Die 2 bis 3 cm großen Blüten sitzen einzeln oder zu mehreren am diesjährigen Holz und sind leuchtend gelb oder bei einzelnen Sorten auch weiß, hell- oder dunkelrosa. Für die Gefäßkultur eignen sich verschiedene gelbblühende Sorten wie 'Goldstar' oder 'Goldteppich'. Unempfindlich gegen Echten Mehltau sind 'Goldfinger' mit zitronengelben Blüten, der leuchtendgelb blühende 'Hachmanns Gigant' und die weiße 'Abbotswood'. Rosa Blüten findet man bei 'Princess' oder 'Royal Flush'. Alle genannten Sorten werden 65 bis 100 cm hoch.
Blütezeit: Je nach Sorte Mai/Juni bis September/Oktober.
Familie: *Rosaceae*, Rosengewächse.
Heimat: Nördliche gemäßigte Zone.
Standort: Sonnig.
Substrat: Einheitserde oder lehmig-humose Gartenerde.
Gießen, Düngen: In der Wachstumszeit mäßig gießen. Die Pflanze verträgt kurzfristig Trockenheit. Bis August alle 4 Wochen düngen.
Weitere Pflege: Kann jederzeit in Form geschnitten werden.
Überwintern: Mit Winterschutz (→ Seite 28/29) aus Fichtenreisig im Freien. Bei Trockenheit an frostfreien Tagen mäßig gießen. Im Frühjahr zurückschneiden und auslichten.
Schädlinge, Krankheiten: Mehltau.
Vermehren: Von Juni bis August durch halbreife Stecklinge.
Mein Tip: Für kleinere Gefäße oder alpine Troggärten zu empfehlen ist *Potentilla aurea,* eine 15 bis 20 cm hohe Staude, deren goldgelbe Blüten im Juni/Juli erscheinen.

Pseudosasa japonica (syn. Arundinaria japonica)

Pseudosasa, Pfeilbambus

Pseudosasa fühlt sich auch im Schatten wohl.

Diese Bambus-Art gelangte 1850 nach Europa und wurde zunächst nur in Frankreich kultiviert. Sie bildet grüne Halme und wird frei ausgepflanzt 3 m, im Kübel etwa 2 m hoch. Die Japaner nennen sie »Metake« und verwenden die kerzengeraden Halme zur Herstellung von Pfeilen. Die Blätter sind 30 cm lang, 3 cm breit und glänzen ledrig. Ein Kuriosum sind die Blüten: Beim Bambus freut sich keiner, wenn sie erscheinen, denn danach stirbt die Pflanze meist ab. Allerdings: Die Pflanzen blühen je nach Art weltweit gleichzeitig nur alle 10 bis 120 Jahre einmal. *Pseudosasa* hat in den vergangenen Jahren weltweit geblüht, demnach dürften jetzt gekaufte Pflanzen nicht so schnell zum Blühen kommen.
Heimat: Japan, Südkorea.
Familie: *Gramineae,* Gräser.
Standort: Halbschattig bis schattig.
Substrat: Einheitserde, TKS 2, lehmig-humose Gartenerde, Wiesenerde. Pflanzgefäß muß 3- bis 4mal so groß wie der Wurzelballen sein. Für eine gute Dränage (→ Seite 26) sorgen.
Gießen, Düngen: In der Wachstumszeit reichlich gießen. Von Mai bis August mit Blaukorn düngen.
Weitere Pflege: Keine.
Überwintern: Mit Winterschutz (→ Seite 28/29) im Freien. Oder Kübel in Erdgrube einsenken und mit Reisig abdecken. Bei Trockenheit an frostfreien Tagen mit warmem Wasser gießen. Vor Sonne schützen.
Schädlinge, Krankheiten: Selten.
Vermehren: Durch Teilen.
Gestaltungstip: Dieser Bambus ist das »Schattenpendant« zu der sonnenliebenden *Phyllostachys* (→ Seite 197) und ist ebenso wie diese wintergrün.

Punica granatum
Granatapfelbaum

War die Frucht des Granatapfelbaumes Evas Apfel?

Der Granatapfelbaum ist eine uralte Nutzpflanze, die vielen Kulturen heilig war. Seine Kerne galten als Fruchtbarkeitssymbol. Für die Gefäßkultur eignen sich nur einfach oder gefüllt blühende Ziersorten mit roten, seltener weißen oder gelben Blüten, die nur am diesjährigen Holz erscheinen. Der Granatapfelbaum wird zwischen 0,6 und 2 m hoch und fruchtet gelegentlich. Besonders reich und früh blühen Zwergsorten, die maximal 1 bis 1,5 m hoch werden, zum Beispiel 'Nana'. Die kleinen glänzend grünen, ovalen Blätter färben sich beim Austrieb bronzefarben und im Herbst leuchtend gelb. Beim Überwintern werden sie abgeworfen.

◀ **Duo mit Tradition**
Granatapfelbaum mit panaschiertem Efeu unterpflanzt, zwei Pflanzen mit langer Geschichte.

Blütezeit: Juli bis August.
Familie: *Punicaceae*, Granatapfelgewächse.
Heimat: Vorderasien.
Standort: Sonnig.
Substrat: Lehmig-humose Gartenerde, Einheitserde.
Gießen, Düngen: Von März bis Mitte/Ende Juli reichlich gießen und alle 4 Wochen düngen. Danach trockener halten.
Weitere Pflege: Keine.
Überwintern: Beim Einräumen schwache Zweige entfernen und Haupttriebe um 1/3 kürzen. Hell bei 2 bis 6 °C, notfalls auch dunkel stellen und nahezu trocken halten. Abgeworfene Blätter regelmäßig entfernen. Junge Pflanzen alle 2 Jahre, ältere nur bei Bedarf umtopfen.
Schädlinge, Krankheiten: Blattläuse.
Vermehren: Durch unbelaubte 10 cm lange Zweigstücke im Februar/März.
Gestaltungstip: Der Granatapfel ist eine herrliche Flankierungspflanze für Eingänge, Treppen, Terrassen und kann uralt werden. Bonsaigeeignet.

Pyracantha-coccinea-Hybriden
Feuerdorn

Pyracantha-coccinea-Hybride 'Golden Charmer'.

Der Feuerdorn ist eines unserer attraktivsten Fruchtschmuckgehölze, wäre aber wegen seiner Anfälligkeit gegen Feuerbrand und Feuerdorn-Schorf beinahe aus dem Gehölzsortiment verschwunden. Inzwischen sind neue Züchtungen bekannt, die als resistent gelten und nach Gehölzsichtung durch das Bundessortenamt vom Bund deutscher Baumschulen empfohlen werden können. Für die Gefäßkultur eignen sich aus diesem Sortiment die aufrecht-buschigen, bis 2 m hohen Hybriden am besten, zum Beispiel 'Golden Charmer' (Früchte leuchtend orange) oder 'Soleil d'Or' (Früchte goldgelb).
Blütezeit: Mai, Früchte August bis Dezember.
Familie: *Rosaceae*, Rosengewächse.
Heimat: Südeuropa, Südwestasien.
Standort: Sonnig bis halbschattig.
Substrat: Einheitserde, lehmig-sandige Gartenerde im Verhältnis 2:1.
Gießen, Düngen: Mäßig gießen, nicht völlig austrocknen lassen. Von Mai bis August alle 14 Tage düngen.
Weitere Pflege: Überstehende Triebe im Spätherbst zurückschneiden (Formschnitt).
Überwintern: Mit Winterschutz (→ Seite 28/29) im Freien. Bei jungen Pflanzen auch die Triebe mit Fichtenreisig schützen. Wichtig: Bei Trockenheit an frostfreien Tagen mäßig gießen.
Schädlinge, Krankheiten: Die Anfälligkeit der angegebenen Sorten gegen Feuerdorn-Schorf wird als sehr gering eingestuft.
Vermehren: Gärtnersache.
Gestaltungstip: Immergrünes Fruchtschmuckgehölz, das im Herbst die rotgoldene Stimmung von Jungfernrebe und Ahorn unterstreicht.
Warnung: Der Feuerdorn ist mit dornigen Trieben ausgestattet, an denen man sich verletzen kann.

Quamoclit lobata
Sternwinde

Die Blüten wechseln dreimal die Farbe.

Die Sternwinde entfaltet eine ähnlich üppige Pracht wie ihre Schwester, die Prunkwinde (→ Seite 182). Die in ihrer Heimat kletternde Staude wird bei uns einjährig kultiviert und schlingt sich 5 bis 6 m hoch. Sie bildet 3lappige, am Grunde herzförmige Blätter.
Der Blütenstand unterscheidet sich erheblich von dem anderer Windenarten. Die Blüten sitzen in gegabelten, bis zu 40 cm langen, einseitswendigen Wickeln. Die Knospen sind hochrot, färben sich vor dem Erblühen orange und nach dem Öffnen cremeweiß. Die gelben Staubblätter ragen dann, mehr als doppelt so lang wie die Krone, leicht gebogen hervor. Die Sternwinde ist oft noch unter ihrem alten Namen *Mina lobata* im Handel.
Ebenso für Kübel geeignet: *Quamoclit coccinea*, die nur etwa 2 m hoch wird.
Blütezeit: Juli bis September.
Familie: *Convolvulaceae*, Windengewächse.
Heimat: Südmexiko.
Standort: Sonnig.
Substrat: Einheitserde, sandig-humose Gartenerde.
Gießen, Düngen: In der Wachstumszeit mäßig gießen und bis August wöchentlich düngen. Staunässe vermeiden.
Weitere Pflege: Die Sternwinde braucht eine Rankhilfe (→ Seite 51).
Überwintern: Entfällt.
Schädlinge, Krankheiten: Spinnmilben.
Vermehren: Im März durch Samen im warmen Vermehrungsbeet.
Gestaltungstip: Die Sternwinde rankt binnen kurzer Zeit Spaliere ein und bildet rasch einen schönen Sichtschutz.
Warnung: Möglicherweise enthält die Sternwinde wie die verwandte Prunkwinde Lysergsäureamid, ein dem LSD verwandtes Rauschgift.

Rhodochiton atrosanguineus
Rosenkleid

Als Kletterer ebenso apart wie als Ampel.

Der deutsche Name ist die exakte Übersetzung der botanischen Bezeichnung, die sich aus dem griechischen *rhodon* = Rose und *chiton* = Kleid zusammensetzt und auf die rosenroten Blütenkelche hinweist. *Rhodochiton atrosanguineus* wurde erst in jüngster Zeit von Erwerbsgärtnern wieder »ausgegraben«, auf seine Tauglichkeit als Zierpflanze geprüft und für gut befunden. Das Rosenkleid, bei uns einjährig kultiviert, ist ein kletternder Halbstrauch mit herzförmigen Blättern. Es schlingt sich mit Blatt- und Blütenstielen 3 bis 7 m nach oben und blüht überaus reich. Die Krone der dunkelblutroten Blüten ist drüsig behaart, der rosenrote Kelch bleibt nach der Befruchtung noch an der Pflanze haften. Bekannte Sorte: 'Purple Bells'.
Blütezeit: August bis Oktober.
Familie: *Scrophulariaceae*, Braunwurzgewächse.
Heimat: Mexiko.
Standort: Sonnig und geschützt.
Substrat: Einheitserde, TKS 2.
Gießen, Düngen: In der Wachstumszeit mäßig gießen und wöchentlich düngen.
Weitere Pflege: Rankhilfe notwendig.
Überwintern: Entfällt.
Schädlinge, Krankheiten: Weiße Fliege, Spinnmilben.
Vermehren: Durch Samen zwischen November und Juni.
Die Pflanzen beginnen erst 5 Monate nach der Aussaat zu blühen. Besser fertige Pflanzen kaufen.
Gestaltungstip: Das Rosenkleid ist auch eine ganz bezaubernde Ampelpflanze.

Rhododendron-Repens-Hybriden

Zwergrhododendron

Rhododendren sind elegante Frühlingsblüher.

Mit diesen Züchtungen kann die Blühsaison auf Balkon und Terrasse bei günstiger Witterung bereits Mitte April beginnen. Die 60 bis 100 cm hohen, 1 bis 1,5 m breiten, immergrünen Sträucher wachsen sehr langsam und beinahe kissenförmig. Ihre aus 2 bis 7 überhängenden Blütenglocken zusammengesetzten Dolden sind hell- oder dunkelrot, einige wenige auch rosa gefärbt. Manche Sorten wie beispielsweise 'Scarlet Wonder' haben rotglänzende Knospen.

Blütezeit: April/Mai.

Heimat: Urform *Rhododendron forrestii* (syn. *Rhododendron repens)* Tibet und China.

Familie: *Ericaceae*, Heidekrautgewächse.

Standort: Halbschattig und windgeschützt.

Substrat: Rhododendronerde mit Sand im Verhältnis 5:1.

Gießen, Düngen: In der Wachstumszeit reichlich mit enthärtetem Wasser gießen und im April eine Handvoll Langzeitdünger auf die Erdoberfläche streuen.

Weitere Pflege: Frühe Blüte durch Noppenfolie oder Tannenreisig vor Spätfrösten schützen. Verwelkte Blüten ausbrechen.

Überwintern: Ohne Winterschutz im Freien. Vor Sonne schützen! Die Erde darf nie ganz austrocknen, aber auch nicht staunaß sein.

Schädlinge, Krankheiten: Chlorose, Blattfleckenkrankheit, Rußtau, Spinnmilben, Dickmaulrüßler.

Vermehren: Durch Stecklinge (schwierig), durch Absenker (leicht, aber im Kübel kaum machbar) oder durch Veredeln.

Gestaltungstip: Solitärpflanze. Bonsaigeeignet.

Warnung: Rhododendren enthalten Giftstoffe.

Rhus typhina

Essigbaum, Hirschkolbensumach

Der Essigbaum zeigt eine schöne Herbstfärbung.

Grafisch schöne Blätter, die sich im Herbst gelborangerot verfärben und bis zu 20 cm lange Blütenrispen, aus denen sich kolbenförmige, 15 cm lange, rote Fruchtstände entwickeln, sind das Markenzeichen dieses anspruchslosen Gehölzes. Der Essigbaum gehört zu den Flachwurzlern, wird im Garten 4 bis 6, im Kübel um 2 m hoch und wächst mehrtriebig-buschig. Wenn man ihn durch Schnitt eintriebig erzieht, kommt seine dachförmige Krone besser zur Geltung. Für Gefäßkultur eignet sich die Sorte 'Dissecta' am besten. Sie wächst langsamer, bleibt kleiner und besitzt besonders dekorative, feingeschlitzte Blätter.

Blütezeit: Juni bis Juli.

Familie: *Anacardiaceae*, Sumachgewächse.

Heimat: Nordamerika.

Standort: Sonnig bis halbschattig.

Substrat: Einheitserde, jede Gartenerde.

Gießen, Düngen: In der Wachstumszeit gleichmäßig leicht feucht halten. Bis August alle 14 Tage düngen.

Weitere Pflege: Im Herbst oder Frühjahr in Form schneiden.

Überwintern: Ohne Winterschutz. An überdachten Standorten Ballen nicht völlig austrocknen lassen. Im Frühjahr oberste Erdschicht erneuern.

Schädlinge, Krankheiten: Selten.

Vermehren: Durch Ausläufer, falls sie im Gefäß erscheinen.

Gestaltungstip: Typische Solitärpflanze.

Warnung: Der Essigbaum scheidet bei Verletzung eine ätzende Flüssigkeit aus. Zum Schneiden Handschuhe anziehen und nicht in den Augen reiben!

Weiße Blüten wirken abends besonders plastisch. Ein Gartenstrahler kann diesen Effekt noch verstärken.

Robinia pseudoacacia

Robinie, Scheinakazie

Für die Gefäßkultur verwendet man am besten die kleinerbleibende Sorte 'Frisia', wegen ihres ganzjährig goldgelben Laubes auch Goldakazie genannt. Sie wird frei ausgepflanzt 9 m, im mindestens 60 cm tiefen Gefäß bis zu 2 m hoch. Sehr schön ist auch die Kugelakazie mit dem Sortennamen 'Umbraculifera', die eine dichte, kugelige Krone bildet und etwas niedriger bleibt.

Blütezeit: Juni.
Heimat: Östliches und Mittleres Nordamerika.
Familie: *Leguminosae,* Hülsenfrüchtler.
Standort: Sonnig.
Substrat: Einheitserde, lehmig-sandige Gartenerde im Verhältnis 2:1.
Gießen, Düngen: In der Wachstumszeit mäßig gießen und nicht düngen. Stickstofferzeuger!
Weitere Pflege: Keine.
Überwintern: Ohne Winterschutz. An überdachten Standorten Ballen nicht völlig austrocknen lassen.
Schädlinge, Krankheiten: Selten.
Vermehren: Durch Wurzelausläufer, falls sie im Gefäß erscheinen.
Gestaltungstip: Kugelakazien sind als Pärchen dekorative Türsteher. Manchmal passiert es, daß eine Unterpflanzung nicht so recht gedeiht. Schuld daran können Stoffe sein, die von der Robinie im Wurzelbereich ausgeschieden werden.
Warnung: Samen und Rinde der Robinie sind giftig.

Großer Herbstauftritt
Das ganzjährig goldfarbene Laub kommt mit Fruchtschmuckgehölzen unterpflanzt noch einmal voll zur Geltung.

Die Beetrose 'Bonica 82' – ein rosa Traum im Kübel.

Rosenhochstämmchen mit Margeriten unterpflanzt.

Kann man die Königin der Blumen, die, wie man weiß, tief wurzelt, in ein Gefäß stecken? Ja, wenn man schwächerwachsende und -wurzelnde Sorten wählt. Die Rosenzüchter haben längst zahlreiche Sorten für die Gefäßkultur gezüchtet. Für den Kübel empfehlen sie auf Hochstämme veredelte Zwerg- oder Bodendeckerrosen wie 'Zwergkönigin', 'Sonnenkind', 'The Fairy' oder 'Swany. Wer sehr geräumige, tiefe Kübel besizt, kann sich auch eine so bezaubernde, auf Hochstamm veredelte Kletterrose wie 'Super Dorothy' leisten.

Für den Kübel sind vor allem aber niedrige Beetrosen geeignet:

- 'Marlena', 35 cm hoch. Leuchtend dunkelrot gefüllte Blüten, die sauber verblühen und regenfest sind.
- 'Heinzelmännchen', 35 cm hoch, kompakt wachsend. Blutrote, große gefüllte Blüten in Dolden, die reichlich nachblühen.
- 'Mariandl', 50 bis 60 cm hoch. Blutrote, gefüllte Blüten.
- 'Champagner', 60 cm hoch. Edel geformte, cremefarbene Blüten mit zartrose Anflug.
- 'Bonica 82', 60 cm hoch. Stark gefüllte, hellrosa Blüten. Sehr frosthart.
- 'Goldmarie', 60 cm hoch. Gefüllte goldgelbe Blüten, im Verblühen mit leicht rötlichem Hauch. Leicht duftend.
- 'Rosamunde', 50 cm hoch. Mittelgroße Blüten in kräftigem Rosa, leicht duftend. Sehr winterhart.
- 'Orange Triumph', 60 cm hoch. Blüten orangescharlachrot. Sehr frosthart.

Rosen in Containern können, außer im Winter, jederzeit gepflanzt werden. Pflanzen, die mit nackten Wurzeln gekauft werden, pflanzt man im Frühjahr in den Kübel. Für gute Dränage sorgen.

Blütezeit: Juni bis Herbst.
Familie: *Rosaceae*, Rosengewächse.
Heimat: Der Ursprung ist nicht mehr nachvollziehbar. Im Handel sind nur Kulturformen.
Standort: Vollsonnig und luftig.
Substrat: Humusreiche, lockere, lehmig-sandige Gartenerde, Einheitserde, TKS 2 mit Lehm.
Gießen, Düngen: In der Wachstumszeit mäßig gießen. Staunässe unbedingt vermeiden. Bis Ende Juli wöchentlich düngen oder im März und Juni Vorratsdünger auf die Erdoberfläche streuen und leicht einarbeiten.
Weitere Pflege: Verblühtes sauber abschneiden, um die Wiederblüte anzuregen.
Überwintern: Mit Schutz im Freien (→ Seite 28 und 29) oder in gerade eben frostfreien, auch dunklen Räumen. Mäßig gießen und abgeworfene Blätter regelmäßig entfernen. Im Frühjahr obere Erdschicht erneuern. Triebe von Beetrosen um eine Handbreite kürzen, wer die Pflanze verjüngen will, schneidet tiefer. Triebe von Hochstämmchen auf 15 bis 20 cm zurückschneiden, totes Holz, schwache und nach innen wachsende Triebe entfernen. Den neuen Blattaustrieb später bis auf 3 Blätter entspitzen.
Schädlinge, Krankheiten: Blattläuse, Spinnmilben, Mehltau, Sternrußtau, Rosenrost.
Vermehren: Durch Stecklinge von Mitte August bis Mitte September oder durch Veredelung.
Gestaltungstip: Rosen brauchen tiefe Pflanzgefäße. Sie sollten wenigstens 35 cm hoch sein, besser sind 50 cm und mehr.

Salix
Weide

Kätzchen-Hochstämmchen – eine Freude für die Bienen.

Ein Hochstämmchen mit überhängenden Weidenkätzchen, daneben eine lustig-bunte Gesellschaft aus Narzissen, Tulpen, Blausternen, vielleicht auch noch Primeln in Töpfen – das ist Frühling auf Terrasse oder Balkon. Wer sich die hübsche veredelte Hängeform wünscht, muß im Frühjahr in der Baumschule nach der Trauersalweide (*Salix caprea* 'Pendula') oder nach der Rosmarinweide (*Salix* x *repens ssp. rosmarinifolia*) fragen. Neben diesen beliebten Hochstämmchen gibt es noch weitere kleinwüchsige Weiden, die gern in Kübel gepflanzt werden, zum Beispiel die kriechende *Salix* x *grahamii* (20 bis 30 cm hoch, frischgrüne, langhaftende Blätter) und *Salix* x *simulatrix* (kriechend, ziemlich dicktriebig, rundliche Blätter, große Winterknospen).
Blütezeit: März bis Mai, je nach Art/Sorte.
Familie: *Salicaceae*, Weidengewächse.
Heimat: Europa, Asien.
Standort: Sonnig.
Substrat: Lehmig-humose Gartenerde, Einheitserde, TKS 2.
Gießen, Düngen: In der Wachstumszeit reichlich gießen und bis August düngen.
Weitere Pflege: Weiden können, wenn nötig, jederzeit mit der Schere in Form gehalten werden. Alle 2 bis 3 Jahre altes Holz herausschneiden. Hochstämme anbinden.
Überwintern: Ohne Winterschutz. Bei Trockenheit an frostfreien Tagen gießen.
Schädlinge, Krankheiten: Selten.
Vermehren: Nicht veredelte Weiden durch Stecklinge oder 25 bis 30 cm lange Steckhölzer von Mitte Juli bis Ende September.
Gestaltungstip: Die kriechenden Weiden passen sehr schön in Tröge mit alpiner Bepflanzung.

Sesbania tripetii
Sesbania

Blüht vom Frühjahr bis zum Herbst – die Sesbania.

Im englischsprachigen Raum heißt sie »Scharlachroter Glyzinenbaum« wegen ihrer jeweils zu zehnt in hängenden Rispen zusammenstehenden Blüten. Bei uns gehört sie zu den Neuheiten auf dem Kübelpflanzen-Markt, und man ist sich noch nicht ganz einig, ob nicht *Sesbania punicea* der richtigere Name für diesen attraktiven Dauerblüher ist. Auf jeden Fall bereichert der wenig verzweigte, bis 3 m hohe und 2 m breite Busch mit dem feinen, paarig gefiederten »Mimosenlaub« das Sortiment.
Blütezeit: Frühjahr bis Herbst.
Familie: *Leguminosae*, Hülsenfrüchtler.
Heimat: Argentinien.
Standort: Sonnig und warm.
Substrat: Einheitserde, lehmig-humose Gartenerde.
Gießen, Düngen: In der Wachstumszeit mäßig gießen, Staunässe unbedingt vermeiden. Bis August wöchentlich düngen. Danach muß das Holz ausreifen, damit es im Winter nicht fault.
Weitere Pflege: Wenn man die Fruchtansätze sofort ausbricht, blüht die Sesbania immer wieder.
Überwintern: Pflanze mit abgetrocknetem Ballen einräumen und eventuell nur leicht zurückschneiden. Die Triebe neigen dazu, im Winter stark zurückzutrocknen. Bei 4 bis 10 °C dunkel überwintern und nahezu trocken halten. Die Sesbania wirft das Laub ab, es muß also regelmäßig entfernt werden. Im Frühjahr umtopfen. Die Pflanze kann bei unschönem, sparrigem Wuchs fast bodeneben zurückgeschnitten werden.
Schädlinge, Krankheiten: Mehltau.
Vermehren: Durch halbverholzte Triebstecklinge im Sommer.
Gestaltungstip: Die Sesbania läßt sich durch 2- bis 3maliges Stutzen auch als Bäumchen erziehen.

Nachtschatten, Blauer Kartoffelbaum

Klettert und blüht wie Jasmin – Solanum jasminoides.

Solanum rantonnetii hat sich im Kübel bewährt.

Von den exotischen *Solanum*-Arten, die sich in den vergangenen Jahren den Kübelpflanzen-Markt erobert haben, hat sich *Solanum rantonnetii* am meisten durchgesetzt. Das wundert nicht bei der Blütenfülle, von der die kleinen ovalen, weich behaarten Blätter beinahe zugedeckt werden. Die blauvioletten »Kartoffelblüten« mit den sattgelben Augen erscheinen bis in den Herbst hinein. Der im Kübel bis zu 2 m hoch werdende Strauch besitzt biegsame Triebe, die Kletterdrang entwickeln, wenn sie Gelegenheit dazu bekommen.

Weitere bekannte Arten:

- *Solanum jasminoides* aus Brasilien. Der immergrüne Strauch soll eine der Kletterpflanzen sein, die am schnellsten wachsen. Sie verzweigt sich schön und bildet bei ausreichender Düngung und ganzjährig hellem Stand bis zu 10 m lange Triebe. *Solanum jasminoides* bringt von Frühjahr bis Herbst Büschel weißer bis zartblauer Blüten hervor, ist sehr robust und wird frostfrei und hell überwintert.
- *Solanum wendlandii* (Costa-Rica-Nachtschatten) gilt als schönste Art des *Solanum*-Clans. Sie klettert mit hakenartigen Stacheln meterhoch. Die Blätter sind sehr groß (bis 25 cm lang), die fliederfarbenen Blüten erreichen 6 cm. Sie stehen in üppigen Büscheln und erscheinen im Sommer. Vor dem Überwintern schneidet man die vitale Pflanze zurück. Sie würde sowieso das Laub abwerfen.
- *Solanum muricatum* (Birnenmelone, Kachuma) ist eine mehrjährige kriechende Pflanze, die bis zu 1 m lange Triebe bildet. Die Neuzüchtung 'Pepino Gold' läßt sich besonders gut in Ampeln halten. Die goldgelben, violett gestreiften, tennisball-großen Früchte entwickeln sich aus den violetten Blüten. Bei uns beginnen sie ab August zu reifen. Die saftigen, festen Früchte, werden (wenn sie vollreif sind) roh gegessen. Der Geschmack erinnert an Melone und Birnen mit einem Schuß zartbitterer Würze.

Blütezeit: Juli bis Oktober.
Familie: *Solanaceae*, Nachtschattengewächse.
Heimat: Argentinien, Paraguay.
Standort: Sonnig bis halbschattig.
Substrat: Einheitserde.
Gießen, Düngen: In der Wachstumszeit reichlich gießen und bis August wöchentlich düngen.
Überwintern: Vor dem Einräumen etwa um die Hälfte zurückschneiden. Bei 4 bis 10 °C kühl, dunkel und fast trocken überwintern. Anfang März umtopfen und zum Antreiben heller und wärmer stellen. Alternative: Hell im nicht zu warmen Wintergarten, dann leicht feucht halten.
Schädlinge, Krankheiten: Blattläuse, Weiße Fliege, Spinnmilben.
Vermehren: Durch halbreife Kopfstecklinge im Sommer.
Gestaltungstip: Die Pflanze läßt sich auch als »blaue Wand« am Spalier hochziehen.
Warnung: *Solanum rantonnetii*, *Solanum jasminoides* und *Solanum wendlandii* sind in allen Teilen giftig. *Solanum muricatum* mit Ausnahme der Früchte ebenfalls.

Solanum muricatum, die Birnenmelone, bildet eßbare Früchte.

Strelitzia reginae

Paradiesvogelblume, Strelitzie

Die Strelitzie ist die Wappenblume von Los Angeles.

Charlotte von Mecklenburg-Strelitz (1744 bis 1818), spätere Frau König Georgs III. von England, gab diesem Bananengewächs, das die Wappenblume von Los Angeles ist, den botanischen Namen. Die deutsche Bezeichnung geht auf die vogelkopfähnlichen Blüten zurück. Die *Strelitzia* ist eine mehrtriebige, stammlose, 1 bis 2 m hohe Staude mit immergrünen, länglich-ovalen ledrigen Blättern an langen Stielen. Der Blütenstand kommt aus der Basis und sitzt auf einem kräftigen Stengel. Die imposanten Blüten in Orange und Himmelblau entspringen einem kahnförmigen, rotgerandeten Hochblatt. Sie zählen zu den kostbarsten Schnittblumen.
Blütezeit: Februar bis August.
Familie: *Musaceae*, Bananengewächse.
Heimat: Kap/Südafrika.
Standort: Sonnig und windgeschützt.
Substrat: Lehmig-humose Gartenerde mit Sand, Einheitserde mit Sand oder Styromull.
Gießen, Düngen: In der Wachstumszeit mäßig gießen und bis August alle 14 Tage düngen. Staunässe unbedingt vermeiden.
Weitere Pflege: Nach der Blüte in große Gefäße mit guter Dränage umtopfen. Wurzeln nicht verletzen!
Überwintern: Vor Frostbeginn einräumen. Hell, bei 8 bis 12°C halten und wenig gießen.
Schädlinge, Krankheiten: Schildläuse.
Vermehren: Im Frühjahr durch Teilen älterer Pflanzen oder durch Samen. Sämlinge blühen nach 3 bis 4 Jahren zum ersten Mal.

Syringa microphylla

Herbstflieder

Die Blüten verströmen typisches Fliederparfüm.

Von den zahlreichen herrlichen Flieder-Arten und -Hybriden für den Garten empfehlen Baumschulen für große Gefäße vor allem den Herbstflieder. Der aufrecht wachsende Kleinstrauch wird 1 bis 2 m hoch und bildet breite Büsche mit elegant überhängenden, weich behaarten Trieben. Die elliptisch-rundlichen Blätter sind 4 cm groß, oberseits dunkelgrün und unterseits graugrün gefärbt. Die rosavioletten Blüten erscheinen in bis zu 7 cm großen, fein behaarten Rispen und strömen das typische Fliederparfüm aus. Sie verfärben sich im Verblühen etwas heller. Die reine Art blüht nur im Juni, attraktiver und blühfreudiger ist die Sorte *Syringa microphylla* 'Superba', die meist angeboten wird. Es gibt sie auch als sehr hübsches, auf Liguster gepfropftes Hochstämmchen.
Blütezeit: Die reine Art: Juni. Sorte 'Superba' im Juni und mit einem 2. Flor von August bis September.
Familie: *Oleaceae*, Ölbaumgewächse.
Heimat: Urform Nordchina.
Standort: Sonnig.
Substrat: Lehmig-humose durchlässige Gartenerde, Einheitserde. Für gute Dränage sorgen.
Gießen, Düngen: In der Wachstumszeit gleichmäßig feucht halten. Staunässe vermeiden. Bis August alle 4 Wochen düngen.
Weitere Pflege: Keine.
Überwintern: Mit Winterschutz (→ Seite 28/29) im Freien. Bei Trockenheit an frostfreien Tagen gießen. Im zeitigen Frühjahr zu dicht stehendes und verdorrtes Holz entfernen.
Schädlinge, Krankheiten: Selten.
Vermehren: Gärtnersache.
Gestaltungstip: Der Herbstflieder eignet sich durch seine leicht überhängende Form sehr schön für große Gefäße, mit denen man Terrassen begrenzt.

Tibouchina urvilleana
Tibouchina

Die Tibouchina wird auch Prinzessinnenblume genannt.

»Einmalig, dieses Lila«, sagt jeder, der die Blüten der *Tibouchina* zum erstenmal sieht. Sie sitzen zu mehreren an den Zweigenden, sind bis zu 12 cm breit und von einem weithin leuchtenden Blauviolett. Die Reichblütigkeit und die lange Blütezeit, die allerdings nur Wintergartenbesitzer voll genießen können, machen die Kurzlebigkeit der Einzelblüten wett. Attraktiv sehen auch die samtig wirkenden Blätter aus. Sie sind etwa 15 cm lang, länglich oval, sattgrün, längs genervt und oberseits fein behaart. Im Herbst bekommen die älteren Blätter eine schöne Rotfärbung.
Die Tibouchina wächst straff aufrecht und verzweigt sich wenig. Ohne Schnitt verkahlt sie von unten. Sie wird in ihrer Heimat 3 bis 6, im Kübel etwa 2 m hoch.
Blütezeit: August bis Mai.
Heimat: Brasilien.
Familie: *Melastomataceae,* Schwarzmundgewächse.
Standort: Sonnig.
Substrat: Einheitserde oder TKS 2.
Gießen, Düngen: In der Wachstumszeit mäßig feucht halten und bis August alle 14 Tage düngen. Staunässe vermeiden.
Weitere Pflege: Jüngere Pflanzen häufig entspitzen, damit sie sich buschiger entwickeln.
Überwintern: Hell und kühl (5 bis 10 °C). Wenig gießen. Triebe im Spätwinter bis ins dünne, einjährige Holz zurückschneiden. Bei Bedarf im Mai umtopfen.
Schädlinge, Krankheiten: Selten. Bei Staunässe Gefahr von Wurzelpilzen.
Vermehren: Durch halbkrautige Stecklinge im Frühjahr im warmen Vermehrungsbeet.
Gestaltungstip: Geben Sie in einen großen Kübel 2 oder 3 Pflanzen zusammen, dadurch wirkt die Tibouchina insgesamt buschiger.

Trachelospermum jasminoides
Sternjasmin

Stark duftende Sorten blühen meist etwas spärlicher.

Dieser wunderschöne immergrüne Kletterstrauch ist mit *Mandevilla* und Oleander verwandt. Man kann ihn hochranken lassen oder als Bodendecker verwenden. Seine 7 bis 14 cm langen, elliptisch-lanzettlichen Blätter sind tiefgrün und ledrig. In den oberen Blattachseln sitzen die 2,5 cm großen, weißen, nach Jasmin duftenden Blüten in lockeren Trugdolden. Stark duftende Sorten blühen in der Regel spärlicher als weniger duftende.
Der Sternjasmin wächst in jungen Jahren langsam, kann aber später in ausreichend großen Gefäßen kräftig zulegen und 2 bis 5 m lange Triebe bilden.
Blütezeit: Sommer.
Heimat: Japan, Korea, China.
Familie: *Apocynaceae,* Hundsgiftgewächse.
Standort: Sonnig bis halbschattig.
Substrat: Lehmig-humose Gartenerde oder Einheitserde.
Gießen, Düngen: In der Wachstumszeit mäßig gießen und bis August wöchentlich düngen.
Weitere Pflege: Ausufernder Wuchs kann jederzeit mit der Schere in Form gehalten werden.
Überwintern: Hell und kühl (5 bis 10 °C). Wenn die Pflanze spät eingeräumt wird, notfalls auch dunkel, jedoch nicht zu warm, sonst Laubfall. Wenig gießen. Bei Bedarf im Frühjahr umtopfen.
Schädlinge, Krankheiten: Schildläuse, Blattläuse, Weiße Fliege, Spinnmilben.
Vermehren: Durch Kopfstecklinge von gut blühenden Exemplaren im Sommer (schwierig).
Gestaltungstip: Der Sternjasmin kann am Spalier und als Pyramide gezogen werden, er eignet sich auch zum Bekleiden von Säulen und Pfosten. Bonsaigeeignet.
Warnung: Die Pflanze führt einen Milchsaft und ist in allen Teilen giftig. Der starke Duft kann Kopfschmerzen hervorrufen.

Nehmen Sie die Schere zur Hand, wenn der Sternjasmin zu hoch hinaus will

Trachycarpus fortunei

Hanfpalme

Robuste Solitär-Palme für große Terrassen.

Von allen Topf- und Kübelpalmen ist die Hanfpalme die widerstandsfähigste. Sie verträgt kurzfristig bis –16 °C. Sogar bei uns findet man in geschützten Lagen (Kölner Bucht, Weinbauregionen) frei ausgepflanzte, ältere Exemplare, die blühen und fruchten. In Südengland, der Südschweiz, an den oberitalienischen Seen, an der südlichen Atlantikküste und an der Côte d'Azur gehört die Hanfpalme zum Landschaftsbild. Sie wird im Kübel 2 bis 4 m hoch, bildet einen trutzigen behaarten Stamm mit fast kreisrunden, glänzendgrünen Wedeln auf 40 bis 90 cm langen Stengeln. Der Stammzuwachs im Kübel beträgt pro Jahr nur wenige Zentimeter.

Blütezeit: Sommer.
Familie: *Arecaceae*, Palmen.
Heimat: Burma, Mittel- und Ostchina, Japan.
Standort: Ältere Exemplare sonnig, jüngere halbschattig.
Substrat: Einheitserde oder TKS 2 mit lehmiger Gartenerde und Sand.
Gießen, Düngen: In der Wachstumszeit mäßig feucht halten und bis August wöchentlich niedrig dosiert düngen.
Weitere Pflege: Keine.
Überwintern: Spät einräumen und braune Wedel entfernen. Dunkel bei 0 bis 5 °C (oder hell im Zimmer) aufstellen. Wenig gießen, damit das Herz nicht fault. An frostfreien Tagen lüften! Umtopfen im Frühjahr, aber nur, wenn der Ballen aus dem Topf drückt. Im Halbschatten an die zunehmende Lichtintensität gewöhnen, sonst bekommt sie leicht Sonnenbrand.
Schädlinge, Krankheiten: Selten. Spinnmilben, Schildläuse, Pilzbefall.
Vermehren: Ganzjährig durch Samen.
Gestaltungstip: Solitärpflanze, für deren Schopfdurchmesser man mit bis zu 2,5 m rechnen muß.

Washingtonia

Washingtonie, Petticoatpalme

Vorsicht – die Blattstiele der Washingtonie sind bedornt!

Die Washingtonie bildet fast kreisförmige Fächer, die im Gegensatz zu vielen Palmenarten nicht abfallen, wenn sie ein gewisses Alter erreicht haben, sondern sich nach unten neigen und den Stamm wie übereinander gezogene Unterröcke einhüllen, daher der treffende amerikanische Name. Im Handel sind:

- *Washingtonia robusta* aus Mexiko mit glänzend grünen Fächern.
- *Washingtonia filifera* aus Kalifornien mit graugrünen Blättern, von deren Segmenten zahlreiche helle bis braune Fäden herabhängen (*filifera* = die Fadentragende). Die Blattstiele sind bedornt.

Beide bilden durch das Muster ihrer Blattstielansätze einen malerischen Stamm. Washingtonien wachsen ziemlich schnell und können auch im Kübel über 2 m breit und 3 m hoch werden.

Familie: *Arecaceae*, Palmen.
Heimat: Arizona, Kalifornien, Mexiko.
Standort: Ältere Pflanzen sonnig, jüngere hell bis halbschattig.
Substrat: Einheitserde oder lehmige Gartenerde mit Sand.
Gießen, Düngen: In der Wachstumszeit reichlich gießen und bis August alle 14 Tage niedrig dosiert düngen. Wichtig: Nicht ins Herz der Pflanze gießen, sonst Fäulnisgefahr.
Weitere Pflege: Keine.
Überwintern: Hell bei 5 bis 8 °C. Wenig gießen. Junge Pflanzen im Frühjahr umtopfen, ältere nur, wenn der Ballen sich aus dem Topf schiebt. Für gute Dränage sorgen!
Schädlinge, Krankheiten: Schildläuse.
Vermehren: Ganzjährig durch Samen.
Gestaltungstip: Die Washingtonie ist eine Solitärpflanze, die recht schnell wächst und viel Platz braucht.
Warnung: An den bedornten Blattstielen kann man sich verletzen.

Pinus mugo-Sorten

Zwergkiefer

Zwergkiefer mit Polsterphlox und Hauswurz.

Die Bergkiefer, *Pinus mugo*, auch Latsche, Legföhre oder Krummholzkiefer genannt, ist Hauptelternteil der zahlreichen zwergig wachsenden Sorten, die heute angeboten werden. Sie ist in den Nadelmischwäldern Mittel- und Südeuropas beheimatet und wächst als stammbildender bis zu 5 m hoher Strauch. Die bekanntesten Zwergformen sind:

- *Pinus mugo* 'Gnom', Wuchs dicht und kugelig, 50 bis 60 cm hoch, Nadeln dunkelgrün.
- *Pinus mugo* 'Mops', Wuchs flachkugelig bis kissenförmig, 30 bis 40 cm hoch und 50 bis 60 cm breit. Nadeln dunkelgrün mit silbrigen Nadelscheiden.
- *Pinus mugo* 'Jacobsen', Wuchs flach, fast wie ein Bodendecker. Nadeln dick und dunkelgrün, Endtriebe fuchsschwanzartig.

Heimat: Urform Mittel- und Südeuropa.
Familie: *Pinaceae,* Kieferngewächse.
Standort: Sonnig.
Substrat: Lehmig-humose, leicht saure Gartenerde.
Gießen, Düngen: Mäßig gießen, aber nicht austrocknen lassen. Verträgt kalkhaltiges Gießwasser. Ab dem 2. Jahr von Mai bis August alle 4 Wochen Koniferen-Dünger geben.
Überwintern: Ohne Winterschutz im Freien. An frostfreien Tagen gießen.
Schädlinge, Krankheiten: Kiefern-Wolläuse.
Vermehren: Gärtnersache.
Gestaltungstip: Die Zwergkiefer läßt sich ausgezeichnet zu einem Bäumchen (→ Foto, oben) formieren. Fragen Sie einen Bonsai-Experten, wie´s gemacht wird.

Thuja occidentalis-Sorten

Zwerg-Lebensbaum

Frisch und sonnig wirkt diese goldgelbe Thuja-Sorte.

Der hinreichend bekannte Abendländische Lebensbaum ist ein Vertreter kühler Fichten- und Tannenwälder und häufig auf kalten, sumpfigen Böden zu finden. Von der Art, die sehr variabel ist, sind wohl an die 1000 Formen bekannt, darunter auch sehr unterschiedliche Zwergformen. Die bekanntesten sind:

- *Thuja occidentalis* 'Little Gem', Wuchs aufrecht, bis 1 m hoch. Triebe teils waagerecht, Nadeln dunkelgrau.
- *Thuja occidentalis* 'Recurva Nana', Wuchs kugelig bis breit kegelförmig, 50 bis 60 cm hoch und breit. Äste unregelmäßig aufrecht und abstehend, Zweigspitzen überbogen und gedreht, Nadel mattgrün, schuppig belaubt, im Winter verbräunend.
- *Thuja occidentalis* 'Sunkist', Wuchs aufrecht, kegelförmig, im Gefäß selten höher als 1,5 m, Nadeln goldgelb, im Austrieb hellgelb, im Winter grüngelb.

Heimat: Urform Nordamerika, Kanada.
Familie: *Cupressaceae*, Zypressengewächse.
Standort: Hell bis sonnig.
Substrat: Lehmig-sandiger, schwach saurer Gartenboden.
Gießen, Düngen: Gleichmäßig feucht halten. Empfindlich gegen Boden- und Lufttrockenheit. Von Mai bis August alle 4 Wochen Koniferen-Dünger geben.
Weitere Pflege: Keine.
Überwintern: Ohne Winterschutz im Freien. An frostfreien Tagen gießen.
Schädlinge, Krankheiten: Thuja-Triebsterben.
Vermehren: Gärtnersache.
Gestaltungstip: Die goldfarbenen Formen kommen vor dunklen Hintergründen (Mauern, Hecken) oder zusammen mit anderen dunkelgrün belaubten Pflanzen am besten zur Geltung.

Koniferen vertragen keine Staunässe, sorgen Sie für einen guten Wasserabzug.

KRÄUTER · GEMÜSE

Basilikum und Schnittlauch erntefrisch, Tomaten und Paprika direkt vom Strauch – das ist gesunder Luxus. Kein Wunder, daß der kulinarische Balkon mit Küchen- und Heilkräutern, feinen Gemüsen und Früchten immer beliebter wird. Viele gedeihen vortrefflich in Kästen und Töpfen. Von einigen Gemüse- und Kräuter-Arten gibt es sogar maßgeschneiderte Züchtungen für die Balkonkultur.

Gauklerblumen (links) sind ein willkommener Farbtupfer im Grün von Basilikum (Mitte) und Petersilie (rechts).

Der kleine Küchenbalkon zum Wäschetrocknen hat ausgedient – es lebe der Küchenbalkon für Genießer, Hobbyköche und Kräuterfans! Seit es sich herumgesprochen hat, wie schön ein Nutzgarten in luftiger Höhe aussehen kann, haben viele Balkon- und Terrassengärtner von üppiger Blumenpracht auf bunt-würziges Grün umgestellt.
Welches Gemüse, welche Kräuter Sie auf Balkon oder Terrasse in Kästen oder Töpfen pflegen, und ob Sie auch Obstgehölze in Kübeln dazunehmen, hängt von der Stellfläche sowie vom persönlichen Bedarf ab. An der Wand lassen sich Kletterpflanzen wie Feuerbohnen und Erbsen unterbringen, aber auch Tomaten, die von der an der Hauswand gespeicherten Sommerwärme profitieren. In Ampeln gedeihen Erdbeeren oder Cocktail-Tomaten prächtig. Die Kästen an vorderen Brüstungen sollte man für Pflücksalat, Spinat und nicht allzu hohe Kräuter reservieren. Kräftig wachsende Kräuter oder Gemüse wie Rosmarin, Tomaten oder Liebstöckel sowie Obstgehölze brauchen ein großes Gefäß und einen windgeschützten Einzelstand.

Pflanzen für den Küchenbalkon

Die beliebtesten ein- und mehrjährigen Kräuter und Gemüse werden im Frühjahr als Jungpflanzen auf Wochenmärkten, im Gartenfachhandel und über Versandgärtnereien (→ Quellen, Seite 238) angeboten. Eine noch größere Artenvielfalt tut sich auf, wenn man die Pflanzen selbst aus Samen heranziehen möchte (→ Quellen, Seite 238). Von vielen, speziell für die Gefäßkultur gezüchteten Sorten sind auch eher die Samen als vorgezogene Jungpflanzen erhältlich. Kleinbleibende Obstgehölze für die Gefäßkultur bekommt man in guten Baumschulen und Versandgärtnereien (→ Quellen, Seite 238). Fragen Sie beim Bestellen oder Kaufen gleich an, ob die Sorte selbstbestäubend ist oder ob Sie eine zweite Sorte zur Bestäubung brauchen.

Die artgerechte Pflege

Bei Kräutern und Gemüse verhält es sich nicht anders als bei Balkonblumen und Kübelpflanzen: Pflege und Überwinterung hängen weitestgehend vom Heimatstandort sowie von Wuchs und Vegetationsrhythmus der jeweiligen Pflanze ab. Da die meisten Aromaträger sind und zur Entwicklung von Duft- und Geschmacksstoffen in der Regel Sonne und Wärme nötig sind, liegt der ideale Küchenbalkon nach Süden. Ganz wichtig ist bei Pflanzen, die gegessen werden, der vorbeugende und biologische Pflanzenschutz (→ Seite 30). Luftiges Aufstellen der Gefäße und artgerechte Pflege (→ Pflanzenporträts, Seite 216 bis 227) verhindern Krankheiten und Schädlingsbefall und tragen dazu bei, daß Gemüse und Kräuter zum Anbeißen appetitlich bleiben.

Leuchtend blaue Blüten
Damit schmückt sich der Rosmarin von Mai bis Juni. Danach blühen Kapuzinerkresse, Schnittlauch, Boretsch, Basilikum, Salbei, aber auch Gurken, Erbsen und Bohnen. Wer mag da noch behaupten, ein Kräuter- und Gemüsebalkon sei nur Grün in Grün!

Allium schoenoprasum
Schnittlauch

Wer die Blüten stehen läßt, kann weniger ernten.

Schnittlauch ist eine mehrjährige Pflanze, die etwa 30cm hoch wird. Die je nach Sorte dünnen oder dicken, röhrenförmigen Blätter wachsen aus kleinen Zwiebeln, deren Wurzeln zusammen mit der Erde einen festen Klumpen bilden. Wer gleich ernten möchte, kauft am besten fertige Pflanzen mit gut durchwurzeltem Ballen. Keine Zwiebeln bildet Knolau oder Schnittknoblauch (wird wie Schnittlauch gepflegt), eine weißblühende, etwa 40 bis 50 cm hohe Kreuzung aus Schnittlauch und Knoblauch.

Blütezeit: Juni bis Juli.
Familie: *Liliaceae*, Liliengewächse.
Heimat: Europa, Sibirien, Ostasien, Nordamerika.
Standort: Hell bis halbschattig, eher frischkühl als sonnig und heiß.
Substrat: Lehmig-humose Gartenerde, jeweils Langzeitdünger vor Aussaat oder Pflanzen einarbeiten.
Anzucht: Schnittlauch im Frühjahr aussäen (Ernte im ersten Jahr und in den Folgejahren), Knolau von März bis Mai (Ernte im ersten Jahr und in den Folgejahren).
Gießen, Düngen: In der Wachstumszeit gleichmäßig feucht halten. Staunässe vermeiden. Von Frühjahr bis Herbst alle 2 Wochen düngen.
Weitere Pflege: Röhrchen beim Ernten bis 3 cm über dem Boden abschneiden und warten, bis neue nachgewachsen sind.
Überwintern: Pflanze mit Topf im Haus hell, kühl und fast trocken halten. Gartenbesitzer können sie austopfen und ins Beet setzen.
Schädlinge, Krankheiten: Blattläuse.
Vermehren: Durch Samen im Frühjahr (→ Anzucht) oder durch Teilen des Wurzelstocks im Frühjahr oder Herbst.
Gestaltungstip: Schnittlauch ist mit seinen pinkfarbenen Blütenkugeln auch eine dekorative Schmuckpflanze für den Kasten des hellen, aber nicht heißen Balkons.

Knolau schmückt sich mit weißen Blüten.

Anethum graveolens var. hortorum
Gartendill, Gurkenkraut

Dill keimt nur bei Bodentemperaturen über 8 °C.

Der Volksmund sagt: »Dill macht, was er will« und meint damit, daß er launisch keimt und nicht überall aufgeht, wo man ihn haben möchte. Da Dill Pfahlwurzeln bildet (das Pflanzgefäß sollte mindestens 20 bis 25 cm tief sein), können auch Jungpflanzen beim Umsetzen Startschwierigkeiten haben. Sie sollten daher nicht größer als 15 cm sein. Dennoch gehört die einjährige, über 1 m hohe, aromatische Pflanze mit dem fein gefiederten Laub und den dekorativen, gelben Blütenständen auf jeden Küchenbalkon.

Blütezeit: Juli bis August.
Familie: *Umbelliferae*, Doldenblütler.
Heimat: Urform Vorderasien, Indien, Mittelmeerraum.
Standort: Sonnig bis halbschattig, windgeschützt.
Substrat: Einheitserde, lehmig-humose, nahrhafte Gartenerde und Sand zu gleichen Teilen. Langzeitdünger untermischen.
Anzucht: Ab April direkt in ein mindestens 20 cm tiefes Gefäß aussäen und leicht mit Erde bedecken – Dunkelkeimer. Samen gehen nur bei Bodentemperaturen über 8 °C auf. Um Verpflanzungsschwierigkeiten zu vermeiden, Sämlinge etwas ausdünnen. Günstig: Zwischen andere Pflanzen säen. Dill liebt Nachbarschaft.
Gießen, Düngen: Erde nie austrocknen lassen, aber Staunässe vermeiden. Nicht düngen.
Weitere Pflege: Blättchen können ständig, die Samen im August/September geerntet werden.
Überwintern: Entfällt.
Schädlinge, Krankheiten: Blattläuse.
Vermehren: Durch Aussaat im Frühjahr (→ Anzucht).
Mein Tip: Wenn man Gesteinsmehl unter das Substrat mischt, werden Wachstum und Aroma positiv beeinflußt.

Borago officinalis

Boretsch, Gurkenkraut

Über Boretschblüten freuen sich die Bienen.

Mit seinen strahlend blauen Blüten, die an den Triebspitzen sitzen, ist der Boretsch eines der attraktivsten Küchenkräuter und dazu noch eine wertvolle Bienenpflanze. Die je nach Gefäßgröße 50 bis 100 cm hoch werdende, einjährige Pflanze besitzt dicht behaarte Stengel mit großen, kräftiggrünen, behaarten Blättern, die erfrischend nach Gurken schmecken.
Blütezeit: Juni bis Anfang August.
Familie: *Boraginaceae*, Rauhblattgewächse.
Heimat: Mittelmeer.
Standort: Sonnig und warm. Verträgt auch Halbschatten.
Substrat: Lehmig-sandige Gartenerde, Einheitserde.
Anzucht: Im Frühjahr gleich ins endgültige, mindestens 20 cm tiefe Gefäß aussäen. Dunkelkeimer. Je nach Topfgröße auf 1 bis 2 Pflanzen vereinzeln.
Gießen, Düngen: An heißen Tagen reichlich gießen, sonst schlappt die Pflanze. Alle 4 Wochen Schachtelhalm-, Brennessel-, Beinwelltee oder organisch-mineralischen Dünger geben. Die Pflanze braucht reichlich Minerale.
Weitere Pflege: Blüten vor dem Verblühen abschneiden, das regt einen 2. Flor an. Für den Verzehr nur junge Blätter und Triebspitzen abnehmen.
Überwintern: Entfällt.
Schädlinge, Krankheiten: Häufig Blattläuse, Mehltau durch zu engen Stand.
Vermehren: Durch Aussaat im Frühjahr (→ Anzucht).
Gestaltungstip: In großen Gefäßen wunderschön zusammen mit niedrigen Ringelblumen, die gleiche Ansprüche haben.

Levisticum officinale

Liebstöckel, Maggikraut, Suppenlaub

Liebstöckel ist robust und schnellwüchsig.

Liebstöckel ist eine mehrjährige Staude, die im Garten bis zu 1,5 m hoch wird. Sie bildet röhrige Stengel, an denen grobgefiederte, feste, dunkelgrüne Blätter sitzen. Sehr schön sind bei dieser Pflanze der rötliche Frühjahrsaustrieb und die goldgrünen Blütendolden.
Blütezeit: Juli bis August.
Familie: *Umbelliferae*, Doldenblütler.
Heimat: Iran.
Standort: Sonnig bis halbschattig.
Substrat: Lehmige, nahrhafte Gartenerde, Einheitserde.
Anzucht: Aussaat lohnt sich nur mit ganz frischem Samen. Am besten vorgezogene Jungpflanze kaufen. Man braucht nur 1 Exemplar, weil die Pflanze so starkwüchsig ist. Großes Pflanzgefäß (mindestens 30 cm Durchmesser) nehmen.
Gießen, Düngen: Bei heißem Wetter reichlich. Von April bis August alle 8 bis 14 Tage düngen. Hoher Nährstoffbedarf.
Weitere Pflege: Sofern die Blüten nicht als Bienenweide dienen sollen, abschneiden, dann entwickelt sich das Laub kräftiger.
Überwintern: An windgeschützten Standorten und in einem großen Gefäß winterhart. Sonst einpacken (→ Winterschutz, Seite 28 und 29). Gelbe Stengel abschneiden. Ab und zu etwas gießen. Im März umtopfen, mehr gießen und Winterschutz entfernen.
Schädlinge, Krankheiten: Selten.
Vermehren: Durch Teilen mindestens 2 Jahre alter Stöcke.
Mein Tip: Der Geschmack von Liebstöckel ist sehr kräftig. Blätter deshalb nur sparsam verwenden. Wem das Aroma zu intensiv ist, sät statt dessen im Frühjahr den diskreteren, 30 bis 50 cm hohen Blattsellerie (Schnittsellerie) aus. Er wird genauso gepflegt und verwendet.

Melissa officinalis

Zitronenmelisse, Honigblatt, Bienenkraut

Die Zitronenmelisse ist besonders pflegeleicht.

Die hübsch gezähnten, frischgrünen Blätter dieser berühmten Heilpflanze sitzen an vierkantigen, verzweigten Stengeln und strömen besonders beim Zerreiben einen exquisiten Zitronenduft aus. Die Zitronenmelisse wird im Beet bis zu 1 m hoch, im Kübel oder Kasten erreicht sie etwa 50 cm Höhe und mindestens 30 cm Breite. Sie ist eine üppig wachsende Staude, die die Nachbarn im Balkonkasten leicht überwuchern kann. Aus den oberen Blattachseln bringt sie kleine, unscheinbare weiße bis rosagetönte Blüten hervor. Man unterscheidet 2 Formen: die aufrecht wachsende, kleinblättrige und die niederliegende, großblättrige Zitronenmelisse.
Blütezeit: Juni bis August.
Familie: *Labiatae*, Lippenblütler.
Heimat: Südeuropa, Mittelmeergebiet, Vorder- und Mittelasien.
Standort: Sonnig und warm, windgeschützt.
Substrat: Lehmig-sandige Gartenerde, Einheitserde.
Anzucht: Im Frühjahr direkt ins Gefäß säen. Da man nur 1 Pflanze benötigt, am besten Jungpflanze kaufen.
Gießen, Düngen: Junge Pflanzen feucht halten, ältere mäßig gießen. Von April bis August alle 2 bis 3 Wochen düngen.
Weitere Pflege: Keine.
Überwintern: Im Freien, an zugigen Plätzen mit Winterschutz. Alternative: Hell und kühl im Haus. Vor dem Einräumen zurückschneiden und mäßig gießen. Ab April ins Freie stellen.
Schädlinge, Krankheiten: Selten.
Vermehren: Einfach durch Aussaat im Frühjahr (→ Anzucht), durch Stecklinge im Frühjahr oder Sommer sowie durch Teilen im Frühjahr .
Mein Tip: Ernten Sie die jungen Blättchen vor der Blüte.

Ocimum basilicum

Basilikum, Basilienkraut, Königskraut

Ohne Sonne und Wärme gedeiht das Basilikum nicht.

Das Basilikum ist eine aufrecht und verzweigt wachsende, einjährige Pflanze mit kantigen Stengeln und ovalen bis länglich-elliptischen, blasig gewölbten Blättern, die pfeffrig-süß schmecken und riechen. Die weißen bis zartrosa Blüten erscheinen in Quirlen an den Triebspitzen. Es gibt großlaubige, bis halbmeterhohe Formen mit grünen oder rotbraunen Blättern wie 'Genoveser' und 'Opal' und kleinblättrige, niedrige Sorten, die rundlich und buschig wachsen und nur 20 bis 25 cm hoch werden, wie die Sorte 'Balkonstar', die für Gefäßkultur sehr geeignet ist.
Blütezeit: Juni bis August.
Familie: *Labiatae*, Lippenblütler.
Heimat: Tropisches Vorderasien.
Standort: Vollsonnig, wind- und regengeschützt. Die Pflanze ist äußerst wärmebedürftig. Nicht vor Juni ins Freie bringen. Basilikum stellt bereits unter 14 °C das Wachstum ein.
Substrat: Humose, lehmig-sandige Gartenerde, Einheitserde.
Anzucht: Im Frühjahr auf Substratoberfläche aussäen. Nicht mit Erde bedecken – Lichtkeimer. Sämlinge bei etwa 10 cm Höhe büschelweise in Töpfe oder Kästen setzen.
Gießen, Düngen: Substrat nie austrocknen lassen, aber Staunässe vermeiden, sonst Blattfall. Alle 4 Wochen düngen.
Weitere Pflege: Triebspitzen abschneiden, damit sich die Pflanze besser verzweigt.
Überwintern: Entfällt.
Schädlinge, Krankheiten: Blattläuse, Blattrandschäden durch Kälte, Zugluft oder zuviel Regen. Auch Schnecken!
Vermehren: Durch Aussaat im Frühjahr (→ Anzucht).

Origanum majorana
Majoran, Mariendost, Kranzkraut, Wurstkraut

Die Triebspitzen sind besonders aromatisch.

Der Majoran ist eine ausdauernde Duft- und Bienenpflanze, wird aber bei uns wegen seiner Kälteempfindlichkeit meist einjährig gezogen. Das 20 bis 50 cm hohe und bis zu 40 cm breit wachsende Heil- und Küchenkraut bildet an zähen, kantigen Stengeln feinbehaarte, eiförmige Blättchen, die kräftig-würzig und etwas pfeffrig schmecken. Die weißen oder rosa Blüten sitzen in köpfchenartigen Ähren und sind von runden Hüllblättern umgeben.
Blütezeit: Juni bis August.
Familie: *Labiatae*, Lippenblütler.
Heimat: Nordafrika, Südwestasien.
Standort: Sonnig, warm und windgeschützt.
Substrat: Lehmig-sandige, humose Gartenerde, Einheitserde.
Anzucht: Mitte bis Ende März im Haus aussäen. Jungpflanzen nicht vor Ende Mai ins Freie geben. Alternative: Im Mai direkt in den Kasten aussäen. Samen nicht mit Erde bedecken – Lichtkeimer!
Gießen, Düngen: Jungpflanzen bis zum Anwachsen nicht austrocknen lassen, danach weniger gießen. Staunässe vermeiden. In der Wachstumszeit zweimal im Abstand von etwa 6 Wochen düngen.
Weitere Pflege: Blütentriebe entfernen, wenn man länger Blätter ernten möchte.
Überwintern: Im Herbst bei Temperaturen unter 5 °C hereinholen, die Pflanze ist kälteempfindlich. Hell und kühl stellen, wenig gießen.
Schädlinge, Krankheiten: Selten.
Vermehren: Durch Aussaat im Frühjahr (→ Anzucht) oder durch Stecklinge im Frühjahr oder Sommer.

Origanum vulgare
Oregano, Dost

Der Dost breitet sich rasch horstartig aus.

Pizzapflanze nennt der Volksmund den Oregano, weil er den typischen Geschmack der beliebten italienischen Spezialität bestimmt. Der mehrjährige, 40 bis 70 cm hohe Bruder des Majorans liefert aber nicht nur viele kleine, fein behaarte, graugrüne Blättchen zum Würzen, er lockert mit seinen üppigen rosa Blütenbüscheln auch das Kräutergrün des Küchenbalkons wohltuend auf. Da er sich ziemlich ausbreitet, gibt man ihn am besten in eine Schale mit großem Durchmesser.
Blütezeit: Juli bis Oktober.
Familie: *Labiatae*, Lippenblütler.
Heimat: Europa, Asien.
Standort: Sonnig.
Substrat: Lehmig-sandige, etwas kalkhaltige Gartenerde. Einheitserde.
Anzucht: Im Februar im Haus aussäen und ab Anfang Mai ins Freie bringen oder im April direkt ins Gefäß aussäen. Samen nicht mit Erde bedecken – Lichtkeimer!
Gießen, Düngen: In der Wachstumszeit wenig gießen, nicht düngen.
Weitere Pflege: Blütentriebe gelegentlich abschneiden, damit sich neue, beblätterte Triebe bilden und die Pflanze kompakter bleibt.
Überwintern: In geschützten Lagen im Freien möglich. Dabei im Spätherbst fast bodeneben zurückschneiden und mit Winterschutz (→ Seite 28 und 29) versehen. Alternative: Frostfrei und nicht unbedingt sehr hell.
Schädlinge, Krankheiten: Selten.
Vermehren: Durch Aussaat im Frühjahr (→ Anzucht) oder durch Teilen älterer Pflanzen.
Mein Tip: Die Blätter können laufend geerntet werden, das Aroma ist allerdings zur Blütezeit am besten.

Dost enthält ätherische Öle, Gerb- und Bitterstoffe. Er würzt nicht nur die Pizza, sondern hilft als Tee auch bei Verdauungsbeschwerden.

Petroselinum crispum ssp. crispum

Blattpetersilie, Peterle

Krause Petersilie ist im Aroma milder als glatte.

Die zweijährige Petersilie gehört neben Schnittlauch zu den am meisten verwendeten Küchenkräutern. Ihre je nach Sorte mehr krausen oder eher glatten, dreifach fiederschnittigen Blätter schmecken bitterwürzig. Die der glatten Sorten sind aromatischer als die der krausen. Die Blütendolden erscheinen im zweiten Jahr. Danach wird die Pflanze ungenießbar. Bekannte Sorten sind: 'Einfache Schnitt' und verschiedene Typen der 'Mooskrause'.

Blütezeit: Juni bis Juli.
Familie: *Umbelliferae*, Doldenblütler.
Heimat: Mittelmeerraum.
Standort: Hell bis halbschattig.
Substrat: Lehmig-humose, durchlässige Gartenerde, Einheitserde. Mit Gesteinsmehl anreichern oder mit Algenkalk überpudern.
Anzucht: Ab März direkt ins Gefäß säen. Samen leicht mit Erde bedecken – Dunkelkeimer. Im April ins Freie stellen.
Gießen, Düngen: Stets feucht, aber nicht naß halten. Alle 14 Tage niedrig dosiert düngen.
Weitere Pflege: Keine.
Überwintern: Im Freien mit Winterschutz (→ Seite 28 und 29) oder im Haus hell und kühl. Ganz leicht feucht halten.
Schädlinge, Krankheiten: Blattläuse.
Vermehren: Durch Aussaat im Frühjahr (→ Anzucht).
Mein Tip: Die Blätter erst schneiden, wenn die Pflanzen voll ausgebildet sind. Frische Petersilie enthält reichlich Vitamin C.

Rosmarinus officinalis

Rosmarin, Kranzkraut

Der vitale Rosmarin kann im Kübel uralt werden.

Der Rosmarin ist ein immergrüner Strauch, der bei guter Pflege auch im Kübel alt und stattlich werden kann. Er wird frei ausgepflanzt bis zu 2 m hoch und bildet nadelähnliche, oberseits blaugrüne, unterseits silberfilzige Blätter. Die himmelblauen Blüten (→ Foto, Seite 217) erscheinen im Frühjahr und werden gern von Bienen besucht. Der Rosmarin strömt einen süßlichen, etwas kampferartigen Duft aus, die Blätter schmecken herb-bitter.

Blütezeit: Mai bis Juni.
Familie: *Labiatae*, Lippenblütler.
Heimat: Mittelmeerraum.
Standort: Sonnig, heiß und windgeschützt. Hitze fördert das Aroma.
Substrat: Lehmig-sandige, humose, nicht zu schwere Gartenerde. Einheitserde. Schwerem Boden reichlich Torf oder Sand beimischen.
Anzucht: Aussaat sehr langwierig. Am besten vorgezogene Jungpflanze kaufen.
Gießen, Düngen: In der Wachstumszeit wenig gießen, aber auch nicht völlig austrocknen lassen. Von März bis August monatlich düngen. Günstig: Kalibetonte Düngung.
Weitere Pflege: Pflanze kann nach der Blüte zurückgeschnitten werden.
Überwintern: Ab –5 °C hereinholen, frostfrei und hell überwintern. Regelmäßig lüften und wenig gießen. Nach den Eisheiligen wieder ins Freie bringen.
Schädlinge, Krankheiten: Selten.
Vermehren: Durch Stecklinge im Juli/August oder Aussaat im zeitigen Frühjahr (→ Anzucht).
Gestaltungstip: Rosmarin wirkt besonders schön in einem glasierten Provence- oder einem terrakottafarbenen Florentinerkübel.

Salvia officinalis
Gartensalbei

Salbei kann im Freien überwintert werden.

Wie kann ein Mensch sterben, in dessen Garten Salbei wächst? So lautet frei übersetzt ein Spruch der römischen Ärzteschule von Salerno. Der Salbei ist tatsächlich eine unserer wertvollsten Heilpflanzen, dazu ein eigenwilliges Küchenkraut und ein dekorativer Halbstrauch. Er wächst ausladend, wird 30 bis 50 cm hoch und ist mit länglich-eiförmigen Blättern ausgestattet. Diese sind bei der reinen Art graugrün, bei der Sorte 'Tricolor' weiß gerandet und rot überlaufen; sie schmecken adstringierend-bitter. Die blauvioletten, manchmal weißen Blüten sitzen in Quirlen an den Triebenden und sind ein Tummelplatz für Bienen und Hummeln.
Blütezeit: Juni bis August.
Familie: *Labiatae*, Lippenblütler.
Heimat: Nord- und Mittelspanien, Südfrankreich, Westbalkan.
Standort: Sonnig, warm und windgeschützt.
Substrat: Lehmig-sandige, kalkhaltige Gartenerde, Einheitserde.
Anzucht: Im Freien im April/Mai aussäen, im Haus auch früher möglich. Leicht mit Erde bedecken – Dunkelkeimer.
Gießen, Düngen: In der Wachstumszeit eher trocken als feucht halten. Während der Wachstumszeit alle 4 bis 6 Wochen düngen.
Weitere Pflege: Im Herbst um die Hälfte zurückschneiden.
Überwintern: Im Freien mit Winterschutz (→ Seite 28 und 29). Eventuell im Frühjahr noch einmal einkürzen.
Schädlinge, Krankheiten: Mehltau bei zu feuchter, schattiger Kultur und zu torfigem Substrat.
Vermehren: Durch Aussaat im Frühling (→ Anzucht) oder durch Stecklinge im Spätsommer.
Mein Tip: Junge Blätter ernten. Gegen Halsentzündung mit Tee aus getrockneten Blättern gurgeln oder rohe Blätter kauen.

Thymus vulgaris
Gartenthymian

Sommerthymian – mediterraner Duft auf dem Balkon.

Der stark aromatische Halbstrauch aus dem sonnigen Süden wächst buschig, wird 20 bis 30 cm hoch und ist mit schmalelliptischen, graugrünen, am Rande leicht eingerollten Blättern ausgestattet. Die Blüten sind rosa bis violett. Man unterscheidet zwischen dem Deutschen oder Winterthymian, der frei, ausgepflanzt winterhart ist, und dem Französischen oder Sommerthymian, der frostempfindlich ist.
Blütezeit: Juni bis September.
Familie: *Labiatae*, Lippenblütler.
Heimat: Westliches Mittelmeergebiet bis Südostitalien.
Standort: Sonnig und heiß.
Substrat: Lehmig-sandig-humose Gartenerde, Einheitserde. Liebt Kalk. Etwas Gesteinsmehl unter das Substrat mischen.
Anzucht: Von März bis Mai aussäen – Lichtkeimer. Besser: Vorgezogene Jungpflanzen kaufen.
Gießen, Düngen: In der Wachstumszeit wenig gießen, die Pflanze verträgt Trockenheit. Überwinterte Pflanzen im April und nach dem 1. Rückschnitt einmal schwach düngen.
Weitere Pflege: Keine.
Überwintern: Hell und kühl, fast trocken halten. Im Frühjahr zurückschneiden, das regt den Neutrieb an.
Schädlinge, Krankheiten: Keine.
Vermehren: Durch Aussaat im Frühling (→ Anzucht), durch Stecklinge oder Absenker im Sommer, ältere Pflanzen im Frühling durch Teilen.
Mein Tip: Bei der Ernte nicht zu tief schneiden, damit die Pflanze wieder austreiben kann. Pflanzen Sie Thymian unter oder neben andere Pflanzen. Er wehrt durch sein starkes Aroma Läuse ab.

Klein und zartrosa – Blüten des Thymians.

Beta vulgaris var. flavescens

Stielmangold, Rippenmangold

Sorten wie 'Feurio' sind zum Essen fast zu schade.

1

Wußten Sie, daß Zuckerrübe, Runkelrübe und Rote Bete von der gleichen Wildart abstammen wie Stiel- oder Rippenmangold? Sie alle sind Varietäten von *Beta vulgaris*, deren Wandlungsfähigkeit bereits im Altertum bekannt war. Mangold ist eine zweijährige Pflanze, die in der Regel im 2. Jahr blüht. Sie wird aber nur einjährig kultiviert, da nur Blätter und Stiele geerntet werden. Für die Gefäßkultur (mindestens 30 cm tiefe und breite Kübel wählen!) eignet sich der Stielmangold besonders gut, denn er bringt nicht nur reiche Ausbeute, sondern ist auch ungemein attraktiv. Von ihm gibt es grünlaubige sowie äußerst dekorative Sorten mit feuerroten Stielen und schwarzroten Blättern mit hochroten Adern, zum Beispiel 'Feurio' und 'Vulkan'.

Blütezeit: Sommer (bei zweijähriger Kultur).

Familie: *Chenopodiaceae*, Gänsefußgewächse.

Heimat: Urform wahrscheinlich östlicher Mittelmeerraum und Vorderasien.

Standort: Sonnig.

Substrat: Lehmig-humose nahrhafte Gartenerde, Einheitserde.

Anzucht: Von April bis Juli breitwürfig direkt ins Gefäß säen. Auf 25 cm Abstand vereinzeln.

Gießen, Düngen: Substrat stets leicht feucht halten. An heißen Tagen täglich gießen. Im Sommer ein- bis zweimal düngen.

Weitere Pflege: Blätter nach und nach von außen nach innen abtrennen. Beim Ernten darauf achten, daß das Herz geschont bleibt. Aus ihm entstehen neue Blätter.

Überwintern: Entfällt.

Schädlinge, Krankheiten: Selten Falscher Mehltau.

Vermehren: Durch Samen (→ Anzucht).

Hinweis: Ähnlich kultiviert wird der verwandte, spinatähnliche Blattmangold *(Beta vulgaris var. vulgaris)*, den man auch im Kasten aussäen kann.

Capsicum annuum

Gemüsepaprika

Die Früchte brauchen zum Reifen viele Sonnentage.

1

Wer einen vollsonnigen Balkon hat, kann dort erfolgreich Paprika kultivieren. Die modernen Züchtungen reifen auch in unseren Breiten und sehen dazu noch sehr attraktiv aus. Die aufrecht und buschig wachsenden Pflanzen werden 25 bis 45 cm hoch und sind mit glänzendgrünen Blättern schön belaubt. Aus den kleinen weißen Blüten entstehen je nach Sorte mittelgroße runde bis eckige, anfangs grüne, später rote oder gelbe Früchte. Balkongeeignet sind: 'Merit', 'Golden Bell', 'Pusztagold' und die Zierpaprika-Sorte 'Festival' mit eßbaren Früchten.

Blütezeit: Juni bis September.

Familie: *Solanaceae*, Nachtschattengewächse.

Heimat: Wahrscheinlich Mexiko.

Standort: Sonnig und warm.

Substrat: Lehmig-humose, nahrhafte Gartenerde, Einheitserde.

Anzucht: Im Februar/März ins warme Vermehrungsbeet aussäen. Jungpflanzen einzeln in große Töpfe setzen. Nicht vor Ende Mai ins Freie stellen.

Gießen, Düngen: Substrat stets leicht feucht halten. An heißen Tagen täglich gießen, sobald sich die Blüten entwickeln, wöchentlich düngen.

Weitere Pflege: Pflanze wegen der schweren Früchte an Bambusstab binden.

Überwintern: Entfällt, da Paprika bei uns nur einjährig kultiviert wird.

Schädlinge, Krankheiten: Weiße Fliege, Blattläuse, Spinnmilben und Welkekrankheiten (Pilze).

Vermehren: Durch Samen (→ Anzucht).

Mein Tip: Gemüsepaprika kann von August bis Oktober geerntet werden. Ab September vor Kühle schützen, zum Beispiel mit Tomatenhauben (→ Zeichnung, Seite 26).

Warnung: Mit Ausnahme der Früchte ist der Gemüsepaprika in allen Teilen giftig.

Cucumis sativus

Gurke

Es gibt Gurken-Sorten, die auf dem Balkon gut tragen.

Dank moderner Züchtungen, die nur 60 cm lange Ranken bilden und kompakt wachsen, fruchten Gurken auch auf dem Balkon reich. Das Gefäß sollte breit, aber nicht tief sein. Geeignete Sorten sind zum Beispiel die Freiland-Salatgurke 'Bush Champion', die F_1-Hybriden 'Sandra' und die mehltauresistente 'Bella'. Die F_1-Hybriden sind jungfernfrüchtig, das bedeutet, daß sie keine Bestäubung mehr benötigen. Bei 'Bush Champion' hingegen muß man den Blütenstaub der männlichen Blüten auf die Narbe der weiblichen übertragen, wenn es mit dem Bienenflug auf dem Balkon nicht klappt.
Blütezeit: Sommer.
Familie: *Cucurbitaceae*, Kürbisgewächse.
Heimat: Indien.
Standort: Hell, aber nicht vollsonnig, warm und windgeschützt.
Substrat: Lehmig-humose, nahrhafte Gartenerde, Komposterde, Einheitserde.
Anzucht: Mitte April bis Ende Juni 2 bis 3 Samen pro Gefäß aussäen und ins warme Vermehrungsbeet stellen. Nach der Keimung nur den stärksten Sämling stehenlassen.
Gießen, Düngen: Reichlich mit sonnenwarmem Wasser gießen, aber Staunässe vermeiden und wöchentlich niedrig dosiert düngen.
Weitere Pflege: Durch Schnüre oder Gitter für Halt der rankenden Triebe sorgen. Zu lange Triebe auf 2 Blätter über der vordersten Gurke einkürzen.
Überwintern: Entfällt.
Schädlinge, Krankheiten: Gurkenmehltau, Grauschimmel, Spinnmilben, Gurkenmosaikvirus.
Vermehren: Durch Aussaat (→ Anzucht).
Hinweis: Genauso gezogen und gepflegt werden die verwandte Zuckermelone (*Cucumis melo*) und die Zucchini, Zucchetti oder Squash (*Cucurbita pepo*).

Lactuca sativa var. crispa

Pflücksalat, Schnittsalat

Pflücksalat regeneriert sich nach dem Schnitt.

Während Kopfsalat (*Lactuca sativa var. capitata*) auf dem Balkon nur in größeren Gefäßen zufriedenstellende Köpfe bildet, kann man die Varietäten Pflücksalat und Schnittsalat gut in Kästen kultivieren. Schnittsalat steht schon 4 bis 6 Wochen nach Aussaat zur Verfügung und wird nur einmal abgeerntet. Pflücksalat regeneriert sich mehrmals, wenn man das Herz stehenläßt. Er bildet einen 30 bis 50 cm hohen Stengel, an dem die Blätter wachsen und von unten nach oben abgepflückt werden. Folgesaaten bis Juni sorgen dafür, daß er bis in den Spätherbst hinein zu ernten ist. Empfehlenswerte Sorten: 'Grand Rapids Salli' sowie die sehr dekorativen rotblättrigen Spielarten 'Red Salad Bowl' (Rotblättriger Eichblattsalat), 'Lollo rosso' und 'Red Sails' (Eispflücksalat).
Blütezeit: Etwa 3 bis 4 Monate nach der ersten Ernte.
Familie: *Compositae*, Korbblütler.
Heimat: Unsicher. Vermutlich Ägypten oder Westasien.
Standort: Sonnig bis halbschattig.
Substrat: Lehmig-humose Gartenerde, Einheitserde.
Anzucht: Ab Mitte März Schnittsalat breitwürfig und dicht, Pflücksalat in 2 Reihen pro Kasten aussäen. Bei einer Laubhöhe von etwa 10 cm Pflücksalat wie Schnittsalat ernten, allerdings für die weitere Kultur alle 20 bis 25 cm eine Pflanze stehen lassen. Erste Aussaat vor Frost schützen.
Gießen, Düngen: Feucht halten, nicht austrocknen lassen. Pflücksalat nach der ersten Ernte düngen.
Weitere Pflege: Keine.
Überwintern: Entfällt.
Schädlinge, Krankheiten: Blattläuse. Befall bei rot- und dunkellaubigen Sorten weniger stark.
Vermehren: Durch Aussaat (→ Anzucht).

Lycopersicon lycopersicum

Tomate, Liebesapfel

Für die Gefäßkultur eignen sich folgende Tomaten:

- Busch- oder Balkontomaten ('Balkonstar', 'Tumbler';
- Spalier-, Obst- oder Kirschtomaten ('Gartenfreude', 'Sweet 100', 'Bistro');
- Topf- oder Cocktailtomaten ('Tiny Tim', 'Phyra');
- Eiertomaten ('San Marzano', 'Roma').

Blütezeit: Sommer.
Familie: *Solanaceae*, Nachtschattengewächse.
Heimat: Peru, Ekuador.
Standort: Sonnig, warm, windgeschützt. Im Herbst vor Regen schützen.
Substrat: Lehmig-humose, nahrhafte Gartenerde, Einheitserde, Balkonblumenerde. Vor dem Pflanzen Langzeitdünger ins Substrat mischen.
Anzucht: Durch Samen von Anfang bis Mitte März im warmen Vermehrungsbeet. Pikieren und später nochmals in größere Töpfe umsetzen. Bis zum Auspflanzen nach den Eisheiligen sehr hell und warm halten.
Gießen, Düngen: Stets gut feucht halten. Im Juli und August wöchentlich düngen.
Weitere Pflege: Höhere Sorten mit dünnen Trieben an Stab festbinden. Regelmäßig Seitentriebe entfernen. Blühende Pflanzen gelegentlich schütteln, damit sie sich selbst bestäuben. Ab Ende August die Pflanzen mit Tomatenhauben (→ Zeichnung, Seite 26) vor Kälte schützen.
Überwintern: Entfällt.
Schädlinge, Krankheiten: Weiße Fliege, Blattläuse, Spinnmilben, Fäule, Grauschimmel.
Vermehren: Durch Aussaat (→ Anzucht).
Warnung: Mit Ausnahme der Früchte ist die Tomate in allen Teilen giftig.

Phaseolus coccineus

Feuerbohne, Prunkbohne

Die Anzucht von Feuerbohnen gelingt auch Kindern.

Feuerbohnen ranken rasch und üppig an allen möglichen Kletterhilfen hoch, eine Eigenschaft, die man gern zur schnellen Eingrünung nutzt. Sie werden bis 2,5 m hoch, sind insgesamt gröber und robuster als Stangenbohnen, weniger windempfindlich, gedeihen auch in rauhen Klimaten und blühen reichlich mit weißen oder feuerroten Blüten, aus denen sich kräftige, ranke Hülsen entwickeln. Fadenlose Sorten: 'Hammond's Dwarf Scarlet' (feuerrot, niedrig und buschig, für Kästen) 'Desiree' (weiß), 'Butler' (rot) und 'Red Knight' (rot).

Blütezeit: Juni bis September.

Familie: *Leguminosae*, Hülsenfrüchtler.

Heimat: Wahrscheinlich Mexiko bis Mittelamerika.

Standort: Hell bis halbschattig und luftig. Nicht zu warm oder in gestauter Luft!

Substrat: Lehmig-humose Gartenerde, Einheitserde, Balkonblumenerde.

Anzucht: Bei Vorkultur im Haus Mitte April, im Freien ab Mitte Mai, jeweils direkt ins Gefäß aussäen. Samenabstand: 6 bis 7 cm. Jungpflänzchen mit Erde anhäufeln.

Gießen, Düngen: Nie austrocknen lassen. Nicht mit kaltem Wasser gießen und Laub nicht benetzen. Während der Wachstumszeit wöchentlich düngen.

Weitere Pflege: Zeitiges Ernten fördert neuen Blütenansatz.

Überwintern: Entfällt.

Schädlinge, Krankheiten: Schwarze Bohnenlaus, Pilzinfekte.

Vermehren: Durch Aussaat (→Anzucht).

Mein Tip: Eine Unterpflanzung mit Bohnenkraut hält die Bohnenlaus fern.

Warnung: Bohnen nur gekocht verzehren, roh sind sie giftig.

Pisum sativum conv. axiphium

Zuckererbse, Kaiserschote

Zuckererbsen müssen früh geerntet werden.

Erbsen sind weltweit verbreitete, einjährige, kletternde Gemüsepflanzen, deren Hülsenfrüchte frisch und gekocht verzehrt werden. Für die Kultur auf Balkon und Terrasse empfiehlt sich vor allem die Anzucht der delikaten Zuckererbse. Bekannte Sorten: 'Denise Knackerbse' (60 bis 80 cm), 'Früher Heinrich' (70 cm), 'Graue Buntblühende' (50 cm), 'Nofila' (80 bis 100 cm, fadenlos, braucht wenig Halt), 'Oregon Sugar Pod' (80 cm).

Blütezeit: Juni bis September.

Familie: *Leguminosae*, Hülsenfrüchtler.

Heimat: Östliches Mittelmeergebiet, Vorder- und Kleinasien.

Standort: Sonnig und luftig.

Substrat: Lockere, nahrhafte Gartenerde, Einheitserde, Balkonblumenerde. Algenkalk untermischen.

Anzucht: Von April bis Mai direkt ins Gefäß säen. Samenabstand: 2 bis 3 cm. Sobald die Jungpflanzen 10 bis 15 cm hoch sind, sollten sie gut angehäufelt werden, das gibt den zarten Pflanzen einen besseren Stand.

Gießen, Düngen: Nicht austrocknen lassen, aber Staunässe unbedingt vermeiden. Während der Wachstumszeit wöchentlich düngen.

Weitere Pflege: Für Kletterhilfe sorgen. Gegen Krankheiten und Schädlinge vorbeugend mit Schachtelhalm-Zubereitungen (→ Seite 35) oder Aromasprays (→ Seite 30) spritzen. Dill und Fenchel sind gute Pflanzennachbarn.

Überwintern: Entfällt.

Schädlinge, Krankheiten: Erbsenkäfer, Erbsenwickler, Erbsenblasenfuß, Falscher Mehltau.

Vermehren: Durch Aussaat (→Anzucht).

Mein Tip: Zuckererbsen werden geerntet, wenn die Hülsen noch maigrün und die Erbsen ganz flach sind.

In Restaurants wird das edle Gemüse nur sparsam serviert. Darum: Genießen Sie die eigene Ernte doppelt!

Vom Balkon frisch auf den Tisch. Ein kulinarisches Gärtlein in luftiger Höhe, das manchen Weg auf den Markt überflüssig macht.

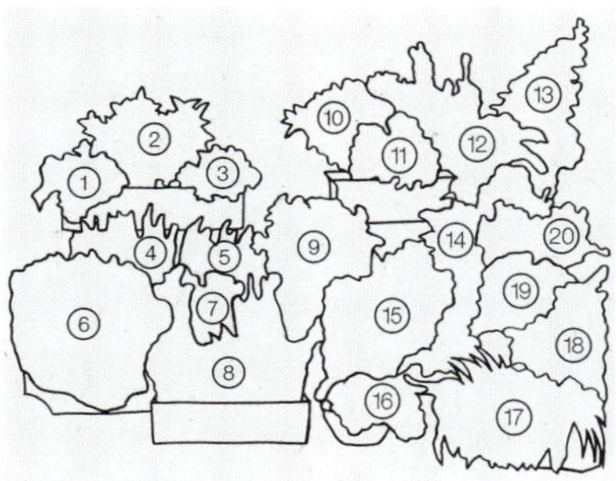

1 Gauklerblume, Mimulus luteus-Hybriden
2 Basilikum, Ocimum basilicum
3 Krause Petersilie, Petroselinum crispum
4 Lavendel, Lavandula angustifolia
5,6 Rosmarin, Rosmarinus officinalis
7 Duftpelargonie, Pelargonium odoratissimum
8 Knolau
9 Kapuzinerkresse, Tropaeolum-Hybride
10 Gartensalbei, Salvia officinalis
11 Goldmünze, Asteriscus maritimus
12 Salbei, Salvia patens
13 Dornenlose Brombeere, Rubus-Hybride 'Thornfree'
14 Tomate, Lycopersicon lycopersicum
15 Kerbel, Anthriscus cerefolium
16 Bohnenkraut, Satureja hortensis
17 Schnittlauch, Allium schoeneprasum
18 Kapuzinerkresse, Tropaeolum-Hybride
19 Majoran, Majorana hortensis
20 Goldmünze, Asteriscus maritimus

REGISTER

Deutsche und botanische Pflanzennamen, Sachbegriffe

Auf den mit * gekennzeichneten Seiten finden Sie eine ausführliche Beschreibung der jeweiligen Pflanze. Die **halbfett** gesetzten Seitenzahlen verweisen auf Farbfotos und Farbzeichnungen.
U = Umschlagseite.

A

B

C

D

E

F

G

H

I

J

K

Q

R

S

Freude am Garten. Mit GU.

Ob Sie für Ihren Garten Gestaltungs-Ideen suchen und dafür die schönste Blütenpracht auswählen wollen, ob Sie einen Teich anlegen und richtig bepflanzen oder sich über Hecken, Kräuter, Rosen und Clematis informieren wollen: Die

- **Großen GU Pflanzen-Ratgeber,**
- **Ratgeber Garten** und
- **Pflanzen-Ratgeber**

von Gräfe und Unzer helfen Ihnen mit Experten-Rat und hilfreichen Tips, mit praktischen Zeichnungen und zauberhaften Farbfotos. Damit der Garten zum Paradies wird - für Sie und Ihre Familie.

Mehr draus machen GU

Adressen, Bezugsquellen, Literatur

Die mit einem * gekennzeichneten Firmen versenden Pflanzen und Artikel, bei allen anderen handelt es sich um Hersteller beziehungsweise Gartenbaubetriebe, deren Erzeugnisse im Fachhandel erhältlich sind.

Balkonblumen und eingeführte Kübelpflanzen, Küchenkräuter, Gemüse-Jungpflanzen, Zwerggehölze, Blumenzwiebeln (auch vorgetriebene Zwiebelblumen) sind in Blumenläden, Gärtnereien, Gartencentern, Supermärkten, auf Bau- und Wochenmärkten erhältlich. Außerdem können Sie über Versandgärtnereien und über den Versandhandel für Gartenbedarf Pflanzen bestellen.
Samen sind ebenfalls im Fachhandel oder per Versand zu beziehen.
Für den Fall, daß Sie in Ihrer näheren Umgebung das Gewünschte nicht erhalten beziehungsweise Pflanzen oder Samen kaufen möchten, die nicht zum Standardsortiment gehören, nachstehend weitere Bezugsquellen und zusätzliche, interessante Adressen für Balkon- und Kübelpflanzengärtner.
Zahlreiche Hinweise auf Bezugsquellen finden Sie auch in einschlägigen Zeitschriften (→ Seite 239).

Kübelpflanzen
Ibero-Import, Bahnhofstr. 12, 37249 Neu-Eichenberg*
Helga Mittmann, Kreyenweg 2, 48499 Salzbergen*
Koitzsch, Arheilger Str. 16, 64390 Erzhausen*
Irßlinger GmbH, Im Brühl 2, 88605 Meßkirch-Igelswies*
Flora Mediterranea, Inhaber Maria und Christoph Köchel, Königsgütler 5, 84072 Au/Hallertau*
Zulauf AG, Degerfeldstr. 4, CH-5107 Schinznach-Dorf*

Spezielle Kübelpflanzen
Südflora Peter Klock, Stutsmoor 42, 22607 Hamburg (exotische Nutzpflanzen, Obstgehölze im Kübel, großes *Citrus*-Sortiment)*
Rosen-Tantau, 25436 Uetersen (Rosen)*
Peter Fischer, Höden 16, 21789 Wingst (Kamelien)*
Hans Hachmann, Brunnenstr. 68, 25355 Barmstedt (Rhododendren)*
W. Kordes' Söhne, 25365 Klein Offenseth (Rosen)*
Ingwer J. Jensen, Am Schloßpark 2b, 24960 Glücksburg (Rosen, Klematis)*
Dietrich G. Hobbie, Zum Hullen 3, 26655 Westerstede-Linswege (Rhododendren)*
Bambus-Centrum Wolfgang Eberts, Saarstr. 3, 76532 Baden-Baden (Bambus)*
Baumschule Starkl, A-3430 Frauenhofen-Tulln/Niederösterreich (Bambus)*

Baumschulpflanzen
Baumschule Schneider, Neuenhaus 92, 42929 Wermelskirchen (Parvulus)*
Baumschule Huben, Schriesheimer Fußweg 7, 68526 Ladenburg*

Zwiebel- und Knollengewächse
Albrecht Hoch, Potsdamer Str. 40, 14163 Berlin*
H. Diener Sohn, 25764 Schülp (Knollenbegonien)*
Kurt Kernstein, Am Kirchenfeld 8, 86316 Friedberg*
Samen-Mauser AG, CH-8404 Winterthur*

Stauden
Hagemann Staudenkulturen, Walsroder Str. 324, 30855 Langenhagen*
Heinz Klose, Rosenstr. 10, 34253 Lohfelden*
Georg Arends, Monschaustr. 76, 42369 Wuppertal*
Kayser und Seibert, Postfach 1162, 64373 Roßdorf*
Sortiments- und Versuchsgärtnerei Simon, Staudenweg 2, 97828 Marktheidenfeld*

Heidepflanzen
Heidegarten Jürgen Krebs, 27318 Hoyerhagen 130*
Heidegärtnerei Westermann, Baumschulenweg 2, 29646 Bispingen-Borstel*

Wasserpflanzen
Karl Wachter KG, 25482 Appen-Etz*
Ursula Oldehoff, Gartenstr. 1, Achmühle, 82547 Eurasburg*
E.W. Oldehoff, Sieglmühle 2, 94051 Hauzenberg-Krinning*

Samen, Samenraritäten
Sperling & Co., Hamburger Str. 35, 21339 Lüneburg
Ernst Benary, Postfach 1127, 34331 Hannoversch Münden
Flora Frey GmbH, Dellenfeld 25, 42653 Solingen
Manfred Meyer, Eckenheimer Landstr. 334, 60435 Frankfurt/Main*
Julius Wagner, Eppelheimer Str. 18–20, 69115 Heidelberg*
Lothar Seik, Postfach 1348, 72003 Tübingen (Raritäten)*
Silvia Tunkl, Hauptplatz 8, A-2242 Prottes (Raritäten)*
Samen-Mauser, Industriestr. 24, CH-8404 Winterthur*

Biogarten-Bedarf
Paul Hübecker GmbH & Co KG, 47918 Tönisvorst
W. Neudorff GmbH KG, Postfach 1209, 31857 Emmerthal*
Biogarten und Gesundheit Keller, Konradstr. 17, 79100 Freiburg

Gefäße, Pflanzmöbel, Gartenschmuck
Eternit AG, Ernst-Reuter-Platz 8, 10587 Berlin (winterfeste Faserzementgefäße)
BELL'ARTE, Hessigheimerstr. 12, 74354 Besigheim (Italienische Terrakotta)*
Renate Heckner, Luckengasse 7, 85354 Freising (Töpfe, Übertöpfe, Pflanzmöbel)*
Carlo Wenger, Hörlkam, 84144 Geisenhausen (Keramische Brunnen, Gartenkugeln und -figuren)*
Töpferei Geissler, 84144 Hörlkam (Unikate für den Garten)*

Kulturhilfen
Kuno Krieger, Gahlenfeldstr. 5, 58313 Herdecke (heizbare Vermehrungsbeete)*
Witte & Sutor GmbH, Steinberger Str. 2, 71540 Murrhardt (heizbare Aussaatschalen)

Bewässerungssysteme
Günter Ortmann, Uhlandstr. 31a, 40723 Hilden*
G. Beckmann KG, Simoniusstr. 10, 88239 Wangen/Allgäu*

Lieferanten von Nützlingen

Sautter und Stepper GmbH, Rosenstr. 19, 72119 Ammerbuch-Altingen*
Hatto Welte, Gartenbau, Maurershorn 10, 78479 Insel Reichenau*

Gartenversandfirmen

Bakker, Postfach 1180, 22901 Ahrensburg*
Pötschke, 41561 Kaarst*
Willemse GmbH, Bahnhofstr. 10, 47559 Kranenburg*
Samen-Schmitz, Humboldtstr. 2, 85609 Aschheim-Dornach*
Dehner, Postfach 4, 86640 Rain am Lech*

Pflanzengesellschaften, Vereine

Bonsaiclub Deutschland e. V., Clubbüro c/o Dieter Paul, Dannhalmsweg 35, 26441 Jever
Deutsche Fuchsiengesellschaft, Pankratiusstr. 10, 31180 Giesen
European Bamboo Society-Deutschland, Geschäftsstelle: Edeltraud Weber, John-Wesley-Str. 4, 63584 Gründau
Deutsche Kameliengesellschaft e. V. (Deutschland, Österreich, Schweiz), angeschlossen der International Camellia Society ICS, Kontaktadresse: Gerhard Kasimir, Stahlbühlring 96, 68526 Ladenburg
Österreichischer Bonsai-Club, Wolfram Weineck, Spittelwiese 9, A-4020 Linz
Vereinigung Schweizer Bonsai-Freunde, Postfach, CH-5107 Schinznach-Dorf

Weiterführende Literatur

Falls einige der genannten Bücher im Handel nicht erhältlich sind, finden Sie sie in der Regel in Bibliotheken.

Encke, Fritz: *Kalt- und Warmhauspflanzen.* Eugen Ulmer Verlag, Stuttgart
Encke, Fritz: *Kübelpflanzen.* Eugen Ulmer Verlag, Stuttgart
Encke, Fritz (Hrsg.): *Pareys Blumengärtnerei.* Paul Parey Verlag, Hamburg
Franke, Wolfgang: *Nutzpflanzenkunde.* Georg Thieme Verlag, Stuttgart
Frohne, D.; Pfänder, H.J. : *Giftpflanzen.* Wissenschaftliche Verlagsgesellschaft mbH, Stuttgart
Groß, Elvira: *Palmen auswählen und pflegen.* Gräfe und Unzer Verlag, München
Hegi, Gustav: *Illustrierte Flora von Mittel-Europa.* J.F. Lehmann Verlag, München
Köchel, Ch. und M.: *Die schönsten Kübelpflanzen.* BLV Verlagsgesellschaft mbH, München
Lötschert, Wilhelm: *Palmen.* Eugen Ulmer Verlag, Stuttgart
Mittmann, H. und D.: *Kübelpflanzen erfolgreich pflegen.* Gräfe und Unzer Verlag, München
Pfisterer, Jochen: *Zimmer-Bonsai.* Gräfe und Unzer Verlag, München
Rau, Heide: *Küchenkräuter auf Balkon und Terrasse.* Gräfe und Unzer Verlag, München
Weber, A.; Greiner, K.: *Begrünen mit Kletter- und Hängepflanzen.* Gräfe und Unzer Verlag, München
Weimar, Martin: *Balkonblumen in Töpfen, Kästen und Ampeln.* Gräfe und Unzer Verlag, München
Weimar, Martin: *Hängende Gärten für Balkon und Terrasse.* Gräfe und Unzer Verlag, München

Zeitschriften

architektur & wohnen. Jahreszeiten-Verlag GmbH, Poßmoorweg 5, 22301 Hamburg
FLORA. Gruner + Jahr AG & Co., 20444 Hamburg
Gardenia. Via Cadore 19, I-20135 Milano
Gartenpraxis. Eugen Ulmer Verlag, Wollgrasweg 41, 70599 Stuttgart
Kraut & Rüben. BLV Verlagsgesellschaft mbH, Lothstr. 29, 80797 München
Mein schöner Garten. Senator Burda Verlag, Hauptstr. 130, 77652 Offenburg
selber machen. Jahreszeiten-Verlag GmbH, Poßmoorweg 5, 22301 Hamburg
zuhause. Jahreszeiten-Verlag GmbH, Poßmoorweg 5, 22301 Hamburg
Mitgliedszeitschrift der Österreichischen Gartenbaugesellschaft. Parkring 12, A-1010 Wien
Mon Jardin & Ma Maison. B.P. 406, F-92103 Boulogne-Cedex
Schweizer Garten. Verband deutsch-schweizerischer Gartenbauvereine, CH-3110 Münsingen

Wichtig: Die Adressenlisten erheben keinen Anspruch auf Vollständigkeit, sondern enthalten nur Vorschläge. Eine telefonische oder schriftliche Anfrage bei den Herstellern oder Gartenbaubetrieben klärt am besten über Sortimente, Spezialitäten und Verkaufsmodalitäten auf. Legen Sie Ihrem Brief stets einen frankierten Rückumschlag bei.

IMPRESSUM

Die Fotografen:
Apel: Seite 155 o.l., 156 l.; Becker: Seite U1 u., 16, 18, 39, 100 o.r., 148 l.; Benary: Seite 94 r., 95 u.l., 103 o.l., 136; Busek: Seite 223 o.r.; Eberts: Seite 197 r.; Eigstler: Seite 111 l., 129 l., 185, 221 r., 223 o.l.; Eisenbeiß: Seite 157 r., 190 l., 219 l.; Finkenzeller: Seite 141 l.; Greiner & Meyer: Seite 107 l., Heitz: Seite 186 o.; Ibero Import: Seite 172 r., 178 l.; Kögel: Seite 49 l., 138 r., 148 r., 153, 163 o.l., 215; König: Seite 133 r.; Kordes: Seite 130 u.; Lamontagne: Seite 149 r.; Layer: Seite 13; mein schöner Garten (msG)/ Fischer: Seite 93 l., 225 r.; msG/Graham: Seite 95 u.r.; msG/Gross: Seite 187 l.; msG/Kögel: Seite 183 r.; msG/Stehling: Seite 110 r.; msG/Stork: Seite 152 M.o., r.u.; msg/Strauß: Seite 159 l.; msG/Wetterwald: Seite 100 o.l., 111 r.; Nickig: Seite 19; Reinhard: Seite 92 r., 106 r., 141 r., 151 r., 170 o.r., 173 l., 174 o.l., 180, 187 r., 202, 203 l., 205 l., 207 l., 210 l., 217, 227 l.; Riedmiller: Seite 122, 124, 125 u., 126 M.o., M.u., r.o., r.u., 129 r., 151 l., 178 r.o., 218 o.l., 224 l.; Rohdich: Seite 30; Sammer: Seite 182 o.r., 189 u., 225 l.; Scherz: Seite 2/3, 48, 49 o., M.l., M.r., 156 r., 158 r., 186 u., 193 r., 194 l., 195; Schlaback-Becker: Seite 49 u., 109 l., 171; Schrempp: Seite 119 r.; Seidl: Seite 144, 150 o.r., 155 u., 160 o.r., 163 u., 184 o.l., 189 o.r., 199 u., 212 l.; Silvestris/Bieker: Seite 116 r.; Skogstad: Seite 199 o.r., 218 o.r., 221 l., 223 u.; Stork: Seite 168, 199 o.l., 201 r.; Wetterwald: Seite 38, 118 u., 135, 191 l., 198 u., 201 l., 204 l.; Willemse: 116 l., 138 l.; Wolff: Seite 108 o.l., 127 l., 131 r.; Strauß: alle übrigen Bilder.

Verlag und Fotograf Friedrich Strauß danken folgenden Firmen für ihre Unterstützung:
Baumschule Fischer, 8049 Fahrenzhausen-Bärnau
Gärtnerei Benedikt Wolf, Holzbrünnleinstr. 17, 8051 Haag a.d. Amper
Gartenbau Rednitzhembach, Rotherstr. 42, 8540 Rednitzhembach
Flora Mediterranea, Inhaber Maria und Christoph Köchel, Königsgütler 5, 8309 Au/Hallertau.
Vetter Keramik, Postfach 446, 5412 Ransbach-Baumbach

Die Zeichner:
Ushie Dorner: Seite 36, 37; Christel Langer: Seite 14, 20, 35, 228; György Jankovics: alle übrigen Zeichnungen.

Duftkasten mit Lavendel, Basilikum, Heliotrop, Duftenden Reseden, Duftpelargonien und weißen Tuberosen. Pflanz- und Pflegeanleitung finden Sie auf Seite 57.

Wichtige Hinweise
In diesem Buch geht es um die Pflege von Balkon- und Kübelpflanzen sowie von Ziergehölzen, Stauden, Gräsern und Zwiebelblumen, die außerhalb des Gartens auch in Gefäßen kultiviert werden. Einige der beschriebenen Pflanzen sind tödlich giftig, manche mehr oder weniger giftig. In der Einleitung zu den Pflanzenporträts (→ Seite 88) wird auf gesundheitliche Schädigungen und Beeinträchtigungen durch bestimmte Pflanzen hingewiesen. Es werden die wichtigsten Giftstoffe genannt und Pflanzenbeispiele gegeben. Darüber hinaus wird in der Beschreibung der einzelnen Pflanzen (→ Seite 86 bis 227) unter dem Stichwort »Warnung« auf die spezifische Gefährdung für die Gesundheit hingewiesen. Giftige Pflanzen und solche, die hautreizende oder allergieauslösende Stoffe enthalten, sind mit einem Totenkopf gekennzeichnet. Achten Sie unbedingt darauf, daß Kinder und Haustiere die mit dem Stichwort »Warnung« und dem Totenkopf gekennzeichneten Pflanzen nicht essen. Düngemittel und Pflanzenschutzmittel stets kindersicher aufbewahren. Wer an Kontaktallergien leidet, sollte vor Berührung dieser Pflanzen unbedingt Handschuhe anziehen.

Redaktion: Gisela Keil
Lektorat: Mirjam Baumann
Grafische Gestaltung: G. H. G., Gudrun Hänsel-Geneletti, München
Umschlaggestaltung: Heinz Kraxenberger, München
Gestaltung der Balkonkästen Seite 44 bis 73 und Seite 240: Martin Weimar, München
Herstellung: Johannes Schmidt-Thomé
Satz: Typodata GmbH, München
Reproduktion: Czech
Druck: Appl
Bindung: Großbuchbinderei Monheim

ISBN 3-7742-1067-5

Auflage 18.
Jahr 00 99